दीप त्रिवेदी

मशहूर वक

दीप त्रिवेदी सायको-स्पीरिच्युअल कॉन्टेंट, आवाज, भाषा और एक्सप्रेशन का ऐसा मिश्रण प्रस्तुत करते हैं जिससे उन्हें देखने और सुनने वालों में तत्काल परिवर्तन आता है। सैकड़ों लोग सिर्फ उन्हें सुनने-मात्र से परिवर्तित हो चुके हैं। इसी वजह से उन्हें स्पीरिच्युअल सायको-डाइनैमिक्स का पायनियर भी कहा जाता है।

दीप त्रिवेदी जीवन से जुड़े हर विषय पर प्रकाश डालते हैं। उनके द्वारा लोगों के रोजमर्रा के जीवन की समस्याओं पर करी गई इंटरैक्टिव वर्कशॉप्स ने सभी के जीवन में क्रांतिकारी ट्रांसफॉर्मेशन लाया है। जीवन का ऐसा कोई पहलू नहीं है जिसे उन्होंने न छूआ हो। वे विभिन्न विषयों पर बोल चुके हैं जैसे भगवद्‌गीता, ताओ-ते-चिंग, अष्टावक्र गीता, कुदरत के रहस्य, मन के रहस्य, आत्मा के रहस्य, भाग्य के रहस्य, इत्यादि, और:

- **प्रकृति के नियम**
- **टाइम एण्ड स्पेस**
- **धर्म**
- **डीएनए-जीन्स**
- **जीवन की राह**
- **डे-स्लीप**
- **मन और बुद्धि**
- **व्यक्तित्व**
- **हीनता**
- **डर**
- **गिल्ट**
- **इन्वोल्वमेंट**
- **पक्षपात**
- **अपेक्षा**
- **स्वीकार्यशक्ति**
- **नेचरल इंटेलिजेंस**
- **ट्रान्स्फर्मेशन**
- **विवाह**
- **स्वतंत्रता**
- **भविष्य**
- **हिपोक्रेसी**
- **क्रिएटिविटी**
- **कोन्सन्ट्रेशन**
- **सुख और सफलता**
- **समृद्धि**
- **अच्छा-बुरा**
- **भगवान**
- **अहंकार**
- **क्रोध**
- **सेल्फ-कॉन्फिडेंस**
- **प्रेम**
- **कन्फ्यूजन**

दीप त्रिवेदी मशहूर वक्ता

मनुष्यजीवन के गहरे-से-गहरे पहलुओं पर दीप त्रिवेदी द्वारा दिये गए लेक्चर्स तथा कंडक्ट किये गए वर्कशॉप्स अब आप हर शनिवार और रविवार सुबह 8:00 बजे से NDTV GoodTimes पर DeepTalks by Deep Trivedi में देख सकते हैं। इन लेक्चर्स और वर्कशॉप्स में वे जीवन की जटिलताओं को सुलझाने के सरल से सरल उपाय बताते हैं जिन्हें अपनाकर आपका जीवन लाखों गुना तेजी से आगे बढ़ जाएगा।

DeepTalks by DEEP TRIVEDI	DeepTalks TAO TE CHING by DEEP TRIVEDI	DeepTalks bhagavad gita by DEEP TRIVEDI	DeepTalks Ashtavakra Gita by DEEP TRIVEDI
DeepTalks Secrets by DEEP TRIVEDI	WORKSHOPS by DEEP TRIVEDI	MADHUSHALA by DEEP TRIVEDI	DEEP ANSWERS

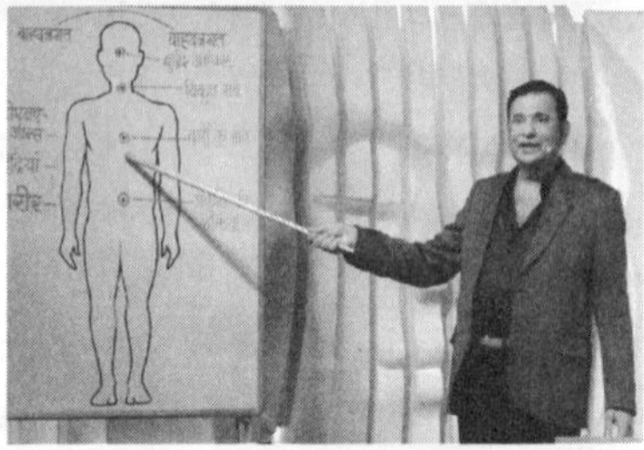

DeepTalks by DEEP TRIVEDI

Every Saturday & Sunday 8.00 am onwards

Only on NDTV GOODTIMES #LIVEYOUNG

आप दीप त्रिवेदी को फेसबुक, ट्विटर और इन्स्टाग्राम पर भी फॉलो कर सकते हैं

@deeptrivediblog

दीप त्रिवेदी

दीप त्रिवेदी एक प्रसिद्ध लेखक, वक्ता और स्पीरिच्युअल सायको-डाइनैमिक्स के पायनियर हैं जो एक व्यापक दृष्टिकोण से ना सिर्फ लिखते हैं, बल्कि विभिन्न विषयों पर लेक्चर्स और वर्कशॉप्स भी कंडक्ट करते हैं। इनकी सबसे बड़ी विशेषता यह है कि इन्हें पढ़ने व सुनने-मात्र से मनुष्य में आमूल सकारात्मक परिवर्तन आ जाता है। वे अपने कार्यों द्वारा आजतक हजारों लोगों को सुख और सफलता के मार्ग पर लगा चुके हैं।

दीप त्रिवेदी ने अपने इन कार्यों द्वारा प्रकृति, उसके नियम, उसका आचरण, उसकी सायकोलॉजी और उसके मनुष्यजीवन पर पड़नेवाले प्रभाव को बड़ी ही गहराई से समझाया है। जीवन का ऐसा कोई पहलू नहीं है जिसे उन्होंने न छूआ हो। वे कहते हैं कि सायकोलॉजी के बाबत कम ज्ञान और कम समझ होना ही मनुष्यजीवन के तमाम दु:खों और असफलताओं का मूल कारण है।

वे बेस्टसेलर्स 'मैं मन हूँ' और 'मैं कृष्ण हूँ' समेत कई अन्य किताबें लिख चुके हैं। उनके द्वारा लिखी गई बेस्टसेलिंग किताब, 'मैं मन हूँ' कई राष्ट्रीय एवं अंतर्राष्ट्रीय भाषाओं में प्रकाशित हो चुकी हैं। समाज में उनके असीमित योगदान के लिए दीप त्रिवेदी को साल 2018 के Times Power Men Award से सम्मानित किया गया है।

मनुष्यजीवन की गहरे-से-गहरी सायकोलॉजी पर उनकी पकड़ का अंदाजा इसी बात से लगाया जा सकता है कि मनुष्यजीवन पर सर्वाधिक लेक्चर्स और 'भगवद्गीता' पर सर्वाधिक लेक्चर्स देने का रेकॉर्ड

उन्हीं के नाम पर है जिसमें उन्होंने 58 दिनों में गीता पर 168 घंटे, 28 मिनट और 50 सेकंड तक एक लंबी चर्चा करी है। इसके अलावा अष्टावक्र गीता और ताओ-ते-चिंग पर भी सर्वाधिक लेक्चर्स देने का रेकॉर्ड उन्हीं के नाम पर दर्ज है। ये सारे रेकॉर्ड्स राष्ट्रीय एवं अंतर्राष्ट्रीय रेकॉर्ड बुक्स में दर्ज है। साथ ही मनुष्य के जीवन, सायकोलॉजी, आत्मा, प्रकृति के नियम, भाग्य तथा अन्य विषयों पर सर्वाधिक (लगभग 12038) कोटेशन लिखने का रेकॉर्ड भी उन्हीं के नाम दर्ज है। भगवद्गीता पर उन्हें उनके सायकोलॉजिकल कार्यों के लिए ऑनरेरी डॉक्टरेट की उपाधि भी प्रदान की गई है। उनके द्वारा लोगों के रोजमर्रा के जीवन की समस्याओं पर करी गई इंटरैक्टिव वर्कशॉप्स ने सभी के जीवन में क्रांतिकारी ट्रांसफॉर्मेशन लाया है। ये तमाम लेक्चर्स और वर्कशॉप्स भारत में लाइव ऑडियन्स के सामने दिये गए हैं।

दीप त्रिवेदी की खास बात यह है कि वे जीवन के गहरे-से-गहरे पहलुओं को छूते हैं और उन्हें सरलतम भाषा में लोगों के सामने प्रस्तुत करते हैं जिससे कन्फ्यूजन की कहीं कोई गुंजाइश ही नहीं बचती है। वे अपने किताब, लेक्चर्स और वर्कशॉप्स में जिस अनोखी स्पीरिच्युअल-सायकोलॉजिकल भाषा और एक्सप्रेशन का इस्तेमाल करते हैं उससे उन्हें पढ़ने तथा सुनने वालों में उसका तात्कालिक प्रभाव भी होने लगता है और यही बात उन्हें इस क्षेत्र का पायनियर बनाती है।

दीप त्रिवेदी के बारे में और अधिक जानने के लिए विजिट करें:
www.deeptrivedi.com

मैं समय हूँ

सृष्टि की निर्णायक सत्ता

आपके भविष्य की चाबी

दीप त्रिवेदी

बेस्टसेलर्स 'मैं मन हूँ' और 'मैं कृष्ण हूँ' के लेखक द्वारा लिखित

अंग्रेजी, मराठी तथा गुजराती में भी उपलब्ध

प्रथम संस्करण: 2019
मूल्य : ₹295/-

भारत में मुद्रित

संकल्पना, चित्रण व साज-सज्जा :
AATMAN
INNOVATIONS PVT. LTD.
www.aatmaninnovations.com

प्रकाशक : आत्मन इनोवेशन्स् प्रा. लि.
प्रकाशन का स्थान : मुंबई

ISBN 978-93-84850-63-0

अनुक्रमणिका

अनुक्रमणिका

लेखक की कलम से...

समय क्या है? यदि अधिकांश मनुष्यों की बात करूं तो समय उनके लिए घड़ी की सुइयों से ज्यादा कुछ नहीं। समय का पूरा खेल उनके लिए जीवन की आपाधापी और भागा-दौड़ी तक सीमित है। और बहुत हुआ तो वे समय को भूतकाल, भविष्य और वर्तमान के तौरपर जानते हैं।

परंतु वास्तव में समय इससे कई गुना बड़ा, विशाल और महत्त्वपूर्ण है। समय के दो-चार नहीं, हजारों-लाखों स्वरूप हैं। दरअसल समय कुदरत की अंतिम निर्णायक सत्ता है। मनुष्य और उसके जीवन पर ही नहीं, पूरे ब्रह्मांड पर उसका राज है। यहां का मनुष्य समेत सबकुछ ना सिर्फ एक समय के कारण अस्तित्व में है, बल्कि एक उसी के कारण चलायमान भी है।

और इस बात से कोई पूरी तरह अनजान हो, ऐसा भी नहीं है। उसके कई स्वरूपों के आभास सबको होते ही रहते हैं। समय के कई स्वरूपों की अलग-अलग तरीके से बहुत से लोग चर्चा भी करते रहते हैं। जैसे, बात-बात पे हरकोई कहता ही है कि क्या करें, समय खराब चल रहा है। शादी तो करनी है पर अभी वक्त नहीं आया है। यह काम तो करना ही है, बस समय का इंतजार कर रहा हूँ। क्योंकि वास्तव में समय मनुष्यजीवन की एकमात्र निर्णायक सत्ता है। यह सच ही है कि "आदमी नहीं, उसका समय बलवान होता है।" अब यह सब बातें ऐसी हैं जो प्राय: कई लोग मौके-बेमौके दोहराते रहते हैं। परंतु सत्य यह भी है

कि, इसके बावजूद बहुत कम लोग समय के इन गहरे स्वरूपों के बाबत कुछ विशेष जानते हैं। और उन सब पर से पर्दा उठाने हेतु ही मैंने यह पुस्तक लिखी है।

मैं सिर्फ इतना कह रहा हूँ कि समय कुदरत की वह अंतिम सत्ता है, जिसकी छाप ना सिर्फ मनुष्य के हर पल पर है, बल्कि ब्रह्मांड के हर कण पर भी है। मनुष्यजीवन के तमाम उतार-चढ़ाव व ब्रह्मांड की हर क्रिया-प्रतिक्रिया समय के अधीन है। जो मनुष्य समय के जितने स्वरूपों को जितनी ज्यादा गहराई से जानता-समझता है, उतना ही वह समय के साथ ताल मिलाकर चल पाता है। और जो व्यक्ति जितनी मात्रा में समय की चाल से अपनी ताल मिला पाता है, उतना ही उसका जीवन सुख और सफलता की राह पर लगता चला जाता है। क्योंकि मनुष्यजीवन भी सिवाय अस्सी-सौ वर्ष के समय के और कुछ नहीं है। तथा उसका मन भी सिवाय समय के और कुछ नहीं है।

कुल-मिलाकर चाहे मनुष्यजीवन सरल और समृद्ध बनाना हो या फिर ब्रह्मांड के रहस्य समझने हों, समय के गहरे स्वरूपों को समझे बिना इनमें से कुछ भी शक्य नहीं। और इस पुस्तक में मैंने समय के कई महत्त्वपूर्ण स्वरूपों तथा उनके प्रभावों को विस्तार से समझाया है। भाषा भी इतनी सरल रखी है कि सामान्य मनुष्य भी समय और उसके स्वरूपों की तमाम गहराइयों को आसानी से समझ सके। शायद समय और उसके स्वरूपों पर विस्तार से चर्चा करने का यह प्रथम अवसर है। और यह पुस्तक लिखते वक्त मैंने इस बात का भी अच्छे से ध्यान रखा है।

मुझे उम्मीद है कि यह पुस्तक ना सिर्फ समय के बाबत समझ बढ़ाने में सहायक होगी, बल्कि उसके विभिन्न स्वरूपों के प्रभावों को समझाने की कसौटी पर भी यह खरी उतरेगी। ...और इसी उम्मीद के साथ मैं यह पुस्तक आपको समर्पित करता हूँ।

दीप त्रिवेदी

/deeptrivediblog | /deeptrivediblog | /deeptrivedivideos

परिचय

मैं 'समय' हूँ। मेरे बाबत आप कुछ-कुछ जानते भी हैं, और आज के इस आपा-धापी व दौड़-भाग वाले जीवन में मेरी अहमियत बढ़ भी गई है। वैसे तो मनुष्य के अस्तित्व में आते ही दिन और रात के कारण मुझे पहचान मिली, परंतु घड़ी के आविष्कार ने तो मुझे मनुष्यों के लिए अपने हिसाब से डिवाइड ही कर दिया। अब तो मुझे सेकंड, घंटा, दिन, माह, वर्ष, सदी वगैरह के आधार पर विभाजित कर मेरा अपनी दिनचर्या के लिए अच्छे से उपयोग भी किया जाने लगा है। और शायद इसी तर्ज पर आप मुझे पहचानते भी हैं। लेकिन एक राज की बात बता दूं कि यही एक मेरा इंट्रोडक्शन नहीं। मेरे तो करोड़ों-करोड़ों स्वरूप हैं। हकीकत तो यह है कि यह जगत अस्तित्व में ही एक मेरे कारण आया हुआ है, और इस कारण यहां के हर कण पर मेरी छाप है। यहां का कण-कण मुझसे प्रभावित भी है व चलायमान भी। और फिर बाकी सबकी बात क्या करूं, आपके जीवन को भी सर्वाधिक प्रभावित मैं ही करता हूँ। लेकिन यह आश्चर्य की बात है कि इतना महत्त्वपूर्ण होने के बाद भी ना तो मेरी इतनी चर्चा है, और ना ही मेरे बाबत कोई कुछ विशेष जानता ही है। मेरे घड़ी-रूपी जिस स्वरूप के कारण मुझे जानने के भ्रम में आप जी रहे हैं, वह तो मेरे स्वरूपों व कार्यकलापों का अरबवां हिस्सा भी नहीं।

सो, आज न जाने क्यों मुझे अपने सारे स्वरूपों और उनके प्रभावों की विस्तार से चर्चा करने की इच्छा हो रही है। यहां तक कि मैं अस्तित्व में कैसे आया, यह तक आप को बताने को मेरा मन मचल रहा है। और शुरुआत भी मैं इसी से करता हूँ।

मेरा जन्म

निश्चित ही यह बात अरबों-खरबों वर्ष पुरानी है और प्रारंभिक तौर पर यह थोड़ा कॉम्प्लीकेटेड भी लग सकता है। लेकिन जैसे-जैसे मैं अपने बाबत बताता जाऊंगा, निश्चित ही बात आपके जहन में साफ होती चली जाएगी। क्योंकि आखिर आप भी इसी कॉम्प्लीकेशन का एक हिस्सा हैं।

खैर! अभी तो मैं यह बात वहां से प्रारंभ करता हूँ जब मैं अस्तित्व में आया ही नहीं था, तब मात्र एक 'एहसास' अस्तित्व में था; और वह अपने होने-मात्र से संतुष्ट था। तथा चूंकि वह अपने होने-मात्र से संतुष्ट था, अतः शक्ति से भरपूर भी था। यह बात हमेशा के लिए जहन में बिठा लेना कि जो भी अपने होने से संतुष्ट होगा, वह हमेशा शक्ति से भरपूर होगा। फिर यह बात सूर्य के संदर्भ में की जाए या बुद्ध व एडीसन जैसों के व्यक्तित्व के बाबत। खैर अभी तो वापस एहसास पर लौट आऊं। और वहां...अचानक इस एहसास की इच्छा-शक्ति के कारण उसकी कोख से मेरा जन्म हुआ और मैं अस्तित्व में आया। और चूंकि मेरा जन्म ही इच्छा-शक्ति के बल पर हुआ था, अतः इच्छा मेरा प्रथम स्वभाव बनकर उभरा। और फिर पल-पलकर जैसे-जैसे मैं एहसास की कोख से निकलता गया, मेरी इच्छानुसार समानांतर रूप से "स्पेस" भी डेवेलप होता चला गया।

और तब से एहसास की कोख से एक-एक क्षण कर मेरा विस्तार होना अब भी जारी है तथा उसी के समानांतर मेरे द्वारा स्पेस का विस्तार होना भी जारी है। और चूंकि हर

नए दिन के साथ मेरा विस्तार हो रहा है, अतः रोज-रोज यह ब्रह्मांड भी फैलता ही जा रहा है। ...अब तो विज्ञान की अनुभूति में भी यह सत्य आ ही चुका है कि ब्रह्मांड का रोज-रोज विस्तार हो रहा है। खैर, इस पूरे प्रकरण में सबसे महत्त्वपूर्ण समझने लायक बात यह कि मैं और स्पेस एक डोर से बंधे हुए हैं। और मजे की बात यह कि भले ही यहां का हर कण मेरे और स्पेस के मिलन से व्याप्त है, परंतु हमें व्यवहार की स्वतंत्रता कुछ भी नहीं है, क्योंकि हमारे अस्तित्व में आते ही एहसास हम दोनों को नियम की एक डोर से बांधता चला जा रहा है। यानी, अब हम दोनों में से एक भी ना तो उस नियम के बाहर कोई व्यवहार कर सकता है और ना ही हम अब एक-दूसरे से अलग हो सकते हैं। यानी समय है तो स्पेस है, और स्पेस है तो समय होना ही है; लेकिन बावजूद इसके हरहाल में बरतना तो हम दोनों को एहसास के बांधे नियम के दायरे में ही है। अर्थात् जहां एक ओर हमारा विस्तार होता जा रहा है, वहीं हाथोंहाथ हमारे हर विस्तार को एहसास अपने हिसाब से नियम-बद्ध भी करता चला जा रहा है।

समय से ही समानांतर रूप से स्पेस का निर्माण हुआ है

अब उस एहसास को आप चाहे जितने बड़े या चाहे जिस नाम से बुलाओ, कोई फर्क नहीं पड़ता। उसे शक्ति या शून्य से लेकर भगवान तक का नाम आप अपनी रुचि व प्रज्ञानुसार दे सकते हैं, परंतु वास्तव में मेरा या स्पेस का अब उससे कुछ लेना-देना नहीं। यह बात अच्छे से समझ लें कि अब तो जो कुछ भी है, बस वे नियम ही हैं जिनकी डोर से वह हमें बांध चुका है। और चूंकि मेरी इच्छानुसार मेरे करोड़ों स्वरूप हैं, अतः उसी के अनुसार स्पेस के भी करोड़ों रूप हैं। और मजा यह कि दोनों के हर मिलन का हर कॉम्बीनेशन भी एहसास द्वारा ऐसे ही करोड़ों नियम से आबद्ध है।

खैर! अब यहां मैं सर्वप्रथम ''मैं'' यानी यह समय क्या है तथा यह स्पेस क्या है, यह समझा दूं। परंतु यह समझने हेतु पहले आपको हमदोनों के चंद बुनियादी फर्क समझना आवश्यक है। और

टाइम और स्पेस
दोनों नियम के एक डोर से बंधे हुए हैं

हमारा सबसे बड़ा फर्क यह है कि मैं अदृश्य हूँ, जबकि स्पेस दृश्यमान है। दूसरी बड़ी बात यह कि मैं स्वचालित हूँ, जबकि यह सम्पूर्ण स्पेस मुझसे चलायमान है। इसी बात को सीधे शब्दों में कहूं तो जो कुछ भी आपको दृष्टिगोचर हो रहा है वह स्पेस है, परंतु उस स्पेस के पीछे का मूल कारण भी मैं हूँ तथा उसकी गति व मति का निर्णायक भी मैं ही हूँ। यहां गौर करने लायक बात यह भी कि इतना स्वतंत्र और शक्तिशाली दिखते हुए भी मैं नियम से बंधा हुआ हूँ। साथ ही मेरे और स्पेस का हर मिलन नियम से बंधा हुआ है, यह मैं बता ही चुका हूँ।

खैर! यह मैंने बड़े ही सरल शब्दों में मेरे अस्तित्व में आने की बात कह दी। और मेरी कही बात का तारण यह कि मैं ही इस जगत का प्रारंभिक बिंदु हूँ। और यह भी बता

दूं कि मैं यह प्रथम बिंदु एकबार नहीं अनकों बार बन चुका हूँ। 'एहसास' ने जब चाहा सब लीन किया और जब चाहा सब अस्तित्व में आया। परंतु जगत का उदय व प्रलय, या फिर एहसास...आज का मेरा विषय नहीं है। ...आज तो मैं सिर्फ अपने बाबत बताने को लालायित हूँ। सो आगे अब मैं अपने ही विभिन्न स्वरूपों व प्रभावों की चर्चा करूंगा। मुझे उम्मीद है कि मेरे स्वरूपों, मेरी शक्तियों तथा मेरे तमाम नियमों को समझकर आप उस अद्‌भुत शक्ति से भर जाएंगे कि जिससे आप अपना जीवन जैसा चाहें बना पाएंगे। परंतु चूंकि यह विषय काफी गहरा है, इसीलिए सबसे पहले मैंने अपने जन्म के बाबत ही आपको संक्षेप में बताया। और मेरा निवेदन है कि उसे अच्छे से समझ लेना। वैसे तो आगे जैसे-जैसे मैं अपने बारे में विस्तार से बताता चला जाऊंगा, निश्चित ही आपके जहन में मेरे जन्म से लेकर मेरी शक्तियों तथा मेरे प्रभावों के बाबत सबकुछ साफ होता चला जाएगा। और मेरे अस्तित्व में आनेवाली यह बात जो अभी मैंने आपको संक्षेप में समझाई है, वह तो आईने की तरह साफ हो जाएगी।

मेरा काल स्वरूप

चर्चा के प्रारंभ में मैं आपको अपने एक बड़े ही निराले स्वरूप से मिलवाना चाहता हूँ। हालांकि उससे पहले मैं आपको अपने बाबत यह स्पष्ट कर दूं कि मैं स्वभाव से ही बड़ा नटखट व चंचल हूँ तथा यह भी बता दूं कि अपने इस शौक की पूर्ति हेतु मैं दो-तरफा वार करता हूँ। उदाहरण के तौर पर कहूं तो स्पेस को अस्तित्व में भी मैं ही लाता हूँ और उसके अस्तित्व में आते ही उसे मिटाने की प्रक्रिया भी मैं स्वयं ही प्रारंभ कर देता हूँ। और सच कहूं तो यही मेरा काल स्वरूप है...यानी सबको खा जाने वाला। और आज के बाद आप गौर करेंगे तो विश्व की हर वस्तु पर मेरी मार साफ नजर आएगी। अरे, लेकिन आप इतनी जल्दी समझेंगे कैसे? अभी तो मैंने अपने काल-स्वरूप बाबत बताना प्रारंभ ही किया है। कोई बात नहीं, आज मैं ना सिर्फ अपने काल-स्वरूप से बल्कि मेरे तमाम अन्य स्वरूपों तथा मेरे बाबत फैले समस्त भ्रमों पर से भी एक-एककर परदा उठाता चला जाऊंगा, और चाहूंगा कि आप मेरे अलग-अलग स्वरूपों तथा मेरी विभिन्न कार्यप्रणालियों को समझें। इससे ना सिर्फ आप विश्व के रहस्यों को समझ पाएंगे, बल्कि अपने जीवन में मेरी मारों से स्वयं की रक्षा भी कर पाएंगे। ...और बहुत अच्छे से समझ गए तो इसका भरपूर फायदा भी उठा पाएंगे।

खैर! फायदा उठाना तो इस बात पर निर्भर करेगा कि आप कितनी प्रज्ञापूर्वक मेरी कही बातों को समझते हैं। सो, अभी तो वापस मैं अपने काल-स्वरूप पर लौट आऊं।

और वहां मैं कह यह रहा था कि आप यदि मुझे अपनी घड़ी से ऊपर उठकर खोजने का प्रयास करेंगे तो विश्व की हर वस्तु पर मेरे काल-स्वरूप की मार का असर स्पष्ट देख पाएंगे। और इस बात को मैं आपको आपके विश्व की वस्तुओं का सहारा लेकर ही समझाता हूँ। आपको समझना आसान और मुझे समझाना आसान...।

समय काल है जिसकी मार से कोई अछूता नहीं

यह तो आप भी जानते ही होंगे कि जो वस्तु अस्तित्व में आएगी वह एक दिन खत्म भी होगी ही। कोई वस्तु हमेशा के लिए बची नहीं रह सकती। और चूंकि वस्तु मेरे कारण अस्तित्व में आई होती है, अतः उसके मिटने का कारण भी मैं ही बन सकता हूँ...और बड़ी शान से बनता भी हूँ। लेकिन मेरी भी एक विशेषता है, मैं किसी भी वस्तु को रातोंरात खत्म नहीं करता। बढ़ते समय के साथ मेरी मार उसपर लगातार पड़ती रहती है, और फिर एकदिन जाकर मैं उसके अस्तित्व को पूरी तरह मिटा देता हूँ। यदि आप थोड़ा गौर से वस्तुओं पर पड़ रही मेरी इस मार को देख पाएंगे, तो आप धीरे-धीरे कर उस वस्तु के मिटने के समय बाबत भी अंदाजा लगाने में सक्षम हो जाएंगे। और यह कोई आपकी छोटी-मोटी उपलब्धि नहीं होगी। सोचो, यदि आप किसी वस्तु पर पड़ रही समय की मार और उसके मिटने के समय बाबत समझना शुरू कर दें तो आपकी प्रज्ञा रातोंरात कहां-से-कहां पहुंच सकती है।

खैर, यह तो मेरी मार समझने का महत्त्व हुआ। अब मैं अपनी मार की ओर आपका ध्यान आकर्षित करता हूँ। आप ने मेरी मार का हजार बार अनुभव किया होगा, परंतु आपने शायद उन मारों को उस दृष्टि से कभी देखा ही नहीं होगा। सो, मैं आपसे ही शुरुआत करता हूँ। आप किसी भी मनुष्य को देखकर उसकी अंदाजन उम्र जज कर ही लेते हैं। कभी सोचा कि यह उम्र आप कैसे जज कर पाते हैं? मैं बताता हूँ, आप उसके चेहरे पर पड़ी मेरी मार देखकर उसकी उम्र का अंदाजा लगा लेते हैं। दो-चार वर्ष इधर या उधर, पर उम्र

का यह अंदाजा करीब-करीब हरकोई लगा ही लेता है। आप समझ ही जाते हैं कि उसका और मेरा कितना साथ रहा है। बीस, तीस, चालीस या पचास वर्ष। यानी मेरी मार अदृश्य होते हुए भी अपने चिह्न तो छोड़ ही जाती है, सिर्फ अच्छे से देखने वाला चाहिए होता है।

वैसे तो मनुष्य ही क्यों, आप घर और गाड़ी देखकर भी बता ही देते हैं कि यह घर या गाड़ी कितनी पुरानी है। यदि आप अपनी इस नजर को थोड़ा और पैना करेंगे तो धीरे-धीरे कर आप ना सिर्फ हर दृश्यमान वस्तु पर मेरी मार का असर देख पाएंगे, बल्कि उस पर मेरी कितनी मार पड़ी है, यह तक समझने में भी सक्षम हो जाएंगे। फिर चाहे वह कोई पुरानी किताब हो या किसी के कोई पुराने वस्त्र। थोड़ा गौर से देखने पर आप समझ ही जाएंगे कि वह कितनी पुरानी है, या उसकी उम्र अब कितनी बची है। क्योंकि समय की मार को देख सकने वाली आंख हर मनुष्य में होती ही है, तथा अब उस बाबत मैं आपका प्रारंभिक ध्यान भी आकर्षित कर ही चुका हूँ। सो, अब थोड़ा अपनी उस आंख को सक्रिय

समय काल है जो सबको रोज-रोज थोड़ा-थोड़ा कर खाता रहता है

कर हर वस्तु पर पड़ने वाली मेरी मार और उसकी बची उम्र का अंदाजा लगाना प्रारंभ कर दीजिए। निश्चित ही शुरुआत घर, गाड़ी, किताबें व कपड़े वगैरह से ही कीजिए। क्योंकि यह सब समझना थोड़ा आसान है। जब इसमें पारंगत हो जाएं तो फिर धीरे-धीरे कर इस बाबत अपना दायरा बढ़ाएं। यह तय जानिए कि समय की मार पहचानने से महत्त्वपूर्ण कोई शिक्षा आपके संसार में उपलब्ध नहीं है।

खैर, अब मैं अपने इस काल स्वरूप के दायरे की और विस्तार से चर्चा प्रारंभ करता हूँ। आपने कई बार पढ़ा ही होगा कि दस लाख वर्ष पूर्व के डायनासोर का कंकाल मिला। दस लाख वर्ष पूर्व का...जरा मेरे विस्तार की कल्पना तो कीजिए! और फिर यहां सवाल यह कि यह पता कैसे चला कि यह दस लाख वर्ष पुराना कंकाल है। निश्चित ही उस डायनासोर के कंकाल पर पड़ी मेरी मार से। यह तो ठीक, पर थोड़ा इस डायनासोर पर पड़ी मेरी मार की व्यापकता समझने की भी कोशिश करें। सोचें यह कि इतने विशालकाय डायनासोर के अस्तित्व तक को मैंने मिटाकर रख दिया। अतः हर हाल में हर वस्तु को एक-न-एक दिन मिटाकर रख देनेवाली मेरी बात कभी मत भूलना। वैसे इस बाबत अब आप यह भी समझ ही गए होंगे कि मैं आपको भी ना सिर्फ धीरे-धीरे कर मारता हूँ, बल्कि एक दिन आपका भी अस्तित्व इस जहां से मिटाकर ही दम लेता हूँ। और अपनी इस प्रक्रिया में मैंने कभी किसी से कोई पक्षपात नहीं किया है, यह भी आप जानते ही हैं। आपने चाहे जिस व्यक्ति को चाहे जितना बड़ा सम्मान क्यों न दिया हो, पर मेरे स्वभाव से मैंने उसे मिटाया ही है। और आज जानो यह भी कि ठीक इसी तरह मैंने न जाने कितनी बार पृथ्वी समेत कितने ही ग्रहों से जीवन का अस्तित्व मिटाया है।

यही क्यों, मेरे इस मिटाने के प्रभाव से बड़ी-बड़ी बस्तियां व नगर तक बाकात नहीं। एक-से-एक ऐतिहासिक महल व शहरों को मैं खा गया। ...फिर कभी जब आपको किसी दबी हुई नगरी या बस्ती के अवशेष मिल जाते हैं, तो पुरातत्वविज्ञान अपने हिसाब से कितनी पुरानी बस्ती होगी, उसका अंदाजा लगाते हैं। और वे अक्सर ठीक-ठीक बता भी देते हैं, क्योंकि उस बस्ती पर पड़ी मेरी मार सबकुछ बयां कर ही रही होती है।

चलो यह सब तो ठीक, मेरी बड़ी मार हुई; सो आपके लिए समझना तथा मेरे लिए समझाना...दोनों आसान हो गया। परंतु आगे मैं आपको अपनी सूक्ष्म मारों के बाबत बताता हूँ। आपने भी अनेकों बार इसका अनुभव किया ही होगा, परंतु निश्चित ही इसके बावजूद आपने कभी इसपर गौर नहीं किया होगा। और इस बाबत यदि आपके घर का ही उदाहरण दूं तो अब तक के जीवन में आपने छोटी-मोटी हजारों चीजें खरीदी होगी।

पेन, राइटिंग-पैड, किताबें जैसी चीजें तो बात-बेबात आप खरीदते ही रहते हैं। सोचो यह कि आप कभी उसे फेंकते नहीं, किसी को देते भी नहीं, कोई उसे चुराता भी नहीं; फिर भी वे एक दिन गायब हो ही जाती हैं। फिर आप कहते हैं कि पता नहीं इन सबको कौन खा गया? जमीं खा गई या आसमां निगल गया? नहीं, वे दोनों क्या खाएंगे? उन तक को मैं हजारों बार खा चुका हूँ। कहने का तात्पर्य इन छोटी-छोटी रोजमर्रा की चीजों को मारने की भी मेरी अपनी एक गहन गति है।

यही बात क्यों करूं, मेरी मार से तो संस्कृतियां व परंपराएं तक आजाद नहीं। उन्हें तो ऐसे खा जाता हूँ कि पूछो ही मत। उनका नामोनिशान तो इस कदर मिटा देता हूँ कि हर युग में वे बदल जाती हैं। फिर चाहे वो सामाजिक रीतियां हो या धार्मिक। और मैं पक्षपात इसमें भी नहीं करता। वे रीतियां व परंपराएं अच्छी हो या खराब, मैं समान रूप से दोनों को खा जाता हूँ। और मेरे खाने की प्रक्रिया भी ऐसी कि अपने मिटने के कुछ दिन बाद तक तो वे सब परंपराएं किताबों व कहानियों का हिस्सा रहती हैं, लेकिन फिर धीरे-धीरे कर उन्हें मैं वहां से भी मिटा देता हूँ। न जाने कितनी ही संस्कृति तथा परंपराएं अनेकों ग्रह पर पनप व पल चुकी हैं, लेकिन आज तो उन सबका अंदाजा तक किसी को नहीं रह गया है।

वैसे ही मनुष्यों की प्रगति को भी मैंने नहीं बख्शा है। न जाने कितनी ही बार उसने चांद-तारों की ऊंचाइयां पाई है और फिर न जाने कितनी ही बार वह अपनी ही प्रगति के जाल में फंसकर लुप्त हुआ है। हालांकि मनुष्य भी मनुष्य है। वह फिर अ-ब-स से शुरू कर ऊंचाइयां छू ही लेता है। फिर भी कभी-कभार मेरी उस मार के भी अंश मिल जाते हैं। खासकर कोई पुरानी रिकॉर्ड या लिपिबद्ध-पत्थर मिल जाते हैं जो मनुष्य के विकास की तथा उसके अंत की चुगली खाते नजर आते हैं।

छोड़ो, यह सब तो बहुत लंबी बात हुई। मेरी मार का असर तो इतना गहन और सटीक है कि मैं आपकी आंखों के सामने से बड़े-बड़े खानदानों के अंश तक मिटा देता हूँ और आपको समझ नहीं आता कि आपकी आंखों के सामने से वे गायब कैसे हो गए? इसी बात को एक छोटे से उदाहरण से समझाता हूँ- भारत पर मुगलों ने करीब तीन सौ वर्ष राज किया। उनमें से कई राजा और उनकी बातें तो भारतीयों के जहन तक में बस गई हैं। और बावजूद इसके उनके अंतिम शासक बहादुरशाह जफर के बाद के दो सौ वर्ष से कम के समय में उनके पूरे खानदान का नामोनिशान मिट गया। दो सौ वर्ष, यानी मात्र दो या तीन-चार जेनरेशन में सब गायब! चलो राजपाट मिट जाए बात समझ में आती है, परंतु

अगले दौ सौ वर्षों में इतना बड़ा खानदान मिट जाए? न रिश्तेदारों के पते न उनके बच्चों के? अब यह मत कह देना कि यह सब औरंगजेब की क्रूरता का परिणाम था। नहीं, मैंने यही हाल कृष्ण जैसे विशाल कुटुंब के मालिक से लेकर बुद्ध तक के परिवार का भी किया था। मैंने पहले ही कह दिया है कि मेरे मिटाने की पद्धति में कोई पक्षपात नहीं। अच्छे-बुरे, पापी-पुण्यात्मा, उपयोगी या अनुपयोगी से मुझे कोई लेना-देना नहीं। ये सारे विभाजन आपकी बुद्धि की उपज हैं, और जिससे विश्व के गहन रहस्यों का कोई ताल्लुक नहीं। वे सब अपने ही नियमों से चलायमान हैं। ...ठीक उसी तरह जैसे मैं अपने स्वभाव से नियम के अंतर्गत बिना पक्षपात के तमाम चीजें मिटाने में संलग्न हूँ।

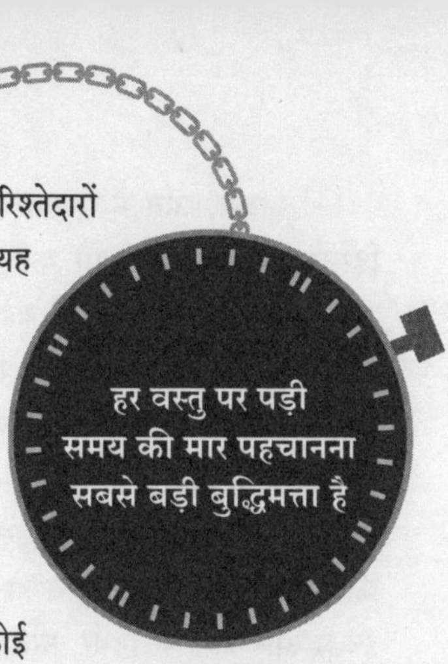

...लेकिन मेरी यह संलग्नता पूरी तरह समझने हेतु आपको अपनी दृष्टि थोड़ी और पैनी करनी होगी। और साथ ही आपको अपनी भाषा भी बदलनी होगी। आप कहते हैं बुढ़ापा आ गया। नहीं, बुढ़ापा नहीं आया बल्कि आपका समय चुका जा रहा है। आप कहते हैं यह मर गया। नहीं, मैं उसे खा गया। इस ब्रह्मांड की ऐसी कोई वस्तु नहीं जिसे रोज-रोज मैंने अपने मिटाने की प्रक्रिया में शामिल न किया हुआ हो। सूरज की रोशनी हो या चांद की ठंडक , वे भी हमेशा मेरे निशाने पर होते ही हैं। यही कारण है कि उनकी रोशनी भी रोज-रोज चूकती ही चली जा रही है। जो सूरज सम्पूर्ण सजीव-जगत के जीवन का स्रोत है, उसे भी मैं बार-बार ठंडा कर ही देता हूँ। और एक दिन इस सूर्य को मिटा भी देता हूँ। कहने की जरूरत नहीं कि उसके साथ ही आपका अस्तित्व भी समाप्त हो ही जाता है। और यह प्रक्रिया भी मैं अब तक कितनी ही बार दोहरा चुका हूँ।

सो, कुल-मिलाकर यदि आप अपने जीवन तथा ब्रह्मांड के तमाम रहस्यों को समझना चाहते हैं, तो सबसे पहले मेरे इस काल-रूपी स्वरूप को आपको अच्छे से पहचानना होगा। आज के बाद हर छोटी-से-छोटी व बड़ी-से-बड़ी वस्तु पर मेरी मार का प्रभाव देखना सीख जाओ, फिर देखिए आप इस प्रकृति का कितना बड़ा एक खेल समझ जाएंगे। और जब आपको चीजों के मिटने की प्रक्रिया तथा उनके समय बाबत ही पता चलने लग जाएगा, तो फिर बचा क्या? कौन है आपके संसार में जो आपके मुकाबले खड़ा हो पाएगा?

बस, अंत में एकबार फिर मैं यह बात पूरी दृढ़ता से कहता हूँ कि हां, मैं "द डिस्ट्राइअर" हूँ, और मेरे कई महत्त्वपूर्ण स्वरूपों में से एक स्वरूप यह भी है ही। और उससे भी ज्यादा प्रगाढ़ता से यह समझा देता हूँ कि मेरा यह स्वरूप अच्छे से समझ लेंगे तो मेरी कई अकारण की मारों से आप बचना भी सीख जाएंगे। और सच कहूं तो सफल जीवन क्या है? वह भी और कुछ नहीं बस मेरी कई मारों से बचे होने का सबूत है। यानी सफल व्यक्ति को मालूम हो या न हो, वह जाने-अनजाने मेरी मारों से बचना सीख ही गया होता है। उम्मीद करता हूँ कि इस एक सत्योद्घाटन से आपको मेरे इस स्वरूप को पहचानने की आवश्यकता का एहसास हो गया होगा। आगे पहचानना या न पहचानना, यह आपकी इच्छा और प्रज्ञा पर निर्भर करता है। बाकी मैं तो कहूंगा, रोज आधा घंटा अपने चारों ओर निगाह फेरकर उनपर पड़ी समय की मांग जज करने में जरूर बिताएं।

आपका मन भी मैं ही हूँ

मैं अपने अन्य स्वरूपों तथा उनके प्रभावों की चर्चा करने से पूर्व एक बहुत बड़े राज पर से परदा उठा देना चाहता हूँ। और इस क्रम में वर्तमान अध्याय में मैं अपने जिस स्वरूप की चर्चा करने जा रहा हूँ वह मेरे सभी स्वरूपों में सबसे ज्यादा महत्त्वपूर्ण इसलिए भी है क्योंकि यह आपके जीवन से सीधा ताल्लुक रखता है। ना सिर्फ ताल्लुक रखता है, बल्कि आपके पूरे जीवन की बागडोर भी मेरे इसी स्वरूप के हाथ में है। जी हां, आपके जीवन को जो सर्वाधिक प्रभावित कर रहा है वह ''मन'' भी मैं ही हूँ। और चूंकि मन मेरे ही कई स्वरूपों में से एक है, अतः वह भी मेरी तरह अदृश्य है तथा यही कारण है कि मेरी ही तरह वह भी आपकी समझ व विज्ञान की पहुंच...दोनों से हमेशा परे ही रहा है। निश्चित ही यह जानकर आप थोड़ा चौंक गए होंगे कि मन भी मैं ही हूँ। हालांकि इसमें चौंकने वाली कोई बात नहीं, उल्टा आपको तो अफसोस होना चाहिए कि आप अपने बारे में ही कितने अनजान हैं जो इतने विशाल व इतने स्वरूपों तथा शक्तियों के मालिक ''मुझे'' आपने घड़ी तक ही सीमित रखा। ना तो मेरा काल-स्वरूप पहचान पाए और ना ही मेरी पड़ने वाली मार से मेरी उपस्थिति का आप अंदाजा ही लगा पाए। फिर भी मजा यह कि समझते अपनेआप को बुद्धिमान हैं।

चलो, यह सब छोड़ो; आपके काल स्वरूप को तो हमने पहचान लिया, पर मन भी आप ही हैं, यह बात समझ में नहीं आई। लो, तो क्या मैं कोई हवा में कह रहा हूँ?

नहीं-नहीं.., पर मन में तो भावों के उतार-चढ़ाव होते रहते हैं। उसमें आप कहां से आ गए? बस यहीं तो मार खा गए आप...। वे भावों के उतार-चढ़ाव नहीं, मेरे ही भिन्न-भिन्न स्वरूप हैं। ...और यह बात मैं अभी आपको समझाते हुए सिद्ध कर देता हूँ।

आज के बाद यह अच्छे से समझ लें कि आपके जहन में उठनेवाले सारे भाव जैसे सुख, दुःख, चिंता, आनंद, खुशी, फ्रस्ट्रेशन सब सिर्फ समय है। आप उसका अनुभव क्यों और कैसे करते हैं यह चर्चा मैं बाद में करता हूँ, पहले वे समय कैसे हैं...यह समझा देता हूँ। मान लो, आपको कोई दुःख पकड़ाता है, चलो वह तो आपने पकड़ ही लिया; पर सोचो यह कि वह आया कहां से? इसे भी छोड़ो, अभी तो बस यह समझो कि वह पैदा मेरे अपने कारणों से होता है। एक साथ हजार चीजें समझाने जाऊंगा तो आप कन्फ्यूज्ड हो जाएंगे। क्योंकि एक तो यह विषय कुछ ज्यादा ही कॉम्प्लीकेटेड है और ऊपर से आजतक पूरी तरह अछूता भी रहा है। अतः मैं चाहूं-न-चाहूं पर ये सारी बातें मुझे क्रमशः ही समझानी पड़े ऐसी है। सो, आपके सारे भाव क्यों व कैसे पैदा करता हूँ, और वे सब किस नियम के तहत पैदा करता हूँ; यह सब भी मैं बाद में ही बताऊंगा। ...पहले आपका मन भी मैं ही हूँ, यह जरा अच्छे से समझा दूं।

हां तो चलो, वह दुःख उत्पन्न हुआ, पर फिर कुछ समय के बाद वह गायब भी हो जाता है। यह समय कुछ घंटे या कुछ दिन भी हो सकता है, परंतु मूल बात यह कि वह गायब भी हो जाता है। ठीक इसी तरह चिंता, क्रोध, फ्रस्ट्रेशन, भय, व्यथा, उचाटपन सब कुछ आप पकड़ते रहते हैं, लेकिन वे सब भी कुछ समय बाद गायब हो ही जाते हैं। यानी आपके सारे भाव आते व जाते हैं, सिर्फ कुछ समय के लिए आप उन्हें महसूस करते हैं। तो बताइए, आपके सारे भाव "मैं" हुआ कि नहीं?

खैर! अब मैं एक मजे की बात और बताऊं। यह जानकर आपको अपनी ही नहीं, सम्पूर्ण मनुष्यता की बुद्धि पर भी तरस आ जाएगा। क्योंकि हजारों बार और हजार कारणों से आपके मन पर आने व जाने वाले इन भावों की चर्चा हो चुकी है, पुराने-से-पुराने युग तथा उनकी बातें व किताबें भी इससे आजाद नहीं है। उन्होंने भी मन के पटल पर आने और जाने वाले इन भावों की काफी चर्चा की है। और मजा यह कि हर युग ने आपकी ही तरह दुःख, चिंता, व्यथा, फ्रस्ट्रेशन वगैरह को अलग-अलग पहचाना है और उन्हें उसी हिसाब से अलग-अलग समझा और समझाया भी है। ...लेकिन आज मैं इस राज पर से परदा उठाता हूँ कि ये सारे भाव एक ही हैं, बस सिर्फ नासमझी के कारण इन्हें आपको अलग-अलग बताया गया है। और यही कारण है कि युग बीत गए पर कोई बात,

कोई मंत्र मनुष्य के दुःख-दर्द दूर नहीं कर पाया। क्योंकि किसी भी दवाई को असर करने हेतु मर्ज ठीक से पहचानना जरूरी है। मैं मनुष्य की और उसके मन की उस सच्चाई पर से पर्दा उठा रहा हूँ। जिसे समझने में पूरा इतिहास फेल रहा है। समझ नहीं आता कि दूसरे आपको गलत समझाएं वहां तक तो ठीक है, परंतु आप स्वयं अपने बाबत इस तरह भ्रमित हो जाएं... तो बात वाकई अखरने वाली है। हालांकि मैं यहां दृढ़तापूर्वक यह स्पष्ट कर दूं कि जो मनुष्य अपने दुःख, चिंता, फ्रस्ट्रेशन, व्यथा वगैरह को एक नहीं जानता, उसे कम-से-कम बुद्धिमान होने का दावा तो नहीं ही करना चाहिए। आप बाहर की चीजों के बाबत भ्रमित हो जाएं तो बात समझ में आती है, क्योंकि वे बाहर हैं; परंतु आप अपने मन में उभरने वाले भावों के बाबत भी इसी कदर भ्रमित रहें, तो ऐसे में आप क्या खाक इस मनुष्य-जन्म का फायदा उठा पाएंगे? सो, आज के बाद यह अच्छे से समझ लीजिए कि आपके ये सारे भाव "मैं" ही हूँ, ...यानी वे सब एक समय ही है, जो अज्ञानतावश आपको भिन्न-भिन्न भास रहे हैं। तथा वे अलग-अलग इसलिए भास रहे हैं क्योंकि वे सभी मेरी भिन्न-भिन्न गतियों के परिणाम हैं, और दुर्भाग्य से यह गतियों की भिन्नता ही आपको भावों की भिन्नता की तरह दिखाई पड़ रही है।

देखिए महाराज, थोड़ा धीरे-धीरे बताइए! हम तो अभी से कन्फ्यूज्ड हो गए। पहले आप कह रहे हैं कि मन आप हैं, फिर आप कह रहे हैं कि ये सारे भाव भी आप ही हैं; चलो यह भी ठीक लेकिन फिर यह आपकी भिन्न-भिन्न गतियां कहां से आ गई?

लो आप भी कमाल करते हैं। अरे भाई, जब आपके सारे भाव आते और जाते रहते हैं, तो फिर इन आते-जाते भावों का पूरा खेल मेरे पटल पर खेला जा रहा है कि नहीं। यह थोड़े ही हो रहा है कि आपने कोई दुःख पकड़ लिया तो फिर पूरे जीवन दुःखीप्रसाद बने ही घूमते रहते हैं? कुछ समय बाद आपका उससे छुटकारा तो

हो ही जाता है, यानी वह ठहरता तो कुछ समय के लिए ही है। और फिर हर बीतते पल के साथ उसकी तीव्रता भी कम या ज्यादा होती ही रहती है, अर्थात् उसे कमजोर भी होना पड़ता है और मिटना भी पड़ता है। अब ऐसे में आपके लिए आपके सारे भाव कुछ समय के मेहमान के अलावा क्या हुए? और मन सिवाय भावों के कुछ नहीं। तो बताओ, सीधे-सीधे तौर पर आपका मन ''मैं'' हुआ कि नहीं?

खैर, जब आप यह समझ गए कि मन मैं हूँ, तो अब मेरी भिन्न-भिन्न गतियों के बारे में भी समझ लीजिए तथा वे भावों में कैसे परिवर्तित होती हैं, यह भी समझ लीजिए। आप क्या समझते हैं कि आपने चौबीस घंटे का एक दिन बनाकर मुझे बांध दिया? लेकिन आप यह क्यों भूल गए कि मैं आपसे पहले ही कह चुका हूँ कि मैं स्वभाव से ही नटखट व चंचल हूँ। ...मैं बांधा जा सकता ही नहीं हूँ। आपकी घड़ी के अनुसार मेरी गति के जिस स्वरूप को आप जानते हैं, उसके अलावा भी मेरी हजारों गतियां हैं। और यह बात ध्यान रख लेना कि जब मेरी गति धीमी हो जाती है, तब आपको ऐसा आभास होता है कि आप दुःखी या चिंतित हैं, पर वास्तव में ऐसा है नहीं। वैसे ही जब मेरी गति अत्यंत तेज हो जाती है तब आप आनंद, सुख या शांति जैसी मनोदशा का अनुभव करते हैं। लेकिन वह भी वास्तव में मेरी बढ़ी हुई गति के अलावा कुछ नहीं है।

> **मनुष्य का मन भी सिवाय समय के और कुछ नहीं है**

माना बात थोड़ी कॉम्प्लीकेटेड और नई है। कोई बात नहीं, मैं इस बात को कुछ और विस्तार से बताता हूँ। आपको इसके अनुभव हजार बार हुए होंगे परंतु आपने कभी इस पर गौर नहीं किया होगा। लेकिन आज के बाद गौर करना, दो-चार अनुभव में ही आप समझ जाएंगे। देखना कि जब कभी आप आनंद या मस्ती में होते हैं तो क्या होता है? ...निश्चित ही समय तेजी से कटता है, यानी आपकी घड़ी के समय से कहीं तेज। और इसके विपरीत जब आप किसी कष्ट में होते हैं या चिंता में डूबे होते हैं, तब क्या होता है? ...तब उसी घड़ी का समय काफी लंबा हो जाता है।

और यहां मैं वर्तमान युग के अति इंटेलिजेंट व्यक्ति ''आइंस्टाइन'' की तारीफ करना चाहूंगा, उन्होंने समय की इस रिलेटिविटी को ना सिर्फ जाना बल्कि अच्छे से उसे समझाया भी। शायद आपको भी याद होगा कि उन्होंने क्या कहा था। नहीं सुना हो, या न याद आ रहा हो तो मैं बताए देता हूँ। उन्होंने कहा था कि सोचो यदि आपका हाथ जलते हुए स्टोव पर रखा हो तो क्या होगा? हाथ जलने के कारण आपको अपना समय काटना दुश्वार हो जाएगा। और उसके विपरीत यदि आप सुहावने मौसम में अपनी प्रेमिका के साथ बैठे हैं, तो घंटों बीत जाएंगे पर आपको समय का एहसास ही नहीं होगा। और आइंस्टाइन की ही भाषा में कहूं तो- "An hour sitting with a pretty girl on a park bench passes like a minute, but a minute sitting on a hot stove seems like an hour."

और इसी प्रकार के आपको हजारों अनुभव होंगे। आपके घर में कोई बीमार हो या अस्पताल में भरती हो, और उसकी हालत अति क्रिटिकल हो, तो वह रात आपसे काटे नहीं कटती। आप सोचते हैं कि आप टेन्शन में हैं। नहीं, मैं कहता हूँ कि अचानक मेरी गति आपके घड़ी के कांटे से कई गुना धीमी पड़ गई है। वहीं इसके दूसरी तरफ का उदाहरण दूं तो मानो आपके घर में शादी है। रातभर खूब खान-पान व नाच-गाना चल रहा है। वह पूरी रात कब कट जाएगी आपको पता भी न चलेगा। आप कहेंगे वह तो कटनी ही थी, मस्ती से जो भरे थे। अरे, दोनों रातों के समय में इतना फर्क? जबकि आपकी घड़ी का समय ही सत्य मानें तब तो दोनों में वक्त तो बारह घंटे का ही बीता है।

...समझे कि नहीं? नहीं समझे तो यह समझ लीजिए कि अपनी इसी नासमझी के चक्कर में आप मार खा रहे हैं। यह अच्छे से समझ लीजिए कि अपनी इसी नासमझी ने आपको डुबोया है। ये सारे दुःख, चिंता, आनंद, मस्ती या जो-जो भी आप जानते हैं, ये सब परिणाम हैं; उनके पीछे का वास्तविक और एकमात्र कारण सिर्फ मैं हूँ। मेरी गति धीमी या तेज होने से ही आप अपने सारे भावों का अनुभव करते हैं। और यह बात मैं पूरी दृढ़ता से कह रहा हूँ कि सुख-दुःख या शांति-अशांति जैसी कोई चीज है ही नहीं। यह सब आपका भ्रम है। आपका मन 'समय' यानी मैं हूँ। तथा मेरा भावों से कुछ लेना-देना नहीं। मेरी भाषा गति और सिर्फ गति की है। और मुझे यकीन है कि यह बात अब अच्छे से स्थापित हो चुकी है। यूं भी चूंकि मैं स्वयं मेरे बारे में बता रहा हूँ, और बता भी वैज्ञानिक युग में रहा हूँ; सो मैं जानता हूँ कि जो कहूंगा वह हाथोंहाथ सिद्ध भी करते जाना पड़ेगा। और इसीलिए मैं वैज्ञानिक भाषा का ही प्रयोग कर रहा हूँ। और मुझे विश्वास है कि मैं अपनी कही दोनों बातें स्थापित कर भी चुका हूँ। एक तो यह कि मैं मन हूँ क्योंकि आपके

मन में उठनेवाला हर भाव कम या ज्यादा समय के बाद तिरोहित हो ही जाता है। और दूसरा यह कि मन के तल पर आप जिन भावों के उतार-चढ़ाव को महसूस करते हैं, वह सब भी सिवाय मेरी भिन्न-भिन्न गतियों के और कुछ नहीं। कितनी साधारण तो बात है, सो इस बात को मैं यहीं समाप्त करता हूँ।

जैसी गति वैसी मति

चलो, इस चर्चा को आगे बढ़ाते हुए मैं एकबार फिर यह स्पष्टतापूर्वक कहना चाहता हूँ कि आपका मन ही आपके जीवन की राह तय करता है। ...और आपका मन मैं हूँ। और चूंकि मेरी भाषा गति की है, अतः इस लिहाज से समझें तो आपके भीतर की मेरी गति ही आपके जीवन की दिशा व दशा दोनों तय करती है। तभी तो कहते हैं; 'जैसी गति-वैसी मति'। यानी जैसी गति से मैं चलूंगा वैसा ही आपका जीवन हो जाएगा। यदि आपके जीवन में मेरी गति तेज होगी तो आपका जीवन आनंद व सफलता के नए-नए आयाम छूएगा, और यदि आपके जीवन में मेरी गति मंद होगी तो आपका पूरा जीवन दुःखों व चिंताओं का एक अंतहीन सिलसिला बनकर रह जाएगा।

लेकिन युगों से मनुष्य इस हकीकत से नावाकिफ रहा है। वह स्वयं की नासमझी के कारण मन को "समय" के भिन्न-भिन्न स्वरूप न जानकर केवल भावों का जोड़ समझता आया है। और इसीलिए हर तरीके के प्रयास कर चुकने के बावजूद वह अपने दुःख-दर्द कम नहीं कर पाया है। कर पाए भी तो कैसे...? मनुष्य तो दुःख, चिंता, बेचैनी वगैरह को भाव समझकर उनसे बचने के उपाय खोजने में लगा हुआ है। और मजा यह कि नासमझ लोग धर्म व सायकोलॉजी के नाम पर सबको इन भावों से छुटकारा पाने के उपाय बता भी रहे हैं। परंतु जरा सोचो कि जो बीमारी आपको है ही नहीं, उसकी दवाई लेने से भी होगा क्या? जब आपकी बीमारी ही भ्रम हो तब तो आपको वह भ्रम ही तोड़ना पड़ेगा। और आपका

यह 'भ्रम' तो शायद मेरी बातों से टूट ही गया होगा। आपको अब तक इतना तो समझ में आ ही गया होगा कि आप जिस दुःख, चिंता, परेशानी वगैरह को भाव समझ रहे हैं, वे सारे भाव असल में समय है। और यदि वाकई यह बात समझ में आ गई हो तो आप यह भी समझने की कोशिश करें कि आपकी बीमारी मन में उठनेवाले भाव नहीं, बल्कि आपकी असली परेशानी मेरी गति का रह-रहकर आपके जीवन में कम हो जाना है।

अब यदि एकबार उपरोक्त बात पूरी तरह समझ में आ जाए तो फिर इलाज भी सही दिशा में शुरू किया जा सकता है। सो सबसे पहले आपको यह अच्छे से अनुभव करना होगा कि आप जिसे भाव समझ रहे हैं, वह सिवाय मेरे गति-परिवर्तन के और कुछ नहीं है। और जब आपकी बीमारी ही आपके जीवन में मेरी यानी समय की गति का धीमा होना है, ऐसे में उसका इलाज भी स्पष्ट है; बस आपको अपने जीवन में समय की गति बढ़ानी है। और इससे पहले कि इस बात को आगे बढ़ाते हुए उसके उपायों पर चर्चा प्रारंभ करूं, मैं आपको मेरी गति की भिन्नताओं के बाबत चंद और उदाहरण देता हूँ, ताकि आपको बात समझने में आसानी हो जाए।

आप सपने तो देखते ही होंगे। और उन सपनों में आपने अक्सर गौर भी किया ही होगा, अगर न किया हो तो अब कर लेना कि सपनों में मेरी गति सर्वथा भिन्न होती है। कई बार तो ऐसा होता है कि आप दोपहर को पांच-दस मिनट की झपकी लेते हैं, और उतने में ही आपकी नौकरी भी लग जाती है, फिर नौकरी छोड़ आप व्यवसाय भी करने लग जाते हैं, और इतना तो कमा लेते हैं कि आपके अपने पर्सनल हवाईजहाज तक आ जाते हैं। ...इतना सबकुछ सिर्फ पांच मिनट में? बिल्कुल, क्योंकि सपनों में मेरी गति ही इतनी तेज हो जाती है कि इतना सबकुछ पांच मिनट में संभव हो जाता है। तो सोचो यह कि यदि आपके जीवन में मेरी गति इतनी तेज हो जाए तो आप सफलता व आनंद का कौन-सा ऐसा शिखर है जो न छू लें। खैर, यह चर्चा आगे, समय आने पर। अभी तो आपको एक राज की बात और बताता हूँ। पृथ्वी पर मेरी गति अलग है तो अंतरिक्ष में अन्य ग्रहों पर मेरी गति बिल्कुल अलग। और अब तो विज्ञान ने भी यह मान लिया है कि अंतरिक्ष में समय की गति सर्वथा भिन्न होती है। वहां दस वर्ष रुकने का भी मनुष्य की उम्र पर दो-तीन वर्ष का ही असर होता है।

और यहां एकबार फिर आइंस्टाइन को सलाम करने को जी चाहता है। वाकई मेरे बाबत वे बहुत आगे निकल गए थे। निश्चित ही मेरे बाबत उतना आगे आजतक मनुष्य-जाति के इतिहास में दूसरा कोई नहीं निकल पाया है। उन्होंने एकबार एक उदाहरण पेश करते हुए

कहा भी था कि मान लो पन्द्रह वर्ष की उम्र में आप करीब-करीब लाइट की स्पीड से जा रहे एक स्पेस शटल में बैठकर पृथ्वी से दूर निकल जाते हैं, और आप स्पेस में अपने पांच बर्थ-डे मनाते हैं। यानी दूसरे शब्दों में कहूं तो अपनी समझ से आपने करीब पांच वर्ष वहां बिताए हैं। लेकिन जब आप लौटकर आएंगे तो आप आश्चर्यचकित रह जाएंगे कि आपके सारे सहपाठी करीब 65 वर्ष के हो गए हैं, और उनमें से अधिकांश तो दादा भी बन गए हैं। अर्थात् आपने जहां सिर्फ पांच वर्ष जीने का अनुभव किया, वहीं आपके सहपाठियों ने उसी दरम्यान पचास वर्ष जी लिया। देखा आपने, एक ग्रह से दूसरे ग्रह पर जाने-मात्र से मेरी गति में कितनी भिन्नता आ जाती है।

खैर, जब मैं स्वयं आपको मेरी गति की भिन्नताओं के बारे में बता रहा हूँ तो फिर इतनी दूर क्यों जाना? आप लोग अपने ही जीवन में आपस में झांक के देख लें। आपके आसपास कई लोग आपको उम्र को मात देते हुए नजर आ जाएंगे। अर्थात् उनकी उम्र तो पचास होगी, परंतु दिखते वे पैंतीस-अड़तीस के ही होंगे। ऐसा क्यों? यह उनके बिताए जीवन में मेरी गति की खबर है। यानी उन्होंने जो जीवन बिताया है उसमें समय तेजी से कटा है। वहीं दुःखियारे जीवन ढूंढ़ने हेतु तो दूर जाने की जरूरत ही नहीं। पचासों डीसीप्लीन पालने व नियमित व्यायाम करने के बावजूद सिर्फ जीवन में मेरी गति धीमी होने का हर्जाना भुगत रहे हैं। वे चालीस वर्ष की उम्र में ही पचपन-साठ के दिखने लग जाते हैं।

यदि आप वाकई मेरी कही बातें समझ चुके हों तो आज के बाद जीवन में दुःखों व असफलताओं से कैसे बचें, यह पूछना ही मत। जीवन में आनंद, शांति और सफलता कैसे पाएं, इस बाबत सोचना ही मत। आप मनुष्य-जाति का इतिहास देखना, यह सब तो मनुष्य युगों से सोचते और चाहते आ रहा है; परंतु इसका परिणाम क्या आया? कितनों के कष्ट दूर हुए? कितनों ने सफलता के शिखर

छूए? इक्का-दुक्का...लाखों में एकाध ने। यह अपनेआप में सिद्ध करने को पर्याप्त है कि यह सोच और यह तरीका, दोनों गलत है। ...हालांकि इसमें कई धार्मिक और सामाजिक संस्थाओं का स्वार्थ भी है जो वे इतनी नाकामियों के बावजूद सिर्फ अपनी लालच के कारण आपको ऐसी शिक्षाओं के प्रति आकर्षित करते ही रहते हैं। वैसे इसमें उनकी भी क्या गलती? जब आप स्वयं हजार अनुभवों के बाद भी अपने दुःख-दर्द कम करने हेतु फिर... फिर उन्हीं की दुकानों पर पहुंच जाते हैं, तो फिर ऐसे में वे अपनी अच्छी-खासी चलती दुकानें क्यों बंद करने लगें? सो उनसे बचना आपको ही सीखना होगा।

इतना ही नहीं, अब आपको अपने सवालों के अंदाज में भी परिवर्तन लाने होंगे। अब आपको जवाब इस सवाल का खोजना शुरू करना होगा कि कैसे जीवन में समय की गति को तेज कर दिया जाए? कैसे अपने दिनों को पलों की तरह काटा जाए? क्योंकि यदि भीतर से आपके दिन पलों की तरह कट रहे होंगे, तो परिणाम में निश्चित ही आप आनंद, शांति व सफलता का स्वाद भी चख ही रहे होंगे। लेकिन मेरी गति की चिंता किये बगैर आनंद और सफलता पाने के हजारों उपाय क्यों न कर लें, या फिर सफलता पाने हेतु लाख प्रयास ही क्यों न कर लें; मैं दावे से कहता हूँ कि आपके हाथ कुछ नहीं लगने वाला। अंत में जीवन उस मुकाम पर पहुंच जाएगा जहां समय की गति तेज करना तो बहुत दूर, समय काटे नहीं कटेगा। ...और जो शायद पहुंच भी चुका है।

अतः आज के बाद यह समझ लेना कि सारे अच्छे-बुरे भाव सिवाय समय की गति के परिणाम के और कुछ नहीं है। वास्तव में तो यह सारा खेल मेरी गति का ही है। अतः जीवन में आनंद या सफलता मेरी अवहेलना कर सीधे पाई जा सकती है...या उसके भी कोई मंत्र हो सकते हैं, ऐसा सोचना ही मत। यह सिवाय आपके भ्रम के और कुछ नहीं। और यह भ्रम कोई आप आज से नहीं युगों से पालते आ रहे हैं। और उसका परिणाम भी आपके सामने है; हर जिस्म घायल है और हर मन उदास है। सफलता तो छोड़ो, जीने तक के लाले पड़े हुए हैं। वहीं इन सबसे बचने हेतु समाज, संसार और धर्म में जितने भी उपाय उपलब्ध थे, वे भी आप आजमा ही चुके हैं। तथा उन सारे उपायों से मनुष्य की हालत और बदतर ही हुई है, यह सत्य भी आपकी आंखों के सामने मैं ला ही चुका हूँ।

सो जिसे अब वाकई अपना जीवन आनंद और सफलता से भरना हो, उसे सबसे पहले तो पुराने उपाय दोहराना बंद कर देने चाहिए। उसे अपना पुराना भ्रम तोड़कर अब सोचना यह चाहिए कि वह अपने जीवन में समय की गति कैसे बढ़ाए? बस जो इस एक खोज में लग जाएगा उसके जीवन में से पुराना भ्रम स्वतः ही टूट जाएगा। यहां सबसे पहले

विज्ञान समय को उसकी अपनी सम्पूर्णता में कभी नहीं समझ सकता

तो यह समझ लें कि आपके जीवन में दुःख और असफलताएं हैं नहीं, सिर्फ जीवन में समय की गति धीमी होने का यह परिणाम है। और यह समझे बगैर आगे कुछ नहीं होनेवाला। अतः बाकी हजार उपाय छोड़ सबसे पहले इस भ्रम का उपाय खोजें।

चलो, आपका भ्रम मिटाने हेतु इसी बात को एक सामान्य उदाहरण से समझाने की कोशिश करता हूँ। एक किसान था। उसके खेत में सांप व चूहे दोनों का वास था। हालांकि किसान इस बात से अनजान था। यूं भी किसान दिन में खेती करने जाता था, और दिन में वे दोनों बाहर निकलते नहीं थे। लेकिन एक दिन उसे किसी कारणवश रात को खेत से गुजरना पड़ा। और उसी दिन उसे सांप ने काट लिया। पर मजा यह कि उसने जैसे ही नजर झुकाई, उसे भागता हुआ चूहा नजर आया। उसको लगा चूहे ने काट लिया है। उसने उस बात को कोई खास तवज्जो नहीं दी। सद्भाग्य से सांप भी जहरीला नहीं था, सो उसके काटने का भी उसपर कोई खास असर नहीं हुआ।

खैर, यह बात तो आई-गई हो गई। लेकिन कुछ माह बाद उसे फिर एक दिन रात को खेत से गुजरना पड़ा। अबकी उसे चूहे ने काट खाया। लेकिन दाव यह हो गया कि इसबार नजर झुकाने पर उसे दौड़ता हुआ सांप नजर आया। बस वह चक्कर खाके वहीं गिर पड़ा। फिर तो महीनों उसका इलाज चलता रहा, पर वह ठीक नहीं हुआ तो नहीं ही हुआ। होता भी कैसे? इलाज सांप के काटने का चल रहा था, जबकि सांप ने काटा ही नहीं था। वह उसका भ्रम-मात्र था, और ठीक तभी हो सकता था जब उसका यह भ्रम दूर हो जाता।

ठीक यही दशा आपकी है। आपको काट तो मैं और मेरी गति रहे हैं, परंतु आप समझ रहे हैं कि भावों के उतार-चढ़ाव आपको परेशान कर रहे हैं; और उसी के चलते आप उनके इलाज में लग गए हैं। दुःखों व चिंताओं से कैसे बचा जाए, यह दर-दर पूछते फिर रहे हैं। वहां कुछ न जानते-समझते हुए भी उपाय बेचनेवाले और शिक्षा देनेवाले खड़े ही हैं। हालत यह कि पूछने वाला भी दीवाना और समझाने वाले भी दीवाने। अब ऐसे में जीवन के कष्ट दूर हों तो भी कैसे? ...यानी आपकी नासमझी और उनके लोभ का मिलन हो गया है। आप चुसाते जा रहे हैं और वे पनपते जा रहे हैं।

> **अन्य ग्रहों पर समय की गति पृथ्वी से सर्वथा भिन्न है**

सो, यदि अब आप वाकई जीवन से कष्टों की बिदाई कर सफलता का स्वाद चखना चाहते हैं...तो आप अपने जीवन के हर उतार-चढ़ावों के वक्त मेरी गति पर ध्यान देना शुरू कर दें। और जैसे ही मेरी गति मंद होने का एहसास हो जाए कि तत्क्षण उस मंद पड़ी मेरी गति को फिर कैसे बढ़ाया जाए उसके उपाय खोजने में लग जाएं। ...बस आपका काम हो जाएगा। धीरे-धीरे कर आप दुःख व चिंताओं से निजात पाना शुरू हो जाएंगे।

शायद मेरी कही बात अब भी कइयों के जहन में पूरी तरह नहीं उतरी होगी। ...तो मुझे भी कोई जल्दी नहीं। जब तक आप बात पूरी तरह नहीं समझ जाते मैं भी आगे नहीं बढ़ने वाला। और अब बात पूरी तरह आपके जहन में उतारने हेतु मैं अपनी पुरानी बात

एकबार फिर दोहराना चाहूंगा। मैंने प्रारंभ में ही आपसे कहा था कि मैं अदृश्य हूँ तथा मेरा अस्तित्व प्रकृति की उत्पत्ति जितना ही पुराना है। अतः भले ही विज्ञान हाल में मेरे कुछ रूप पकड़ने में सफल हुआ हो, और हो सकता है कि वह आगे चलकर मेरे कुछ और स्वरूप बाबत भी जान जाए; परंतु यहां मैं दावे से कहना चाहता हूँ कि वह मेरा पूरा अस्तित्व कभी नहीं समझ सकता। मेरे सारे कार्यकलापों को विज्ञान की लेबोरेटरी में सिद्ध कभी नहीं किया जा सकता है। उस हेतु तो शायद न जाने कितने आइंस्टाइनों को एक साथ धरती पर पैदा होना होगा। सो, उस बात को आज जाने दो। अभी तो ये चर्चा यह समझाने के लिए छेड़ी है कि विज्ञान की छोड़ो और यह समझो कि आपके जहन में भी एक लेबोरेटरी है, और आप वहां बड़ी आसानी से मेरी कही सारी बातों की सत्यता महसूस कर सकते हैं। क्योंकि आपके जीवन को सबसे ज्यादा प्रभावित करनेवाला मन है, और वह सिवाय मेरे स्वरूप के और कुछ नहीं है। हां, मेरा यह मन-रूपी स्वरूप जरा चंचल, कॉम्प्लीकेटेड, नटखट व उपद्रवी है, परंतु फिर भी यह आपकी समझ से परे तो है नहीं, क्योंकि आखिरकार यह भी है तो आपके ही अस्तित्व का एक अंग। और फिर ये सारी बातें भी आपके ही जीवन में घट रही हैं; सो सीधे तौर पर कहूं तो आपके बाहर-भीतर घट रही ये सारी घटनाएं ही मेरी कही बातों की प्रयोगशाला है, और आपका मन प्रयोग कर सकनेवाला वैज्ञानिक। थोड़ा उस ओर झांकेंगे तो मेरी कही सारी बातें आपको "स्वयं-सिद्ध" नजर आएगी।

अतः कुल-मिलाकर आपसे निवेदन यह कि जैसे-जैसे मैं कहता जाऊं, वैसे-वैसे आप अपने भीतर झांककर देखते जाएं। वहां आपको मेरी कही बातों के हजार बार अनुभव हुए ही हैं। यह अंदर की बात है, अंदर ही उतारना व अंदर ही परखना; थोड़े से प्रयास से मेरे द्वारा कही दोनों बातें आपके जहन में तुरंत स्पष्ट हो जाएगी। खैर, अब तक आपने मेरे काल-स्वरूप को पहचान ही लिया होगा। साथ ही दुःख व सुख के चंद अनुभवों से मेरी गति की भिन्नताएं भी अब तक आपकी समझ में आ ही गई होगी। यही क्यों, अब तक तो शायद आपने यह भी अनुभव कर ही लिया होगा कि वाकई चिंता, परेशानी, दुःख वगैरह का अनुभव करते वक्त आपके भीतर समय की गति अत्यंत धीमी पड़ जाती है, ऐसा वक्त काटे नहीं कटता। वहीं आनंद, मस्ती व सफलता के पलों को कैसे पर लग जाते हैं; इसके भी कई अनुभव अब आप कर ही चुके होंगे। इसके साथ ही आपको अपने भीतर इन सारी बातों को परखने वाली एक लेबोरेटरी भी नजर आ ही गई होगी।

खैर, इसके आगे की कोई भी चर्चा करने से पूर्व मैं चाहता हूँ कि आप मेरे मन-रूपी स्वरूप को और अच्छे से पहचान लें। क्योंकि विषय की कोई भी गहराई इस

सत्य को अच्छे से जहन में उतारे बगैर संभव नहीं हो पाएगी। और चूंकि आपका मन मेरा ही स्वरूप है तथा आपके सारे भाव मेरे गति-परिवर्तन के कारण ही उत्पन्न हो रहे हैं, अतः यह बात समझना आपके लिए इतना मुश्किल नहीं होना चाहिए, खासकर यह देखते हुए कि अब आपके भीतर स्थित लेबोरेटरी भी आपकी पकड़ में आ गई है। सो, अब थोड़ा यह समझो कि इन भावों को नियम से उभारता भी मैं हूँ तथा अपने काल-स्वरूप से परवश हुआ उन्हें मंद कर मारता भी मैं ही हूँ। उसके पश्चात् फिर मेरी गति में परिवर्तन आता है और आप दूसरा भाव पकड़ लेते हैं। ...फिर मैं उसे भी मंद कर मार देता हूँ और फिर मेरी गति परिवर्तित होते ही आप तीसरा भाव पकड़ लेते हैं। इस तरह मेरे गति-परिवर्तन के कारण आप जीवनभर एक भाव से दूसरे भाव में गोते खाते रहते हैं। और इन सारी बातों पर गौर तो आपने भी लाखों बार किया ही होगा कि जो भाव आप वर्तमान में पकड़े हुए हैं, वह घंटे, दिन या महीनों में तिरोहित हो ही जाता है। वहीं आपने यह भी अनुभव किया ही होगा कि हर बीतते पल के साथ उसकी तीव्रता भी कम या ज्यादा होती ही रहती है। और यह समझाने की अब कहीं कोई आवश्यकता नहीं कि ये सारा प्रभाव मेरे गति-परिवर्तन के कारण हैं।

अब आप थोड़ा यह समझें कि आपकी प्रमुख समस्या क्या है जो आप हजार उम्मीद लिए दर-दर भटकते फिर रहे हैं? यही न कि जीवन में दुःख और चिंता वगैरह न आए। तो वे नहीं आएंगे, लेकिन उस हेतु दर-दर भटकने से क्या होगा? यह सारा खेल तो मेरे पटल पर आपके भीतर चल रहा है इसलिए इसका तो उपाय भी आपको अपने भीतर ही खोजना होगा। लेकिन आपकी मुसीबत यह है कि जब आप कोई चिंता पकड़ते हैं तो उस समय आप यह नहीं समझ पाते कि इसे दूर कैसे करें? ना सिर्फ उसी में डूब जाते हैं बल्कि उसी के विचारों में खोए भी रह जाते हैं। परिणामस्वरूप मेरी गति अत्यंत धीमी हो जाती है। उस समय आप थोड़ी समझ जगाएं और उसे चिंता मानना छोड़ समय मान लें, बस तत्काल कमाल घट जाएगा। आप पुराने अनुभवों के आधार पर समझ जाएंगे कि यह चिंता जो आप झेल रहे हैं वह चूंकि समय की कोख से पैदा हुई है, अतः वह आज नहीं तो कल तिरोहित हो ही जाएगी। और जब वह तिरोहित हो ही जानेवाली है तो उसे इतनी गंभीरता से क्यों लेना? बस इस समझ के साथ ही आपके भीतर मेरी गति तेज हो जाएगी, और गति तेज होते ही मैं उस चिंता का विनाश जल्दी कर दूंगा। क्योंकि मेरे काल-स्वरूप का तो काम ही यही है।

कहने का तात्पर्य यह कि आप अपने जहन में उठ रहे भावों को एक बुद्धिमान मनुष्य की तरह समय के रूप में देखना प्रारंभ कर दें। और जब वह समय है तो कट ही

जाएगा। और वह कट ही रहा है। एक भाव आता है तो दूसरा जाता है। वे कट नहीं रहे हैं तो और क्या हो रहा है? अतः मैं यहां अपने ही राज पर से परदा उठाते हुए यह दावे से कह रहा हूँ कि जैसे ही आप मन में उठनेवाले भावों को मेरा स्वरूप जान लेंगे; आपके जीवन में मेरी गति बदल जाएगी; तथा मेरी गति तेज हुई नहीं कि आपका जीवन बदला नहीं।

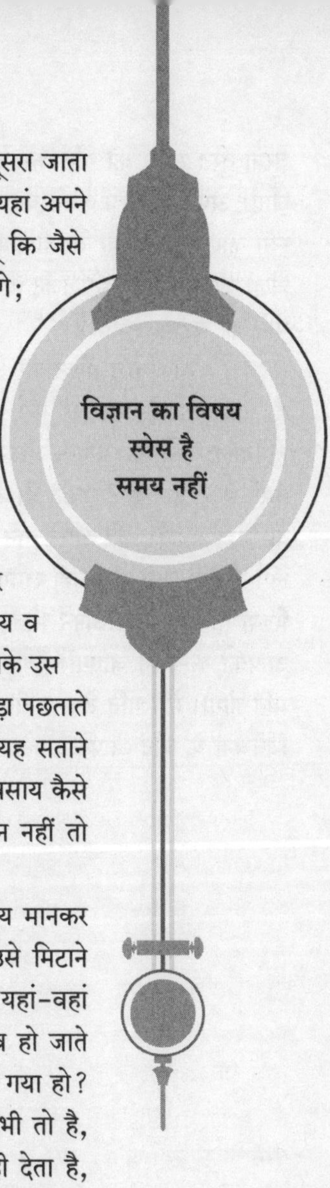

और फिर आप यह क्यों नहीं सोचते कि आपके जीवन में उठ रहे भावों को सिर्फ भाव मानने के भ्रम के कारण आप कितना परेशान हो रहे हैं। दुःख पकड़ता है तो ऐसा पकड़ लेता है मानो आज के बाद हंसोगे ही नहीं, मानो सबकुछ लुट गया हो। और उसपर मजा यह कि उस दुःख के चक्कर में आप अपना स्वास्थ्य व व्यवसाय तक बिगाड़ लेते हैं। ...फिर एक दिन जब मैं आपके उस दुःख को कमजोर कर खा जाता हूँ तब उस समय आप बड़ा पछताते हैं। क्योंकि दुःख तो जा चुका होता है, सो अब चिंता यह सताने लगती है कि बिगड़ा स्वास्थ्य वापस कैसे पाया जाए? व्यवसाय कैसे फिर पटरी पर लाया जाए? अब यह सब कोरा पागलपन नहीं तो और क्या है?

सीधे-सीधे अपने दुःख और चिंताओं को समय मानकर उनसे मुक्त क्यों नहीं हो जाते? जब वह हूँ ही मैं, तो उसे मिटाने की जिम्मेदारी भी मुझे ही क्यों नहीं सौंप देते? क्यों यहां-वहां हाथ-पांव मारते फिरते हो? क्यों उसमें पूरी तरह इन्वोल्व हो जाते हो? क्यों सर ऐसे पकड़कर बैठ जाते हो जैसे सबकुछ लुट गया हो? दुःख पकड़ते ही ऐसा क्यों नहीं सोच लेते कि चलो...अभी तो है, पर हमेशा थोड़े ही रहने वाला है। समय सारे घाव भर ही देता है, इसे भी उसे ही भर लेने दो। और फिर एक सीधा उपाय बताता हूँ। आप पकड़ी चिंता को चिंता न मानकर समय की गति धीमी होना मान लीजिए। है भी वह समय की गति धीमी होने का ही परिणाम। सो बस वह चिंता दूर करने का सटीक उपाय हाथ में हो तो ठीक,

वरना तुरंत समय की गति कैसे बढ़े, उसपर ध्यान लगाओ। प्रिय मित्र या वस्तु के साथ हो जाएं। अपने शौक में डूबने की कोशिश करें। इससे धीरे-धीरेकर समय की गति तेज होने लग जाएगी। और हर बढ़ती समय की गति के साथ आपकी पकड़ी चिंता कमजोर पड़ती चली जाएगी। आप इंटेलिजेंट हैं और वैज्ञानिक युग में हैं। यह दुःख और चिंताओं से निजात पाने का सटीक उपाय है।

सो, कुल-मिलाकर कहने का तात्पर्य यह कि मैं आपका मन-रूपी समय हूँ, तथा आपके मन को मेरा स्वरूप समझे बगैर आपका दुःखों से छुटकारा कभी नहीं होनेवाला। क्योंकि आपके जीवन में सुख और सफलता सिर्फ आपके भीतर मेरी गति तेज करने से ही दस्तक दे सकते हैं। और यह गति तेज आप अपने मन को मेरा स्वरूप माने बगैर कर नहीं सकते। यदि अपने मन को आप भावों का झमेला समझेंगे तो भावों के इलाज में लग जाएंगे। हाथ कुछ नहीं लगेगा...। लेकिन ज्यों ही आपने मन को समय के रूप में जान लिया तो फिर आप अपने भीतर मेरी गति बढ़ाने पर ध्यान देंगे। बस इस एकमात्र समझ से आपका काम हो जाएगा। ध्यान रखना, आपके भीतर जैसी मेरी गति होगी वैसी आपकी मति होगी। मेरी गति तेज- जीवन सुखी। मेरी गति मंद- जीवन बंध। उम्मीद है इस लम्बी विवेचना के बाद आपने अपने मन को एक समय के तौर पर जान ही लिया होगा।

मनुष्य की संरचना तथा उसकी कार्यप्रणाली

यहां मेरी दिक्कत यह है कि मेरे बाबत सम्पूर्ण मनुष्य-जाति हमेशा से अनजान रही है। और बात की गहराई तथा उसकी उपयोगिता को देखते हुए मैं चाहता हूँ कि एक-एक विषय अलग-अलग कर आपको मेरे स्वरूपों, मेरी शक्तियों तथा इनसे जुड़े आपके जीवन के बाबत चंद बातें स्पष्टतापूर्वक समझाऊं। ...ताकि जब मैं अपने स्वभाव की वास्तविक गहराइयों के बाबत आपको बताऊं तो आपके लिए समझना आसान हो जाए। अतः मैं जब-जब और जो-जो समझाऊं वह ध्यान से समझ लेना। क्योंकि आपकी समझ ही आपके जीवन में सबकुछ ठीक कर सकती है। ...एक उसको छोड़ आप हजार उपाय कर लें या लाख आसरे खोज लें, कुछ नहीं होनेवाला। और इस संदर्भ में सबसे पहले यह सोचें कि आप हैं क्या? ज्यादा-से-ज्यादा एक शरीर। अब है या नहीं यह चर्चा मैं बाद में करता हूँ, पर आप तो अपने को शरीर ही मानते आ रहे हैं। सो मैं अभी तो इस बात को शरीर के तौर पर ही आगे बढ़ाता हूँ।

...तो यह बताओ कि यह शरीर किन-किन चीजों से बना है? अब एक मैं तो हूँ ही जो आपके मन के स्वरूप में विराजमान हूँ। ...दूसरा आपका ब्रेन है। और यह अच्छे से समझ लेना कि मैं और बुद्धि दोनों सर्वथा अलग-अलग चीजें हैं। बुद्धि का कार्य है सोचना, विश्लेषण करना, बाहर से प्रभावित होकर मन को प्रभावित करना, मन के कार्यों में अड़ंगा अड़ाना, वगैरह...वगैरह। साथ ही आपके शरीर की संचार-व्यवस्था का मुख्य

माध्यम भी आपकी बुद्धि ही है। वैसे ही एक-से-एक योजनाएं बनाना व जिद्द करना भी आपकी बुद्धि के कार्य क्षेत्र में ही आता है। परंतु यहां यह खास तौर पर समझ लें कि चीजों का विश्लेषण करना और शरीर को नियंत्रित कर सुचारू रूप से चलाना, इन दो को छोड़ उसकी अधिकांश गतिविधियों का आपके जीवन पर बुरा ही असर पड़ रहा है। यहां यह भी बता दूं कि आपकी बुद्धि का स्वभाव जोर-जबरदस्ती का होने के कारण एक ओर वह अनावश्यक विश्लेषण कर आपको मरवाती है, तो दूसरी ओर शरीर के साथ जबरदस्ती करके भी वह आपके जीवन में कई दुष्परिणाम लाती ही रहती है। अतः बुद्धि के प्रभाव में आने की बजाए उसकी गतिविधियों से सजग रहना अति-आवश्यक है। ...वहीं आपको यह भी बता दूं कि बुद्धि की सर्वश्रेष्ठ क्षमता उसकी मेमोरी है, परंतु उसकी इस क्षमता का भी ठीक से उपयोग करते आए तो...। वरना अधिकांश मनुष्यों को तो उनकी याद्दाश्त ही मार डालती है। भूलने लायक चीजें भी याद कर-कर के उनकी बुद्धि उन्हें परेशान करती ही रहती है। अतः कुल-मिलाकर कहने का तात्पर्य यह कि बुद्धि का उपयोग सिर्फ आवश्यकतानुसार करनेवाले की ही जीवन में जीत है।

चलो, बुद्धि के बाबत समझ लिया हो तो अब आगे बढ़ूं। और आगे अब आते हैं डीएनए व जीन; यह आपके शरीर की संरचना व स्वास्थ्य को प्रभावित करते हैं। फिर आता है आपका बचा हुआ शरीर। यानी आपके हाथ-पांव, लीवर-स्टमक सब। कुल-मिलाकर ये सब आपके जीवन को प्रभावित करनेवाली प्रमुख वस्तुएं हुईं। इसके अलावा प्रकृति का भी आप पर भरपूर प्रभाव पड़ता है। मान लो, कल उठके सूरज न उगे...या पृथ्वी घूमना ही बंद हो जाए, ...तो? तो-तो सबके साथ-साथ आप भी मर ही जाएंगे। वैसे ही प्रकृति की अन्य वस्तुएं जैसे सर्दी-गर्मी वगैरह भी आपके शरीर को प्रभावित करती ही हैं। और अब बचा आपका मन-रूपी समय यानी ''मैं''। तो मैं अपने भिन्न-भिन्न स्वरूपों के बारे में बताकर उन्हें आपसे मिलवा ही रहा हूँ। हां, तो जहां तक डीएनए, जीन, ब्रेन, आपका शरीर और प्रकृति से मेरे संबंध की बात है, तो वह संबंध सीधा और साफ है। उपरोक्त सभी आपके जीवन के साथ-साथ मुझे भी काफी हद तक प्रभावित करते ही हैं, और बदले में मैं भी इन सबको अच्छाखासा प्रभावित करता ही हूँ। ...तो यह थोड़ी बातें मैंने आपके जीवन को प्रभावित करनेवाली अन्य ताकतों के बारे में बताई। और ध्यान रखना कि ये सारी बातें आगे आपको मुझे समझने में काफी सहायक सिद्ध होंगी।

आपका अपना एक अलग विश्व है

आप थोड़ा यह समझो कि यूं तो कहने को सभी मनुष्य हैं। सभी के दो हाथ दो पांव हैं। तो फिर ऐसा क्यों कि हजारों में एक सुखी व सफल है। क्यों सभी सुखी या सभी दुःखी नहीं हैं। युगों से इस सवाल के जवाब में मनुष्य उलझा है। हर युग में इसके अनेक नए जवाब दिये गए हैं। परंतु कोई सत्य के निकट नहीं। पाप-पुण्य, आस्तिक-नास्तिक या कर्म व फल इसके उत्तर नहीं। इसलिए यह सारे उपाय सार्थक नहीं हो पा रहे हैं। कोई उपाय सबको एकसाथ सुखी व सफल बनानेवाला नहीं जान पड़ रहा है। और इसीलिए इसके परिणाम भी नहीं आए हैं। दुःखी हजारों वर्ष पूर्व का मनुष्य भी था व दुःख आज के मनुष्य का भी भाग्य है ही। आपके लिए मेरे दो अलग अस्तित्व हैं। एक है यूनिवर्सल टाइम जिसके कारण यह पूरा विश्व अस्तित्व में आया है। तथा दूसरा है आपका मनरूपी समय। और राज की बात यह कि आपका मनरूपी समय अपने एक अलग विश्व का निर्माण करता है। और इसी बात को सरल भाषा में कहूं तो आपके लिए एक साथ दो विश्व समानांतर रूप से अस्तित्व में है। एक तो यह पूरा ब्रह्मांड जिसे आप विश्व के रूप में जानते हैं, और दूसरा आपका अपना विश्व जो आप स्वयं बनाते चले जा रहे हैं, तथा ठीक उसी तर्ज पर मेरे दो भिन्न-भिन्न स्वरूप भी अस्तित्व में हैं। एक यूनिवर्सल टाइम, तथा दूसरा आपका मनरूपी समय यानी आपका व्यक्तिगत टाइम। सच कहूं तो वही आपका असली विश्व है। क्योंकि इस ब्रह्मांडरूपी विश्व से आपका कुछ लेना-देना नहीं, आप जीते व मरते दोनों अपने ही

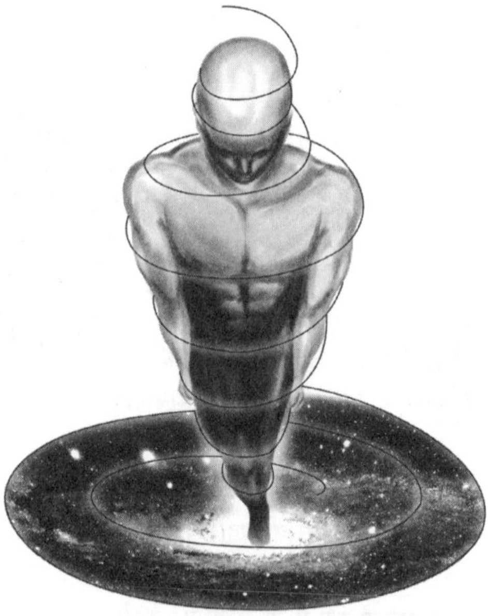

स्वयं को मिली पूर्ण स्वतंत्रता के कारण मनुष्य अपने जगत की दुर्दशा के लिए किसी अन्य को दोष नहीं दे सकता है

विश्व में हैं। और जैसे यह ब्रह्मांड मेरे यूनिवर्सल स्वरूप के विस्तार के साथ रोज-रोज बढ़ता जा रहा है, ठीक वैसे ही आपका अपना विश्व भी मेरे मनरूपी समय यानी आपके व्यक्तिगत समय के विस्तार के साथ रोज-रोज बढ़ता चला जा रहा है। और महत्त्वपूर्ण यह कि ये दोनों विश्व अपनी-अपनी जगह पूर्ण स्वतंत्र हैं, किसी को भी एक-दूसरे के विश्व में दखलंदाजी का कोई अधिकार नहीं।

निश्चित ही बात चौंकाने वाली है, परंतु गहरी हकीकत यही है। यह बड़े राज की बात है, साथ ही बड़ी गहरी बात भी है। और आपकी सबसे बड़ी मात ही यहां हो रही है कि आप दोनों विश्वों को अलग-अलग नहीं जानते, तथा एक विश्व का दूसरे पर प्रभाव खोजते हैं। आप अपने जगत में मची उथल-पुथल हेतु वैश्विक जगत में ब्रह्मस्वरूप में आसरे खोजते रहते हैं। जबकि वास्तव में मेरे उस ब्रह्मस्वरूप का आपके जगत में कोई अधिकार नहीं। आपका जगत बनाता भी मेरा मनरूपी समय का स्वरूप है, तथा जो कुछ भी आज

आपके जगत की हालत है उस हेतु जवाबदार भी सिर्फ मेरा यह मनरूपी समय का स्वरूप ही है। ...यानी आपको अपने जगत में कोई भी बदलाहट लानी है तो आपको अपने मनरूपी समय के साथ प्रयोग करने हैं, मेरे यूनिवर्सल टाइम के स्वरूप के साथ नहीं।

हर मनुष्य को अपने जगत-निर्माण की पूर्ण स्वतंत्रता उपलब्ध है

अरे! जब आपका उस विश्व के भूकंप, सुनामी या धूप-बारिश पर कोई नियंत्रण नहीं, तो फिर उस विश्व को आपके विश्व में दखलंदाजी का अधिकार कैसे हो सकता है? मैं हजार बार कह चुका हूँ कि सबकुछ नियम से चल रहा है और एहसास की कोख से निकले नियम एकतरफा या पक्षपातपूर्ण कभी नहीं हो सकते। जिस एहसास को भगवान का दर्जा दिये हुए हो, कम-से-कम उस पर इतना विश्वास तो रखो। यदि उसने आपको ब्रह्मांड में दखलंदाजी का कोई अधिकार नहीं दिया है, तो निश्चित ही उसने ब्रह्मांड को भी आपके व्यक्तिगत-विश्व में दखलंदाजी का कोई अधिकार नहीं ही दिया होगा।

चलो, यह तो बहुत दूर की बात हुई। आपमें से अधिकांश को तो यह भी नहीं मालूम पड़ता है कि उनका अपना भी अलग से कोई विश्व है। और इसी कारण हरकोई अपने विश्व में मची उथल-पुथल से घबराकर वैश्विक जगत की ओर झांकना शुरू हो जाता है। पर इस बात को गांठ बांध लें कि उस विश्व का आपके विश्व से कुछ ताल्लुक नहीं। यहां यह भी समझ लें कि जितने मनुष्य उतने ही उनके मनरूपी-समय हैं, और उतने ही उनके भिन्न-भिन्न विश्व भी हैं। ...हालांकि मैं आपकी हालत समझ सकता हूँ। यहां मैंने एक नहीं अनेक बातें चौंकानेवाली की हैं। एक तो आपके लिए आपका अपना कोई विश्व है, यही चौंकाने वाली बात है। ऊपर से आपके विश्व पर ब्रह्मांडरूपी विश्व का कोई जाती दखल नहीं, यह तो और भी चौंकाने वाली बात है। चलो, ये दोनों बातें तो मैं आगे आपको विस्तार से समझाऊंगा ही, पर अभी तो यह समझ लो कि इस ब्रह्मांडरूपी विश्व का तमाम मनुष्यों के विश्व पर सिर्फ सामूहिक असर होता है। ...जैसे कल उठकर जिस रोज सूर्य चूक जाएगा उस रोज तमाम मनुष्यरूपी विश्व का एकसाथ अंत आ जाएगा। ...यानी बह्मांडरूपी विश्व का सबके विश्व पर सामूहिक प्रभाव तो अवश्य पड़ता है, परंतु उसका मनुष्यों के व्यक्तिगत विश्व पर अलग से कोई प्रभाव नहीं पड़ता है। अत: ग्रहों की गति पर आधारित आपके ज्योतिषों से संबंधित सारे आसरे गलत हैं।

खैर, अब आगे सबसे पहले मैं इन दोनों विश्व का विस्तार कैसे होता है, इसकी चर्चा कर लेता हूँ। और इस बाबत दोनों जगत की तुलना करूं तो दोनों के विस्तार की प्रक्रिया एक-सी है। दोनों का विस्तार भी मेरी इच्छा-शक्ति के आधार पर होता रहता है, तथा दोनों के हर विस्तार के साथ उनपर ''एहसास'' की नियमरूपी मोहर भी हाथोंहाथ लगती रहती है। और फिर आगे दोनों जगत के हुए हर विस्तार को उन नियमों से बाध्य होकर ही विचरण करना पड़ता है। ...यानी फिर उनके आगे का विकास और विनाश दोनों उन्हीं नियमों के तहत होता है।

यहां तक तो सब ठीक है, परंतु अब जो बात मैं आपको बताने जा रहा हूँ वह अति महत्त्वपूर्ण है; और वह यह कि ब्रह्मांडरूपी विश्व तथा आपके जगत में एक बहुत बड़ा बुनियादी फर्क है। तथा उस संदर्भ में यदि मैं आपसे ब्रह्मांडरूपी विश्व के ढांचे की बात करूं तो उसमें बुनियादी रूप से ''मैं'' और मेरे कारण फैली हुई स्पेस प्रमुख है। और जहां तक वह ''एहसास'' जिसके कारण हम अस्तित्व में हैं, वह भी एक तीसरी शक्ति के रूप में इस विश्वरूपी जगत के समय व स्थान की रग-रग में बसा हुआ तो होता है, परंतु अपने पूर्ण प्रभाव के साथ नहीं। यानी एहसास की मौजूदगी होने के बावजूद इस विश्व की सारी स्पेस में ''एहसास'' की उपस्थिति का वास्तविक एहसास नदारद होता है, और इसी कारण आप इसे निर्जीव जगत कहते हैं।

खैर, फिर इस निर्जीव स्पेस में चेतना का विकास होकर उसके कुछ कणों में जान आती है। जिन्हें शुरुआती तौर पर आप बैक्टीरिया कह सकते हैं। और फिर उस प्राणवान चेतना का अपनी इच्छाशक्ति के आधार पर क्रमशः पेड़-पौधों और वहां से आगे चलकर कीड़े-मकोड़े से लेकर जानवर तक में विकास होता है। यहां समझनेवाली महत्त्वपूर्ण बात यह कि टाइम और स्पेस के साथ-साथ इनमें एहसास की उपस्थिति का एहसास भी धीरे-धीरे कर दृढ़ होता चला जाता है। यानी ये हरहाल में निर्जीव तत्वों से बेहतर होते हैं। परंतु यहां भी ध्यान रखने योग्य बात यही कि एहसास अपनी पूर्णता में प्रकट तो इनमें भी नहीं होता है। इस कारण इस जगत को आप बीच का जगत कह सकते हैं।

अब आता है आपका जगत। और यदि आपके विश्व की बात करूं तो वहां भी मैं ''समय'' के रूप में उपस्थित हूँ और मुझसे ही आपके जगत का विस्तार भी हो रहा है जिसे आप अपने जगत की स्पेस समझें। ...परंतु बाकी सारे जगत से आपके जगत का असल फर्क यह कि उसमें एहसास अपनी पूर्णता से उपस्थित होता है। और यही कारण है कि आप भावों के इतने उतार-चढ़ावों को महसूस कर पाते हैं। और यह बात समझना

आपके लिए कोई मुश्किल काम नहीं। विश्वरूपी जगत की सारी चीजें, जैसे पृथ्वी, चांद, तारे, हवा, पानी या कुछ भी...सबमें समय व स्थान तो है, पर एहसास न के बराबर। और चूंकि एहसास न के बराबर है, इसलिए वे पूरी तरह सिर्फ नियम से बंधे हुए हैं। और सही मायने में एहसास के नाम पर उनके पास यह नियम ही है। यदि पृथ्वी घूम रही है तो घूम ही रही है। सूर्य तप रहा है तो तप ही रहा है। और हवाएं बह रही हैं तो बह ही रही हैं। उनमें किसी भी अन्य प्रवृत्ति की कोई संभावना नहीं, कुछ अन्य की चाह भी नहीं। कुछ थकान नहीं और कोई आनंद भी नहीं। एहसास के नाम पर सिर्फ नियम। ...यानी इस विश्वरूपी जगत को कोई स्वतंत्रता नहीं। वहीं दूसरे जगत यानी पेड़ पौधों व जानवरों के जगत बाबत बात करें तो वे निश्चित ही निर्जीव से काफी बेहतर हालत में हैं, क्योंकि यह एहसास आंशिक ही सही, पर उनमें सक्रिय चेतना के रूप में मौजूद तो है।

मनुष्य के जगत में कुछ भी उसकी मरजी के बिना नहीं आ सकता है

होगा, अभी तो वापस विश्वरूपी-जगत पर लौट आऊं तो चूंकि यह पूरा विश्वरूपी-जगत एक नियम से चल रहा है, अतः वहां की हर चीज जानी जा सके ऐसी है। और यह जानना ही विज्ञान है। इस दिशा में यहां यह बताने की जरूरत ही नहीं कि अपनी प्रज्ञा और कटिबद्धता के आधार पर विज्ञान आज कहां-का-कहां पहुंच गया है। वह बदलते मौसम से लेकर कौन-सा ग्रहण कब लगनेवाला है तक का सबकुछ बड़ी आसानी से बताने लग गया है। स्पेस रोज-रोज फैल रहा है यह भी विज्ञान अब जान ही चुका है। और ग्रहों की दूरी तो वह अब बड़ी आसानी से नापने लग गया है। कहने का तात्पर्य यह कि चूंकि विश्वरूपी जगत सिर्फ नियम से बंधा हुआ है, अतः उस बाबत जानना विज्ञान के लिए बड़ा आसान है, और मानना पड़ेगा कि उस बाबत विज्ञान बहुत कुछ जान भी चुका है। और विज्ञान की प्रज्ञा और कटिबद्धता देखते हुए आगे भी वह बहुत कुछ और जान ही लेगा, यह साफ दिख रहा है।

चलो छोड़ो, विज्ञान की प्रज्ञा या विश्वरूपी जगत आज मेरे चिंतन का विषय नहीं। सो अब बात सीधे आपके मनरूपी–जगत की कर ली जाए। यानी आपके पर्सनल–जगत की करी जाए। यूं भी सारा कन्फ्यूजन यहीं है। तो यहां भी मैं मन–रूपी समय से ही आपके जगत का विकास करता हूँ, नियम से यह जगत भी बंधा ही हुआ है, परंतु फर्क इतना कि आपमें एहसास अपनी पूर्णता से मौजूद है। वह भले ही करता कुछ नहीं है, भूमिका एक उत्प्रेरक की ही निभाता है, परंतु अपनी पूर्णता में मौजूद होने के कारण उससे मनुष्यों में तमाम तरीके के हजारों भावों के एहसास उत्पन्न होते रहते हैं। और यह समझाने की आवश्यकता नहीं कि इन्हीं एहसासों के कारण मनुष्य पूर्णतः सजीव भी है, तथा विश्व की सबसे मूल्यवान धरोहर भी। और यहां जो सबसे महत्त्वपूर्ण बात है वह यह कि यह मनुष्य अपने जगत का विकास और विनाश...दोनों करने के लिए पूर्ण स्वतंत्र होता है। और उसके अपने विश्व–निर्माण की यह परम–स्वतंत्रता उसका एक ऐसा गौरव है जो उसे तमाम अन्य जगत से भिन्न खड़ा कर देता है। लेकिन हां, यहां भी यह बात ध्यान रखने योग्य ही है कि यह मनुष्य स्वतंत्र होते हुए भी अपनी स्वतंत्रता के उपयोग के परिणामों से तो नियमानुसार बंधा ही हुआ है।

हालांकि यहां समझने वाली बात यह कि मनुष्य की संज्ञानता यदि एक ओर गौरव की बात है तो दूसरी ओर उसको अपनी इच्छानुसार अपना विश्व बनाने की मिली यह परम–स्वतंत्रता उसके लिए एक जवाबदारी का विषय भी है। अरे भाई, जब आप पूर्ण स्वतंत्र हैं तो जवाबदारी भी आपकी ही हुई ना। और, यहां यह स्पष्ट समझ लें कि यह जवाबदारी उठाए बगैर आपका कोई उद्धार नहीं। अब सवाल यह कि यह जवाबदारी उठाई कैसे जाए? तो निश्चित ही यह भी इतना आसान नहीं। क्योंकि एहसास द्वारा रचित यह सम्पूर्ण रचना इतनी विशाल और कॉम्प्लीकेटेड है कि इसमें मनुष्य को सुख व सफलता दिलवाते हुए उसे अपने जीवन के सही मुकाम पर पहुंचाना सिर्फ मेरा काम है और वह आता भी सिर्फ मुझे ही है। हालांकि इस पर विस्तार से चर्चा आगे...। अभी तो वर्तमान संदर्भ में इतना समझें कि मनुष्य का जीवन दो शक्तियां चलाती हैं। एक मैं और दूसरा उसकी बुद्धि। और यह जो मनुष्य अपनी बुद्धि के अनुसार चलके मनचाहा कर सकता है, यही उसकी स्वतंत्रता है। लेकिन यहीं आकर वह फंस भी जाता है, क्योंकि एक इसी कारण यहां हर मनुष्य ने अपना एक निराला जगत बना रखा है। दरअसल हरकोई अपने को मिली स्वतंत्रता का भरपूर फायदा उठा रहा है, तथा यही कारण है कि हरेक की इच्छाएं भी अलग–अलग हैं, तथा हरेक के विचार भी। यही कारण है कि जो बात एक को ठीक जान पड़ती है, वही दूसरे को नागवार लगती है। जो वस्तु एक को अमृत जान पड़ती है, वही दूसरे को जहर–सी भासती

हर मनुष्य का अपना एक जगत है

है। इसलिए जहां एक ओर सभी परेशान हैं, वहीं दूसरी ओर इसीलिए अब तक किसी भी विचार या कैसे भी वैज्ञानिक उपकरण द्वारा ऐसा कोई फिक्स फॉरम्यूला नहीं खोजा जा सका है जो सबको मान्य हो तथा सबके हित में भी हो। यानी जिससे सबको एक साथ सुखी और सफल बनाया जा सके। लेकिन सवाल यह कि जब सभी मनुष्यों की सारी प्रक्रिया मौलिक तल पर एक समान है तो उनको सुखी और संपन्न करने के फॉरम्यूले कैसे अलग-अलग हो सकते हैं? ...और वे हैं भी नहीं। परंतु दिक्कत यह है कि यहां हर मनुष्य अपने विश्व का विस्तार अपनी-अपनी बुद्धि से कर रहा है, और बुद्धि सबकी अलग-अलग होती है। इसे यूं कहूं तो भी चल सकता है कि इस जगत में जितने मनुष्य उतनी ही प्रकार की बुद्धियां हैं। वहीं दूसरी ओर मेरी बात करूं तो मैं सबमें समान रूप से तथा समान शक्तियों के साथ मौजूद हूँ, और कार्य भी मैं एक ही नियम के अंतर्गत करता हूँ। मनुष्य के विश्व संवारने के

तमाम सूत्रों का भी मैं ही एकमात्र जानकार हूँ; और वे सारे फॉरम्यूले फिक्स भी हैं और सबपर समान रूप से लागू भी होते हैं।

अपनी उपरोक्त बात को यदि मैं थोड़ा और सरल भाषा में समझाकर कहूं तो मनुष्य के पास दो प्रमुख शक्तियां हैं जो उसके जीवन को चला रही है। एक उसका समयरूपी मन यानी मैं व दूसरी उसकी बुद्धि। मैं जो रहस्यों का जानकार हूँ तथा बुद्धि जो तमाम रहस्यों से अनजान है। मैं जो सबमें समानरूप से मौजूद हूँ और बुद्धि जो सबमें भिन्न-भिन्न है। और चूंकि मनुष्य स्वतंत्र है कि वह बुद्धि से चले या मन से; बस इसी स्वतंत्रता का फायदा उठाते हुए वह बुद्धि लगा-लगाकर अपना विश्व बढ़ाए चले जा रहा है। इसी कारण सबके विश्व और सुख-दुःख भी अलग-अलग हैं और सब जीवन को सफल बनाने हेतु फॉरम्यूले भी अलग-अलग अप्लाई कर रहे हैं। जबकि मैं समझाना यह चाह रहा हूँ कि जब सारे मनुष्यों में एक बुद्धि को छोड़ अन्य कोई फेर नहीं, तो फिर उन्हें सुखी और सफल करने के फॉरम्यूले कैसे अलग-अलग हो सकते हैं? बस इस बात पर अच्छे से गौर कर लो, आप जल्द ही सुख और सफलता की राह पर लग जाएंगे।

सो, अभी तो इस चर्चा को यहीं से आगे बढ़ाते हुए मनुष्य की इतनी असफलता का राज जानने की कोशिश करते हैं। लो, यह मैं क्या कह गया? राज जानने की कोशिश आप करें, मुझे तो पता ही है। ...और अब आप भी सुन लो। आपकी सबसे बड़ी दिक्कत यह है कि आप अपना विश्व स्वयं बनाते चले जा रहे हैं जिसका आपको कोई अंदाजा ही नहीं है। यानी आप अपना विश्व अपने स्वभावानुसार बेहोशी में बनाते चले जा रहे हैं। यदि एकबार आपको इस बात का होश आ जाए तो आप अपने विश्व को ठीक से संवारने का प्रयास भी करें। शायद जल्द ही अपने विश्व संवारने के उपलब्ध फिक्स फॉरम्यूलों की खोज भी शुरू करें। ...और फॉरम्यूले तो हजारों की तादाद में है। सो उनकी अलग से किसी चर्चा का कोई तुक नहीं। उल्टा आप कन्फ्यूज हो जाएंगे। अतः मैं सीधे-सीधे उन फॉरम्यूले को समझने का एक फिक्स फॉरम्यूला दे देता हूँ जिससे आपको यह समझ आ जाएगा कि कौन-सा फॉरम्यूला जीवन को बढ़ाने वाला है और कौन-सा नहीं। तो जीवन को बढ़ाने वाले फॉरम्यूलों की सबसे बड़ी विशेषता यह कि वह सबका बराबरी पर उद्धार करनेवाला होता है। अतः इस बाबत एक बात समझदारीपूर्वक बड़े गहरे से अपने भीतर उतार लेना कि कोई भी ऐसा फॉरम्यूला जो सबको समान रूप से हितकर न हो, वह आपके उद्धार का फॉरम्यूला हो ही नहीं सकता। ...और अब आप थोड़ा अपने जीवन को बढ़ाने हेतु जो फॉरम्यूले अपना रहे हैं, उन पर गौर करें! वे सब ऐसे हैं जो एक को ठीक जान पड़ते हैं तो

दूसरे को नहीं। उससे एक ठीक होता है तो दूसरा नहीं। ...यानी ना सिर्फ आप फॉरम्यूले गलत अप्लाई कर रहे हैं बल्कि आपके विश्व बनाने के तरीके भी गलत हैं।

समझें, यदि वास्तव में कोई पानी फिल्टर करने की मशीन हो तो वह कैसा भी व कहीं का भी पानी हो, उसे फिल्टर करेगी ही। ऐसा नहीं होगा कि वह जापान में पानी फिल्टर करेगी और अर्जेंटीना में नहीं। या वह समुद्र का पानी फिल्टर करेगी और नदी का नहीं। वैसे ही मनुष्य के उद्धार का यदि कोई फॉरम्यूला पक्का है, तो वह सारे समय...सभी जात, भात, देश और धर्म के मनुष्यों का उद्धार करने में सक्षम होगा ही। ...वरना समझ लेना कि फॉरम्यूला देने के नाम पर कोई आपको बहका रहा है। या फिर आप मशीन में पानी की जगह कुछ और डाल रहे हैं।

होगा, अभी तो निश्चित ही ये सारी बातें पढ़कर आपके मन में एकसाथ कई सवाल उठ रहे होंगे। और उसमें सबसे प्रमुख यह कि भला हमें अपना विश्व बनाने का एकाधिकार कैसे प्राप्त है? सवाल यह भी कि हम अपना विश्व बनाते कब और कैसे हैं? वह है कैसा? हां-हां, एक-एक कर आपके सारे सवालों का जवाब देता हूँ। बस अभी तो विश्व संवारने के फॉरम्यूले बाबत जो बताया उसपर अच्छे से मनन कर लो। आगे की सारी बातें समझने हेतु यह समझ आपको बड़ी काम आएगी।

आपके द्वारा आपके जगत का निर्माण

जैसा कि मैं कह चुका हूँ कि आप आपके जगत का निर्माण करने हेतु पूर्ण स्वतंत्र हैं। और अब आपको यह समझाने का वक्त आ गया है कि आपके द्वारा आपके जगत का निर्माण कैसे होता है। निश्चित ही ये सारे सत्य सर्वाधिक गहरे व कॉम्प्लीकेटेड हैं। अतः मुझे बड़े ध्यान से तथा क्रमशः ही एक के बाद एक चीजें समझाते हुए आगे बढ़ना पड़ रहा है। और यहां भी आगे बढ़ने से पूर्व यह दृढ़तापूर्वक समझ लें कि आपके द्वारा की जानेवाली अपने जगत-निर्माण की प्रक्रिया में कोई आड़े नहीं आता। आपको अपना जगत कैसा बनाना है; यह निर्णय भी आपका होता है और अपने उस उद्देश्य को किस तरह प्राप्त करना है, यह निर्णय भी आपको ही लेना होता है। यहां यह कहने की जरूरत नहीं कि भूल-चूक होने पर भुगतना भी सिर्फ आपको ही पड़ता है। जिसे आप सर्वशक्तिमान भगवान मानते हों, वे भी इस पूरी प्रक्रिया में रत्तीभर दखलंदाजी नहीं कर सकते हैं। ...यानी सबकुछ घटता नियमानुसार ही है।

इस बात को ऐसा समझें कि आप क्या करना व क्या न करना बाबत पूर्ण स्वतंत्र हैं। कैसे करना यह भी आपका अपना निर्णय है। परंतु एकबार जब कुछ कर दिया तो फिर घटनाएं अपने हिसाब से नियमपूर्वक घटनी प्रारंभ हो जाती है। फिर उसे न तो आप, ना तो कोई अन्य ही रोक सकता है। इसे एक उदाहरण से समझाऊं तो कोई आपसे कहे कि आप एक पांव ऊपर करो, तो आप इसके तीनों में से एक डायमेन्शन का इस्तेमाल करने को

स्वतंत्र हैं। आप चाहे दायां पांव हवा में कर सकते हैं, चाहे तो बायां पांव हवा में कर सकते हैं, और चाहें तो पांव हवा में करने से ही इन्कार कर सकते हैं। परंतु समझो आपने दायां पांव ऊपर किया, फिर आपसे कोई कहे कि अब दूसरा पांव ऊपर करो तो आप नहीं कर पाएंगे। फिर भी कोशिश करेंगे तो चारों खाने चित हो जाएंगे। बस ऐसा ही आपके जीवन के साथ है। एकबार आपने कुछ कर लिया तो फिर आप उसके परिणाम हेतु नियमपूर्वक बंध जाते हैं। फिर आप उससे बचने हेतु लाख आसरे खोजें, हजार रायें ले लें, या पूजा-पाठ ही क्यों न करें, कुछ नहीं होनेवाला। ...वह परिणाम तो आपको भुगतना ही रहा। अतः एकबार फिर कहता हूँ कि आपको प्राप्त स्वतंत्रता एक जिम्मेदारी भी है, क्योंकि स्वतंत्र मनुष्य न तो दूसरे को ब्लेम कर सकता है और ना ही कोई आसरा खोज सकता है।

चलो, यह सीधी-सी बात तो आप समझ ही गए होंगे। सो अब आगे यह बताता हूँ कि आपके द्वारा आपके जगत का निर्माण कैसे हो रहा है? उस बात को समझाने से पूर्व मैं आपसे कहूंगा कि थोड़ा इतिहास में झांके। उससे आपको मैं जो गहरी बात कहने जा रहा हूँ, वह समझना आसान हो जाएगा। आप जानते ही हैं कि आज से सवा छः सौ वर्ष पूर्व अमेरिका नहीं खोजा गया था; तो क्या उस समय अमेरिका जगत में नहीं था? अवश्य था, परंतु बचे हुए विश्व के लिए वह अस्तित्व में नहीं था। और ना ही बचा हुआ विश्व अमेरिका के लिए अस्तित्व में था। कहने का तात्पर्य यह कि दोनों एक-दूसरे के लिए अस्तित्व में आए खोजे जाने व चर्चा फैलने के बाद ही। ...बस ऐसा ही हर मामलों में है।

सो उम्मीद करता हूँ कि उपरोक्त वर्णित अमेरिका के एक छोटे-से उदाहरण से आप अस्तित्व में होने के बावजूद अस्तित्व में नहीं होनेवाली बात समझ गए होंगे। अतः अब मैं सीधे तौर पर बात करता हूँ कि आप अपने जगत का निर्माण कैसे करते हैं? इस हेतु आपको अपने बचपन में लौटना होगा। सोचो, जब आप पैदा हुए तब आपका जगत क्या था? सिर्फ होने का एहसास। ना तो आपको कुछ मालूम था और ना ही आपको कुछ चाहिए था। आपको किसने जन्म दिया, यह तक आपको नहीं पता था। आपका जन्म अमीर परिवार में हुआ है या गरीब...; आप नहीं जानते थे। आप कौन-से देश में पैदा हुए इसकी भी आपको कोई समझ नहीं थी। फिर आपको भूख लगी, भूख लगी तो दर्द हुआ और आप रोने लगे। रोने पर मां ने दूध पिलाया, और आपने रोने का दूध मिलने से ताल्लुक बिठा लिया। तभी से आपको कुछ भी चीज प्राप्त करने हेतु रोने की आदत पड़ गई। फिर आप बड़े हुए तो आपका नाम रखा गया। इससे आपका नाम अस्तित्व में आया। जब आपको मां-पिताजी या दादा-दादी के बारे में बताया गया तो वे आपके जगत में आए।

मां-बाप ने उठाके स्कूल में डाल दिया तो पढ़ाई जीवन में आ गई, दोस्त आ गए कहने का तात्पर्य बचपन में आपको जो कोई जो कुछ पकड़ाता गया, वह-वह आपके जगत में आता चला गया। इसका अर्थ यह हुआ कि कोई न पकड़ाता तो वे चीजें आपके जगत में आई ही न होती।

चलो इसको ऐसे सोचो कि कोई बच्चा पैदा होते ही अपने मां-पिताजी से किसी टापू पर बिछड़ गया हो, तो..? और उस टापू पर कोई न रहता हो, तो? तब तो मां-पिताजी या स्कूल तो छोड़ो उसके जगत में सिवाय उस टापू के पेड़-पौधों व जानवरों के और कोई नहीं आएगा। ...यानी बचपन में आपके जगत में चीजें ठूंसी जाती हैं। और इसका सीधा अर्थ यह हुआ कि बचपन बड़ा ही नाजुक व महत्त्वपूर्ण होता है, क्योंकि यहीं से आपके जगत की शुरुआत होती है पर दुर्भाग्य से आपके जगत-निर्माण की शुरुआत आप स्वयं नहीं, आपके परिवारवाले करते हैं। और वे प्रायः जो चीजें आपके विश्व में ठूंसे चले जा रहे हैं वह आपके हित की है भी या नहीं, इस तक की चिंता नहीं करते। ...हालांकि अधिकांशों को इतनी समझ भी नहीं होती। इसी कारण मैं कहता हूँ कि बच्चों के मन में चीजें ठूंसने से पहले परिवारवालों को बड़ा सावधान रहना चाहिए। यदि बच्चे को समझदारीपूर्वक धर्म, जात और देश वगैरह के भेदभावों से बचा लिया जाए तो उस बच्चे का जीवन ही कुछ और हो जाए। अन्यथा बड़ा होकर न जाने उस बच्चे की कितनी ऊर्जा और समय तो ये सारे भेदभाव ही खा जाते हैं। और साथ में बात-बात पर उसे भेदभाव करने की आदत पड़ जाती है, सो अलग। अतः चूंकि वह इन्सान पैदा हुआ है और उसे इन्सान ही रहने दिया जाए; तो मां-बाप की अपने बच्चों पर बड़ी मेहरबानी होगी।

मन में एंट्री पड़ते ही वस्तु स्पेस में अस्तित्व में आ जाती है

अत: पचास व्यर्थ की बातों व शिक्षाओं की जगह बच्चे को कुछ बड़ा होते ही यह समझाना चाहिए कि उसे अपने विश्व का निर्माण करना है। वह अब जो कुछ भी करेगा, कहेगा, सुनेगा

उससे उसके विश्व का निर्माण होता चला जाएगा। और उसे इस समझ के साथ अपने विश्व-निर्माण की स्वतंत्रता भी देनी चाहिए। उसे अपने स्वयं के विश्व निर्माण हेतु जिम्मेदार बनाना चाहिए। अन्य किसी को भी फिर चाहे वे परिवारवाले हों या शिक्षक या और कोई, उन्हें ज्यादा-से-ज्यादा सुझाव देने चाहिए। परंतु फोर्स या जबरदस्ती बिल्कुल नहीं। अंतिम निर्णय बच्चे का स्वयं का रखना चाहिए। बस बच्चे को यह जवाबदार बनाना ही सबसे बड़ी शिक्षा है।

खैर! फिर बच्चे के जगत का स्कूल जाकर और तेजी से विकास होना शुरू हो जाता है। जो-जो चीजें उसे वहां पढ़ाई जाती हैं तथा वहां मित्रों के साथ जो कुछ भी बातें करता है, वे सब उसके जगत में आती चली जाती हैं। हालांकि यहां आकर बच्चों को स्वयं चौकसी बरतने की जरूरत है। क्योंकि ध्यान रहे, आपके भीतर छिपा 'मैं' यानी आपका ''मन-रूपी समय'' एक ऐसा कम्प्यूटर है जो आप जिन कम्प्यूटरों को जानते हैं, उन सबसे भी अरबों गुना शक्तिशाली है। और मजा यह कि इस मनरूपी कम्प्यूटर की हार्डडिस्क भी आप हैं और उसके डेटा ऑपरेटर भी आप हैं। यही नहीं, उस कम्प्यूटर के प्रोग्रामर भी आप स्वयं हैं। और मेरा काम है, जैसे-जैसे मेरे समय-रूपी कम्प्यूटर में आपकी तरफ से एंट्री डलती चली जाती है, वैसे-वैसे मैं उस डली हुई एंट्री के आधार पर आपके जगत का विस्तार करता चला जाता हूँ। ...और बस वही आपका जगत होता है। सो अब आप यह तो समझ ही गए होंगे कि विश्व-रूपी जगत के विस्तार से आपका कुछ लेना-देना नहीं...। उस जगत में जो और जितना हो, जरूरी नहीं कि वह आपके जगत में भी हो ही।

यहां मैं जो बात कह रहा हूँ वह समझना आपके लिए बहुत जरूरी है। और सच कहूं तो मनुष्यजीवन का पूरा खेल ही सिर्फ इसी समझ पर टिका हुआ है। ...और यह समझना जरा भी मुश्किल नहीं। थोड़ा-सा ध्यान देने पर आपको अपने भीतर एक विशाल कम्प्यूटर होने का एहसास हो ही जाएगा। फिर जल्द ही आपको यह एहसास भी हो जाएगा कि उसमें एंट्री डाले बगैर आपके विश्व में कोई चीज नहीं आ सकती। और यह भी कि उसमें एंट्री डालने या नहीं डालने पर आपका पूरा एकाधिकार है। आप चाहें तो एंट्री अपने कम्प्यूटर में डाल सकते हैं, और चाहें तो दूसरों के हजारों प्रयासों के बावजूद उनकी एंट्री को अपने कम्प्यूटर में जाने से रोक सकते हैं। इसका सीधा अर्थ यही हुआ कि जो चीजें आप अपने विश्व में नहीं चाहते उनकी एंट्री न खुद डालें और ना ही दूसरों को डालने दें; बस वे चीजें आपके विश्व में आएगी ही नहीं। यानी आपके विश्व में क्या होना और क्या नहीं, यह आपके ही हाथ में है। और जब यह आपके हाथ में है, तो जवाबदारी भी आपकी

ही हुई। हां, बचपन में जो एंट्री डल गई उसमें आप कुछ नहीं कर सकते; वे परिवारवालों को ही आभारी होती हैं। और उस लिहाज से देखा जाए तो परिवारवालों की जवाबदारी और भी बढ़ जाती है। फिर एक या दूसरे कारण से बच्चों को स्कूल तो जाना ही रहा। तो यहां भी बच्चों को यह तो सिखाओ ही कि उन्हें स्कूल जाते वक्त कौन-सी एंट्री डालनी है, और कौन-सी नहीं; क्योंकि अंत में बच्चों के जीवन का पूरा खेल उनकी इसी समझ पर टिका हुआ है। एकबार उन्हें कौन-सी एंट्री डालने से उनके विश्व पर क्या प्रभाव पड़ता है यह समझ आ जाए, तो वे अपना विश्व जैसा चाहते हैं वैसा बना सकते हैं। अन्यथा तो परिवारवाले हों या अन्य, वे अपनी समझ से तो बच्चों का विश्व संवारने वाली एंट्री ही डालते हैं। लेकिन उसका परिणाम क्या आ रहा है, यह किसी से छिपा नहीं है।

और यदि आप भी वाकई अपना जीवन संवारना चाहते हैं तो सबसे पहले आप यह बात अच्छे से समझ लें कि आपका अपना एक पूर्ण स्वतंत्र विश्व है, जिसका निर्माण आप स्वयं करते हैं। और इसका निर्माण आप कैसे करते हैं यह समझने हेतु सोचो सिर्फ इतना ही कि विश्व-रूपी जगत में अरबों चांद-तारे हैं, परंतु आपके जगत में उतने ही हैं जितने आपकी आंखों को दिखाई देते हैं या जिनके बारे में आपने पढ़ रखा है। परंतु वे तारे किस-किस गैस से बने हैं, या वहां क्या-क्या और है; यह आप नहीं जानते। सो ये सारी बातें आपके जगत में नहीं हैं। आप जानते ही हैं कि ब्रह्मांड में जितने तारे आपको मालूम है वास्तव में उससे हजारों-लाखों गुना ज्यादा ही मौजूद हैं, फिर भी वे आपके जगत का हिस्सा नहीं हैं। यहां मेरे कहने का मूल तात्पर्य यह कि आसमान हो या धरती, ज्ञान हो या काव्य, जहां भी जो कुछ भी, चाहे जितना क्यों न हो, परंतु उनमें से कुछ भी अपनेआप आपके जगत में नहीं आता। आपके जगत में तो वह तभी आता है जब आप अपने कम्प्यूटर में एंट्री डाल उसे अपने जगत में ले आते हैं। और आपका यह एंट्री डालना आंख, कान या दिमाग कहीं से भी हो सकता है।

बाकी यह स्पष्ट समझ लो कि आपके विश्व में कोई वस्तु, व्यक्ति या विचार आपके एन्ट्री डाले बगैर नहीं आ सकते हैं। पूरा वृन्दावन मिलकर भी कृष्ण के कम्प्यूटर में इन्द्रपूजा की एन्ट्री नहीं डाल सका। तमाम फोर्स मिलकर भी क्राइस्ट के कम्प्यूटर में यहूदी होने की या बुद्ध के कम्प्यूटर में हिन्दू होने की एन्ट्री नहीं ही डाल सका। यहां तक कि कोई एवोइड करे या इन्सल्ट करे, तो भी उसकी एन्ट्री डालने न डालने की स्वतंत्रता आपको उपलब्ध है। आप न डालें, आपको क्रोध नहीं आएगा। आपको न बुरा लगेगा, न उदासी पकड़ेगी। सो, इस डेटा एन्ट्री डालने पर जो आपका एकाधिकार है, उसे पहचानें।

मनरूपी कम्प्यूटर में जरूरत से ज्यादा डेटा डालने पर उसकी हार्डडिस्क करप्ट हो जाती है

शायद अब आपको "एहसास" के इस करिश्मे का कुछ-कुछ अंदाजा हो ही गया होगा। अब आपको यह बात समझ में आ ही गई होगी कि अपना विश्व आप स्वयं बनाते हैं। और यदि वाकई समझ आ गया हो, तो सोचो यह कि इतना बड़ा विश्वरूपी-जगत होने के बावजूद आपको अपना एक जहां अलग से बनाने की स्वतंत्रता क्यों मिली हुई है? चलो, यह तो उस एहसास का खेल और उसकी महानता हुई। और उसकी चर्चा भी मैं करूंगा ही, परंतु समय आने पर। अभी आपके परिप्रेक्ष्य में तो यह कि आपके लिए यह अपनेआप में एक अवसर है। और आपको चाहिए कि आप इस अवसर को भुनाते हुए अपना जहां बड़ा ही यादगार व प्रेरणादायक बनाएं। परंतु दुर्भाग्य से यह हो नहीं पाता। हजारों में एकाध ही अपना जहां खूबसूरत बना पाता है। ...ऐसा क्यों? इसके कई कारण हैं। प्रथम तो यह कि अब तक मनुष्य को यह मालूम ही नहीं है कि उसका जहां वह खुद बनाता

चला जा रहा है, वरना शायद यह जिम्मेदारी वह अच्छे से निभा भी लेता। परंतु चलो, अब तो यह समस्या हल हुई। और अब जब आपको मालूम पड़ ही गया है तो आपको अपनी जिम्मेदारी का एहसास भी हो ही गया होगा। और उम्मीद करता हूँ कि जिसे-जिसे यह एहसास हो जाएगा वह सही दिशा में प्रयास शुरू भी कर देगा।

अब यदि मनुष्य के जहां का इस कदर बिगड़ जाने का दूसरा कारण कहूं तो वह कुछ ज्यादा ही खतरनाक है। और वह यह कि इससे पहले कि बच्चा अपने कम्प्यूटर में एंट्री डालने जितना बड़ा हो जाए, उससे पहले ही उसके परिवारवाले उसमें हजारों तरीके की एंट्री डाल चुके होते हैं। और अधिकांशतः यह डाली गई एंट्री उसको जगत से जोड़ने की बजाए तोड़ने वाली होती है। धर्म, जाति व समाज के नाम पर जमाने भर के भेदभाव उसमें डाल दिये जाते हैं। एक आश्चर्य के भाव के साथ पैदा हुए बच्चे के कम्प्यूटर में जाने क्या-क्या एंट्री उसके परिवार वाले डाल देते हैं। और फिर थोड़ा बड़ा होते ही बच्चों के मन में महत्त्वाकांक्षाओं और मर्यादाओं की दूसरी हजार एंट्री भी डाल दी जाती हैं। बस बच्चे का सत्यानाश हो जाता है।

मस्ती से खेलते-कूदते बढ़ रहा बच्चा अपने प्रेम और क्रोध की ऊर्जा के बल पर जीवन को बढ़ानेवाले गुण जैसे ध्यान, आत्मविश्वास, दृढ़ता, उत्साह आदि अपने में पनपाना शुरू ही करता है कि उसके कम्प्यूटर में उटपटांग डेटा डालकर अपने ही परिवारवालों द्वारा ना सिर्फ उसे विकृत करना प्रारंभ कर दिया जाता है, बल्कि उसके जहां में हजार अनावश्यक चीजें भी घुसेड़ दी जाती हैं। छोटे बच्चे की निर्दोष मस्तियां तथा कभी न खत्म होने वाली ऊर्जा जो संसार की सबसे खूबसूरत वस्तु होती है, वह तो इन एंट्री की बाढ़ में दबकर जाने कहां खो जाती है? यानी मनुष्य की नासमझी के कारण बच्चे की दुर्गति यह हो जाती है कि वह अपने कम्प्यूटर में डेटा डालने जितना बड़ा हो उससे पहले ही उसकी खाली हार्डडिस्क डेटा डाल-डालकर भर दी गई होती है। उससे भी खतरनाक हालत तो यह कि उसे भी गलत डेटा डालना सिखा दिया गया होता है।

...वरना तो आप सभी जानते हैं और शायद मानते भी होंगे कि छोटे बच्चों को खेलते देखने से बड़ा सुख विश्व में कुछ नहीं होता। उनको बड़े होते देखना अपनेआप में कुदरत का सबसे बड़ा चमत्कार होते देखना है। एक छोटा बच्चा घर के आंगन में खेलता है तो पूरा घर मस्ती से भर जाता है। उसका तुतला के बोलना, मिट्टी से खेलना, उसका जिद्द करना, उसका परेशान करना सबकुछ दिल को छूने वाला होता है। ऐसा क्यों होता है? क्योंकि बच्चे में मेरी गति बहुत तेज होती है। उसका समय तेजी से कट रहा होता है।

आप भी याद करो कि आप पैदा होने से पांच-छः वर्ष के कब और कैसे हो गए? ...बस घनाघन हो गए। यानी वह सबकुछ आपको एक सपना-सा महसूस होता है। लेकिन फिर जब परिवारवाले आपके कम्प्यूटर में डेटा डालना शुरू हो जाते हैं तो समय इस कदर धीमा हो जाता है कि आपकी सारी मस्तियां छू हो जाती हैं।

कुदरत की किसी सत्ता का मनुष्य के जगत में कोई इंटरफियरन्स नहीं

और फिर आगे चलकर स्कूल में जाते ही आपकी और भी बुरी गत कर दी जाती है। वहां तो जमाने भर के डेटा आपके कम्प्यूटर में डलते चले जाते हैं। आप भी बड़े उत्साह से सारे डेटा को भीतर जाने देते हैं। ...सोचते हैं ज्ञान बढ़ रहा है। लेकिन ज्ञान कितना और क्या बढ़ रहा है यह तो आप जानें, परंतु जमाने भर के डाले गए इन उटपटांग डेटा के कारण आपके मनरूपी कम्प्यूटर की हार्डडिस्क अवश्य भरती चली जाती है। और यह भर रही हार्डडिस्क आपके जीवन में मेरी गति को धीमा करती चली जाती है। फिर उसके परिणामस्वरूप आपमें से जीवन को बढ़ाने वाले तमाम गुण जैसे ध्यान, उत्साह या आत्मविश्वास वगैरह कमजोर पड़ने शुरू हो जाते हैं। यही नहीं, इसके परिणामस्वरूप आप विकृत होना भी शुरू हो जाते हैं। आपमें चिड़चिड़ापन, बोरडम, फ्रस्ट्रेशन वगैरह भी पनपने शुरू हो जाते हैं। और फिर बड़े होते-होते तो आप अपने कम्प्यूटर में इतना डेटा डाल देते हैं कि आपकी हार्डडिस्क ही करप्ट हो जाती है। आप सोचते कुछ हैं और बोला कुछ जाता है। चाहते कुछ हैं और हो कुछ जाता है। मेरी गति तो इस बढ़े हुए डेटा और विस्तार पाए आपके जगत के कारण इतनी धीमी हो जाती है कि धीरे-धीरे कर आप के लिए दिन गुजारना ही भारी हो जाता है। ...वाकई आप अपना और अपने जगत का क्या हाल बना लेते हैं!

पता नहीं, यह मनुष्य कब बच्चों को सही ज्ञान देना और उनके कम्प्यूटर में सही डेटा डालना सीखेगा? क्योंकि स्कूल-कॉलेज से लेकर इंटरनेट तक, तथा ज्ञान की किताबों से लेकर टी.वी तक,

और फिल्मों से लेकर धर्म के नाम पर फैलायी जानेवाली तमाम बातों में अधिकांश डेटा तो बच्चों के कम्प्यूटर की हार्डडिस्क को करप्ट करनेवाले ही डाले जा रहे होते हैं। हालांकि यहां दूसरों को दोष देने की जगह भी नहीं। क्योंकि कोई जबरदस्ती आपके को-ऑपरेशन के बगैर तो आपके कम्प्यूटर में डेटा डाल नहीं रहा। वह तो आप ही गलत बातों से प्रभावित होकर सबको डेटा डालने देते हैं। यही क्यों, स्वयं भी कौन से सही डेटा आप अपने कम्प्यूटर में डाल रहे हैं? और, इसलिए न तो आप दूसरों को दोष दे सकते हैं, और ना ही यहां मैं दूसरों के बाबत चर्चा ही करने वाला हूँ। जवाबदारी आपकी है, अतः आपको ही कैसे डेटा डालना और कौन-से डेटा डालने से क्या होता है...यह समझना होगा।

और यहां मैं ये सब बातें विस्तार से समझाना प्रारंभ करूं उससे पहले आप अब तक की मेरी कही बातों का सार समझ लें। क्योंकि एकबार पूरी बात आपके जहन में ताजा हो जाए, तो आगे की बात समझना थोड़ा आसान हो जाएगा। और सबसे बड़ी तथा गहरी सच्चाई तो यह कि आपका विश्व बनाने की जवाबदारी भी आपकी है तथा उस हेतु आपको पूर्ण स्वतंत्रता भी मिली हुई है। इसलिए आपका जीवन व जगत जैसा भी है, उस हेतु आप कभी किसी को दोष नहीं दे सकते। आपके जगत में विश्व की बड़ी-से-बड़ी शक्ति भी इंटरफियर नहीं कर सकती। और स्वाभाविक रूप से यह इंटरफियरंस की सत्ता न होना दो-तरफा है; वह ना तो आपका कुछ बिगाड़ सकती है और ना ही वह आपका कोई काम बनाने हेतु आपकी सहायता ही कर सकती है। सबकुछ करना भी आपको है और आपके किये का भरना भी आपको है।

दूसरी बात, आपके जगत का विस्तार मेरे मन-रूपी समय के कम्प्यूटर में डेटा डालने से हो रहा है। फिर वह डेटा चाहे आप डालें या दूसरा, कोई फर्क नहीं पड़ता। अतः मुझमें कोई भी डेटा एंटर करने से पूर्व इतना समझ लेना कि आपके डेटा डालते ही मैं उसको आपके जगत में ले आऊंगा। और आपके जगत में आने के बाद आप कहेंगे कि यह तो जहर है, हटाओ इसे...। पर ऐसा सोचने या चाहने से वह हटनेवाला नहीं। वह जहर हो या बिच्छू, आपको काटे चाहे मारे...आपको झेलना ही होगा। अतः सर्वप्रथम तो आपको डेटा क्या, कितने और कब डालना; इस बात का ज्ञान बढ़ाना होगा।

यह अच्छे से समझ लें कि दुनिया में जिनके जीवन आपको आबाद और सफल दिखाई दे रहे हैं, वे सब वही लोग हैं जिन्होंने जाने-अनजाने अपने मनरूपी कम्प्यूटर में ठीक-ठीक डेटा डाले हुए हैं। यह वे लोग हैं जिन्होंने अपने विश्वरूपी चमन में सिर्फ फूल उगाए हैं। और दूसरे शब्दों में कहूं तो ये वे लोग हैं जो अपनी दुनिया को कांटों से बचाने

में सफल हो गए हैं। सो उम्मीद करता हूँ कि मेरे बताए जाने के बाद आप भी यह कला सीख अपना विश्व आबाद कर लेंगे।

आपके विश्व-निर्माण की गाथा

अब तक मैंने आपको यह समझाया कि आपके विश्व का निर्माण आपके मन-रूपी समय के कम्प्यूटर यानी मुझमें डेटा डालने से होता है। और जिस तरह आपको अपनी शारीरिक संरचना व स्वास्थ्य अपने माता-पिता या दादा-नाना के परिवार के जीन या डीएनए के थकी विरासत में मिलते हैं, ठीक उसी तरह उन्हीं लोगों द्वारा आपके कम्प्यूटर में तरह-तरह के डेटा डाले जाने के कारण कह सकते हैं कि आप चाहें-न-चाहें या फिर आपको जरूरत हो न हो, परंतु संस्कार भी कम या ज्यादा आपको विरासत में जबरन सौंप ही दिये जाते हैं। बहुत कम परिवारवाले होते हैं जिन्हें बच्चों के कम्प्यूटर में ठीक से डेटा डालते आते हैं। ...जैसे एडीसन या विवेकानंद की मां जिन्होंने दोनों के कम्प्यूटर में बचपन से ही श्रेष्ठ डेटा डाले। वैसे ही जितने भी बड़े लोग हुए हैं, प्रायः उनके माता-पिता, परिवार वाले या टीचर वगैरह ने बचपन से उनके कम्प्यूटर में ठीक डेटा डाले ही होते हैं।

और एडीसन की मां ''नैन्सी'' की तो जितनी तारीफ की जाए कम है, वाकई दुनिया भर की मांओं को उन्हें अपना ''आइडल'' बना लेना चाहिए। वैसे ही मैं तो कहता हूँ कि हेलेन-केलर की टीचर 'एने' को भी विश्वभर के टीचरों को अपना आइडल बना लेना चाहिए। जरा देखें, उसने देखने, सुनने व बोलने की क्षमता खो चुकी बच्ची के कम्प्यूटर में कैसे-कैसे डेटा डाले कि हेलेन केलर विश्व-इतिहास में कर्मठता की देवी बनकर उभर आई। और उसके सामने अधिकांश टीचरों को देखें जिन्हें आप अपने होनहार

बच्चे सौंपते हैं, तो भी वे जाने कैसे-कैसे डेटा डालकर उनका कबाड़ा कर देते हैं।

चलो, यह सब भी छोड़ो। आप दूसरों के भरोसे अपना विश्व बनाएंगे ही क्यों? नैन्सी जैसी मां या एने जैसी टीचर नहीं मिलती तो न सही। लेकिन आप स्वयं अपने विश्व का जो हाल कर देते हैं, थोड़ा उसपर गौर करो। थोड़ा आप अपने विश्व-निर्माण के उत्साह का आलम तो समझो। कितनी जल्दी पड़ी रहती है आपको अपना विश्व बढ़ाने और फैलाने की, जरा वह तो देखो। आपके पास अपने देश में घूमने के पैसे नहीं होते हैं, फिर भी आप स्विटजरलैंड की खूबसूरती के डेटा भीतर डाल लेते हैं। समझ यह नहीं आता कि जब आप स्विटजरलैंड घूमने जा ही नहीं सकते तो फिर व्यर्थ डेटा डालकर हार्डडिस्क भरने का क्या मतलब? ...व्यर्थ मेरी गति धीमी कर देते हैं। फिर क्या होता है? अकारण उसका परिणाम स्विटजरलैंड न जा पाने के दुःख के रूप में भोगना पड़ता है। और यही आपके विश्व-निर्माण की जादूगरी है। स्विटजरलैंड आपके विश्व में न होने के बावजूद डेटा डालते ही मैं उसे आपके विश्व में ले आता हूँ। क्योंकि यही मेरी कार्यप्रणाली है। मुझे खींचा नहीं कि मैंने स्पेस पैदा की नहीं। थोड़ा-सा मेरे स्पेस-निर्माण की तीव्रता पर तो गौर करें। आपने कहीं जरा-सा स्विटजरलैंड की खूबसूरती बाबत पढ़ या सुन लिया, और सुन के अच्छा लगा तो डेटा भी भीतर डाल दिया। चलो आपका काम तो खत्म हो गया, परंतु मेरा काम यहां से शुरू हो जाता है। मैं स्विटजरलैंड की खूबसूरती को आपके कम्प्यूटर में स्पेस दे देता हूँ। इससे वह आपके कम्प्यूटर में सुरक्षित हो जाती है। इतना ही नहीं, यह कम्प्यूटर स्वचालित डेटा उत्पन्न भी करता है। यह आपके टेबल कम्प्यूटर की तरह नहीं कि जो डेटा डाला सिर्फ वही स्टोर करेगा। यह प्राणवान कम्प्यूटर है। यह डाले गए हर डेटा को बीतते समय के साथ मल्टीप्लाई करता रहता है। स्विटजरलैंड की खूबसूरती का डेटा डालते ही यह वहां जाने के

अपना जगत फैलाने की जगह उसे समेटने पर ध्यान देना अक्लमंदी है

उम्मीदों और अपेक्षाओं के डेटा
मनुष्य के मनरूपी कम्प्यूटर को सबसे ज्यादा करप्ट करते हैं

सपने दिखाता है। न जा पाने का दुःख पकड़ाता है। जानेवालों से जलन पकड़ाता है। फिर उससे आपका छुटकारा नहीं...। वह खूबसूरती पड़े-पड़े आपको परेशान करती रहती है। और वह भी इस कदर कि आपकी आंखों के सामने जो भी उपलब्ध खूबसूरतियां हैं वे सब आपको भाना बंद हो जाएगी। अब यह बैठे बिठाए घाटे का सौदा हुआ कि नहीं? इस तरह विश्व फैलाकर आपके हाथ क्या लग रहा? इस कम्प्यूटर का नियम है ''नमाज पढ़ने जाते तो रोजे गले पड़वा देता''। आप हिंन्दू हैं का एक डेटा डालते तो वह पीछे-पीछे उपवास से लेकर पचासों भगवान और विधि-विधान सब गले पड़वा देता।

ठीक वैसे ही कई स्टूडंट्स ऐसे होते हैं जिनके पास इंडिया में कॉलेज की फीस भरने के लाले पड़े हुए होते हैं, और वे ऑस्ट्रेलिया में कौन-कौन सी अच्छी यूनिवर्सिटी है, के बाबत पता लगाने दौड़ पड़ते हैं। स्वयं का सबजेक्ट कॉमर्स है और विज्ञान संबंधित

यूनिवर्सिटी की जानकारियां जुटाने में लग जाते हैं। नौकरी के ठिकाने नहीं होते और कारों के बाबत पढ़ने में रुचि दिखाते हैं। यानी कुल-मिलाकर कहने का तात्पर्य यह कि एक नहीं हजार तरीके के अनावश्यक डेटा वे अपनी हार्डडिस्क में डालते ही रहते हैं, और इधर अपने स्वभाव से मजबूर मैं सबको उनके विश्व में लाता ही रहता हूँ।

> मनुष्य के अपने जगत का निर्माण उसके मनरूपी कम्प्यूटर में डेटा डालने से होता है

वैसे आपकी यह डेटा डालने की आदत वस्तुओं तक ही सीमित नहीं होती। जैसे-जैसे आप बड़े होते जाते हैं, अपने विश्व में एक के बाद एक मनुष्य भी लाते चले जाते हैं। परिवार वाले तो समझे, स्वतः ही आपके विश्व में घुस जाते हैं; परंतु अन्य मनुष्यों का दायरा भी तो आप बढ़ाते ही चले जाते हैं। और मजा यह कि सिर्फ दायरा ही नहीं बढ़ाते, उनसे चंद अपेक्षाओं के डेटा भी अपने कम्प्यूटर में डालते चले जाते हैं। पर यह नहीं समझते कि हर डलते डेटा के साथ आपके जीवन में मेरी गति धीमी हो रही है। और फिर मेरी धीमी हुई गति के परिणामस्वरूप जिन-जिन मनुष्यों को आप अपने विश्व में लाए हैं, उनके सुख-दुःख आपको परेशान करना शुरू कर देते हैं। और उनसे बांधी अपेक्षाएं तो आपका जीना ही दुश्वार कर देती हैं। ...फिर तो अपेक्षाएं टूटने का दुःख धीरे-धीरे कर आपके जीवन में रोजमर्रा का हो जाता है।

चलो, यह सब भी समझ में आता है, परंतु आप हद तो तब कर देते हैं जब अपने कम्प्यूटर का की-बोर्ड ही खुला छोड़ देते हैं। जिसे जब और जैसी मरजी आए डेटा डाल दे। फिर तो जिसे मौका मिलता है वही आपके कम्प्यूटर में डेटा डालना शुरू हो जाता है। कोई आपके कम्प्यूटर में महत्त्वाकांक्षा का डेटा डाल देता है, तो कोई आपको क्या करना व क्या नहीं करना का डेटा पकड़ा जाता है। और कई तो मौका पाकर जीवन को आगे बढ़ाने हेतु मन्नतों के नए-नए तरीके अपनाने का डेटा आपकी हार्डडिस्क में सुरक्षित कर जाते हैं। ...कोई आपके कर्तव्यों की सूची आपको पकड़ा जाता है तो कोई आपको अपनी खामियों की लिस्ट पकड़ा देता है। कोई आपकी तुलनाएं जाने किस-किस से करके आपको हीनता पकड़ा जाता है तो कोई वस्तुओं के प्रति आपका आकर्षण जगाकर उनका आपके विश्व में पदार्पण करवा जाता है।

समझ यह नहीं आता कि जब आप अपने मामूली "टेबल-कम्प्यूटर" में कोई बेकार के डेटा नहीं डालते, जब आप अपने उस साधारण कम्प्यूटर की हार्डडिस्क का इतना

खयाल रखते हैं, तो फिर जो कम्प्यूटर आपके विश्व का निर्माण कर रहा है उसमें इतने बेवजह के डेटा क्यों डालते रहते हैं? और यह तो बिल्कुल मेरी समझ के बाहर है कि जब आप अपने लैपटॉप या पर्सनल कम्प्यूटर को किसी को छूने तक नहीं देते, कोई व्यर्थ डेटा न डाल जाए उस डर से पासवर्ड रखते हैं, तो आप अपने विश्व बनानेवाले कम्प्यूटर में चाहे जिसको डेटा कैसे डालने देते हैं? क्या आपके व्यवहार का यह विरोधाभास ही आपको अपने जीवन के बाबत लापरवाह सिद्ध नहीं करता?

और फिर आप अपने विश्व को देखें तो सही, कुछ भी तो नहीं छोड़ा है आपने उसमें। आपके विश्व में भगवान और धर्म है, उसमें डिग्रियां और महत्त्वाकांक्षाएं हैं, हजार विषयों की लाखों जानकारियां हैं, जिसे अपना कह सकें ऐसे पचासों मनुष्यों की फौज है; फिर सवाल यह कि जीवन इतना बर्बाद कैसे हो गया? वह इसलिए कि जिन्हें हीरा मान-मानकर आपने अपने विश्व में एंट्री दे रखी है, वे सभी सिवाय पत्थर के और कुछ नहीं निकल रहे। ऐन वक्त पर सब दगा दे रहे हैं। सफलता के हजारों उपाय आप खोजे बैठे हैं, पर जरूरत पर उनमें से एक काम नहीं आ रहे हैं। धार्मिक से लेकर सामाजिक स्तर तक, और व्यावसायिक से लेकर भावना के तल पर जीवन सफल बनाने हेतु किसी ने कोई कसर नहीं रख छोड़ी है; परंतु कटु सत्य यही है कि परिणाम में किसी के हाथ कुछ नहीं लग रहा है।

ऐसा क्यों? तो उसका एक ही जवाब है कि आपने जिन वस्तुओं का अपने विश्व में जाने-अनजाने संग्रह किया है या होने दिया है, ...उनसे आपका विश्व नियम से ही आबाद नहीं हो सकता है। वहीं दूसरी हकीकत यह भी है कि व्यर्थ के डेटा डाल-डालकर आपने अपना विश्व इतना बड़ा बना लिया है कि अब वह आपके नियंत्रण में ही नहीं रहा है।

हालांकि उम्मीद करता हूँ कि अब आप अपने विश्व-निर्माण की प्रक्रिया पूरी तरह समझ गए होंगे। आपका "मन-रूपी समय" कितना जादूभरा कम्प्यूटर है, यह भी आप समझ ही गए होंगे। मैं कैसे डेटा डालते ही उस वस्तु को आपके विश्व की हकीकत बना देता हूँ, यह भी आपको पता चल ही गया होगा। और यह समझाने की तो जरूरत ही नहीं कि डेटा डालते वक्त बरती गई सजगता ही आपके विश्व को बचा सकती है। क्योंकि आज आपके विश्व में जो कुछ भी है वह आप ही के डाले गए डेटा के कारण अस्तित्व में आया है। सो और कुछ नहीं तो आगे से आप डेटा डालते वक्त सावधानी बरतेंगे, ऐसी उम्मीद तो मैं आपसे कर ही सकता हूँ।

मेरी कॉम्प्लीकेटेड कार्यप्रणाली

अब सवाल यह उठता है कि जब मनुष्य स्वयं अपने विश्व का निर्माण करता है तो फिर क्यों अधिकांश मनुष्यों के विश्व ऐसे खराब हुए पड़े हैं। भला अपना जीवन अपने हाथों बिगाड़ना कौन चाहेगा? कोई नहीं...। तो फिर क्यों सबके जीवन की यह दुर्दशा हुई पड़ी है? जब मनुष्य का विश्व-निर्माण उसकी इच्छा के अधीन है तो कौन अपना विश्व बिगाड़ने की इच्छा से कार्य करेगा? सवाल तो एकदम सही है, परंतु इसका उत्तर थोड़ा कॉम्प्लीकेटेड है। दरअसल हो यह रहा है कि मनुष्य अपना जगत संवारना तो चाहता है परंतु उस हेतु जो प्रयास करता है उसके परिणाम उसकी सोच से विपरीत आ जाते हैं। ऐसा इसलिए होता है कि मैं जैसा भासता हूँ...वैसा हूँ नहीं। मेरे सारे कार्य आम मनुष्यों की सोच से उल्टे हैं। इसलिए जब तक आप मेरी इस उलट-बांसुरी के बाबत नहीं समझ लेते, आपके सारे प्रयास उल्टे ही साबित होते रहेंगे। और यह कहने की जरूरत नहीं कि उल्टे प्रयासों के परिणाम भी उल्टे ही आएंगे।

इसे ऐसा समझो कि पानी बनाने का फॉरम्यूला H_2O है। अब इसे उल्टा समझें या सीधा, पर यदि आपको पानी बनाना हो तो दो कण हाइड्रोजन और एक कण ऑक्सीजन का ही मिलन कराना होगा। यानी यदि आपको पानी बनाना हो तो उस हेतु पहले आपको पानी बनाने का फॉरम्यूला मालूम होना आवश्यक है। और फॉरम्यूला पता पड़ जाने पर उस अनुसार कार्य करना भी जरूरी है। वैसे ही जीवन में आप जो चाहते हैं, मेरे मन-रूपी समय

में सबके फिक्स फॉरम्यूले मौजूद हैं। पर दिक्कत यह आ रही है कि आप अपनी चाहों के बाबत तो क्लीअर हैं, परंतु उसे प्राप्त करने के फॉरम्यूले बाबत आप भ्रमित हैं। आप सोचते हैं कि ''पानी'' नाइट्रोजन व अमोनिया को मिलाकर बन जाएगा, और पानी बनाने की चाह में आप नाइट्रोजन और अमोनिया को मिलाते भी रहते हैं। मजा यह कि सबकुछ कर लेने के बाद जब आप चारों खाने चित हो जाते हैं तब आपको मालूम पड़ता है कि यह तो जहरीली गैस बनाने का फॉरम्यूला निकला। अर्थात् पानी बनाने की चाह में फॉरम्यूले से अनजान होने के कारण आपने जहरीली गैस बना डाली।

समय की पूरी कार्यप्रणाली बुद्धि की सोच से उल्टी है

बस यही एक चक्कर है जो सबके जीवन को रौंदे हुए है। आप सफलता की चाह में जो फॉरम्यूला अपनाते हैं उसी से आपके हाथ असफलता लग रही है। आप पहले सुख चाहते हैं, फिर अपनी समझ के हिसाब से उस सुख को प्राप्त करने के फॉरम्यूले अपनाते हैं; लेकिन अंत में वह फॉरम्यूला दुःख का निकल आता है। आप अपनी समझ से आपस में दिन-रात रिश्ते मजबूत करने के फॉरम्यूले आजमाते रहते हैं और परिणाम में सबसे आपकी दूरियां बढ़ती ही जाती है।

कहने का तात्पर्य यह कि तमन्नाएं तो आप ठीक ही करते हैं परंतु उसे पाने के फॉरम्यूले गलत आजमा लेते हैं। यानी आप यह तो थोड़ा-थोड़ा समझ रहे हैं कि आपके विश्व का निर्माण आपकी इच्छानुसार हो रहा है। और इसीलिए हर कोई हजारों हसीन ख्वाहिशें पाले जी भी रहा है। परंतु कोई इन ख्वाहिशों को पूरा करने के फॉरम्यूले बाबत कुछ नहीं जानता। इस कारण वह अपनी ख्वाहिशें पूरा करने हेतु जो-जो प्रयास करता है, उससे सब उल्टा हो जाता है।

अब आप कह सकते हैं कि ठीक है, फिर हम ख्वाहिशें ही उल्टी करना प्रारंभ कर देते हैं। परंतु ख्वाहिशें उल्टी करना इतना आसान थोड़े ही है। कौन इच्छा करेगा कि मेरा जीवन बर्बाद हो

जाए? कौन असफलता खोजने निकलेगा? और फिर सिर्फ इच्छाओं से मामला निपट जाता होता तब तो शायद कोई कर भी लेता, परंतु उस ओर प्रयास भी पूरी ईमानदारी से करने होते हैं। और यह सामान्य मनुष्यों के लिए आसान नहीं कि वह अपनी बर्बादी के रास्ते खुद खोजता चला जाए। ...सो अपने सीधे उपाय सोचो। और सीधा उपाय यह कि इच्छाएं भले ही सीधी करो, परंतु उसे पूरी करने के फॉरम्यूलों बाबत अच्छे से समझ लो। ...यानी मेरी उलट-बांसुरी को पहचान लो। और जबसे मैं आपके समक्ष उपस्थित हुआ हूँ, यही प्रयास कर रहा हूँ कि आप मुझे पहचान लें।

...वरना अभी तो इन फॉरम्यूलों की नासमझी के कारण आपके हाल यह हो चुके हैं कि आपको यदि इच्छापूर्ति का वरदान मिल जाए तो भी आप उससे कुछ खोकर ही उठेंगे। यानी आप यह गलत चाहने व करने की दौड़ में इतना आगे निकल गए हैं कि आपको कुछ भी क्यों न मिल जाए, अंत में आप बर्बाद होकर ही उठेंगे। न समझ आए तो लगे हाथों आपको इस बात का एक दृष्टांत भी दे देता हूँ। ...दरअसल पुराने हिन्दू पुराणों में कल्पवृक्ष के नाम से एक ऐसे वृक्ष की कल्पना की गई है जिसके तले बैठा मनुष्य जो इच्छा करे वह तत्क्षण पूरी हो जाती है। अब जीवन में इससे बड़ा तो आप कुछ नहीं पा सकते हैं। परंतु मैं यहां यह समझाना चाह रहा हूँ कि वह मिल जाए तो भी क्या...?

...एक दिन ऐसा हुआ कि एक थका-हारा मुसाफिर जंगल में फंस गया। जंगल इतना घना और सुनसान था कि चार दिन बीत जाने के बावजूद उसे बाहर निकलने का कोई मार्ग नहीं मिल रहा था। चल-चलकर वह काफी थक भी गया था, ऊपर से तीन-चार रोज से उसने कुछ खाया भी नहीं था। खाने की क्या बात करें, उसे इन चार दिनों में पानी तक नसीब नहीं हुआ था। बस गहन निराशा की मनोदशा में उस संध्या भी उसने पिछले रोज की ही तरह एक घने पेड़ के नीचे आसरा लिया। भूख, प्यास व थकान ने मिलकर उसकी हालत ऐसी कर दी थी कि अब मरा-तब मरा। लेकिन यहां समय ने करवट ली, उसने जिस पेड़ के नीचे आसरा लिया था वह "कल्पवृक्ष" था। हालांकि उसे इस बात का अंदाजा बिल्कुल नहीं था, ना ही उसने कभी कल्पवृक्ष के बारे में सुन ही रखा था। अब उसे मालूम हो या न हो, परंतु इधर कल्पवृक्ष को तो अपने स्वभाव के अनुरूप बरतना ही था।

उधर उस बात से अनजान वह मुसाफिर कुछ देर तक तो सोने की कोशिश करने लगा, पर चार दिन के भूखे-प्यासे को इतनी आसानी से नींद भी कहां आनेवाली थी? अचानक उसने सोचा, और कुछ नहीं तो पानी ही मिल जाए तो भी कितना अच्छा हो जाए? अब वह तो बैठा ही कल्पवृक्ष के नीचे था, जहां इच्छा-मात्र करने की देर थी। बस

यहां उसने सोचा, वहां दो खूबसूरत लड़कियां चांदी का गिलास व पानी से भरा एक जग लेकर हाजिर हो गई। प्यासा तो था ही, गट-गट कर पूरा पानी पी गया। पानी पेट में गया तो खाने की इच्छा जागृत हो उठी। तत्क्षण चार-पांच सेविकाएं पचासों वानगिओं से भरा एक थाल लेकर हाजिर हो गई। वह तो मारे भूख के पूरा थाल चट कर गया। अब एक बार पेट भरा तो बुद्धि भी ठिकाने आ गई। अचानक घबरा गया, यह क्या...? कहीं भूत-प्रेत तो नहीं? बस क्या था, भूत-प्रेत हाजिर हो गए। मारे डर के वह वहीं मर गया।

यही हाल आपका है। पहले तो उटपटांग इच्छाएं करते हैं, फिर उन्हें पूरी करने हेतु हजार उल्टे-सुलटे उपाय खोज लाते हैं। और फिर परिणाम में जो कुछ मिलता है, उससे जीवनभर मरे-मरे जीते रह जाते हैं। यह तो अच्छा है जो आपको कल्पवृक्ष मिलता नहीं, वरना आपका हाल तो आपके वर्तमान से भी बुरा हो जाए। इसे मजाक मत समझना, वाकई आपकी सारी इच्छाएं पूरी हो जाए तो आपका जीवन पूरी तरह तहस-नहस हो जाए। अतः यह मत समझो कि आपके वर्तमान हाल का कारण यह है कि आपके पास इच्छापूर्ति के ठीक फॉरम्यूले नहीं हैं, बल्कि सच तो यह है कि दोष आपकी इच्छाओं में है। सो, कुल-मिलाकर मैं कहना यह चाहता हूँ कि पहले तो पूर्ण सजगता से इच्छा करना, फिर उसका ठीक फॉरम्यूला अप्लाई करना। ...बस यही आपके जीवन को, आप जैसा चाहते हैं, वैसा बना सकता है। निश्चित ही इसमें सबसे बड़ी बाधा मेरे कॉम्प्लीकेटेड स्ट्रक्चर की है। तो वही तो आपको अलग-अलग तरह से समझाने के प्रयास में लगा हुआ हूँ ताकि जल्द ही आपको अपने विश्व संवारने के एक-से-एक फॉरम्युले बता सकूं। और साथ ही मेरे बाबत कुछ अन्य गहन रहस्यों पर से परदा भी उठा सकूं। परंतु फिर भी आपको जो सीखना है, वह तो सीखना ही रहा। ताली तो दो हाथों से ही बजेगी।

जगत की त्रिगुणी-माया

अब इसी शृंखला में आपके लिए जगत की त्रिगुणी-माया (A Three Dimension Theory) समझना अति आवश्यक है। यह विश्व-रूपी जगत हो या आपका जगत, सबकुछ इस त्रिगुणी माया से ओतप्रोत है। यूं भी मैं जगत की उत्पत्ति की प्रक्रिया समझाते वक्त बता ही चुका हूँ कि एहसास की कोख से मैं और फिर मुझसे यह स्पेस अस्तित्व में आया है। अर्थात् यह सारा जगत और कुछ नहीं बल्कि इन तीनों शक्तियों यानी एहसास, टाइम और स्पेस के विभिन्न संयोजनों वाला एक अनंत स्वरूप है। ...तथा इसी कारण यहां के कण-कण में ये तीनों शक्तियां समायी हुई हैं। और अब तो विज्ञान भी अधिकांश चीजों में इन तीनों शक्तियों को जान ही चुका है। जैसे अणु में न्यूट्रोन, प्रोट्रोन व इलेक्ट्रोन। जैसे पॉझिटिव, नेगेटिव व न्यूट्रल। जैसे अल्फा, बीटा व गामा। जैसे सॉलिड, लिक्विड व गैस। जैसे खाई, पहाड़ व सपाट जमीन। यानी आप विश्वरूपी जगत के छोटे-से-छोटे कण से लेकर विशालकाय वस्तु तक जहां भी निरीक्षण करेंगे, हर वस्तु को आप तीन प्रकार के विभाजन में पाएंगे। ...या कहूं कि तीन अलग-अलग शक्तियों से लिप्त पाएंगे।

चलो, यह तो मैटेरियल-जगत की बात हुई। उस बाबत मुझे कुछ और विस्तार से समझाने की आवश्यकता नहीं। मेरा विषय तो आपके जगत को प्रभावित कर रही त्रिगुणी माया ही है। और उस संदर्भ में मैं यह स्पष्ट कर दूं कि यदि आप अपना विश्व-निर्माण

अच्छे से करना चाहते हैं तो आपको अपने जगत में फैली इस त्रिगुणी माया को पहचानना होगा। और निश्चित ही उससे रू-ब-रू तो मुझे ही आपको कराना होगा। और अब मैं उसी की चर्चा प्रारंभ करता हूँ। यहां पर आपकी सबसे बड़ी अड़चन संभावनाओं और उनके आधार पर लिए जानेवाले निर्णयों को लेकर ही है। यानी क्या करना के हजार उपाय आपके सामने मुंह फाड़े खड़े होते हैं, और आपको समझ नहीं आता कि उनमें से कौन-सा उपाय आपकी इच्छानुसार परिणाम लेकर आएगा। तो उस संदर्भ में यहां मैं आपको यह बता दूं कि परिस्थिति चाहे कोई क्यों न हो, संभावनाएं हर हाल में तीन ही होती हैं। क्योंकि आपका जीवनरूपी विश्व भी एहसास, टाइम व स्पेस के कारण ही अस्तित्व में है। अतः आपकी भी पूरी दुनिया इस त्रिगुणी-माया से ही ओतप्रोत है। और हर समय आपको इन तीनों शक्तियों से उभरी तीन भिन्न-भिन्न संभावनाओं में से एक के पक्ष में दृढ़तापूर्वक निर्णय करना होता है। और यह सही निर्णय करने की समझ ही आपके जीवन को आगे बढ़ा सकती है।

विज्ञान ने स्पेस की हर वस्तु के तीनों डायमेंशन्स पहचानने में बड़ी प्रगति की है

चलो, यह तो आप समझ ही गए होंगे। न समझे हों तो और विस्तार से समझाता हूँ। आपका जीवन बढ़ता व पनपता कैसे है? तो बढ़ता इच्छा करने से है और पनपता कार्य करने से है। कार्य आप कैसे करते हैं? तो जो आपकी इच्छाएं पूरी कर सके उन उपायों पर विचार करके। और यहीं पर आपको आपके जगत में फैली इस त्रिगुणी-माया को पहचानना जरूरी होता है। और यही वह जगह है जहां विज्ञान न आज, न कल और ना ही भविष्य में आपका सहायक हो पाएगा। यह उचित निर्णय करने की समझ आपको ही विकसित करनी होगी, और जो कि जगत की त्रिगुणी-माया को भलीभांति पहचाने बगैर संभव नहीं।

और आपके जगत की त्रिगुणी-माया बाबत यह स्पष्ट रूप से समझ लें कि यदि आपको संभावनाएं तीन से कम नजर आ

रही हैं तो भी आप परिस्थिति को गलत आंक रहे हैं, तथा यदि आपको संभावनाएं तीन से ज्यादा नजर आ रही हैं तब तो आप परिस्थिति को समझ ही नहीं रहे हैं। समझ ही लें कि या तो आपके द्वारा डेटा गलत डाले गए हैं, या दूसरे पचासों लोग आपके कम्प्यूटर से खेल रहे हैं। और उसी कारण आपका विश्व बर्बाद हो रहा है। सो, विश्व सुधारना चाहते हैं तो मल्टीपल-ऑप्शन से तीन ऑप्शन देखने के स्तर पर अपने कम्प्यूटर को लाना होगा। निश्चित ही उस हेतु व्यर्थ के डेटा आपको डिलिट करने होंगे। सो, पहले तो हर परिस्थिति में इस त्रिगुणी-माया से उत्पन्न तीनों-तीन संभावनाएं देखने की आंख जगाएं। एकबार वह जाग जाए तो फिर उनमें से ठीक उपाय का चुनाव करना सीख जाएं। और उस हेतु सबसे पहले यह समझ लें कि आपका जगत और कुछ नहीं, आपके चारों ओर फैली परिस्थितियां हैं। और यदि आप अपने जीवन को ठीक दिशा में ले जाना चाहते हैं तो आपको आपके चारों ओर फैली इन बनती-बिगड़ती परिस्थितियों को अपने पक्ष में करना सीखना ही होगा।

अब यह मैंने नई बात कह दी। सो हो सकता है इतने-मात्र से आपकी समझ में न आई हो। तो यह बताओ कि आपका जीवन क्या है? वह आपके चारों ओर घट रही परिस्थितियां ही तो हैं। और यदि वे परिस्थितियां आपके अनुकूल हों तो जीवन सफल, और यदि वे प्रतिकूल हों तो सब खत्म। अब यहां सबसे बड़ा सवाल यह कि हर परिस्थिति को आपके अनुकूल बनाने हेतु आपको चंद निर्णय लेने पड़ते हैं। कई बार बिगड़ी परिस्थिति में कम नुकसान कैसे उठाना पड़े, उस बाबत भी निर्णय लेने होते हैं। और कुल-मिलाकर कहूं तो आपके जीवन की दिशा आपके द्वारा लिये गए इन निर्णयों पर ही निर्भर होती है। और इस पूरी बात में तय यह है कि श्रेष्ठ निर्णय आप इन बनती-बिगड़ती परिस्थितियों की त्रिगुणी-माया समझे बगैर नहीं ले सकते। अतः अब उम्मीद करता हूँ कि आपको अपना जीवन संवारने हेतु इस त्रिगुणी-माया को समझने की आवश्यकता समझ में आ गई होगी।

चलो, इस त्रिगुणी-माया को थोड़ा आपके जीवन में उपलब्ध ऑप्शन्स की चर्चा कर समझाने की कोशिश करता हूँ। ...शायद आपको बात अच्छे और गहरे से समझ में आ जाए। कोई आपसे पूछे कि शाम को डिनर पर चलना है तो आपके पास क्या ऑप्शन्स होते हैं? हां, ना या सोच के बताता हूँ। वैसे ही गति के मामले में भी आपके पास तीन ऑप्शन्स होते हैं। आगे बढ़ना, पीछे हटना या वहीं ठहरे रहना। वैसे ही संबंधों के मामले में भी आपके पास तीन ऑप्शन्स होते हैं, उसे और मजबूत करना, समाप्त करना या टिकाए रखना। कहने का तात्पर्य यह कि परिस्थिति कैसी भी हो आपके पास संभावनाएं तीन ही होती हैं। और उसमें से ठीक चुनना जीवन को आगे बढ़ाने वाला सिद्ध होता है।

लेकिन आपकी दिक्कत यह है कि आप इस त्रिगुणी-माया को समझते ही नहीं, और उसके चलते आप हर परिस्थिति में संभावनाओं के हजार द्वार खोजने में लग जाते हैं। मानो एक व्यक्ति है, उसने आपका जीवन सुधारने हेतु कई बातें कही है। अब उस व्यक्ति की कही बातों के लिए आपके पास तीन ही ऑप्शन्स होते हैं, प्रथम तो उसकी बातें ठीक जान पड़ती हैं तो उसका अनुसरण करें, समझ में नहीं आती तो उसकी बातों की उपेक्षा करें, या फिर उसकी कही बातें ठीक है कि नहीं; यह तय करने हेतु कुछ दिन मनन करें। परंतु आप इन तीन संभावनाओं के अलावा की भी हजार संभावनाएं खोज लाते हैं। बातें जंच जाए तो पूजा पर उतर आते हैं, और वहीं यदि न जंचे तो उसे शैतान की पदवी दे डालते हैं। अब चूंकि ये सारी संभावनाएं त्रि-आयामी सिद्धांत में नहीं आती, परिणामस्वरूप ये सब बातें आपके जीवन को भटकाने वाली साबित होती हैं।

और विस्तार से समझाऊं तो...मानो आपका अपनी पत्नी से रोज-रोज झगड़ा होता रहता है, यहां तक कि आप अब उससे उकता भी गए हैं। तो उस स्थिति में आपके पास ऑप्शन्स क्या हैं? या तो आप उसे तलाक दे दें, या कुछ दिन और निभाएं या मित्र व घरवालों से चर्चा कर स्थायी सुलह का कोई मार्ग खोजें। चौथा ऑप्शन है ही नहीं आपके पास। वैसे ही मानो आपको इन्कम टैक्स की कोई समस्या आ खड़ी हुई है। ...तो ऑप्शन क्या है? या तो टैक्स भर कर जान छुड़ा लें, या संबंधित ऑफिसर को समझाने की कोशिश करें, या फिर किसी अच्छे टैक्स कन्सलटेंट की सलाह लें। यह समस्या कोई चर्च जाने से तो सुलझनेवाली नहीं। लेकिन आप यही नहीं, जीवन में आनेवाली हर समस्या के हजार दूसरे ऑप्शन्स खोज ही लाते हैं। बताओ, आपके जीवन में से समस्याएं दूर हों भी तो कैसे?

अतः कुल-मिलाकर यह बात गांठ बांध लें कि आपका जगत हो या ब्रह्मांड, दोनों त्रिगुणी-माया से प्रभावित है। इस त्रिगुणी-माया को पहचानकर कैसी भी परिस्थिति हो, उससे निपटने हेतु उसकी तीनों वास्तविक संभावनाएं खोजना सीखें। और फिर उनमें से जो श्रेष्ठ मालूम पड़ती है उसपर दृढ़तापूर्वक अमल करें। पर उन तीन को छोड़कर चौथी, पांचवीं, छठी या सातवीं संभावना मत खोजें। वरना जीवन में इतना भटक जाओगे कि लौटकर आ ही नहीं पाओगे। सो, आज से ही हर परिस्थिति में इस त्रिगुणी-माया को पहचानने का अभ्यास प्रारंभ कर दें। आगे और गहराइयों में जाऊं उससे पूर्व यह बात अच्छे से समझ भी लें, तथा तीनों-तीन वास्तविक संभावनाएं खोजना सीख भी लें। समझ नहीं आता हो तो शुरू-शुरू में हर आनेवाली परिस्थिति में आपको ऑप्शन्स की जो भी संभावनाएं नजर आती हैं, उसे कागज पर लिखना चालू कर दें। भले ही सूची बीस-तीस

तक जा पहुंचे, चिंता मत करें। फिर जो ऑप्शन परिस्थिति को सीधे-सीधे प्रभावित नहीं करते, उसे काट दें। आप देखना अंत में तीन ही संभावनाएं बची रह जाएगी। बस कुछ मनन कर उसमें जो श्रेष्ठ जान पड़ती हो, उस पर दृढ़तापूर्वक अमल कर दें। इस एक अभ्यास से आपके जीवन की कई समस्याएं स्वतः ही सुलझ जाएंगी।

चलो, यही बात मैं आपको एक उदाहरण से समझाता हूँ। एक दिन एक व्यक्ति लिओ टोल्सटॉय के पास आया। आते ही उसने बड़े ही नाट्यात्मक अंदाज में टोल्सटॉय से कहा कि आपका एक खास मित्र आपके बारे में कुछ कह रहा था। उसने सोचा जिज्ञासावश टोल्सटॉय तुरंत कहेंगे कि कहो, परंतु ऐसा कहें तो वे टोल्सटॉय की ऊंचाई पर कैसे पहुंच सकते थे? सो उन्होंने बड़े ही शांत भाव से उस व्यक्ति से कहा- यदि तुम जो बात बताना चाह रहे हो वह मेरे कार्यों हेतु जानना आवश्यक हो तो कहो। और यदि वह बात मुझे कोई अच्छी नई राह सुझानेवाली हो, तो तुरंत कहो। और यदि उससे किसी का हित सधता हो, तब तो जरा-भी देरी मत करो। परंतु उपरोक्त तीनों में से एक भी बात उस ''बात'' से नहीं बनती, तो मुझे सुनने में कोई रस नहीं। बिल्कुल ठीक कहा टोल्सटॉय ने, कोई भी बात जानने के यही तीन कारण हो सकते हैं। परंतु आप पंचायती से लेकर जिज्ञासा जैसे हजार कारणों से बात जानने को उत्सुक हो जाते हैं। बस त्रिगुणी-माया के दायरे के बाहर जाने के ऐसे ही प्रयासों का हर्जाना आपको रोज-ब-रोज भुगतना पड़ रहा है।

हर वस्तु में छिपी उसकी त्रिगुणी माया को पहचाने बगैर मनुष्य का उद्धार नहीं

खैर! अब आप यह सब समझ गए हों तो मैं इस त्रिगुणी-माया की और गहराई में जाऊं। और उस संदर्भ में सबसे पहले यह बता दूं कि यह त्रिगुणी-माया भी तीन स्तर पर है। पहले स्तर पर वह है जो पहले से ही अस्तित्व में है, यानी उसमें आपको सिर्फ ''श्रेष्ठ'' का चुनाव करते चले जाना है। इस बात की शुरुआत मैं अपने से ही करूं तो मैं स्वयं तीन भागों में विभाजित किया जाता

हूँ। भूतकाल, वर्तमान और भविष्य। पर वास्तव में 'मैं' सिर्फ वर्तमान हूँ। अतः मैं अपने संदर्भ में यह स्पष्ट कर दूं कि जो अपने जीवन में सिर्फ वर्तमान का चुनाव करता चला जाएगा, वह जीवन में आगे बढ़ता चला जाएगा। वैसे ही ''हित'' के तल पर कहूं तो वह भी तीन भागों में विभाजित है। अपना हित, दूसरे का हित तथा सर्व का हित। यहां भी सर्व का हित चुननेवाला जीवन में प्रसन्नतापूर्वक विचरण करता चला जाएगा। वैसे ही यदि ''शक्ति'' की बात करूं तो यह संसार तीन तरह की शक्तियों से ओतप्रोत है। प्रथम है सृजन करने की शक्ति, फिर आती है टिकाए रखने की शक्ति, और तीसरी है विध्वंस की शक्ति। स्वाभाविक तौर पर यहां भी जो अपनी शक्ति का सृजनात्मक उपयोग करेगा उसका जीवन खिलता चला जाएगा। बस ऐसी ही हजारों स्थापित त्रिगुण-मायाएं हैं। यदि वास्तव में आप अपना जीवन संवारना चाहते हैं तो पहले से स्थापित इन तमाम त्रिगुणी-मायाओं में से आपको उसके श्रेष्ठ स्वरूप को अपनाते चले जाना है। यह जीवन को बढ़ाने हेतु एकदम सीधा-सादा व सरल उपाय है।

दूसरे स्तर पर आते हैं आपके कार्यों से संबंधित तीनों डायमेंशन्स। यानी कौन से कार्य करें और कौन से न करें? तथा यह भी कि वे कब करें व कब नहीं। और यहां आकर थोड़ा कठिन हो जाता है। क्योंकि यह सीधा आपको क्या करना से संबंधित है। हालांकि इसके भी तीनों डायमेंशन्स स्थापित ही हैं, परंतु कार्य हजारों होने की वजह से आपको उन सबके तीनों डायमेशन्स जानने हेतु अपनी प्रज्ञा का सटीक उपयोग करना होता है। क्योंकि हर परिस्थिति के तीनों डायमेंशन्स की कोई किताब तो उपलब्ध है नहीं...। और हो सकती भी नहीं। क्योंकि परिस्थितियां ना सिर्फ अनगिनत होती हैं, बल्कि रोज नए-नए तरीके की पैदा भी होती रहती हैं। अतः यहां आपको यह करना होगा कि कोई भी कार्य करने से पूर्व उस कार्य के तीनों डायमेंशन्स पहचान लेने होंगे। और फिर उनके दायरे में रहकर ही निर्णय करना होगा कि यह कार्य करें या नहीं? और यहां यह विशेष रूप से ध्यान रखें कि यदि वह कार्य स्थापित तीनों में से एक भी डायमेंशन्स में फिट नहीं होता, तो यह निश्चित जानो कि वह कार्य आपके जीवन को अंधकार में ले जाने वाला सिद्ध होगा। अतः उस कार्य में पड़ें ही मत।

चलो, हो सकता है कि यह बात आपको कुछ कॉम्प्लीकेटेड जान पड़े। सो मैं कोई भी चीज जानने के उदाहरण से आपको मेरी बात समझाने की कोशिश करता हूँ। यूं भी आजकल कारण-बे-कारण के जानने का बड़ा क्रेज चल पड़ा है। लेकिन कुछ भी जानना हितकर तभी हो सकता है जब वह जानने के तीन में से एक डायमेंशन में फिट बैठ रहा हो। क्योंकि कोई भी वस्तु जानने के भी तीनों डायमेंशन्स फिक्स्ड ही हैं। पहली बात तो आपको

कोई भी बात जानने की चेष्टा तभी करनी चाहिए जब वह जानकारी प्राप्त करना आपके लिए अत्यावश्यक हो जाए। दूसरा जानने की चेष्टा तब करनी चाहिए जब आपका कोई कार्य वह जाने बगैर अटक रहा हो। और तीसरा कहूं तो वह स्वतः ही आपके सामने आ गया हो, यानी कि बगैर चेष्टा या इच्छा के।

मनुष्य को प्रगति हेतु हर परिस्थिति और हर समय के तीनों डायमेंशन्स का ज्ञान होना ही चाहिए

...थोड़ा और विस्तार से कहूं तो एक व्यक्ति दस हजार रुपये की नौकरी कर रहा है, क्या उसके लिए कहीं से यह जानना आवश्यक है कि मर्सिडीज की बनावट क्या है, या मर्सिडीज आजकल कितने में मिल रही है? नहीं...। यदि फिर भी वह जानकारी प्राप्त कर रहा है तो निश्चित ही वह अपना समय व ऊर्जा दोनों नष्ट कर रहा है। हां, जिसे खरीदनी ही हो उसके लिए यह जानकारी प्राप्त करना अत्यावश्यक हो ही जाता है। दूसरा जानना तब जरूरी हो जाता है जब मानो आप कोई आर्टिकल पढ़ रहे हैं या प्रयोग कर रहे हैं या एकाउंट्स देख रहे हैं और बिल में कुछ ऐसा आ जाता है कि उस हेतु आपको मर्सिडीज बाबत जानना जरूरी हो जाता है। अब निश्चित ही जब गाड़ी अटकी है तो फिर मर्सिडीज के बाबत जानकारी हासिल करनी ही रही। ...और तीसरे का अर्थ यह कि आप कहीं मित्रों में या परिवार में बैठे हैं और बात-बात में कोई मर्सिडीज की जानकारी दे रहा है। ऐसे में फोकट में मिल रही यह जानकारी लेने में कुछ हर्ज भी नहीं। और दूसरे शब्दों में कहूं तो उस समय आपके पास कोई अन्य ऑप्शन भी नहीं।

ठीक ऐसा ही सब बातों के संबंध में है। कमाना, संबंध बनाना, पढ़ना, खाना, व्यायाम करना, झगड़ा करना से लेकर कुछ भी क्यों न हो, सबके तीनों डायमेंशन्स स्थापित ही होते हैं। आप उनके दायरे से बाहर जाकर कुछ भी करने को स्वतंत्र तो हो, परंतु उससे आपका जीवन सिर्फ बर्बाद होगा और कुछ नहीं...। यानी यह बात स्पष्टता से समझ लेना कि आपको स्वतंत्रता तो पूर्ण है, लेकिन यदि आप जीवन को संवारना चाहते हैं तो आपको त्रिगुणी-माया के स्थापित दायरों में ही चलना होगा। और सच कहूं तो यही मनुष्यजीवन की खूबी है। वह सफल सिर्फ मेरे साथ चलकर हो सकता है, परंतु मेरे विपरीत जाकर वह स्वयं को बर्बाद करने को भी स्वतंत्र है ही।

होगा, अभी तो इस त्रिगुणी-माया के तीसरे स्तर की चर्चा करूं। और इसमें वे क्रिटिकल परिस्थितियां शामिल होती हैं जिनमें आपको तात्कालिक कोई निर्णय लेना

आवश्यक हो जाता है। जैसे मानो आपके व्यवसाय में मंदी आ गई है और वह कुछ ज्यादा ही लंबी चल गई। ऐसे में आगे क्या करना, यह निर्णय लेने की घड़ी आ ही गई। और कोई भी निर्णय करने से पूर्व आपको वर्तमान परिस्थिति के आधार पर उसके तीनों डायमेंशन्स पहचानना आवश्यक हो जाता है। और उस संदर्भ में आपको यह अच्छे से अपने जहन में बिठा लेना होगा कि आपके जीवन में आनेवाली तमाम समस्याएं भी तीन डायमेंशन्स वाली ही होती है। और उदाहरण के तौर पर यदि वापस वर्तमान समस्या पर ही लौट आऊं तो वर्तमान समस्या का पहला डायमेंशन यह कि व्यवसाय बंद कर दिया जाए। दूसरा डायमेंशन यह कि आगे आसार ठीक नजर आ रहें हो तो कुछ और इन्तजार कर लिया जाए। और तीसरा यह कि कोई नया पार्टनर लेकर या कुछ व्यवसाय में नयापन लाकर उसे ठीक किया जा सकता हो तो ठीक कर लिया जाए। इसके अलावा चौथा ऑप्शन उस परिस्थिति में हो ही नहीं सकता। सो, बचना हो तो कोई भी चौथे का खयाल ही न करें। और वास्तु या ज्योतिष से उसे ठीक करने की कोशिश तो कतई ना करें। वैसे ही, किसी और को झूठ-सच कर व्यवसाय चिपकाने की कोशिश भी ना करें। बस तीन प्री-डिफाइण्ड डायमेंशन में से एक को प्रज्ञापूर्वक व दृढ़तापूर्वक चुन लें। गौर करना कि ऐसी एक नहीं अनेक परिस्थितियां आपके जीवन में आती ही रहती हैं। और यदि उनमें से साबुत बच निकलना चाहते हो तो जब भी व जैसी भी समस्या में क्यों न घिरे हों, सबसे पहले उसके समाधान के तीन ऑप्शन पहचान लें, और फिर उनमें से श्रेष्ठ का दृढ़तापूर्वक चुनाव कर लें। ...बस जो भी श्रेष्ठ होना होगा, हो जाएगा।

सो, कुल-मिलाकर जगत की इस त्रिगुणी-माया को पहचानें और उसके दायरे में रहें। एक मनुष्य को छोड़ कोई इस त्रिगुणी माया के दायरे से बाहर जाने का प्रयास नहीं कर रहा है, और देखो परिणाम में पूरी प्रकृति में कहीं कोई गड़बड़ नहीं हो रही है। वैसे, दूसरा कोई अपने लिए स्थापित तीन डायमेंशन्स के दायरे से बाहर जाने को स्वतंत्र भी नहीं है। लेकिन आपसे निवेदन यह है कि आपको मिली इस स्वतंत्रता के साथ-साथ आप अपने जीवन को संवारने की अपनी जवाबदारी को भी समझें। और उस हेतु यह आपके जीवन के हित में है कि आप जगत की इस त्रिगुणी-माया के दायरे में ही जिएं। ...वरना यह मान के चलिए कि जीवन तहस-नहस हो जाएगा। ...और जो हो ही रहा है।

मेरे उपद्रव

वैसे अब तक काफी बातें साफ हो चुकी हैं। और उनमें सबसे महत्त्वपूर्ण यही कि आपके द्वारा अपने समय-रूपी कम्प्यूटर में डाले गए डेटा से ही आपके जगत का निर्माण हो रहा है। निश्चित ही कोई अपना जगत बिगाड़ना नहीं चाहता है इसलिए कोई जान-बूझकर तो खराब डेटा डाल नहीं रहा, लेकिन सबके विश्वों का हाल देखते हुए यह भी तय ही है कि मनुष्य ने अपने कम्प्यूटर में तमाम प्रकार के गलत डेटा डाल ही रखे हैं। अब आप कहेंगे कि क्या बात करते हो, हमने तो ऐसे कोई खास उटपटांग डेटा डाले नहीं हैं कि हमारा विश्व इस कदर नियंत्रण से बाहर हो जाए? शायद आप अपनी समझ से ठीक भी कह रहे हों, परंतु आपके विश्व का हाल देखकर आपको यह स्वीकारना ही पड़ेगा कि डेटा आपसे गलत डल ही गए हैं। और इस संदर्भ में आपके लिए यह सोचना बड़ा जरूरी है कि यदि ऐसा नहीं है तो फिर यह बताओ कि आपके द्वारा बड़ी सोच-समझकर बनाया गया आप ही का विश्व आप ही के नियंत्रण में क्यों नहीं रह गया है?

खैर! आप इसपर ज्यादा दिमाग मत चलाओ। इसका कारण मैं बताता हूँ। यह बात सही है कि आप अपनी समझ से जो डेटा डाल रहे हैं वह अपने विश्व के उद्धार हेतु ही डाल रहे हैं। परंतु दरअसल आपकी समझ आपको धोखा दे रही है। और सच कहूं तो उस हेतु जवाबदार 'मैं' ही हूँ। पर मैं भी क्या करूं, मैं स्वयं नियम से बंधा हुआ हूँ। सो, बेहतर है कि आप पहले मेरी कार्यप्रणाली के नियमों के बाबत जान लें।

समय के पटल पर की गई हर एक्शन की बराबरी पर विपरीत दिशा में प्रतिक्रिया होती है

मैं आपसे कह ही चुका हूँ कि मैं बड़ा उपद्रवी और चंचल हूँ। और उस बाबत आगे आपसे कुछ कहूं, उससे पूर्व आप महान न्यूटन के गति के तीसरे सिद्धांत को याद कर लें। उन्होंने गति का अपना तीसरा सिद्धांत देते हुए स्पष्ट कहा है कि "Every action has an equal and opposite reaction" ...यानी हर क्रिया की बराबरी पर उसके विपरीत दिशा में प्रतिक्रिया होती है। मानना ही होगा कि इस युग में एक-से-एक महान व बुद्धिमान लोगों ने जन्म लिया है। एक साथ इतने महान लोग...! वाकई कमाल हो गया है। मैं जानता हूँ कि इसके हजारवें भाग के बराबर भी पूर्व में एक साथ कभी पैदा नहीं हुए हैं। यूं भी इस बात का गवाह मेरे अलावा दूसरा कोई हो भी नहीं सकता। वैसे तो आपका वर्तमान जीवनस्तर देखकर आपको भी इस बात का अंदाजा हो ही रहा होगा। क्योंकि वाकई विज्ञान ने आपका जीवनस्तर कहां-से-कहां पहुंचा ही दिया है।

चलो छोड़ो! अभी तो आप जरा क्रिया और प्रतिक्रिया, यानी एक्शन और रिएक्शन बाबत थोड़ा समझ लें। और उस हेतु अपने चारों ओर एक पैनी नजर घुमाएं। देखें कि पूरे ब्रह्मांड में जहां भी और जब भी कोई एक्शन होती है तो उसकी रिएक्शन भी अवश्य होती है। ...फिर चाहे वह एक्शन किसी भी रूप में हो। और सच कहूं तो इन एक्शनों और रिएक्शनों के चक्कर में ही ब्रह्मांड में इतने परिवर्तन आते रहते हैं। ...ठीक वही नियम आप जिस धरती पर जी रहे हैं, उसपर भी लागू होता है। यहां पर भी हर क्रिया की बराबरी पर प्रतिक्रिया होती ही है। फिर वह दो कणों की आपस में टकराहट हो या दो केमिकल्स का मिलन हो। बात कभी भी एक्शन तक ही नहीं थमती, उसकी रिएक्शन भी होती ही है।

चलो, ब्रह्मांड व धरती की छोड़ो; वह तो आप जरा-सा ध्यान देने पर समझ ही लेंगे। अभी तो यह समझो कि आपके विश्व

में न्यूटन का यह नियम कहां प्रभावित करता है? क्योंकि आपका विश्व भी चलता तो न्यूटन के इसी नियम के आधार पर है। और वह इसलिए कि मैं स्वयं पूरी तरह से न्यूटन की गति के इसी सिद्धांत के आधार पर कार्य करता हूँ। ...अब इससे पहले कि मैं इस चर्चा को आगे बढ़ाऊं आप थोड़ा इन एक्शन और रिएक्शनों को अच्छे से समझ लें। एक्शन वह है जो आप कोई इच्छित वस्तु पाने हेतु करते हैं, या कुछ बड़ा ही निराला सोचकर करते हैं। यहां यह भी समझ लें कि यदि आपके द्वारा की गई एक्शन की कोई रिएक्शन न होने वाली हो, तो आप कुछ करें ही न। समझें, आप जीवन में आगे बढ़ना चाहते हैं, यह आपकी एक्शन हुई। फिर आप उस हेतु प्रयास करते हैं, यह आपकी एक्शन का विस्तार हुआ। परंतु सोचो, यदि आपके द्वारा की गई इन सारी एक्शन्स की रिएक्शन्स होनेवाली ही न हो, यानी परिणाम में आप आगे बढ़नेवाले ही न हों ...तो क्या आप कोई एक्शन करेंगे? कभी नहीं..। आप कहेंगे कि हम पागल हुए हैं जो परिणाम आने ही न वाला हो फिर भी एक्शन करते चले जाएं? इसी बात को थोड़ा सरल भाषा में समझाऊं तो मानो आपको भूख लगी है, और निश्चित ही भूख लगने पर आप खाना खाने का एक्शन करते हैं। ...भला क्यों? क्योंकि रिएक्शन में आपकी भूख शांत हो जाती है। यदि भोजन करने से पेट भरने वाला ही न हो, तो क्या आप इतनी जफा करेंगे?

...अर्थात् यह रिएक्शन की लालच ही है जो आपसे एक्शन करवाती है। अब यह समझ गए हों तो थोड़ा विज्ञान की तरफ देखें, वह भी सारी एक्शन 'रिएक्शन' की उम्मीद में ही करता है। और बाहर से देखने में दोनों की सोच में समानता होते हुए भी विज्ञान सफल है, और आप असफल हैं। विज्ञान ने हर क्षेत्र में चमत्कार कर दिखाया है, जबकि आपसे अपना छोटा-सा जीवन तक ठीक से नहीं चल रहा है। ऐसा क्यों...? ऐसा इसलिए कि विज्ञान सबकुछ की गई एक्शन की 'रिएक्शन' क्या आनेवाली है, यह सोचकर कर रहा है। अतः वह इच्छित परिणाम पा रहा है। अर्थात् यदि उसे पानी बनाना हो तो वह जानता है कि हाइड्रोजन के दो परमाणु व ऑक्सीजन के एक परमाणु को मिलाने की एक्शन के परिणाम की रिएक्शन में पानी बन जाएगा। ...बस इसी से वह सफल है।

अब आप अपने एक्शन करने की रीति पर थोड़ा गौर करें। आप भी एक्शन तो रिएक्शन को ही ध्यान में रखकर करते हैं, परंतु किस एक्शन की क्या रिएक्शन होगी यह आप नहीं जानते हैं। इसलिए आप चाहते कुछ हैं और परिणाम कुछ और आ जाते हैं। आप चाहते तो पानी बनाना ही हैं, परंतु उस हेतु कोई अमोनिया-नाइट्रोजन तो कोई हाइड्रोजन-नाइट्रोजन मिला रहा है। परिणाम में पानी बन नहीं रहा। कहने का तात्पर्य आप

अपने विश्व को सुखी व सफल बनाने हेतु जिन आधारों के आसरे एक्शन किये चले जा रहे हैं, वे निश्चित ही आपकी चाहें पूरी करने में सक्षम साबित नहीं हो रहे हैं।

चलो यह तो समझ लिया। पर यह बताओ कि किस एक्शन की क्या रिएक्शन आएगी, यह कैसे समझें? ...तो उस हेतु आपको मैं आपकी हर एक्शन पर क्या रिएक्शन देता हूँ, यह समझना पड़ेगा। और यह मैं आपसे पहले ही कह चुका हूँ कि मेरे तल पर भी आपकी हर क्रिया की उसी की बराबरी पर प्रतिक्रिया होती ही है। यानी न्यूटन के गति के नियम से मैं भी बंधा ही हुआ हूँ। ...लेकिन मेरे स्वभाव से उपद्रवी होने के कारण आप इन एक्शन-रिएक्शनों का तालमेल नहीं बिठा पा रहे हैं। क्योंकि मेरी सारी प्रतिक्रियाएं विपरीत दिशा में हो रही हैं। और आपके लिए मेरा यह विपरीत दिशा में प्रतिक्रिया देना खास तौर पर समझने जैसा है। क्योंकि मेरा यह उलटापन न समझ पाना ही आपके जीवन के सारे उपद्रवों की एक बड़ी वजह है। मान लो कि आपने कक्षा में प्रथम आने की इच्छा का एक डेटा मेरे तल पर यह सोचकर डाला कि अब मैं आपकी इच्छा जान गया हूँ, और आगे पढ़ाई में आपको को-ऑपरेट करूंगा। अर्थात् आपकी इच्छा को देखते हुए पढ़ाई करते वक्त अब मैं आपका ध्यान और कहीं डायवर्ट नहीं करूंगा। परंतु आप नहीं जानते कि मेरे तल पर की गई हर क्रिया की मैं विपरीत दिशा में प्रतिक्रिया देता हूँ। अतः आपने जैसे ही कक्षा में प्रथम आने की चाह का डेटा डाला नहीं कि मैंने तत्क्षण 'आप प्रथम आ पाएंगे कि नहीं' की चिंता आपको पकड़ाकर प्रतिक्रिया दी नहीं।

यहां तक तो ठीक, पर मेरा मूल स्वभाव तो मेरा ही रहेगा। उसका नटखटपन तो जानेवाला नहीं। तभी तो कहते हैं कि मन बड़ा चंचल है। मैं चाहे यूनिवर्स में कार्यरत होऊं या आपके विश्व में। सो, यहां से तो आपकी मुसीबत शुरू होती है। जरा याद करो कि मैंने अपनी कार्यप्रणाली बाबत आपसे क्या कहा था? मैंने कहा था कि यह यूनिवर्स मेरी इच्छा-शक्ति से ही निकला है और बीतते समय के साथ इसका विस्तार भी होता ही जा रहा है। मैं यह भी कह ही चुका हूँ कि मैं अकेला नहीं बढ़ता, स्पेस मेरे समानांतर ही बढ़ती चली जाती है। और यही मेरे और स्पेस के अस्तित्व में आने का नियम है। या यूं कहूं कि यही एग्रीमेंट कर हम दोनों एहसास की कोख से निकले हैं। यह तो ठीक, परंतु आपके लिए महत्त्वपूर्ण यह कि ठीक वैसे ही मैं आपके भीतर भी कार्यरत हूँ। यहां भी आपने अपने मनरूपी कम्प्यूटर में डेटा डाला नहीं कि मैंने हाथोंहाथ रिएक्शन देकर आपके मन में वह स्पेस पैदा करी नहीं। लेकिन मन के तल पर दिक्कत यह कि वास्तव में तो वह स्पेस अस्तित्व में आई नहीं होती है। वह पड़ी तो फिर भी सिर्फ आपके मनरूपी-विश्व में ही होती

है। ...यानी आपने क्लास में प्रथम आने की इच्छा का डेटा डाल तो दिया है, और मैं उसे आपके अस्तित्व में ले भी आया हूँ; परंतु आप वास्तव में प्रथम आ थोड़े ही गए हैं। कहने का तात्पर्य बात डेटा डालने की एक्शन और मेरे स्पेस में लाने की रिएक्शन से सलट थोड़े ही गई है, बल्कि मेरे स्वभाव से तो बात यहां से शुरू ही हुई है।

कहने का तात्पर्य मेरे रिएक्शन देने-मात्र से इस पर पूर्णविराम कहां लग जाता है? आपका डाला गया डेटा मेरे द्वारा रिएक्शन दिये जाने के बाद भी मेरे भीतर पड़ा ही रहता है, और स्वभाव से नटखट मैं फिर हर बढ़ते समय के साथ इस संदर्भ में अपनी प्रतिक्रियाओं का विस्तार करता चला जाता हूँ। और उसी से आप मेरे चक्रव्यूह में फंस जाते हैं। फिर तो मैं ऐसे-ऐसे खेल दिखाता हूँ कि पूछिए ही मत? आपने जरा पढ़ाई में ध्यान लगाने की कोशिश की नहीं कि मैंने इतना सब करने पर भी फर्स्ट आएंगे कि नहीं, की चिंता पकड़ाई नहीं। किसी तरह उससे छुटकारा पाकर आपने दोबारा ध्यान लगाने की कोशिश करी कि मैंने आपको फर्स्ट आने के सपनों में खोने पर मजबूर कर दिया। फिर तो आप प्रिंसिपल से ट्रॉफी लेने से लेकर दोस्तों में रूआब झाड़ने तक के खयालों में खो जाते हैं। वहां से निकलो तो मैं फिर एक चिंता पकड़ा देता हूँ, अब तक पचासों से कह चुके हैं कि मैं फर्स्ट आऊंगा, और नहीं आए तो? सबके सामने बड़ी बेइज्जती होगी। यानी आपके द्वारा डाले गए एक डेटा के बदले में मैं समय के साथ इतनी रिएक्शन दे देता हूँ कि कोई भी थक जाए। और फिर उन रिएक्श्नों की भी इतनी बेशुमार रिएक्शन्स देता हूँ कि अच्छे-से-अच्छा चक्कर खा जाए। यानी मैं एक नहीं हजार उपाय करूंगा...पर आपको पढ़ने तो नहीं ही दूंगा। फर्स्ट आने की छोड़ो, एकबार बेवजह का डेटा मेरे भीतर डालते ही मैं आपको पिछली बार से भी कम मार्क्स दिलवाकर ही दम लूंगा। ...बस यही आपके साथ अपने मनरूपी कम्प्यूटर में बिना सोचे-समझे डाले हर डेटा का अंतिम परिणाम हो रहा है।

समय के उपद्रवों से बचने के ज्ञान से बड़ी संसार में कोई शिक्षा नहीं

अतः थोड़ा इसके विपरीत भी सोचो। मानो एक विद्यार्थी है, जिसे पढ़ने में रस है। उसे पढ़ने में मजा भी आ रहा है। लेकिन उसने अपने मनरूपी कम्प्यूटर में फर्स्ट आने का या अच्छे मार्क्स से पास होने का कोई डेटा नहीं डाल रखा है। अब जब डेटा डाला ही नहीं है तो उसकी कोई रिएक्शन भी नहीं होगी। ...मुझे मौका ही नहीं मिलेगा। सो वह जब भी पढ़ने बैठेगा, उसका मन पढ़ाई में लग ही जाएगा। परिणाम में उसने चाहा भले ही न हो, परंतु वह फर्स्ट आ ही सकता है। और इस एक उदाहरण के बाद शायद अब आप मेरे साथ बगैर कारण के प्रयोग करने से बचेंगे। मैं कबूलता भी हूँ और मेरी कही बातों से सिद्ध भी हो ही रहा है कि मैं वास्तव में स्वभाव से बड़ा ही उपद्रवी हूँ। मेरे उपद्रव का आलम तो यह है कि आपने बंदर का सोचा नहीं कि मैंने उछलता बंदर आपके अस्तित्व में लाया नहीं।

खैर, मेरी उपद्रवी कार्यप्रणाली तो आपने समझ ली। अब आपके लिए सोचने वाली बात यह कि एक छोटे से डाले गए स्वाभाविक डेटा का यह हाल हो जाता है, तो आपके द्वारा डाले गए बड़े-बड़े डेटा का मैं क्या हाल कर देता होऊंगा? मान लो आप कक्षा में फर्स्ट आने के लिए चर्च में जाकर कुछ मन्नत मांगते हैं, सोचते हैं कि ऐसा करने से आपका विश्वास बना रहेगा। ...या हो सकता है पादरी का आशीर्वाद ही काम आ जाए? परंतु यह सारी एक्शन आप अपनी सोच से कर रहे हैं। मैं तो इन सब बातों से सीधा-सीधा यह समझता हूँ कि फर्स्ट आने के लिए आपकी काबीलियत या मेहनत पर्याप्त नहीं, तभी आप चर्च में आसरा लेने पहुंचे हैं। बस मैं चर्च जाने की क्रिया की प्रतिक्रिया के रूप में आपका विश्वास ही कमजोर कर देता हूँ। और एकबार विश्वास ने साथ छोड़ दिया फिर आप क्या खाक फर्स्ट आ पाएंगे? और फिर बीतते वक्त के साथ तो मैं अपनी रिएक्शन्स देते रहने की आदत के कारण आपका अपने पर से विश्वास इस कदर उठा देता हूँ कि उस वर्ष आप फेल न हो जाएं यही काफी है। और कुछ नहीं तो यह तो तय ही है कि उस वर्ष परिणाम आपकी मेहनत और क्षमता से कई गुना कम आएगा ही। अतः यह बात हमेशा ध्यान रखना कि मैं उन लोगों की बड़ी बुरी गत करता हूँ जो अपनी योग्यता या समझ के अलावा अन्य किसी पर भरोसा करने का डेटा मेरे कम्प्यूटर में डालते हैं। क्योंकि मेरे कम्प्यूटर की कार्यप्रणाली बिल्कुल सीधी और साफ है, इसमें एक आप हैं जिनका मैं सेवक हूँ, और बाकी सब मेरे लिए दूसरे हैं। फिर चाहे वह आपके परिवारवाले हों या आपके मित्र, आपके बॉस हों या भगवान। ...मुझे कोई फर्क नहीं पड़ता। आपने अन्य किसी पर भरोसा किया नहीं कि मैंने आपसे आपका विश्वास छीना नहीं। और फिर इस खोये विश्वास के कारण ही आप एक के बाद एक असफलता का मुंह देखते चले जाते हैं।

और आपको याद होगा कि इन्हीं सब उलझनों से बचाने हेतु मैंने आपको इस संसार की त्रिगुणी-माया, यानी थ्री डायमेंशन थ्योरी बाबत बताया था। और उस अनुसार चलें तो स्कूल में पढ़ाई के तीन ही कारण हो सकते हैं। पहला, आपको पढ़ने में मजा आ रहा हो तो। दूसरा, पढ़ना आपके जीवन के लिए अत्यावश्यक हो तो। और तीसरा यह कि उससे महत्त्वपूर्ण आप कुछ नहीं कर सकते हों तो। ...यानी आप में किसी भी क्षेत्र की कोई कला न हो तो। परंतु दबाव में, या डिग्री के लिए, या मजबूरी वश, या समाज में दिखाने हेतु, या उपद्रव करने को मिलेंगे इस हेतु या ऐसे ही अन्य किसी हजार कारणों से आप पढ़ रहे हैं, तो फिर तो इसके नकारात्मक परिणाम जीवन में आपको भोगने ही पड़ेंगे। आप मेरे द्वारा साधारण जीवन जीने पर मजबूर कर ही दिये जाएंगे।

चलो शायद यह सब आप समझ गए होंगे, सो अब आगे मैं अपने एक्शन-रिएक्शन के अन्य तरीकों के बाबत बताऊं। ...आप अपना एकान्त काटने हेतु अपने विश्व में दूसरों को प्रवेश देते चले जाते हैं और वह भी बिना यह समझे कि इससे आपका क्या होगा। लेकिन आप यह जानते ही नहीं कि यह प्रकृति के बने नियम के विरुद्ध है। और सच कहूं तो सारे मनुष्यों के जीवन में मचे तूफान का यह एक सबसे बड़ा कारण है। ...दरअसल यहां आपके लिए सिर्फ आपका विश्व है, और आपको सिर्फ अपने विश्व में जीना है। आपको सुख व सफलता के साथ उस विश्व में कैसे जीना है, यह निर्णय भी आपको करना है और इस हेतु प्रयास भी आपको करने हैं। यदि आप मेरे कई उपद्रवों से बचना चाहते हैं, या जीवन को वाकई आनंददायक बनाना चाहते हैं तो यह अच्छे से जहन में बिठा लें कि आपके विश्व से कोई दूसरा विश्व एक नहीं हो सकता है। ...यानी कि यहां कभी भी दो विश्व एक साथ नहीं रह सकते हैं। हां, ऐसे दो व्यक्तियों के विश्व एक हो सकते हैं जो अपने विश्व के संपूर्ण मालिक हों। परंतु यहां भी सवाल यह कि जो अपने विश्व के सम्पूर्ण मालिक हों, उन्हें दूसरे विश्व के सहारे की आवश्यकता ही क्या?

इसका अर्थ यह मत निकाल लेना कि एक मनुष्य को दूसरे से कोई संबंध रखना ही नहीं चाहिए। नहीं, संबंध रखने चाहिए और रखने ही पड़ते हैं, पर कितने? उस हद तक जहां दोनों एक-दूसरे की जरूरत पूरी करते हों। बहुत हुआ तो एक-दूसरे को सहयोग कर आगे बढ़ा सकते हों, तब तक। इससे भी कुछ आगे बढ़कर सोचो तो कुछ कर्तव्य-कर्म निभाने तक। अन्यथा बाकी तमाम मामलों में आपका विश्व अलग और दूसरों का विश्व अलग। फिर चाहे वह माता-पिता हों या बच्चे। मित्र हों या बॉस। सबके साथ उपरा-ऊपरी तक ठीक है। ...अर्थात् आप किसी का हित करें, किसी के साथ रहें, सबके साथ गाएं,

रिएक्शनों से डर लगता हो तो एक्शन करने से बचो

नाचें, खेलें, कूदें उनके प्रति अपने कर्तव्य निभाएं; उसमें कोई हर्ज नहीं। ...परंतु अपनी बुद्धि के बहकावे में आकर उनमें से किसी को भी अपने विश्व का हिस्सा कभी मत बनाएं। मेरी यह चेतावनी याद रखें कि नियम विरुद्ध की यह कोशिश आपको तहस-नहस कर देगी। आपकी बुद्धि आपको समझा देगी कि किसी को आपके विश्व में समाया नहीं तो आपके प्रेमपूर्ण स्वभाव और भावनाओं का क्या हुआ? ऐसा कैसा संकुचित मन कि आप किसी को अपने दिल में बसा भी नहीं सकते? ...अब इसमें संकुचितता कहां से आ गई? जो नियम है, वह नियम है। दूसरे का अपना विश्व है, और उसे ही अपना वह विश्व बनाना और सम्भालना है। वैसे ही आपका अपना विश्व है, जिसे बनाना और सम्भालना दोनों आपको है। और फिर यह प्रेम और भावना वगैरह सब बुद्धि के उपजाए शब्द हैं, मेरे लिए इसका मतलब तो सिर्फ इतना ही कि आप अपने अलावा दूसरे को अपने विश्व में घुसेड़ने की कोशिश कर रहे हैं। अतः मैं तो आपके यह डेटा डालते ही अपने स्वभाव से उपद्रव मचा दूंगा। और फिर कोई भी व्यक्ति दूसरे को अपने विश्व में समाने की कोशिश ही क्यों कर रहा है? इसका अर्थ स्पष्ट है कि उसे अपना विश्व अधूरा लग रहा है, और जिसे वह दूसरे को शामिल कर पूरा करने की कोशिश कर रहा है। और आज के बाद आप गौर करना, जिसका विश्व जितना अधूरा-उतना ही वह दूसरों को अपने विश्व में समाने हेतु लालायित।

अब सवाल यह कि आप तो दूसरे को अपना बनाते हुए उसे अपने विश्व में शामिल करने का डेटा डाल देते हैं, और इधर मैं नटखट यह जानते हुए कि यह वास्तव में संभव नहीं है; फिर भी आपके डाले गए डेटा को सहयोग कर उस व्यक्ति को आपके विश्व में प्रकट कर देता हूँ। फिर तो बढ़ते समय के साथ उस एक डेटा के सहारे आपके उससे संबंध मजबूत करता चला जाता हूँ। इतना ही नहीं, फिर तो धीरे-धीरे कर आपसे उसके विश्व में दखलंदाजी

करवाना भी शुरू करवा देता हूँ। उधर दूसरा भी कुछ ऐसा ही प्रयास प्रारंभ कर देता है। यह देख उत्साहित हुआ मैं दोनों को एक-दूसरे के प्रति अपेक्षाओं के धागों में पिरोना शुरू कर देता हूँ। और हद तो तब कर देता हूँ जब जिसे आपने अपने विश्व में जगह दी होती है... उसके दुःख, उसकी चिंता, उसका स्वास्थ्य सबका असर आपके विश्व पर दिखाना शुरू कर देता हूँ। बस इसी से आपका विश्व तहस-नहस हो जाता है। और मेरी इस बात का सबूत चाहते हो तो थोड़ा अपने ही अनुभवों में झांक के देख लो। आपको तत्क्षण एहसास हो जाएगा कि जिसे आपने अपने विश्व में जगह नहीं दी है, उसके दुःख-दर्द से मैं आपको कभी विचलित नहीं करता हूँ। आपकी परेशानी का सबब वे ही लोग हैं...जिन्हें आपने अपने विश्व में जगह दी हुई है।

यह तो ठीक, चलो समझे कि हर मनुष्य का अपना विश्व है अतः उनको अपने विश्व में समाने की कोशिश के दुष्परिणाम भोगने पड़ते हैं। लेकिन मेरे उपद्रवों की इंतिहां तो यह कि जानकारियों और विचारों का डेटा डालने पर भी मैं ऐसे ही गंभीर परिणाम लेकर आता हूँ। कई लोग बैठे-बिठाए, जरूरत न होने पर भी हार्ट-अटैक और कैन्सर जैसी बीमारियां क्यों होती है या किसे होती है, के बाबत पढ़ते रहते हैं? वे समझते हैं कि वे अपने स्वास्थ्य के प्रति सजगता बरत रहे हैं। परंतु मेरे उपद्रवों की भाषा ही निराली है। आपकी बुद्धि और मेरा कोई कम्यूनिकेशन नहीं है। मेरी अपनी भाषा है और मैं उसी के अनुसार बरतता हूँ। और वह भी ऐसी कि आपके द्वारा जानकारियां एकत्रित करने को मैं आपकी चाह के तौर पर लेता हूँ। ...समझता हूँ कि कैन्सर या अन्य बीमारियों को आप अपने विश्व में जगह देना चाहते हैं। बस मैं आप ही की बुद्धि के सहारे कैन्सर की बीमारी फैलाने वाले कोशिकाओं को सक्रिय करने की कोशिश में लग जाता हूँ। यही कारण है कि प्रायः आप जिस वस्तु से बचने के प्रयास करते हैं, मैं उसी वस्तु को आपके विश्व के निकट लाता चला जाता हूँ। क्योंकि आपकी बचने की कोशिश भी मेरे लिए तो एक डेटा ही है। मैंने कहा न कि आपकी हर एक्शन की मैं विपरीत दिशा में बराबरी पर प्रतिक्रिया देता हूँ। यही नहीं, बढ़ते समय के साथ उन प्रतिक्रियाओं की भी हजार प्रतिक्रियाएं देने से नहीं चूकता। यही मेरे भीतर डेटा डालने का नियम है, और इससे मैं कभी नहीं चूकता। और मुझे यह स्वीकारने में जरा भी हिचक नहीं कि मेरे इसी स्वभाव के कारण आपके ये हाल हैं।

लेकिन उसमें मुझे दोष देना भी गलत है। यह मेरा स्वभाव है और आपको इसे पहचानकर ही एक्शन करनी चाहिए। यदि पोटेशियम साइनाइड जहर है, तो है। आपको ना सिर्फ उसे पहचानना होता है कि यह जहर है, बल्कि फिर उसे खाने से बचना भी होता है।

ठीक वैसे ही आपको यह भी समझना होगा कि मेरी तमाम रिएक्शन्स उल्टी दिशा में आती है, और मैं ही आपके जीवन को नियंत्रित किये हुए हूँ। ...अतः आपको कुछ भी कर उन रिएक्शनों को पहचानना भी रहा, और उनसे बचना भी रहा। सो, सौ बातों की एक बात यह कि मेरी कार्यप्रणाली को पहचानें। बिना समझे और जब तक अत्यावश्यक न हो, मेरे भीतर कोई डेटा डालें ही मत। मेरे उपद्रवों को पहचानें, मेरी विपरीत दिशा में की जानेवाली प्रतिक्रियाओं को जानें, समय के साथ प्रतिक्रियाओं के होनेवाले विस्तार को समझें। ...और यह सब ध्यान में रखते हुए कम-से-कम आज के बाद कोई भी डेटा अकारण अपने मनरूपी कम्प्यूटर में मत डालें। अपनी हार्डडिस्क को कैपेसिटी से काफी कम भरें, ताकि मेरी तेज गति आपके विश्व में बनी रहे। क्योंकि मेरी तेज गति ही आपके विश्व को फला-फुला सकती है। दरअसल आपका विश्व मेरे लिए एक एक्सप्रेस-हाईवे है, वहां पर गति धीमी हुई नहीं कि एक्सीडेंट हुए नहीं। अतः यह अच्छे से समझ लें कि आपके जीवन में रोज-रोज जो हजारों एक्सीडेंट हो रहे हैं, वे सिर्फ मेरी गति मंद पड़ने के कारण हो रहे हैं। और मेरी गति मंद हो रही है हार्डडिस्क में ओवर-कैपेसिटी डेटा भर देने के कारण। और उस पर मैं अपने उपद्रवों से उन डाले गए डेटा को हजार गुना कर रहा हूँ, सो अलग। अतः उम्मीद है कि अब तक आप अपने विश्व का जो हाल है तथा उस हेतु मेरे द्वारा समझाये गए अब तक के सारे कारणों और नियमों को भलीभांति समझ गए होंगे।

अपना विश्व बचाने के उपाय

मेरे स्वभाव तथा मेरी उल्टी-सीधी कार्यप्रणाली बाबत इतनी विस्तृत विचारणा के उपरांत निश्चित ही आप कहेंगे कि अब तो हम अपने विश्व का हाल भी समझ गए और वह हाल क्यों है, यह भी समझ गए। पर अब उसे सुधारना हो तो क्या? तो इस अध्याय में मैं यही चर्चा करने वाला हूँ। परंतु यहां भी आपको मेरी उलट-प्रतिक्रियाएं तो समझनी ही रही। आप सोचते हैं कि आपकी समस्या, आपकी आदतें, आपके चिंता करने का स्वभाव, फलां आदमी की तबीयत, या जीवन में से विश्वास का लुप्त होना है। नहीं, यह सब आपकी समस्याएं कतई नहीं हैं। परंतु चूंकि आप समस्या गलत समझ रहे हैं, इसलिए आप उपाय भी गलत आजमाते रहते हैं। और यही कारण है कि आपके जीवन की समस्याएं घटने की जगह बढ़ती चली जा रही हैं।

ऐसा क्यों? क्योंकि आप यह नहीं समझ रहे हैं कि आपका जीवन भी सिर्फ मैं यानी आपका मन हूँ। तथा जीवन की समस्या भी मैं ही हूँ। और आप जीते भी सिर्फ मेरे लिए हैं। चौंकिए मत, आपके जीवन का एक ही उद्देश्य है कि मन में अच्छे-बुरे सकारात्मक भावों का अनुभव करें। लेकिन उस हेतु आप बाहर भागा-दौड़ी मचाते हैं। आप समझते हैं कि ये अच्छे भाव बाहर कुछ पाने से उपलब्ध हो जाएंगे। यही नहीं, आप अपने तमाम नकारात्मक भावों हेतु भी बाहरी गड़बड़ों को ही जिम्मेदार मानते हैं। लेकिन मैं स्पष्ट कर ही चुका कि बाहरी परिस्थितियों का आपके विश्व पर यानी आपके मन पर कोई प्रभाव नहीं

है। विपरीत परिस्थितियों में मस्त रहने वाले लोग भी संसार में हैं, तथा सबकुछ ठीक होने के बाद भी मनहूसियत में जीनेवाले लोगों से तो संसार भरा पड़ा है। अत: आपकी यह सोच ही आपका सायकोलॉजिकल अज्ञान है कि रिश्तों, स्वास्थ्य या कोई फायनेंशियल कंडीशन की ऊंच-नीच आपके जीवन की समस्या है। दरअसल मनुष्य की दिक्कत यह है कि यह सत्य उसकी आंखों के सामने होते हुए भी वह देख नहीं पाता है। आप अपने ही जीवन पर गौर क्यों नहीं कर लेते हैं? आपके पास आज घर-गाड़ी सबकुछ होते हुए भी आप परेशान हैं। और वही आप बचपन में कुछ न होते हुए भी दो-चार टूटे-फूटे खिलौनों से कितना मस्त थे। क्यों, क्योंकि बाहरी परिस्थितियों का वास्तव में आपके भीतर के भावों पर प्रभाव नहीं पड़ रहा था। आपके तमाम भीतरी भावों, जिनकी खातिर व जिनमें आप जी रहे हैं वे सब मेरी गति के परिणाम हैं। चूंकि आपके जीवन में आज मेरी गति धीमी है, इसलिए हर बाहरी परिस्थिति आपको परेशान कर रही है। बचपन में चूंकि आपके भीतर मेरी गति तेज थी, इसलिए आप हरहाल में प्रसन्न थे। सो, मेहरबानी कर मैंने जो आपसे कहा वह सत्य आप समझ ही लो। बाहर के पूरे दृश्यमान जगत का आपके भीतर कोई असर नहीं हो रहा है। आप पर सारा असर सिर्फ मेरी गति का हो रहा है।

चलो, यह समझ गए हों तो यह भी समझ ही लो कि मेरी गति गलत डेटा डालने व आत्यधिक डेटा डालने के कारण धीमी हुई है। और सिर्फ एक उसी कारण आप बाहर कुछ भी होने के बावजूद भीतर नकारात्मक भावों में जीने पर मजबूर हैं। और यही आपके जीवन की एकमात्र समस्या है। आप डेटा-डाल-डालकर अपने मन की हार्डडिस्क को इतना भारी कर रहे हैं कि उसमें अब कोई गति ही नहीं बची है।

चलो, इस पर एक बड़ा ही खूबसूरत किस्सा आपको सुनाता हूँ। आप खुद देख लीजिए कि बुद्धि के किये प्रयास कहां तक सफल होते हैं? एक व्यक्ति था, वह नियमित शराब पीया करता था। और यही उसका एकमात्र शौक था। वैसे वह पीता अपने दायरे में ही था, शराब पीने के बाद कभी बहका हो ऐसा भी कोई उदाहरण नहीं था। परंतु फिर भी उसकी पत्नी को उसका यह शराब पीना रास नहीं आ रहा था। वह कुछ भी कर उसकी यह लत छुड़वाना चाहती थी। उसने कई बार समझाने के प्रयास भी किये, शराब से होनेवाली बीमारियां भी बतायी; परंतु वह अपने पति की शराब नहीं छुड़वा पाई।

एक दिन किसी ने उसे अपने पति को साइकेट्रिस्ट के पास ले जाने की सलाह दी। बात उसे भी जंच गई। लेकिन उसके पति को साइक्रेटिस्ट के पास ले जाना भी अपनेआप में एक टेढ़ी खीर था। सीधे-सीधे कहने पर तो उनके चलने का सवाल ही नहीं उठता था।

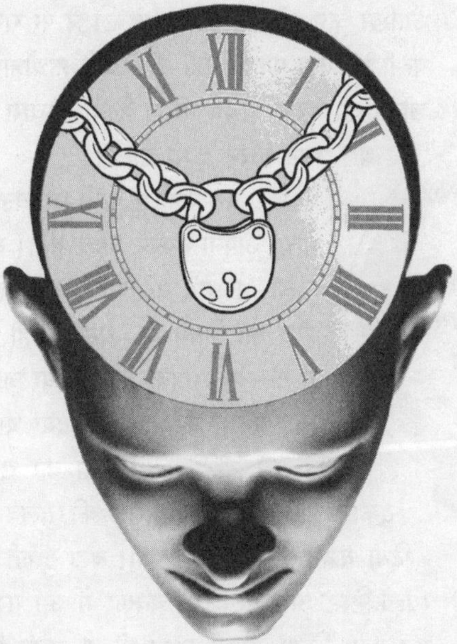

बुद्धि से समय की धारा को रोकने की कोशिश जीवन बर्बाद कर देगी

लेकिन पत्नी भी कम चतुर न थी। उसने साइकेट्रिस्ट से सारी सेटिंग कर ली। पत्नी ने उस साइकेट्रिस्ट को अपने पति की आदत और उनको लाने का मकसद, दोनों के बाबत बड़े विस्तार से पहले ही समझा दिया। और उसे यह भी समझा दिया कि वह अपने पति को स्वयं को दिखाने का बहाना कर यहां लाएगी। आगे बात कैसे छेड़ना और उनकी शराब कैसे छुड़वाना यह तुम जानो।

ठीक है, साइकेट्रिस्ट ने यह चैलेंज कबूल किया। योजनानुसार पत्नी अपने पति को उसके यहां ले गई। कुछ देर तो पत्नी की बीमारी बाबत चर्चा का नाटक चलता रहा। फिर अचानक उस साइकेट्रिस्ट ने शराब की चर्चा छेड़ दी। और चर्चा छेड़ी भी तो ऐसी कि बड़े-से-बड़े शराबी को भी शराब छोड़ने की इच्छा जागृत हो जाए। परंतु यह आदमी बड़ा पक्का था। उसकी इच्छा कुछ कमजोर अवश्य हुई थी, परंतु छोड़ने की कोई बात ही नहीं। उधर साइकेट्रिस्ट भी कोई कम पक्का नहीं था। उसने चर्चा का विस्तार और बढ़ाते हुए

आखिर कुछ भी कर उसे शराब छोड़ने पर राजी कर ही लिया। उधर पत्नी भी कम पक्की नहीं थी। उसने हाथोंहाथ अपने पति से शराब छोड़ने का पक्का वचन भी ले लिया। बेचारा प्रभाव में आ ही चुका था, उसने वचन दे भी डाला।

मनुष्य को कोई मजबूरी नहीं मजबूर उसने स्वयं अपने को बना लिया है

बस वहां से पत्नी घर चली गई और वह आदमी सीधा अपनी दुकान पहुंच गया। यहां तक तो सब ठीक चला, पर रात घर लौटते वक्त वह दुविधा में फंस गया। रोज का नियम था, रास्ते में ही पड़नेवाले एक रेस्टोरेंट में दो-पेग लगाकर ही वह घर जाता था। अब वचन तो सुबह प्रभाव में आकर दे दिया था, परंतु बुद्धि का दिया वचन मुझे थोड़े ही प्रभावित कर सकता है? बस उसको दुकान से निकलते ही शराब की तलब पकड़ ली। पर सुबह दिया वचन आड़े आ रहा था। बड़ा दुःखी भी हुआ कि मैं कहां साइक्रेटिस्ट और पत्नी के चक्कर में आ गया? ...हालांकि उसने मन कड़ा किया। अभी सुबह ही तो वचन दिया है, कहीं ऐसे ही थोड़े तोड़ा जाता है? आखिर संकल्प-शक्ति नाम की भी तो कोई चीज होती है? बस यह सब सोचकर अपना मन मजबूत करते हुए वह चुपचाप घर की तरफ बढ़ा चला जा रहा था। यहां तक तो ठीक, लेकिन जैसे ही वह रेस्टोरेंट आया कि मन ने फिर कमजोरी पकड़ ली। लेकिन नहीं मतलब नहीं...। बस किसी तरह मन और बुद्धि के बीच हिचकोले खाने के बावजूद उसने बगैर रेस्टोरेंट में घुसे घर का रास्ता पकड़े ही रखा। ...लेकिन दस-बीस कदम चलते ही फिर रुका। और फिर जाने क्या सोचकर अपनी पीठ थपथपाते हुए बोला- वाह! तू रेस्टोरेंट के सामने से निकला भी, लेकिन वचन की खातिर बगैर शराब पीये उसके सामने से गुजर गया। चल तेरी इस कटिबद्धता की खुशी में तुझे दो-पेग पिलाता हूँ। और आखिर उस दिन भी वह दो-पेग पीकर ही घर गया...।

कहने का तात्पर्य बुद्धि के सोचने, समझने या तय करने का मेरे मनरूपी कम्प्यूटर पर कोई असर नहीं होनेवाला। चलेगी तो

मेरी ही...। यह सब तो समझ गए, लेकिन फिर आपसे छुटकारा क्या महाराज? हां-हां, बस अब वही बताता हूँ। लेकिन एक बात अच्छे से समझ लेना कि मुझसे मुक्ति सिर्फ मैं ही दिलवा सकता हूँ, और वह भी नियमों के तहत ही। मेरी कार्यप्रणाली फिक्स्ड है, वह कभी नहीं बदलनेवाली। आप बाहर से चाहे जितने उपाय कर लें, कुछ काम नहीं आनेवाले। समस्या आपको मेरे मनरूपी कम्प्यूटर के स्वरूप से है, तो उपाय भी आपको उसकी कार्यप्रणाली के नियमों को समझकर उसके साथ ही आजमाने होंगे। यही आपकी समझदारी भी है और यही आपका कर्तव्य भी। और स्पष्ट कहूं तो यह आपकी मजबूरी भी है।

सो, उपाय के तौर पर पहला कदम तो एकदम स्पष्ट है कि अपने मन में डेटा बड़े ही सोच-समझकर डालें। मेरे मन-रूपी स्वरूप से उसकी भाषा समझे बगैर बातचीत करें ही मत। वैसे आपकी दिक्कत यह है कि शुरुआती डेटा तो आपके परिवारवाले तथा स्कूल वगैरह में टीचर और मित्र डाल देते हैं। और इतनी छोटी उम्र में आप अपने को उन डाले गए डेटा से बचा भी कैसे सकते हैं? सो, वह उलझन तो है ही। परंतु यहां भी दो तरीके के बच्चे होते ही हैं, एक आज्ञाकारी यानी अच्छे और दूसरे दृढ़ व्यक्तित्व वाले। निश्चित ही आज्ञाकारी के कम्प्यूटर में ज्यादा डेटा ठूंस दिये जाते हैं, जबकि अपनी तरंग में जी रहा बच्चा ज्यादा किसी की सुनता नहीं, अतः बहुत कम डेटा उसके भीतर जाते हैं। यानी ऐसा बच्चा काफी हद तक बच जाता है।

वैसे आपको भी इन बातों का कुछ-कुछ अनुभव होगा ही। आपने भी गौर किया ही होगा कि अक्सर आज्ञाकारी बच्चा परिवारवालों को बड़ा प्रिय होता है। उसकी तारीफें भी खूब होती है, और उससे उम्मीदें भी बड़ी बांधी जाती है। जबकि मस्ती में जीनेवाले बच्चे की सब एक-दूसरे से शिकायत करते फिरते हैं। उसका भविष्य ही सबको अंधकारमय नजर आने लगता है। परंतु बड़े होते-होते सब उल्टा हो जाता है। वह आज्ञाकारी बच्चा जीवन की दौड़ में कहां खो जाता है, पता ही नहीं चलता। जबकि दूसरा जिसके भविष्य को लेकर सब चिंतित रहते थे, वह ना सिर्फ सफलता के शिखर छू लेता है बल्कि अच्छे से पूरे परिवार को पालनेवाला भी सिद्ध होता है। फिर सब कहते हैं, कमाल हो गया! बचपन में कैसा था और बड़ा होते ही कितना बदल गया।

उसे तो बदलना ही था। उसे सफलता के शिखर छूने ही थे। उसके कम्प्यूटर ने आपके डेटा भीतर स्वीकारे जो नहीं थे। यानी आप बेकार के कारण खोजने की बजाए यह नियम अच्छे से समझ लें कि अनावश्यक डेटा से भरी हार्डडिस्क ही आपके जीवन को निखारने में बाधा है। क्योंकि वह आपके जीवन में मेरी गति मंद कर देती है। ...सो ये सारी

बातें आप भी समझ लेना, और यदि आप मां-बाप बन चुके हैं तो कृपाकर अपने बच्चों या किसी के भी बच्चों के कम्प्यूटर में डेटा डालने से पूर्व जरा सोच भी लेना। समझ न हो तो डेटा डालना ही मत। कोई बच्चों से आपकी दुश्मनी तो है नहीं...।

सो अब चर्चा आगे की करी जाए। आगे की बात दो स्तर पर है। एक तो मनुष्य को स्वयं को अपने कम्प्यूटर में व्यर्थ के डेटा डालते रहने की आदत से बचना है, और दूसरा उसे बाहर से डेटा डालने वालों से बचते रहना भी सीखना है। बाहर तो डेटा डालनेवालों की ना सिर्फ भीड़ लगी पड़ी है बल्कि डेटा डालनेवालों की दुकानें भी अच्छे से सजी पड़ी है। परंतु आपको उन सबसे चेतना होगा। और अगर आपको डेटा कैसे डालना उस बाबत चर्चा करूं तो, सर्वप्रथम तो जो जीवन में अत्यावश्यक न हो या जब तक सर पर ही न आ जाए, कोई चीज जानने या समझने की कोशिश ही मत करें। दूसरा हो सके वहां तक आपका पूरा जानना व समझना अपनी रुचि के क्षेत्रों तक ही सीमित रखें। जैसे आपको संगीत में रुचि हो तो संगीत के विषय में जानने या समझने में कोई कसर मत रख छोड़ें, इससे ना सिर्फ आप उस क्षेत्र में प्रगति करते चले जाएंगे, बल्कि आपके भीतर ज्यादा डेटा भी नहीं घुसेंगे। क्योंकि जो विषय आपको रुचिकर लगता है, जो पढ़ते या सीखते वक्त आपको मजा देता है, उससे बहुत डेटा एंटर नहीं हो पाते हैं। फिर वह विषय एक हो या सौ, कोई फर्क नहीं पड़ता। कई लोग जीवन के अनेक रंगों में माहिर होते ही हैं। सो, अभी तो समझें यह कि रुचि के विषयों से संबंधित डेटा डालने से उस विषय में आपका हाथोंहाथ रूपांतरण होता चला जाता है।

अब आप कहेंगे कि यह रूपांतरण नया ही शब्द ले आए महाराज...। यह होता क्या है जो डेटा डलने के बावजूद उसके दुष्परिणाम हमें नहीं भोगने पड़ते हैं। ठीक है, पहले यह रूपांतरण शब्द ही समझ लेते हैं। तो यह बताओ कि डेटा भीतर जाते किन चीजों के हैं? जवाब सीधा और साफ है कि जो अस्तित्व में नहीं हैं। समझो आपको संगीत सीखना है। और मान लो कि संगीत में आपकी रुचि व प्रतिभा दोनों है। तो फिर क्या होगा? निश्चित ही आप सीखते चले जाएंगे। और जब संगीत सीखते ही चले जाएंगे तो उसके डेटा भीतर बनेंगे ही कैसे? हां, फिर आप बड़े अवार्ड्स पाने के या महान संगीतज्ञ बनने के डेटा भीतर डाल सकते हैं। और ऐसा करेंगे, तो फिर उपद्रव अवश्य खड़े होंगे। कहने का तात्पर्य जो चीज हाथोंहाथ सलट जाती हो, उसके डेटा उत्पन्न नहीं होते। अर्थात् जो बात सीखने, जानने या करने के साथ ही समाप्त हो जाती है, उसे रूपांतरण कहते हैं। ठीक वैसे ही जो कार्य करने के साथ ही सलट जाता है उसे भी रूपांतरण की श्रेणी में ही रखा जाता है। यदि इस रूपांतरण को और सरल भाषा में समझाऊं तो मानो आपने अपने भीतर टेनिस खेलने की इच्छा का

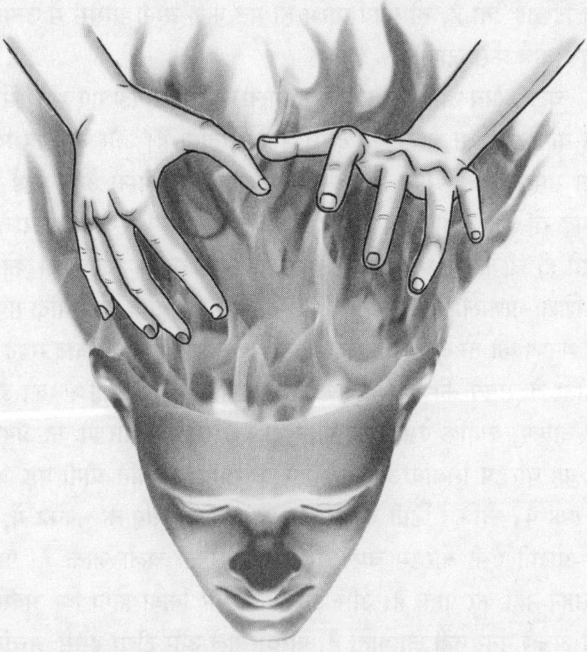

दूसरा आपके मनरूपी कम्प्यूटर में कोई डेटा न ठूंस जाए इसका आपको विशेष ध्यान रखना है

डेटा डाला, और एक्शन में टेनिस खेल भी लिया, तो बताओ आपके भीतर क्या डेटा डलेंगे जो मैं उसकी रिएक्शन दे पाऊं ? हां, फिर आप हार-जीत वगैरह के बारे में सोचकर व्यर्थ के डेटा अपने भीतर डालकर अपने लिए परेशानी खड़ी कर सकते हैं।

वैसे ही आपको कोई जमीन जंची, और तत्काल आपने सौदा भी कर लिया। इतना ही नहीं; हाथोंहाथ पेमेंट कर रजिस्ट्री भी करा ली। ...तो बताओ क्या डेटा भीतर जाएगा? लेकिन जमीन जंचने के बावजूद सौदा नहीं कर पाए या पास में पैसा नहीं है तो क्या होगा? निश्चित ही हजारों तरीके के डेटा भीतर चले जाएंगे। कहने का तात्पर्य मेरे उपद्रवों से बचना चाहते हों तो यदि एकबार कोई कार्य प्रारंभ करो तो फिर उसे अन्जाम तक पहुंचा कर ही दम लेने की आदत भी डाल लो। किसी कारण से अन्जाम तक पहुंचाने में कोई

व्यवधान दिखाई देता है, तो कार्य प्रारंभ ही मत करें। वरना प्रोसेस में उत्पन्न हुए डेटाओं के कारण बुरी तरह फंस जाएंगे।

चलो, अब आप यह रूपांतरण वाली बात तो समझ गए होंगे। सो अब मैं आपको इन व्यर्थ के डेटाओं से बचने का दूसरा उपाय बताता हूँ। और वह यह कि कोई भी चीज जानते या समझते वक्त ध्यान सिर्फ सार पर बनाए रखें। मानो आप कोई महान व्यक्ति की जीवनी पढ़ रहे हैं। ...तो आप उनकी जन्म तारीख, जन्म स्थान या रिश्तेदारों के नाम या अन्य ऐसी ही चीजों पर ध्यान न दें, क्योंकि उससे आपके विश्व का कोई ताल्लुक नहीं। आपकी शिक्षा-प्रणाली की यही खामी है। वे इन्हीं सब बातों को ज्यादा महत्त्व देती है। अब बुद्धिमान मनुष्य को तो तुरंत पता चल जाता है कि इन बातों को याद रखने या ध्यान देने पर उसके भीतर के समय की गति तत्क्षण मंद पड़ जाती है। वैसे तो सबको इसका अंदाजा हो ही जाना चाहिए, क्योंकि ऐसी चीजें पढ़ने या याद रखने में बोरडम का अनुभव सबको होता है। और यह बोरडम सिवाय आपके भीतर के समय की गति धीमी पड़ जाने की खबर के अलावा क्या है? लेकिन डिग्री की लालच में या नाम-धाम के चक्कर में, या फिर मजबूरी में आम आदमी ऐसी बोरडम वाली शिक्षा भी सहता चला जाता है। परंतु बुद्धिमान यह बोरडम सहन नहीं कर पाता है। और आपने भी गौर किया होगा कि अक्सर ऐसा बुद्धिमान परीक्षा में अच्छे नंबर नहीं ला पाता है। परिवारवाले और टीचर इससे अचम्भित रह जाते हैं। उन्हें समझ नहीं आता कि यह इतना शार्प होकर भी अच्छे नंबर क्यों नहीं ला पा रहा है? परंतु वे यह नहीं समझ पाते कि वास्तव में वह समझदारीपूर्वक अपने कम्प्यूटर में जबरन के डेटा डालने से बच रहा है। और फिर आगे चलकर जीवन में इसके सुखद परिणाम भी आते हैं। स्कूल तक तो समझे, परंतु फिर वास्तविक जीवन की दौड़ में वह बहुत आगे निकल जाता है। आपने भी गौर किया होगा कि स्कूल के लास्ट-बेंचर वास्तविक जीवन में प्रायः फर्स्ट-बेंचर सिद्ध होते हैं। और स्कूल में अच्छे नंबरों से पास होनेवाले सिर्फ नौकरी ढूंढ़ते रह जाते हैं। वे डेटा डालने के ऐसे तो आदी हो जाते हैं कि अपनी धीमी पड़ी समय की गति के कारण उनसे आगे जीवन में कुछ परिणामकारी होता ही नहीं।

सो कहने का तात्पर्य यह कि आप किसी की जीवनी पढ़ रहे हों तो उसके व्यक्तित्व की खूबियों और उसके द्वारा किये गए कार्यों के सार पर ही ध्यान देना। मैं तो कहता हूँ इतना भी क्यों करना, उनमें जो अच्छा है उसे जीवन में उतार ही लेना; बात वहीं समाप्त हो जाएगी। क्योंकि जब रूपांतरण ही हो गया तो डेटा भीतर जाएगा ही नहीं। फिर आपको सार भी याद रखने की क्या आवश्यकता? एकबार पढ़ने-समझने की यह कला

सीख लें, फिर कोई चिंता नहीं। चाहे जितना ज्ञान बटोर लें, ज्यादा डेटा कम्प्यूटर में घुसेंगे ही नहीं। हार्डडिस्क भरेगी ही नहीं...। क्योंकि फिर आप पढ़-लिखकर डेटा एकत्रित नहीं कर रहे हैं, बल्कि चारों ओर सिर्फ अच्छाइयां ढूंढ़ रहे हैं। और जो-जो अच्छा लग रहा है उसे अपनाते भी जा रहे हैं, और उस अनुसार स्वयं को बदलते भी जा रहे हैं। सोचो, अब इस प्रक्रिया में ज्यादा डेटा डालने की नौबत आए भी तो कैसे? साथ ही यह भी कल्पना करो कि इस प्रक्रिया से ज्ञान बटोरने पर आपका व्यक्तित्व किस कदर निखर जाएगा।

और तीसरी बात कहूं तो मन की हार्डडिस्क करप्ट होने से बचाने का एक अन्य उपाय यह भी है कि लोगों की बातों को, लोगों के नजरिए को, तथा अकारण बात-बात में जानकारियां बांटने वालों को नजरअंदाज करना सीख जाएं। अब मनुष्यजीवन है तो भीड़ में तो रहना ही पड़ता है। और दिन-ब-दिन भीड़ कुछ ज्यादा ही बुद्धिमान होती चली जा रही है। आपस में बैठकर निर्दोष मजाक-मस्तियां करना या हंसी-ठिठोली करना तो सब मानो भूल ही गए हैं। बस व्यर्थ की जानकारियां झाड़-झाड़ के एक-दूसरे को प्रभावित करने में लगे रहते हैं। माना आप अपने कानों को बंद नहीं कर सकते, परंतु उन बातों को नजरअंदाज कर अपनी हार्डडिस्क में उनको सेव होने से तो आप बचा ही सकते हैं। और अपना जीवन निखारना चाहते हों तो यह कला तो आपको सीखनी ही पड़ेगी। क्योंकि आजकल मनुष्य की बढ़ती परेशानियों की जड़ काफी हद तक व्यर्थ की गंभीर चर्चाएं और अकारण की गॉसीपिंग या जानकारियां बटोरना भी है ही।

अपने क्षेत्र में डटे रहने से आपके मनरूपी कम्प्यूटर की हार्डडिस्क कभी करप्ट नहीं होगी

अब कुछ लेना-देना नहीं तो भी हार्ट-एटैक कैसे आते हैं, और किन-किन हालातों में आते हैं, की चर्चा छेड़ देते हैं। यह समझते ही नहीं कि ऐसा कोई उटपटांग डेटा आपके भीतर टाइम में घुसा नहीं कि आपके टाइम ने स्पेस में उससे आपकी दूरी घटाई नहीं। आज के बाद गौर करना, जो स्वास्थ्य संबंधी ज्यादा जानकारी

रखते हैं और उन प्राप्त की जानकारियों के अनुसार पूरे-पूरी एहतियात भी बरतते हैं, वे ही ज्यादा अस्वस्थ रहते हैं। कहने का तात्पर्य एहतियात बरतना अपनी जगह है, परंतु गंभीर होकर यदि हार्डडिस्क में डेटा डालोगे तो वह डाला गया डेटा तो अपना कमाल दिखाएगा ही। सो बिन-जरूरी बातों को नजरअंदाज कर ही आप अपनी मनरूपी हार्डडिस्क सुरक्षित रख सकते हैं।

...वहीं इस संदर्भ में एक और बात ध्यान रखना कि दुनिया में दो तरीके के ज्ञान उपलब्ध हैं। एक है सायकोलॉजिकल ज्ञान व दूसरा है एज्युकेशनल ज्ञान। हजार में से नौ सौ निन्यानवे तरह के ज्ञान एज्युकेशनल ज्ञान हैं। ...जो जानकारियां तो हजार देते हैं पर राह एक नहीं सुझाते। उनसे बेमतलब बैठे-बिठाए आपकी हार्डडिस्क में व्यर्थ के डेटा घुसते चले जाते हैं। दूसरी ओर सायकोलॉजिकल ज्ञान की बात करूं तो एक तो उससे अकारण के डेटा उत्पन्न ही नहीं होते, ऊपर से उसकी दूसरी विशेषता यह भी होती है कि वह आपकी हार्डडिस्क की अस्त-व्यस्त हो गई प्रोग्रामिंग को ठीक तक करने की क्षमता रखती है। यही बात अलग तरीके से दोहराऊं तो सायकोलॉजिकल बातें आप चाहे जितनी पढ़ या सुन लेंगे, उनसे आपकी हार्डडिस्क में डेटा तो नहीं ही जाएंगे, साथ ही वे बातें आपके पुराने डले फिजूल के डेटा को डिलीट करने में आपकी सहायता भी करेंगी।

परंतु दुर्भाग्य से विज्ञान की इतनी प्रगति के बाद भी सायकोलॉजी के क्षेत्र में मनुष्य पिछड़ा ही रह गया है। ना तो धर्मशास्त्र ही श्रेष्ठ सायकोलॉजी उपलब्ध करवा पा रहे हैं और ना सायकोलॉजी के अभ्यास की किताबें ही मन की गहराई पर चोट कर उसे दुरुस्त करनेवाली सिद्ध हो रही हैं। अभी मैं अपने बाबत इतना बता रहा हूँ, परंतु इससे आप चाहकर भी अपनी हार्डडिस्क में कोई विशेष डेटा नहीं डाल पाएंगे। जो बात समझ आएगी उसे अमल में रखने का प्रयास करेंगे और जो समझ नहीं आएगी उसका मनन करेंगे, बात समाप्त। परंतु चूंकि आपके स्कूल-कॉलेज की तमाम शिक्षाओं का आधार सायकोलॉजी न होकर एज्युकेशन है, इसीलिए वे आपकी हार्डडिस्क को ओवरलोड करती चली जाती हैं। यही कारण है कि अपनी रुचि के क्षेत्र को छोड़ जनरल पढ़ाई करनेवाले जीवन में कभी कुछ बहुत ज्यादा हासिल नहीं कर पाते हैं। आप अपना पांच हजार वर्ष का इतिहास उठाकर देखेंगे तो पाएंगे कि सारे क्षेत्रों के सर्वोच्च शिखर पर खाली हार्डडिस्क वाले लोग ही विराजमान हैं।

सो कुल-मिलाकर कहने का तात्पर्य यह कि जब तक अति आवश्यक न हो, एज्युकेशनल नॉलेज से बचना। ...तथा वहीं दूसरी तरफ अच्छी सायकोलॉजी को खूब

आवश्यकों की खोज करने की बजाए
अनावश्यकों से स्वयं को बचाना ज्यादा जरूरी है

पढ़ना। अच्छी सायकोलॉजी का अर्थ ही यह है कि जो आपके जीवन में मेरी गति को बढ़ा दे, जबकि एज्युकेशनल नॉलेज वह है जो आपके भीतर मेरी गति मंद कर दे। एज्युकेशनल नॉलेज तो उसी क्षेत्र का काम का है जिस क्षेत्र में आपको आगे बढ़ना हो। बाकी के एज्युकेशनल नॉलेज फिर चाहे वह किसी भी रूप या नाम पर दिया जा रहा हो, परंतु सत्य यही है कि उससे बड़ा दुश्मन मनुष्य का दूसरा कोई नहीं। यदि आपको स्पेस में रस है और एस्ट्रोनोमी में आगे भी बढ़ना है, तो आपको उससे संबंधित तमाम बातें पढ़नी व समझनी ही होगी। लेकिन उस हालत में अन्य विषयों का बेमतलब का ज्ञान बटोरना आपके लिए सिर्फ जहर ही साबित होगा। हां, यह बात अलग है कि आपकी प्रज्ञा ही इस कदर निखर जाए कि आप एक नहीं पचासों चीजें समझने की क्षमता पा लें, तब तो कोई हर्ज नहीं।

चलो छोड़ो, यह तो सौ-दो-सौ में से एकाध के बाबत बात हुई। अभी तो आपको इन तमाम मुसीबतों से बचने का एक प्रायमरी और सटीक उपाय और बताऊं तो

सबसे पहले आपको दृढ़तापूर्वक अपने कम्प्यूटर का ऑपरेटर स्वयं बनना होगा। अर्थात् जो बात आपको अपने मनरूपी कम्प्यूटर में डालनी ठीक नहीं जान पड़ती, वह किसी कीमत पर किसी दूसरे द्वारा नहीं डाल दी जानी चाहिए। जो बात आपको अपनी समझ से अपने जीवन हेतु ठीक नहीं मालूम पड़ती, वह किसी ने भी क्यों न कही हो, भीतर जानी ही नहीं चाहिए। यदि गैलिलियो ने बाइबल की बात भीतर जाने दी होती तो वह कभी न पता लगा पाता कि पृथ्वी, सूर्य के चक्कर लगा रही है। अतः यदि आपको वाकई जीवन सफल बनाना है तो जमाने भर की संदेह से भरी बातों व ज्ञान को नजरअंदाज करना आपको हरहाल में सीखना ही होगा। और इस हेतु आपको एक बात तो अपने जहन में अच्छे से बिठा ही लेनी होगी कि जानकारियां, ज्ञान, सुझाव या समझाइश कुछ भी मुफ्त में नहीं मिल रहा है, यह सब पाने की कीमत आपको अपनी हार्डडिस्क करप्ट कर चुकानी पड़ रही है। और शायद इससे महंगा सौदा मनुष्यजीवन में और कुछ नहीं हो सकता है। अत: आपने अपने एक कम्प्यूटर के जो हजारों की-बोर्ड बाजार में फैला रखे हैं, उन्हें समेटना होगा। एक कम्प्यूटर का एक ही की-बोर्ड होता है, और वह मालिक के कन्ट्रोल में होता है।

चलो, ये सारी बातें तो उस बाबत हुई कि आपको आगे से कैसे अपनी हार्डडिस्क को भरने से बचाना है। परंतु असली सवाल यह कि जो पुरानी भरी पड़ी है क्या उसका कुछ नहीं हो सकता? क्यों नहीं हो सकता, यदि वाकई आपको अपना विश्व बचाने की व संवारने की इतनी इच्छा हो ही गई है तो उसके भी उपाय बताऊंगा। लेकिन यह वही समझ पाएगा जो पहले यह अच्छे से समझ चुका हो कि उसके विश्व का निर्माण भी उसे ही करना होता है, और उसे संवारने की जवाबदारी भी उसी की होती है। जिसे यह यकीन हो चला हो कि दूसरे किसी को उसके विश्व में दखलंदाजी का रत्तीभर अधिकार नहीं, वही इस यात्रा पर आगे बढ़ सकता है। और साथ ही उसे यह भी अच्छे से जहन में बिठा लेना होगा कि उसके विश्व का अंजाम मेरी गति ही तय करती है। मेरी गति तेज तो उसका विश्व बेहतर, मेरी गति मंद तो उसका विश्व तहस-नहस। अतः चिंता उसे अपने मनरूपी समय की गति तेज करने की ही करनी होगी। और जहां तक पुराने गहरे में छिपे डेटा डिलीट करने के उपायों की बात है, तो उस हेतु आपको पहले मेरे अन्य कई रहस्य समझने होंगे। सो, पहले बारी-बारी वे समझाऊंगा। फिर सही वक्त आने पर पुराने डेटा डिलीट कैसे करना, यह भी बताऊंगा।

जीवन का रहस्य

टाइम और स्पेस के सिद्धांत के आधार पर तथा उसी संदर्भ में मैं अब सबसे पहले जीवन के रहस्य की चर्चा करता हूँ। अब यह तो मैं पहले भी कह चुका हूँ कि 'एहसास' जिसे आप आत्मा, परमात्मा, भगवान, ऊर्जा, थर्ड-फोर्स या चाहे जो नाम दे दें, उसके संकल्प से समय यानी मेरा जन्म हुआ है। तथा मेरी इच्छाओं से इन तमाम स्पेसों का निर्माण होता चला गया है। और यही वजह है कि जैसे-जैसे क्षण-क्षण मैं बढ़ता जा रहा हूँ...वैसे-वैसे यह स्पेस भी फैलता ही जा रहा है। इस पूरी प्रक्रिया में एहसास सिर्फ इतना तय कर रहा है कि हमारे अस्तित्व में आते ही हम नियमों के धागे से बंधते चले जाएं। और इस कारण वह तमाम झंझटों और कर्मों से दूर सिर्फ यह पूरा तमाशा देखनेवाला हो गया है। और वह भी इस कदर कि कल उठकर वह चाहे तो भी इस खेल में अब कोई दखलंदाजी नहीं कर सकता है। अतः अब तो आगे ब्रह्मांड का विस्तार भी उसी नियम के तहत होना है, तथा उसका विनाश भी उसी नियम के तहत होना है; जिनकी डोर से हम बांध दिये गए हैं। यहां अपने को बुद्धिमान कहनेवाले मनुष्य के लिए सोचनेवाली बात यह कि ''वह कम्प्यूटर'' कितना विशाल व सिस्टेमेटिक होगा जो इतने नियमों को अपने में समाये हुए है। क्या आप कभी उस इंटेलिजेंस की कल्पना कर सकते हैं? और उसके सामने आम मनुष्य की इंटेलिजेंस तो बताने की जरूरत ही नहीं। चंद हजारों को छोड़ दिया जाए तो बाकी सबके तो कहने ही क्या?

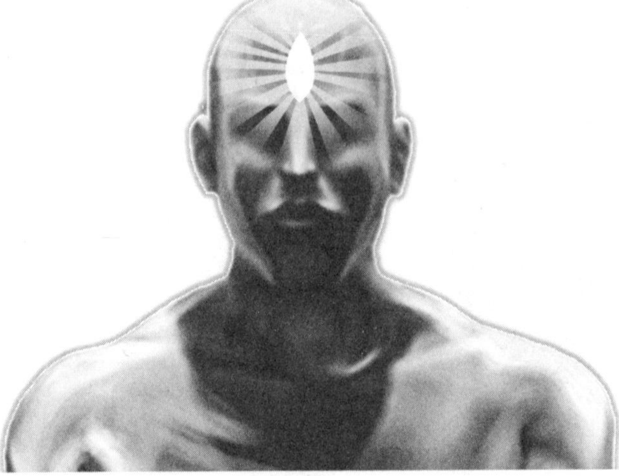

जगत के रहस्यों को जानने हेतु
Third Force के अस्तित्व को जानना बहुत जरूरी है

हालांकि ऐसा भी नहीं है कि यह फर्क सिर्फ मनुष्य और कुदरत की इंटेलिजेंस तक सीमित है, नहीं, दरअसल यही फर्क दोनों की विशालता में भी है। कहां तो ब्रह्मांड की विशालता जिसे इतनी प्रगति के बाद भी विज्ञान बमुश्किल ही कुछ समझ पाया है, और कहां आपका छः फीट का यह शरीर? कहां यह ब्रह्मांड का अरबों-खरबों वर्ष का इतिहास, और कहां आपका यह साठ वर्ष का जीवन? लेकिन इन तमाम फर्कों के बावजूद दोनों में एक समानता भी है, और वह है दोनों में स्पेस का टाइम के कारण उत्पन्न होना। इतना ही नहीं, दोनों के टाइम व स्पेस का एक नियम के अदृश्य धागे से बंध जाना भी समान ही है। और यह बात हमेशा ध्यान में रखना; क्योंकि आपकी सारी समस्याओं का समाधान टाइम और स्पेस के इस गणित को समझने पर ही टिका हुआ है।

हालांकि यहां मैं एक बात और स्पष्ट कर दूं कि ब्रह्मांड से मनुष्य की तुलना करने के पीछे मेरा कोई उद्देश्य ब्रह्मांड के विशाल चांद-तारों के सामने मनुष्य को अदना बताने का नहीं है। यूं भी वास्तव में तो मनुष्य ब्रह्मांड से कहीं ज्यादा महत्त्वपूर्ण है ही। सो दरअसल तो यह चर्चा छेड़ मैं आपका ध्यान आप जो अपनी बुद्धिमानी पर इतराते फिर रहे

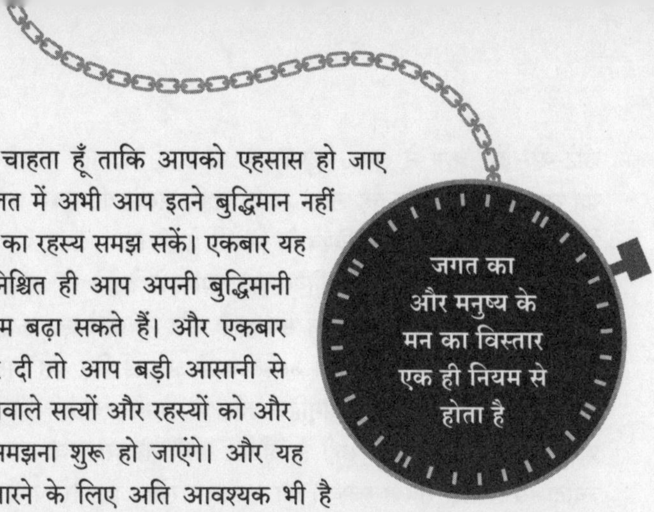

हैं...उस ओर दौड़ाना चाहता हूँ ताकि आपको एहसास हो जाए कि अपनी मौजूदा हालत में अभी आप इतने बुद्धिमान नहीं हैं कि मेरी बताई बातों का रहस्य समझ सकें। एकबार यह एहसास हो जाए तो निश्चित ही आप अपनी बुद्धिमानी निखारने की ओर कदम बढ़ा सकते हैं। और एकबार यह प्रक्रिया प्रारंभ कर दी तो आप बड़ी आसानी से आंखों के सामने दिखनेवाले सत्यों और रहस्यों को और भी बेहतर तरीके से समझना शुरू हो जाएंगे। और यह आपके जीवन को संवारने के लिए अति आवश्यक भी है तथा आपका कर्तव्य भी है। क्योंकि ब्रह्मांड इतना विशाल होते हुए भी, और उसमें सबकुछ होते हुए भी एक आप ही हैं जिसमें एहसास अपनी पूर्णता से प्रकट है। और इस दृष्टि से सच कहूं तो इस पूरे ब्रह्मांड में सबसे मूल्यवान भी आप ही हैं। क्योंकि विशालता क्या करेगी यदि एहसास ही न हो। करोड़ों वर्ष का समय हो तो भी क्या, यदि करने, समझने या अनुभवने को कुछ न हो। अतः मेहरबानी कर आप अपने जीवन के और अपने होने का मूल्य समझें। इन तमाम बताए जा रहे रहस्यों का फायदा उठाकर अपना विश्व शानदार-यादगार बनाएं। हालांकि आप अपने जीवन का महत्त्व तभी समझ सकते हैं जब मैं उसके रहस्य पर से परदा उठाऊं।

...तो लो वह भी उठा लेता हूँ। यहां पर सबसे बड़ी गलतफहमी आपका यह मानना है कि आपका यह जीवन साठ या अस्सी वर्ष का है, और बहुत हुआ तो सौ वर्ष का। तथा आपका यह भ्रम ही सारे उपद्रवों और कन्फ्यूजनों की जड़ है। अब आपका यह जीवनरूपी विश्व भी है तो इसी व्यापक विश्व का एक अंश। ...तो फिर उसके सारे नियम आपके जीवन पर भी लागू हैं ही। फर्क सिर्फ इतना है कि आप इस ब्रह्मांड के अस्तित्व में आने से खरबों वर्ष बाद अस्तित्व में आए हैं, और निश्चित ही आपका यह आगमन भी एक नियम के तहत ही हुआ है। और उस नियम की चर्चा करूं तो चेतना का क्रमशः विकास हुआ है, ठीक वैसे ही जैसे यह ब्रह्मांड का फैलाव क्रमशः हुआ है। यानी कणों से पेड़-पौधे और फिर जानवरों तक उठने के बाद मनुष्य चेतना अस्तित्व में आई है। दूसरी महत्त्वपूर्ण बात यह कि प्रकृति में दो नियम अस्तित्व में हैं। एक व्यक्तिगत नियम, जो हर सजीव-निर्जीव के लिए अलग-अलग है। पानी पर H_2O लागू है सब पर नहीं। और गुलाब की खुशबू व उसका स्वरूप उसका ही है। जबकि दूसरे हैं सामूहिक नियम, जो प्रकृति के

छोटे-से-छोटे कण से लेकर मनुष्य तक पर लागू है। अत: मानवीय चेतना के बारे में भी यह स्पष्ट समझ लें कि वह लाख स्वतंत्र सही, संसार की सबसे उच्च चेतना ही सही, परंतु फिर भी वह चलायमान तो विश्व के नियमों से ही है।

और इस विश्व के नियम को ध्यान से देखेंगे तो आप पाएंगे कि यहां ना तो कोई एक कण पैदा ही किया जा सकता है और ना कोई एक कण मिटाया ही जा सकता है। एकबार मेरे थकी कोई स्पेस अस्तित्व में आ गई फिर वह मिटाई नहीं जा सकती है। ...फिर तो सबका विनाश सामूहिक तौर पर यानी एकसाथ ही होगा। अर्थात् आपकी प्रलय की कल्पना एकदम सही है। होगा, अभी तो इस चर्चा को आगे बढ़ाऊं तो...यहां ज्यादा-से-ज्यादा सबके स्वरूपों का रूपांतरण संभव है। जैसे पानी का भाप में व भाप का फिर पानी में। या कहूं पानी का बर्फ में और बर्फ का फिर पानी में। और यही बात आपके जीवन के बाबत भी सत्य है। यदि वह भी है तो उसे भी मिटाया नहीं जा सकता है। बस मृत्यु के बाद उसका भी नियम से दूसरे स्वरूप में रूपांतरण हो रहा है। इसे आप आपका पुनर्जन्म भी कह सकते हैं। और यहीं आकर सम्पूर्ण मनुष्य-जाति अपने अस्तित्व में आने के साथ ही भ्रमित हुई पड़ी है। क्योंकि यदि जीवन साठ वर्ष का है तो उसे देखने का उसका नजरिया ही बदल जाता है। तब तो जीवन में आपा-धापी मचे रहना स्वाभाविक भी है। और मनुष्य सदैव से उस आपा-धापी का शिकार होता भी आ रहा है। लेकिन यदि जीवन वास्तव में अनंत है, तो निश्चित ही उसे देखने का नजरिया सर्वथा भिन्न हो जाता है। फिर जल्दी की कोई बात नहीं, आपा-धापी का सवाल नहीं।

लेकिन यहां भी एक उलझन है। दरअसल यहां कॉम्प्लीकेशन यह है कि आप जिसे अपना होना मान रहे हैं, उसका कोई पुनर्जन्म नहीं। क्योंकि आप अपने नाम, जात, धर्म, रिश्तेदार, डिग्रियां, आपके घर और दुकान के जोड़ को अपना होना मान रहे हैं। आप उसे ही अपना विश्व समझ रहे हैं। पर वास्तव में वह आपका विश्व है ही नहीं। यह सब आपकी बुद्धि का समझा विश्व है, और आपकी बुद्धि इसी जन्म की है। वह आपके शरीर का ही एक अंग है। और सत्य तो यह है कि आपका शरीर भी आपका स्थायी साथी नहीं। मृत्यु के साथ आपका शरीर और आपकी बुद्धि दोनों आपसे हमेशा के लिए बिछड़ ही जाते हैं।

...दरअसल आप अदृश्य की भाषा समझते ही नहीं। ये सारी बातें जिसे आप अपना विश्व होना समझ रहे हैं, तो वह भी इसलिए कि ये सब दृश्यमान हैं। परंतु जमीनी हकीकत यह है कि आप "समय का एक स्वरूप हैं" जो आपमें आपके मनरूपी कम्प्यूटर के रूप में स्थित है। और यह जिन-जिन चीजों को या जिस किसी को भी आप अपने विश्व

का हिस्सा मान रहे हैं, वह दरअसल मन के कम्प्यूटर में घटनेवाली घटनाओं का परिणाम-मात्र है। सच कहूं तो इन सबको अपना मानना ही आपका सबसे बड़ा भ्रम है। मैं मानता हूँ कि यह बात थोड़ी कॉम्प्लीकेटेड है, परंतु समझनी तो होगी ही।

समय के परम नियम के सामने मनुष्य की बुद्धि की कोई बिसात नहीं

सो चलो, इसे मैं दूसरे तरीके से समझाता हूँ। मानो जिसके अपने मनरूपी कम्प्यूटर में शादी करने की इच्छा नहीं, क्या उसके विश्व में जबरदस्ती किये बगैर पत्नी आ सकती है? क्या जिसे पढ़ने की इच्छा नहीं, उसके विश्व में डिग्रियां आ सकती हैं? नहीं...। यानी पहला जन्म टाइम में होता है, डेटा के रूप में। जिस चीज का भीतर डेटा नहीं, वह बाहर आपके विश्व में नहीं आ सकती है। और वैसे ही यदि किसी कारण से भीतर किसी व्यक्ति या वस्तु की चाह का डेटा डिलिट हो जाए तो फिर वह आपके विश्व में नहीं रह सकती है। वहीं जो चाह पूरी हो जाए उसका डेटा स्वत: ही डिलिट हो जाता है। गाड़ी लेने की इच्छा हो और गाड़ी आ जाए तो गाड़ी लेने का डेटा डिलिट हो जाता है। कुल-मिलाकर यह स्पष्ट समझ लें कि आपके विश्व में बाहर जो कुछ भी है वह सब आपकी चाह के कारण अस्तित्व में आया है। फिर वह चाह वस्तु की हो या व्यक्ति की या फिर विचारों की। उसी कारण आप भीतर डेटा डालते चले जाते हैं। फिर वे डेटा विचारों या मान्यताओं के ही क्यों न हो। और आगे उन्हीं डेटा के आधार पर आप अपना विश्व बनाते हैं। और जब चाहें पूरी होती नहीं दिखती या वे आपको अपनी औकात से बड़ी नजर आती है; या कहूं भीतर डाले डेटा के अनुसार आपका जगत गति नहीं पकड़ता है; तो आप रिश्तों, देश, समाज, धर्म, जात-पात वगैरह के आसरे खोजने लग जाते हैं। खैर, जो चाहें पूरी हो जाती हैं वे भी वास्तव में आपके मनरूपी कम्प्यूटर के हिस्से नहीं होते, अतः उनका आपका साथ इस जन्म का ही बन पाता है। और इसलिए यकीन मानिए कि आपकी चाहों का सारा बाहरी विस्तार आपकी मृत्यु के साथ ही आपसे बिछड़ जाता है,

और आप फिर एक नए स्वरूप के साथ प्रकट हो जाते हैं। तथा यह नया स्वरूप धारण करते ही जिस बाह्य जगत को आप अपना जगत समझते हैं, वह सब आपसे बिछड़ जाता है। यहां तक कि आपका नाम, जात, धर्म, देश, रिश्तेदार सब बदल जाते हैं। आप जो संपत्ति छोड़ के जा रहे होते हैं, वह भी किसी और की हो जाती है।

अब आप थोड़ा एकबार अपना हाल तो देखो कि इस जन्म में आप ब्रिटेन में पैदा हुए हैं और क्रिश्चियन धर्म अपनाए बैठे हैं, वक्त-बे-वक्त आपने हिंदू या मुस्लिम धर्म को तुच्छ भी कहा है; फिर अगला जन्म अरब में ले लिया तो मुस्लिम धर्म अपना लिया और तब आपने क्रिश्चियनिटी पर खूब जहर उगला। उसके बाद के जन्म में आप भारत में पैदा हुए तो अगले जन्म में पाकिस्तान में। इस जन्म में आपने जहां पाकिस्तान की बुराई की, वहीं अगले जन्म में शायद आप भारत की बुराई करते फिर रहे होंगे। यानी देखें यह कि आपने अपने बहुमूल्य जीवन की कितनी ऊर्जा और समय इन बकवासों में गंवा दिये। बोलो, यह हास्यास्पद है कि नहीं? और उससे भी हास्यास्पद यह कि आपकी इन्हीं मूर्खताओं के कारण नेताओं और धर्मगुरुओं की दुकानें धड़ल्ले से चल रही हैं।

चेतना का विकास क्रमशः हुआ है तथा वह विकास अब भी जारी है

वैसे ही आपने जिस प्रेमिका से कहा कि आप उसके बगैर जीने की कल्पना ही नहीं कर सकते, फिर उससे हमेशा के लिए बिछड़कर आप हजारों जन्म गुजार लेते हैं। हर जन्म में नई प्रेमिकाएं पकड़ते हैं तथा उनसे भी वही बकवास दोहराते रहते हैं। इस जन्म में इतने कष्ट उठाकर कमाया हुआ पूरा धन छोड़कर जाना पड़ रहा है, फिर भी अगले जन्म में यही कष्टपूर्ण कहानी फिर दोहराते हैं। कहने का तात्पर्य जैसे ही आप अपने को साठ वर्ष की जगह इतने विशाल अस्तित्व के टाइम और स्पेस का एक हिस्सा मान लेंगे कि तत्क्षण आपका दृष्टिकोण बदल जाएगा। फिर आप इन बिछड़ने व बदलनेवाली वस्तुओं के चक्कर में नहीं पड़ेंगे।

...वरना तो आप अपनी बुद्धि के वशीभूत होकर अपने को एक जन्म का मान बैठते हैं। और फिर उस आधार पर आप अपने कम्प्यूटर में उटपटांग डेटा डालकर अपनी हार्डडिस्क भरते चले जाते हैं। और यह कार्य आप मरते दम तक जारी रखते हैं। इधर उसी के आधार पर मैं आपका विश्व बनाता चला जाता हूँ। अर्थात् इस समय जिसे आप अपना विश्व समझ रहें हैं, वह तो सिर्फ आपकी सोच और समझ का परिणाम है। ...और जो निश्चित ही वास्तविकता से कोसों दूर है। आपकी कड़ी मेहनत से बना आपका यह विश्व तो आपके शरीर की समाप्ति के साथ ही आपके लिए नष्ट हो जाता है। लेकिन दुर्भाग्य से आपको शिक्षा भी इसी मिटनेवाले जगत की दी जाती है तथा आपके चारों ओर तमाम विश्लेषण भी उसी मिटनेवाले विश्व के होते हैं। परिणामस्वरूप तमाम कोशिशों के बावजूद आपके हाथ कुछ नहीं लगता है। आपका ''जाना-किया'' सब शून्य हो जाता है और ''आप'' अगले जन्म हेतु प्रस्थान कर देते हैं।

...शायद आप यहां पर कुछ कन्फ्यूज्ड हो जाएं। आप शायद सोचें कि यह दो आप कौन है? कौन है जिसका विश्व छूट रहा है, और कौन है वह जो अगले जन्म हेतु प्रस्थान कर रहा है?

सवाल एकदम उचित है। ...दरअसल आप दो ''आप'' में जी रहे होते हैं। एक आप वो जो अपने को साठ-अस्सी वर्ष का जान ना सिर्फ अपना विश्व बना रहा है, बल्कि उसे ही अपना होना भी मान रहा है। और सच कहूं तो अधिकांश लोग लगभग सारे समय उसी आप में जी रहे होते हैं। दूसरा है आपका वास्तविक आप यानी मैं, अर्थात् आपका मनरूपी कम्प्यूटर। यहां आपका पहला जो ''आप'' है वह आपकी मृत्यु के साथ ही मिट जाता है। और उसके साथ ही मिट जाता है आपका वह विश्व जिसे बचाने में आपने पूरा जीवन लगाया होता है। ...लेकिन आपका जो वास्तव में होना है...यानी मैं, आपकी हार्डडिस्क वाले शरीर की मृत्यु के वक्त जो कुछ भी हालत होती है, उसे अपने साथ ले जाता हूँ; और फिर उसी हार्डडिस्क के साथ किसी और देश, शरीर तथा नाम के साथ आगमन करता हूँ।

और यह यहां जो हार्डडिस्क के अलावा के ''आप'' की बात कर रहा हूँ, वह आपका एहसास है; तथा अगला जन्म उस एहसास के साथ गई आपकी हार्डडिस्क का होता है। ...यानी ठीक से समझें तो आपके तीन ''आप'' होते हैं। एक आप यानी एहसास, जो बिना किसी पक्षपात के सबकुछ होता देख रहा है। दूसरी है आपकी हार्डडिस्क जिसे आप वास्तव में अपना कह सकते हैं, क्योंकि वही आपके अगले जन्म की बुनियाद रखती

मनुष्य के भीतर के समय की गति ही उसका भविष्य तय करती है

है। और आपका तीसरा आप वह है जो भ्रमवश बिछड़ने वाला ऐसा बाहरी विश्व बनाने में लगा रहता है, जो मृत्यु के साथ ही आपसे हमेशा के लिए बिछड़ जाने वाला होता है।

खैर! अभी तो आपको यह समझना जरूरी है कि जिसे आप अपना होना मान रहे हैं वह आपका होना नहीं है। ...और जिसे आप अपनी मृत्यु मान रहे हैं, वह आपकी मृत्यु भी नहीं है। और वैसे ही जिसे आप अपना विश्व मान रहे हैं वह आपका विश्व भी नहीं है। आप तो फिर एक नए शरीर के साथ एक नए देश और नए परिवार में अपने उसी हार्डडिस्क रूपी समय के साथ प्रकट हो जाने वाले हैं। अब इसी एक वाक्य में मैंने आपके तीनों "आप" कवर कर लिए। अब भी न समझ आए तो इस वाक्य को बार-बार पढ़कर अपने तीनों आप अलग-अलग पहचान लेना। ...यही आप के..."आप" की त्रिगुणी-माया है।

खैर! अभी तो आगे यह समझें कि आपकी मृत्यु के साथ ही वह "परम-एहसास" जिससे आपका समय और ब्रह्मांड का समय दोनों पैदा हुए हैं, उसके परम-नियम से आपका कम्प्यूटर नए सिरे से री-सेट हो जाता है। होता यह है कि मृत्यु के वक्त आपके हार्डडिस्क की जो भी परिस्थिति होती है उसी आधार पर आपको आपके तमाम डेटा डिलीट कर सिर्फ मेरी गति उपलब्ध हो जाती है। ...यानी यदि आप अपनी हार्डडिस्क को ज्यादा करप्ट कर के मरे हैं, तो आप अपने अगले जन्म के साथ ही अपने मनरूपी कम्प्यूटर में मेरी गति

अत्यंत धीमी पाएंगे। और यदि आप अपनी हार्डडिस्क कम करप्ट कर के मरे हैं तो अपने भीतर समय की गति उस अनुसार पाएंगे।

...और फिर यहां से आपको एक नया अवसर है। पिछले जन्म में जो हुआ सो हुआ, परंतु एहसास के परम-नियम से प्राप्त री-सेटिंग के द्वारा आपको फिर नए सिरे से मौका उपलब्ध हो जाता है। यानी आप समय की चाहे जैसी गति लेकर पैदा हुए हों, चाहें तो समझदारीपूर्वक उसकी गति नए जन्म में बढ़ाते चले जा सकते हैं, और चाहें तो जिस गति में पैदा हुए हैं...उससे उसे और धीमा कर सकते हैं। इतना ही नहीं, आप चाहें तो अपना यह खेल अनंत तक भी जारी रख सकते हैं। परंतु कष्ट उठाकर अनंत तक जीने का फायदा क्या? यह रहस्य जानने के बाद आपके लिए बेहतर यही है कि आप मेरे समयरूपी मन के कम्प्यूटर को ही अपना होना मानें, इससे हर जन्म में आप जो इतने कष्ट उठाकर मिटनेवाले विश्वों को बनाए चले जा रहे हैं, कम-से-कम उससे आपका तत्काल छुटकारा हो जाएगा। और ऊपर से इस कारण आपमें समय की गति जन्म-दर-जन्म बढ़ती चली जाएगी, सो अलग। ...फिर तो आपके पीछे मुड़के देखने का सवाल ही नहीं उठता। जन्म-दर-जन्म आप आनंद व प्रगति के नए शिखर छूते चले जाएंगे। ...और इसी प्रोसेस में आप एक दिन मनुष्य-जन्म का अंतिम मकसद भी पा लेंगे।

अब आप कहेंगे कि यह अंतिम मकसद वाली बात क्या हुई? वह भी बताऊंगा पर समय आने पर। अभी तो पहले आप यह बताएं कि आप जिसे जीवन कह रहे हैं या समझ रहे हैं, वह क्या है? नहीं मालूम हो तो बता दूं, वह जन्म व मृत्यु के बीच का समय है। वैसे ही मैं जिसे परम जीवन कह रहा हूँ, वह आपके एहसास से बिछड़ने और एहसास में वापस लीन होने के बीच का समय है। और यह समय हजारों-लाखों जन्म लेने के बाद भी खत्म हो सकता है, और समझदारीपूर्वक बरतो तो दो-चार जन्मों में भी यह यात्रा समाप्त हो सकती है। मैं जानता हूँ कि आपके लिए यह बात एकदम नई भी है और आपने जीवन की जो कल्पना कर रखी है उससे कहीं गहरी भी है। और महत्त्वपूर्ण तो इतनी है कि मैं इसे आपको बड़े ध्यानपूर्वक अति सरल भाषा में पूरे विस्तार से समझाऊंगा ही। और जब तक अच्छे से न समझ लें, मैं आपका पीछा नहीं छोड़ूंगा।

सवाल यह कि बैठे-बिठाए एहसास ने मेरा व स्पेस का सृजन क्यों किया? क्यों मुझे इतने स्वरूप और स्पेस को इतने रूप प्राप्त करने की स्वतंत्रता दी? क्यों सबको अपने-अपने नियमों के विभिन्न धागों से बांधा? ...तो इन सबका एक जवाब यही है कि वह अपनी सृजन-शक्ति का अपनी इच्छा-शक्ति के बल पर स्वयं का अनुभव करना चाहता

था। और अपने इस उद्देश्य की पूर्ति के लिए उसने मेरे थकी संसार के हर कण को गतिशील बनाया, ताकि निरंतर उसकी चेतना का विकास होता रहे। और एक दिन इस चेतना का इतना विकास हो कि वह मनुष्य का स्वरूप धारण कर ले। ...और जो कर लिया गया। मनुष्य का अर्थ होता है, नियमों में तो बंधा यानी परतंत्र, परंतु अपने अलग विश्व वाला... अर्थात् दूसरी ओर पूर्ण स्वतंत्र भी।

यहां मनुष्यजीवन की यह दोनों "स्वतंत्रता" और "परतंत्रता" वाली विरोधाभासी बात भी अच्छे से समझ लेना। ...यदि आपको अपना जीवन संवारना है तो वह नियमानुसार चलने से ही संवर सकता है। यानी यदि आपको जीवन संवारना है तो नियमों के अधीन होना ही पड़ेगा। परंतु दूसरी ओर आपको यह स्वतंत्रता भी है ही कि आप नियम ताक पर रखकर अपनी मरजी अनुसार भी चल ही सकते हैं। लेकिन यह ध्यान रखना कि इस स्वतंत्रता का दुरुपयोग किये जाने के कारण ही आपका जीवन बर्बाद हुआ पड़ा है। और इसीलिए मैं आपको सारे नियम बता रहा हूँ ताकि आप उस अनुसार चलकर अपना जीवन सुधार सकें।

खैर! अभी तो इस बात का मतलब यह कि मनुष्य को अपना जीवन बिगाड़ने की मिली इस स्वतंत्रता के कारण उसका जीवन एक अच्छाखासा खेल होकर रह गया है। खेल यह कि देखें मनुष्य नियमानुसार चलकर इस जन्म में अपना जीवन बनाता है या नियमों की अवहेलना कर अपना जीवन बिगाड़ता है? और उससे भी बड़ा खेल यह कि देखें यह खेल कौन कितने समय के लिए खेलता है? पर यह देखेगा कौन? आपका एहसास...? जी हां, बस यह खेल देखने हेतु ही टाइम और स्पेस से दूर बैठा यह एहसास अपनी पूर्णता के साथ मनुष्य में स्थित हो गया है। और सच कहूं तो इसका मनुष्य को एक सीधा फायदा भी मिला है। एहसास के उसमें अपनी पूर्णता में उपस्थित होने के कारण ही मनुष्य को स्वतंत्रता, सृजन शक्ति, भावों के उतार-चढ़ाव...सबकुछ अपनी पूर्णता में उपलब्ध है। हालांकि यह एहसास मनुष्य में सिर्फ द्रष्टा बनकर ही उपस्थित है, उसका कार्य सिर्फ मनुष्य द्वारा किये जानेवाले तमाशे को देखना और उसकी हार्डडिस्क को इस जन्म से उठाकर अगले जन्म तक पहुंचाना ही है, ...परंतु फिर भी यह मानना ही होगा कि उसकी उपस्थिति के कारण मनुष्य को मिली स्वतंत्रता, उसके चेतना के विकास, उसके भावों की दृढ़ता, उसे उपलब्ध सृजन-शक्ति वगैरह-वगैरह सब मिलकर हर नया मनुष्य-जन्म एक नया दिलचस्प खेल होकर रह गया है।

लो, यानी अब हमारा जीवन सिर्फ एक खेल होकर रह गया है? तो क्या अब हमारा सिर्फ यही काम रह गया है कि हम जन्म-दर-जन्म अपनी हार्डडिस्क भरते और खाली करते रहें? क्या इसका कोई अंत नहीं? बिल्कुल है, जो वस्तु समय के भीतर पैदा

हुई है...यानी मेरे थकी अस्तित्व में आई है, उसे मिटना तो होगा ही। कहने का तात्पर्य आपका भी एक दिन यह नया जन्म लेना बंद होगा ही, परंतु नियम से। लेकिन वह नियम जानने से पहले अभी तो आप यह अच्छे से समझ लो कि आप अस्तित्व में क्यों हैं? वह इसलिए कि अपनी इच्छा-शक्ति के बल पर आपने अणु से मनुष्य तक का सफर तय किया है। और अब आप यह जन्म-दर-जन्म क्यों भटक रहे हैं? क्योंकि अपने मनरूपी कम्प्यूटर में आपने डेटा डाले हुए हैं, तथा उस आधार पर मैंने आपको सारी चीजों की स्पेस प्रदान की हुई है।

मनुष्य का सबसे बड़ा भ्रम ही अपने अस्तित्व को एक जन्म का मानना है

यहां तक तो ठीक, परंतु आपकी समझ से वही आपका विश्व है। ...और काफी हद तक है भी। लेकिन अब थोड़ा यह सोचें कि यदि अपने कम्प्यूटर के सारे डेटा आप डिलीट कर दें तो क्या होगा? ...मालूम नहीं। अरे, आपका विश्व मिट नहीं जाएगा? कम्प्यूटर में डेटा नहीं, तो समय नहीं। और जब समय ही नहीं तो कोई स्पेस भी नहीं। और जब कोई स्पेस नहीं तो विश्व कैसा? फिर बचा रह जाएगा सिर्फ एहसास, और खाली हार्डडिस्क वाला एहसास दोबारा आपको जन्म दे ही नहीं सकता। फिर तो आपका यह एहसास हमेशा के लिए उस परम एहसास में लीन हो जाएगा। दरअसल यही आपके जीवन का खेल है और यही आपके जीवन का मकसद भी। यदि आप इतना समझ गए हों तो इस पूरे खेल, इसके नियम, इसकी समस्याएं और उनके निदान के उपायों बाबत आपको आगे और विस्तार से बताऊंगा। क्योंकि अब आगे सोचना यह होगा कि हार्डडिस्क खाली करने के उपाय क्या, और इसके फायदे क्या? तो ...तो थोड़ा सब्र कीजिए और पहले यह जन्म-पुनर्जन्म की प्रक्रिया जरा अच्छे से अपने जहन में उतार लीजिए।

क्योंकि मैं जानता हूँ कि मैं यह जो कुछ भी आपको समझा रहा हूँ, वह शायद एकबार में आपकी समझ में न भी आए। वैसे

> **मनुष्य का जीवन समय की स्क्रीन पर चलनेवाले एक खेल से ज्यादा कुछ नहीं**

तो बात बड़े ही सीधे व वैज्ञानिक तरीके से समझाई है। ...फिर भी। सो, एकबार फिर सरल शब्दों में समझाने का प्रयास करता हूँ। क्योंकि आगे की यात्रा पर निकलने से पूर्व आपको अपने जन्म-पुनर्जन्म की इस प्रक्रिया को समझना बहुत जरूरी है।

देखो, एहसास अपनी इच्छा-शक्ति के बल पर मुझे अस्तित्व में लाया है। मैं अपने को प्राप्त इच्छा-शक्ति के बल पर समानांतर रूप से स्पेस को अस्तित्व में लाया हूँ। मेरा पल-पल एहसास से निकलना तथा समानांतार रूप से पल-पल स्पेस का विस्तार होना अब भी जारी है। और इसीलिए हर बढ़ते समय के साथ यह ब्रह्मांड फैलता ही जा रहा है।

दूसरी ओर ब्रह्मांड के कण-कण में भी चेतना का विकास जारी ही है। और अब तो चेतना के इस विकास को मनुष्य का स्वरूप धारण किये हुए भी युगों बीत गए हैं। और चूंकि उत्पन्न तमाम कणों में भी चेतना का विकास जारी ही है, इसलिए मनुष्यों से लेकर जानवरों तक की जनसंख्या का विस्तार भी रोज-रोज जारी ही है।

यह तो ठीक, पर इस विकास की यात्रा ने एक खेल का स्वरूप धारण कर लिया है। आपकी बुद्धि के विकास ने आपके मनरूपी कम्प्यूटर में अनेकों डेटा डाल दिये हैं। और इधर अपने स्वभाव से वशीभूत होकर मैंने उन डेटा के आधार पर आपको स्पेस प्रदान कर दी है। इससे आपकी जन्म-दर-जन्म की भटकन चालू हो गई है। अब जब तक आप अपनी हार्डडिस्क को पूरी तरह खाली नहीं कर देते, तब तक आपका छुटकारा नहीं। ...क्योंकि तब तक आपको स्पेस मिलती ही रहेगी, और आप नए-नए जन्म लेते ही रहेंगे। और निश्चित ही यह डेटा डिलीट करना इतना आसान नहीं, परंतु तब तक आपका छुटकारा भी नहीं। हां, एकबार डेटा शून्य हो गया तो बच जाएगा सिर्फ हार्डडिस्क रहित एहसास। और ऐसे में आपका यह एहसास निश्चित ही ''परम-एहसास'' में हमेशा के लिए

लीन हो जाएगा। यहां सबसे महत्त्वपूर्ण यह है कि यह सिर्फ एक खेल है और बेहतर है कि आप भी इसे एक खेल के तौर पर ही समझें और लें। लेकिन जीवन के इस खेल में जीतना तो जरूरी ही है। और जीवन के इस खेल में कैसे जीता जा सकता है; उसके तमाम उपायों पर चर्चा मैं आगे विस्तार से जरूर करूंगा। क्योंकि यह अन्य खेलों की तरह नहीं है। निश्चित ही इसमें अबतक हारते आने के बड़े दुष्परिणाम आपको भुगतने पड़ रहे हैं।

...परंतु इस खेल में विजयी होने के रास्ते व उपाय वही समझ सकता है जो पहले अपने तीनों "आप" को अच्छे से पहचान गया हो। सो, आगे की कोई भी चर्चा छेड़ने से पूर्व मैं आपको एकबार फिर आपके तीनों "आप" को नए सिरे से बड़ी ही सरल भाषा में समझाता हूँ। आपका पहला "आप" है बुद्धि द्वारा पैदा किया हुआ आपका इस जन्म का विश्व। दूसरा "आप" हूँ मैं यानी आपका जन्मों-जन्मांतर का समय। और कहने की जरूरत नहीं कि आपका यह "आप" मेरे स्वरूप में एक हार्डडिस्क है। और आपका तीसरा "आप" है उस परम-एहसास का अंश जिसके जरिए आप अपने समेत इस पूरे संसार का खेल देख रहे हैं।

...यहां समझ यह लें कि आप अपने पहले "आप" से छुटकारा पा लेंगे तो आपके भीतर मेरी गति में वृद्धि शुरू हो जाएगी। फिर दूसरे "आप" से छुटकारा पाना शुरू करेंगे तो सुखी और सफल होते चले जाएंगे। और जिस दिन दूसरे "आप" से पूरी तरह छुटकारा पा लेंगे, आप तीसरे "आप" में स्थित हो जाएंगे। ...जैसे बुद्ध, कृष्ण, क्राइस्ट, सुकरात, कबीर, लाओत्से वगैरह स्थित हो चुके हैं। फिर कोई पुनर्जन्म नहीं...। और अच्छे से समझ लें कि यही मनुष्यजीवन का एकमात्र मकसद है। ...तथा उम्मीद करता हूँ कि आप भी जल्द ही स्वयं को इस सूची में शामिल करने के मुकाम तक उठ जाएंगे।

मेरा और स्पेस का संबंध

अब यदि आपको जीवन के इस खेल में लगातार विजयी रहना हो तो आपको सबसे पहले मेरा और स्पेस का संबंध अच्छे से समझ लेना आवश्यक है। क्योंकि विषय को अपनी ऊंचाई पर पहुंचाने से पूर्व आपके लिए मेरे और मेरी कार्यप्रणाली के बाबत बहुत कुछ और भी जान लेना बेहतर है। जैसा कि मैंने बताया था कि मैं ही आपका मन हूँ। और यदि आप वास्तव में इसे समय की तरह समझ पाएंगे तो निश्चित ही इससे आपके लिए समस्याओं की तह तक पहुंचना भी आसान हो जाएगा, और उसी के सहारे आपको अपनी वर्तमान में प्रवर्तमान तमाम समस्याओं से निजात पाना भी आसान हो जाएगा।

इसे कुछ इस तरह भी समझें कि आपकी मूल समस्या क्या है? जहां तक मैं समझ रहा हूँ, मेरे विचार से आपकी मूल समस्या यह है कि जीवन में आपका चाहा कुछ हो नहीं रहा है। आपके न चाहते हुए भी दुःख, चिंता, क्रोध, परेशानी, फ्रस्ट्रेशन, डर आपको रह-रहकर पकड़ ही लेते हैं। और मैं बार-बार कह ही चुका हूँ कि यह सब कुछ आपके जीवन में हो रहा है सिर्फ एक मेरी गति धीमी पड़ जाने के कारण। यदि मेरी गति तेज हो जाए तो आपका चाहा होने लग जाएगा। आप तत्काल आनंद, मस्ती और सुकून से जीते हुए सफलता के शिखर छूना प्रारंभ कर देंगे। और शायद इसी चाह से जी भी रहे होते हैं आप। अतः हो सके तो यह बात अच्छे से गांठ बांध लें कि आपका मन ''समय'' है। और यह भावों के जो उतार-चढ़ाव आप झेल रहे हैं, वे सिर्फ मेरी गति-परिवर्तन का परिणाम है।

उधर ब्रह्मांड के टाइम और स्पेस का संबंध तो मैं आपको समझा ही चुका हूँ। साथ ही मैं यह भी बता ही चुका हूँ कि यह सारी स्पेस मेरी पैदा की हुई है और इसका नाश भी मैं ही करता हूँ। तथा चूंकि मेरी यह प्रक्रिया लगातार जारी रहती है...इसीलिए यहां की तमाम स्पेस पर आप मेरी मार का असर पाते ही हैं। यानी ब्रह्मांड का कण-मात्र भी समय की मार से आजाद नहीं। और यह सब मैं आपको अपने काल-स्वरूप के बारे में बताते वक्त विस्तार से समझा ही चुका हूँ। अभी तो संक्षेप में मैं वे सारी बातें आपको याद दिलवा रहा हूँ ताकि वर्तमान चर्चा समझने में आपको आसानी हो सके।

खैर, फिर पुरानी बातें भी कब तक? सो ये सब बातें छोड़ अब मैं सीधे आपके विश्व में समय और स्थान का क्या संबंध है, उसी की चर्चा प्रारंभ करता हूँ। और इस संदर्भ में यह तो कहने की जरूरत ही नहीं कि आपके लिए समय आपका मन यानी मैं हूँ। और स्पेस वह है जो मेरे भीतर डाले गए डेटा के अनुरूप मैं निर्मित कर रहा हूँ। मैं तो एक ही हूँ परंतु स्पेस चूंकि डाले गए हर डेटा के आधार पर निर्मित की हुई है; इसलिए संख्या में हजारों-लाखों होती है।

सिद्धांत, दृढ़ता व जिद्द मनुष्य के कम्प्यूटर को सबसे ज्यादा करप्ट कर देते हैं

होगा। अभी तो मैं आपको आपके स्पेस के विस्तार के संबंध में कुछ बताऊं, और साथ ही आपकी जाती-स्पेस से मेरा संबंध समझाऊं। शुरुआत आपके जाती-स्पेस के विस्तार से करूं तो, आपके जाती-स्पेस का विस्तार बुद्धि के पकड़ाए विचारों, जानकारियों, इच्छाओं, तुलनाओं, सिद्धांतों वगैरह के कारण होता है। जैसे ही इस तरह के डेटा मेरे भीतर डाले जाते हैं कि मैं तत्काल उन सबको स्पेस प्रदान कर आपके विश्व का हिस्सा बना देता हूँ। ...यानी जैसे-जैसे आप अपने मनरूपी कम्प्यूटर यानी मुझमें इस तरह के डेटा डालते चले जाते हैं, मेरे थकी यह सब आपके विश्व के हिस्से होते चले जाते हैं। यहां तक तो ठीक, परंतु फिर आगे आपका बनाया यही विश्व आपके भीतर मेरी गति प्रभावित करता रहता है। और यहीं आकर

आपको गलतफहमी हो जाती है। मेरी गति के प्रभाव से उत्पन्न होनेवाले विभिन्न अनुभवों को आप ''भाव'' समझ बैठते हैं। और चूंकि यह भाव प्रकट है जबकि समय की गति समझना हर-एक के लिए आसान नहीं, इसलिए तमाम सायकोलॉजी भी सिर्फ भावों की ही बात करती है। और यही कारण है कि जब भी सायकोलॉजी की बात की गई, मन को भावों से जोड़ा गया। लेकिन आपके लिए यह जानना और अनुभव करना बहुत जरूरी है कि आपके सारे भाव सिवाय समय के और कुछ नहीं है। और अगर इशारे में समझो तो यही मेरा और आपके जाती-स्पेस का संबंध है।

लेकिन आपको अपने मन को भावों से जोड़ने की आदत पुरानी है। और मैं चाहता हूँ कि किसी तरह ''वह भाव नहीं समय है'' इस बात का आपको पक्का एहसास करा दूं। क्योंकि एक यही एहसास आपके जीवन की दिशा बदल सकता है। हालांकि निश्चित ही इसमें समय लगेगा, पर मुझे विश्वास है कि मेरे लगातार के प्रयास रंग लाएंगे ही। जल्द ही आपको यह एहसास हो ही जाएगा कि ये सारे भिन्न-भिन्न भाव नहीं, बल्कि समय...यानी 'मैं' हूँ।

और मैं 'समय' एक होते हुए भी मेरे कई स्वरूप हैं ही। तथा उनमें से बहुतों के बारे में मैं विस्तार से बता भी चुका हूँ। निश्चित ही मेरी तरह स्पेस के भी अनेकों स्वरूप हैं। परंतु उस बाबत आप जानते ही हैं, क्योंकि सारी स्पेस दृश्यमान है। और आपने उसी आधार पर सबको घर, चांद, जानवर, मनुष्य वगैरह नाम भी दे ही रखा है। लेकिन यहां भी समझने लायक महत्त्वपूर्ण बात यह कि स्पेस के इतने अलग-अलग स्वरूपों के बावजूद वह भी मेरी ही तरह है तो एक ही। क्योंकि यह तमाम स्पेस ना सिर्फ एक मुझसे ही उत्पन्न है, बल्कि बिना पक्षपात के मैं तमाम स्पेसों को मिटा भी देता ही हूँ। और जब सब मिटने ही वाली हैं तो बताओ उनमें फर्क क्या हुआ?

वैसे न तो मौका है न दस्तूर, फिर भी इस संदर्भ में एक ऊंची बात बताने को जी चाह रहा है। ...माना मेरे हजारों स्वरूप हैं, तथा मेरी हजारों तरह की गतियां भी हैं, और उन्हीं गतियों के आधार पर आप भिन्न-भिन्न भावों का अनुभव भी करते हैं। सुख-दुःख, आनंद या टेन्शन को अलग-अलग पहचानते भी हैं। परंतु थोड़ा गहराई से सोचो यह कि यदि आपके सारे भाव एक समय है, और समय के साथ तिरोहित हो ही जाने हैं; तो फिर सुख और दुःख में फर्क क्या हुआ? ठीक उसी तरह यदि तमाम स्पेस को मिटना ही है, और सारी स्पेस भाव-हीन ही है तो उसमें भी आपस में फर्क क्या हुआ? आपके शरीर और चांद के शरीर में भेदभाव क्या? दोनों को अपने-अपने समय पर मिटना ही है। ...और यदि आप मेरे बताए इस रहस्य से अपने भीतर इतनी गहनता पा लेंगे कि जहां से सुख-दुःख या

चांद व आपके शरीर में कोई भेद नहीं रह जाएगा, तो निश्चित जानिए आप इस पूरे जहां के मालिक हो जाएंगे।

खैर, छोड़ो। अभी तो धरातल पर यानी आपके जीवन की समस्याओं पर वापस लौट आता हूँ। और उस संदर्भ में मेरी कही बातों को और सरल करने के लिए मैं चंद उदाहरणों का सहारा लेता हूँ। जिससे आपको मूल चर्चा यानी मेरा और स्पेस का संबंध समझने में आसानी हो जाए। ...आप जो रिश्ते बनाते हैं, क्या कभी आपने गौर किया कि उन रिश्तों पर आपके समय की गति के कब-कब व क्या-क्या प्रभाव पड़ते हैं? मैं बताता हूँ, जब उनमें से कोई आपकी अपेक्षा के अनुरूप बरतता है तो आपके भीतर मेरी गति तेज हो जाती है। क्योंकि आपको उसका आपकी चाह के अनुसार व्यवहार करना अच्छा लगता है। और उससे जो अनुभव आपको उत्पन्न होता है, उसे ही आप सुकून समझते हैं। और उसके विपरीत जब कोई आपकी अपेक्षा के विरुद्ध व्यवहार करता है तो आपके भीतर मेरी गति धीमी हो जाती है। क्योंकि उससे आपको अपनी शांति लुट जाने का अनुभव होता है। जरा गौर से समझेंगे तो ऐसा ही मेरा और स्पेस का संबंध भी है तथा यही आपके सुकून और शांति की परिभाषा भी है। और मैं वादा करता हूँ कि थोड़ा-सा ध्यान देने पर आपके लिए यह समझना बिल्कुल मुश्किल नहीं होगा कि टाइम और स्पेस के मिलन के अनुभवों के आधार पर बनाई आपकी तमाम परिभाषाओं का सीधा ताल्लुक सिर्फ मेरी गति से है।

ठीक इसी तरह परिस्थितियों के बाबत कहूं तो मनचाहा कुछ घट जाए तो मेरी गति तेज हो जाने के कारण आप प्रफुल्लित हो उठते हैं, वहीं यदि कुछ विपरीत घट जाए तो मेरी गति धीमी पड़ जाने के कारण आप परेशान हो उठते हैं। और ऐसा एक-दो नहीं, मेरे द्वारा पैदा की गई सारी स्पेस के साथ मेरा संबंध है। यानी स्पेस आपके मन-मुताबिक की हो तो मेरी गति तेज, तथा स्पेस विपरीत हो जाए तो मेरी गति मंद। लेकिन नासमझी के कारण इसे आप सुख-दुःख के रूप में लेते हैं। और यहीं आकर आप मार खा जाते हैं।

चलो कोई बात नहीं। आप भाव की भाषा समझते हैं तो मैं भाव के जरिए ही यह बात आपको समझाने की कोशिश करता हूँ। आपको एक-एक कर आपके भावों की परिभाषा समझाता हूँ। शुरुआत आपको परेशान करने वाले या कहूं कि नकारात्मक भावों से करता हूँ।

चिंता:

आप चिंता किसे कहते हैं? मानो आपने अपने कम्प्यूटर में बच्चे के उज्वल भविष्य की

तमन्ना का डेटा डाल रखा है और स्पेस में बच्चा कुछ ऐसी हरकतें कर रहा है जिससे आपको उसका भविष्य डांवाडोल नजर आ रहा है; बस इस विरोधाभासी टाइम और स्पेस के मिलन से जो उत्पन्न हो रहा है उसे आप चिंता कहते हैं। ठीक वैसे ही आपने अपने भविष्य को लेकर कुछ प्लानिंग का डेटा अपने कम्प्यूटर में डाला हुआ है और अचानक कुछ ऐसा घट जाता है कि आपको अपनी सारी प्लानिंग ध्वस्त होती नजर आती है तो आपके टाइम यानी मेरे और स्पेस यानी उन परिस्थितियों के विपरीत दिशा में खड़े होने के कारण जो अनुभव उत्पन्न होता है, उसे भी आप चिंता के रूप में ही जानते हैं।

दुःख:

चिंता की ही तर्ज पर आपके सारे दुःख भी टाइम और स्पेस के इसी तरह के भिन्न-भिन्न प्रकार के मिलन से उत्पन्न होनेवाले अनुभवों का नाम है। मानो आपने अपने कम्प्यूटर में कोई ऐसा डेटा डाल रखा है कि फलां-फलां व्यक्ति आपको अच्छे से समझता है, या उसे आपको समझना चाहिए; परंतु जब स्पेस में वह व्यक्ति आपकी बुराइयां करता है तो उससे उत्पन्न अनुभव को आप दुःख कहते हैं। वैसे ही आपने यदि बुढ़ापे में बच्चे आपकी सेवा करेंगे ऐसा कोई डेटा कम्प्यूटर में डाल रखा हो, और स्पेस में बड़े होकर वे आपकी अवहेलना शुरू कर दें, तो टाइम व स्पेस की इस दूरी से उत्पन्न अनुभव को भी आप दुःख के रूप में ही जानते हैं।

निराशा:

निराशा आप किसे कहते हैं? मानो आपने कुछ कर दिखाने का डेटा अपने मनरूपी कम्प्यूटर में डाला हुआ है और हजार प्रयत्नों के बाद भी जब स्पेस में आप वह नहीं कर पाते हैं, तो इस दूरी के कारण उत्पन्न अनुभव को आप निराशा कहते हैं।

फ्रस्ट्रेशन:

वैसे ही फ्रस्ट्रेशन तब उत्पन्न होता है जब आप अपने से कुछ उम्मीद किये बैठे होते हैं, लेकिन फिर भी स्पेस में आप वैसा कर पाने में असफल हो जाते हैं। और चूंकि इस प्रक्रिया में आप ही का टाइम, आप ही की स्पेस से टकराकर उम्मीदों पर खरा नहीं उतरता है, और इसलिए इस तरह के अनुभव से उत्पन्न भावों को आप फ्रस्ट्रेशन समझते हैं। यानी कुल-मिलाकर समझा जाए तो स्वयं से टूटी उम्मीदों को आप फ्रस्ट्रेशन के रूप में जानते हैं।

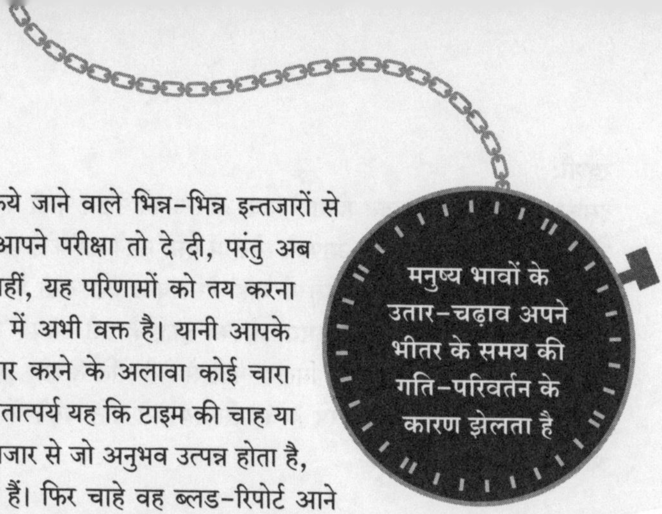

टेन्शन:

यह हमेशा टाइम में किये जाने वाले भिन्न-भिन्न इन्तजारों से उत्पन्न होता है। जैसे आपने परीक्षा तो दे दी, परंतु अब आप पास होएंगे कि नहीं, यह परिणामों को तय करना है। और परिणाम आने में अभी वक्त है। यानी आपके पास उस बाबत इन्तजार करने के अलावा कोई चारा नहीं। अर्थात् कहने का तात्पर्य यह कि टाइम की चाह या शंका तथा स्पेस के इन्तजार से जो अनुभव उत्पन्न होता है, उसे आप टेन्शन कहते हैं। फिर चाहे वह ब्लड-रिपोर्ट आने का इन्तजार हो या किसी अजीज के ऑपरेशन हो जाने का इन्तजार हो। फिर चाहे वह टेंडर पास हुआ या नहीं उसका इन्तजार हो, या किसी पार्टी के पेमेंट आने का इन्तजार हो। ...हर इन्तजार से जो अनुभव उत्पन्न होता है, उसे आप टेन्शन कहते हैं।

कुल-मिलाकर पूरी बात का सार कहूं तो आपकी बुद्धि के थकी मुझमें डेटा डालते ही मैं स्पेस पैदा कर देता हूँ और फिर उस स्पेस से हाथोंहाथ मेरा संबंध भी स्थापित हो जाता है। और फिर उन दोनों का मिलन मेरी गति को प्रभावित करता रहता है; तथा उससे जो अनुभव उत्पन्न होते हैं उसे ही आप भिन्न-भिन्न भावों के रूप में पहचानते हैं। लेकिन वास्तव में आपके ये सारे भाव मेरी गति धीमी पड़ जाने के कारण पैदा होते हैं। और यहां यह समझाने की कोई आवश्यकता नहीं कि जब-जब मेरा व स्पेस का मिलन आपके मन मुताबिक नहीं होता है, तब-तब मेरी गति धीमी पड़ जाती है।

इसे आपकी सरल भाषा में समझाऊंतो जब भी आपके मन में कुछ और हो तथा बाहर कुछ और घट रहा हो, तो मेरी गति धीमी पड़ जाती है। यानी जब भी मेरा व स्पेस का साहचर्य यानी मिलन नहीं हो पाता है तब नकारात्मक भाव जैसे दुःख, चिंता, व्यथा, फ्रस्ट्रेशन, टेन्शन इत्यादि आपको पकड़ते हैं। यही मेरा और स्पेस का अटूट संबंध है जिसे आपको अपना विश्व सुधारने हेतु बारीकी से समझना आवश्यक है।

चलो, यह बात समझ आ गई हो तो अब आपको मेरे और स्पेस के मिलन से क्या होता है, यह बताता हूँ। निश्चित ही ऐसा होने पर अर्थात् मेरे और स्पेस के बीच साहचर्य स्थापित हो जाने पर आपके भीतर मेरी गति तेज हो जाती है। और उस मिलन से आपको जो भिन्न-भिन्न अनुभव होते हैं, उन्हें ही आप कई सकारात्मक भावों के रूप में जानते हैं। तो चलिए, अब मैं आपको ऐसे ही कई सकारात्मक भावों से आपका परिचय करवाता हूँ।

खुशीः
इसका अनुभव आपको तब होता है जब आप अपने टाइम यानी मनरूपी कम्प्यूटर में कोई उम्मीद तो पाले बैठे हैं, परंतु आपको स्पेस में ऐसा घटने का कोई खास विश्वास नहीं होता। ...और कभी जब अचानक स्पेस में चाहा ऐसा कुछ घट जाता है तो टाइम और स्पेस के इस अचानक मिलन से जो अनुभव आपको होता है उसे आप "खुशी" कहते हैं। और मेरी बात कहूं तो इस प्रकार के मिलन-मात्र से मेरी गति तत्क्षण हजार गुना बढ़ जाती है। यानी आप जिसे खुशी समझ रहे हैं वह सिवाय मेरी गति बढ़ने के कारण हुए अनुभव के अलावा कुछ नहीं।

आनंदः
यह थोड़ा विस्तृत विषय है। यह अलग-अलग समय पर अलग-अलग रूपों में प्रकट होता है। इसका आपकी स्थायी चाह से कुछ लेना-देना नहीं। इसे कुछ इस तरह समझें कि आपके मनरूपी कम्प्यूटर में इस समय मैच देखने की इच्छा जागृत हुई और यदि स्पेस में वाकई आपको मैच देखने को मिल जाती है तो इस मिलन से उत्पन्न अनुभव को आप आनंद के रूप में जानते हैं। वैसे ही कुछ खाने की इच्छा हो तथा वह खाने को मिल भी जाए, या किसी से मिलने को दिल मचल रहा हो, और उसी समय उससे मुलाकात का मौका भी बन जाए। बस ऐसे तमाम अनुभव जो आपको होते हैं, उसे ही आप आनंद कहते हैं।

आरामः
यह भी अपने ही तरीके का एक अनूठा अनुभव है। यह अनुभव तब होता है जब मन से आप अपने रूटीन के कार्यों से थक गए होते हैं, तथा उस रूटीन से दूर कहीं आपको अपनी मरजी के मुताबिक अपनी स्पेस बनाने का मौका मिलता है। चाहे आप देश-विदेश घूमने जाएं या फिर दिन-दो-दिन के होलीडे पर जाएं, या फिर संडे को ही अपने रूटीन से छुटकारा क्यों न पा लें, आपको आराम करने का अनुभव होता ही है। और मन में अनुभव हो रहे इन तमाम प्रकार के आराम के अनुभवों के मूल में सिर्फ आपके टाइम का स्पेस में रूटीन से छुटकारा पाना होता है। निश्चित ही रूटीन से छुटकारा पाते ही मेरी गति तेज हो जाती है।

मस्तीः
यह बड़ा ही प्यारा अनुभव है। यह तब होता है जब कोई अपनी बढ़ी उम्र से काफी कम उम्र

में की जाने वाली हरकतें दिल खोलकर स्पेस में कर पाता है। एक तरीके से कहूं तो मन में छिपे बचपने को जब स्पेस में दिल खोलकर प्रकट करने का मौका मिलता है, तथा उस मिले मौके से जो अनुभव उत्पन्न होता है उसे ही आप मस्ती के रूप में जानते हैं। यह बिना डेटा के, बिना कारण के करी जानेवाली निर्दोष छेड़खानियां हैं। वैसे ही औपचारिक जीवन से हटकर स्वच्छंद होकर कुछ पल बिताना भी मस्ती है।

मनुष्य अपना टाइम बदल दे आसपास की स्पेस अपनेआप बदल जाएगी

सो, मैं नहीं मानता कि आज के वैज्ञानिक युग के मनुष्यों को मेरे हर अच्छे-बुरे भावों के अनुभव उन्हें कैसे होते हैं, यह बताना पड़ेगा। निश्चित ही आपके लिए इतना जानना ही पर्याप्त है कि मेरा और आपके विश्व की स्पेस का एक गहरा ताल्लुक है। और हमारा यही ताल्लुक आपके विश्व को पूरी तरह प्रभावित किये हुए है। जब भी मेरा और स्पेस का मिलन होता है, आपके भीतर मेरी गति तेज हो जाती है; और जब भी हम दोनों विपरीत अवस्था में खड़े होते हैं, मेरी गति मंद पड़ जाती है। और मेरी गति तेज होने से जो अनुभव आपको होते हैं, उन्हें ही आप अनेक सकारात्मक भावों के तौर पर जानते हैं। ...जबकि मेरी गति मंद पड़ने पर जो अनुभव होते हैं, उन सब को आप नकारात्मक भावों के तौर पर जानते हैं।

यदि यह बात आपको समझ में आ गई होगी तो तत्क्षण आपको अधिकांश सायकोलॉजिकल बातें व्यर्थ नजर आने लगेगी। क्योंकि अब तक की सायकोलॉजी ने आपको यह सिखाया है कि उन रास्तों को खोजो जहां से दुःख-दर्द कम हो जाए, या उन मार्गों पर चलो जहां से आपके सुख और चैन बढ़े। जबकि मैं कह रहा हूँ कि इसका कोई उपाय नहीं, क्योंकि यह सब आपके भीतर मेरी गति पर आधारित है। मेरी गति तेज तो सकारात्मक अनुभव, मेरी गति मंद तो नकारात्मक अनुभव। चलो यह भी अगर समझ नहीं आ रहा हो तो इसे इसतरह समझें कि टाइम और स्पेस का मिलन होता रहे तो आपका विश्व सलामत और अगर दोनों विपरीत दिशा में बार-बार

खड़े होते हों तो आपका विश्व तहस-नहस। मेरा मानना है कि अब यह बात आपके समझ में अच्छे से आ गई होगी।

खैर! यदि आप मेरे और स्पेस के मिलन का महत्त्व समझ गए हों तो अब आगे मैं आपको मेरे व स्पेस के कुछ अन्य संबंधों के संदर्भ में भी बता दूं। शायद उससे आपको मन में उभरे भावों को "भाव" की जगह "समय" समझना आसान हो जाए। मानो आपको पांच किलोमीटर प्रति घंटे की स्पीड से ढाई किलोमीटर चलना है। अब आप अपनी निगाह किलोमीटर यानी स्पेस पर रखेंगे तो भी आपको चलने में आधा घंटा लगेगा, और यदि आप किलोमीटर भूलकर अपनी निगाह मुझ पर रखेंगे तो भी मेरे दूसरे स्वरूप घड़ी के आधे घंटे हो जाने पर आप ढाई किलोमीटर चल चुके होंगे। वैसे ही यदि आपको तीन सौ किलोमीटर की यात्रा गाड़ी से करनी है तथा आपको अपनी गाड़ी की गति 60 किलोमीटर प्रति घंटा रखनी है, तो चाहे आप निगाह स्पेस यानी तीन सौ किलोमीटर पर रखें या टाइम यानी पांच घंटे पर रखें, परिणाम में आप घड़ी के पांच घंटे में तीन सौ किलोमीटर की यात्रा कर चुके होंगे।

...समझे कि नहीं? टाइम व स्पेस का इतना गहरा ताल्लुक है कि निगाह चाहे टाइम पर रखो या स्पेस पर; दूसरा भी अपने नियम से उपलब्ध हो ही जाता है। अर्थात् आपको दोनों पर ध्यान रखकर दोगुनी ऊर्जा खर्च करने की आवश्यकता नहीं। और इनका गहरा अर्थ समझाऊं तो ये दोनों एक-दूसरे के पूरक हैं। एक अकेला अस्तित्व में रह ही नहीं सकता। यानी आप चाहे टाइम में कुछ पाने का प्रयास करें या स्पेस में, नियमानुसार दूसरा भी उपलब्ध हो ही जाएगा। और दूसरे की इस स्वाभाविक उपलब्धता का आपके जानने या न जानने, आपके समझने या न समझने और आपके चाहने या न चाहने से कोई ताल्लुक नहीं। आपने दोनों में से किसी एक के साथ छेड़खानी की नहीं कि दूसरे में भी बदलाहट आई नहीं। यह नहीं हो सकता कि आप एक घंटे गाड़ी तो दौड़ाएं पर चाहें कि आपकी बाहर की स्पेस न बदले। वह तो बदलेगी ही...हां, गाड़ी एक क्षण को भी नहीं चलेगी तो स्पेस एक इंच भी नहीं बदलेगी।

वैसे ही यदि आप टाइम में कमाने के ख्वाब लिए जी रहे हैं तो उन्हें पूरा करने हेतु आपको स्पेस में प्रयास करने ही होंगे। और ठीक ऐसे ही यदि आपको स्पेस में कमाने के प्रयास करने हों तो मनरूपी टाइम में आपको उस हेतु समय उपलब्ध कराना ही होगा। ठीक वैसे ही यदि आप ग्रेजुएट होना चाहते हैं तो मन के पन्द्रह वर्ष उपलब्ध कराने ही पड़ेंगे। यानी टाइम में चाहेंगे तो स्पेस उपलब्ध होगी, और स्पेस में चाहेंगे तो उसे प्राप्त करने हेतु टाइम उपलब्ध कराना होगा।

हालांकि थोड़ी-सी समझदारी वापरें तो टाइम और स्पेस का यह संबंध बड़े ही काम का है। इसका उपयोग करके आप अपना विश्व अच्छे से संवार सकते हैं। परंतु यहां मैं फिर एकबार आपसे माफी चाहता हूँ कि यह भी बताऊंगा मैं ही...परंतु कुछ और बातें समझाने के बाद ही। क्या करूं विषय ही इतना गहरा व रहस्यपूर्ण है कि मुझे बड़े ध्यान से स्टेप-बाय-स्टेप बढ़ना पड़ रहा है। और मैं चाहता हूँ कि हरकोई इसे समझे, सो उस उद्देश्य को ध्यान में रखते हुए मुझे बड़ा सम्भल-सम्भलकर आगे बढ़ना पड़ रहा है। साथ ही भाषा भी अत्यंत सरल रखनी पड़ रही है। सच कहूं तो आज अपने बाबत समझाते-समझाते पहली बार मुझे एहसास हो रहा है कि मैं कॉम्प्लीकेटेड और विशाल ही नहीं, बल्कि लाखों स्वरूपों वाला एक नटखट व कलाकार भी हूँ। और उसका सबूत यह कि मुझे स्वयं अपने बारे में बताने हेतु इतनी सावधानी बरतनी पड़ रही है। पर कोई बात नहीं, अभी तो इस चर्चा के आगे की कड़ी के रूप में मैं आपको एक्शन-रिएक्शनों से बनती-बिगड़ती आपकी मनः स्थिति के बाबत बताऊंगा।

क्रिया-प्रतिक्रियाओं से बनती-बिगड़ती मनःस्थिति

हालांकि इस बाबत कुछ-कुछ मैं पहले भी समझा ही चुका हूँ। याद न आ रहा हो तो फिर याद दिला दूं कि जैसे ही आप अपने मनरूपी कम्प्यूटर में कोई डेटा डालते हैं कि तत्क्षण मेरी तरफ से उसकी प्रतिक्रिया होती है। और प्रतिक्रिया ठीक न्यूटन के गति के नियम के आधार पर ही होती है, यानी बराबरी पर और विपरीत दिशा में। और यह आपके डाले हुए डेटा के आधार पर मेरी ओर से जो प्रतिक्रियाएं आती हैं, वे चाहो-न-चाहो आपको झेलनी ही पड़ती है। फिर उसका आपके पास कोई उपाय नहीं। इस बात को अच्छे से समझने हेतु सर्वप्रथम मैं इन क्रियाओं व प्रतिक्रियाओं के चंद उदाहरण देता हूँ। इससे पहला फायदा तो आपको यह होगा कि यदि उन प्रतिक्रियाओं से आप बचना चाहते होंगे तो आप क्रिया में उस प्रकार के डेटा अपने कम्प्यूटर में डालना बंद कर देंगे।

आपकी क्रिया	समय की प्रतिक्रिया
(1) आपने किसी और के भरोसे कोई कार्य किया, फिर चाहे वह भगवान ही क्यों न हो;	...कि हाथोंहाथ आपका आप पर से विश्वास मैं कम कर दूंगा।
(2) यदि किसी से आप कोई अपेक्षा किये बैठे हैं	...तो अपेक्षा पूरी न होते ही मैं आपको दुःख भेज देता हूँ।

(3) यदि दूसरों के भरोसे...फिर चाहे वह बॉस हो या वास्तु, आपकी रहने की आदत हो गई	...तो मैंने आपका "आप" पर से भरोसा पूरी तरह तोड़ा ही समझो। और एकबार आपका अपने पर से भरोसा टूटा, तो फिर आगे आपके लिए अपने बल पर कुछ भी करना मुश्किल हो जाएगा।
(4) यदि आप कोई चाह किये बैठे हैं	...तो चाह पूरी न होती देख मेरी ओर से आपको चिंता भेज दी जाती है।
(5) यदि आप सम्मान की इच्छा रखे जी रहे होते हैं तो	...किसी के बेइज्जती करते ही मैं आपको उदास कर देता हूँ।
(6) यदि आप अच्छा दिखने की चाह लिए जी रहे होते हैं तो	...किसी के बुरा कहते ही मैं आपको दुःखी कर देता हूँ।
(7) यदि आप पचासों ख्वाहिशें पाले जी रहे हैं तो	...मैं आपकी ऊर्जा उन पचासों ख्वाहिशों में हाथोंहाथ विभाजित कर देता हूँ। परिणामस्वरूप एक ख्वाहिश पूरी करने की क्षमता भी आप में नहीं बचती है। और इससे जीवनभर कितने दुःख, चिंता, क्रोध, टेन्शन सब आप पर आते-जाते रहते हैं; यह तो आपको मालूम ही है।
(8) आप जैसे ही किसी को अपना बनाते हैं	...कि मैं आपको उसकी हजार चिंताओं में उलझाकर रख देता हूँ।
(9) जैसे ही आप किसी से प्रभावित होते हैं	...कि आपका स्वाभाविक व्यक्तित्व मैं डांवाडोल कर देता हूँ।
(10) जिन बीमारियों व परिस्थितियों से बचने हेतु आप जितनी जानकारियां जुटाते हैं या सावधानी बरतते हैं	...मैं उसे उनके प्रति आपका मोह समझकर उनको आपके निकट ला देता हूँ।
(11) यदि आप चीजें अपने हिसाब से घटे, ऐसी चाह लिए बैठे हैं तो	...घटनाओं के विपरीत दिशा पकड़ते ही मैं आपको क्रोधित कर देता हूँ।

(12) आप जैसे ही किसी व्यक्ति या विचार के प्रति अपना पक्का मन्तव्य बना लेते हैं	...कि मैं उस व्यक्ति या विचार को समझने की क्षमता आपसे छीन लेता हूँ।
(13) जैसे ही आपको कोई चीज या व्यक्ति बहुत पसंद आने लग जाता है	...कि मैं आपको उसके खोने के डर से भर देता हूँ।
(14) जितनी तीव्रता से आप किसी वस्तु की इच्छा करते हैं	...उतनी ही तीव्रता से मैं उस बाबत आपकी बेचैनी बढ़ा देता हूँ।

चलो, यह तो वे क्रिया-प्रतिक्रियाएं हुई जिन्हें समझना शायद आपके लिए आसान भी है तथा जिनकी मैं पूर्व में चर्चा भी कर चुका हूँ। परंतु मेरा कार्य यहीं समाप्त थोड़े ही हो जाता है। प्रतिक्रिया दे देने के बावजूद आपके डाले हुए डेटा मेरी हार्डडिस्क में स्टोर ही रहते हैं। क्योंकि मेरे प्रतिक्रिया देने के बावजूद डाले गए डेटा से संबंधित आपकी चाह समाप्त थोड़े ही हो जाती है। यानी मूल डेटा तो फिर भी भीतर-का-भीतर पड़ा ही रहता है। और अपने स्वभाव से लाचार मैं हर बीतते क्षण के साथ उसका विस्तार करता रहता हूँ। और ऐसे एक नहीं हजार डेटा आप डाले बैठे हैं। और फिर इन डाले गए तमाम डेटा के आधार पर आपकी एक स्थायी मनःस्थिति बन जाती है। फिर तो आपसे अपनी मनःस्थिति के आधार पर क्रियाएं भी अपनेआप होती रहती हैं, और नियम से उसकी प्रतिक्रियाएं भी आप अपनेआप झेलते रहते हैं। यहां समझने लायक बात यह कि शुरुआत में तो आप डेटा डाल-डालकर हार्डडिस्क को भर देते हैं, फिर वह जब एक लिमिट से ऊपर भर जाती है तो करप्ट हो जाती है। और मेरे क्षण-क्षण विस्तार के नियम से आपकी वह करप्ट हार्डडिस्क भी समय के साथ डेटा को मल्टीप्लाई करती ही रहती है। परिणामस्वरूप करोड़ों ऐसे डेटा आपके मनरूपी कम्प्यूटर में घूमते रहते हैं जो फिर न आपको दिन में चैन से जीने देते हैं, और ना ही रात को ठीक से सोने देते हैं। और-तो-और, उन करोड़ों डेटा के कारण आपकी एक स्थायी और परमानेंट कन्फ्यूज्ड मनःस्थिति बन जाती है जिसके परिणामस्वरूप आप नए डेटा डालने की स्थिति में भी नहीं बचते हैं। और जब नया डेटा नहीं तो कोई उत्साह नहीं। ...यानी चाहकर भी जीवन को कोई नई राह नहीं पकड़ा पाते हैं। और बस उसके परिणामस्वरूप आपको अपने जीवन को एक हताशा के रूप में स्वीकारना पड़ जाता है। यानी फिर आप रूटीन की चक्की में पिसकर मौत का इन्तजार करते रह जाते हैं। स्पष्ट शब्दों में कहूं तो फिर आपका आगे का पूरा जीवन आपकी बन चुकी मनःस्थिति से उभरे

डेटा की प्रतिक्रियाएं झेलते-झेलते ही निकल जाता है। यह करप्ट हार्डडिस्क और आपकी बन चुकी मनःस्थिति को सायकोलॉजी की भाषा में कहूं तो यह आपके अन-कोन्शियस व सब कोन्शियस माइंड बन जाते हैं। और मेरी भाषा में कहूं तो यह मेरी गति अत्यंत धीमी पड़ जाने की बेहोशी आप पर छा जाती है।

...फिर आप क्या कर रहे हैं, क्यों कर रहे हैं या क्या चाह रहे हैं...कुछ भी आपकी समझ में नहीं आता है। बस आप प्रतिक्रियाओं के धक्के झेलते रह जाते हैं। अधिकांश समय तो न चाहते हुए भी बहुत कुछ आपसे ऐसा होता रहता है जो आपको परेशान कर देता है। और इन सबका सबसे बड़ा दुष्परिणाम तो यह कि अब मैं यानी समय आपके नियंत्रण में नहीं रह जाता। और जिसके परिणामस्वरूप आप कुछ ज्यादा ही बुद्धि चलाने लग जाते हैं। और बुद्धि भी क्या, दो ही कार्य करने में लग जाती है। एक तो भीतर से जो आ रहा है उसे रोकने में लग जाती है और दूसरा भीतर जो चल रहा है उससे विपरीत बाहर प्रदर्शित करने में लग जाती है। दुःख की बात यह कि युवा होते-न-होते कइयों के यही हाल हो जाते हैं। मनुष्य के मन-बुद्धि की इस हालत को ही सायकोलॉजी की भाषा में मानसिक तौर पर रुग्ण कहा जाता है। परंतु दुर्भाग्य से ऐसा मनुष्य अपने को ज्यादा ही बुद्धिमान मानने लगता है। और इस वजह से ना तो उसे मानसिक इलाज की आवश्यकता महसूस होती है, ना ही वह ठीक हो पाता है। और उसका अंतिम परिणाम तो आपकी आंखों के सामने ही है; कितनी परेशानियां व चिंताएं आपके संसार में है कि दुःख और कष्ट किसी का पीछा छोड़ ही नहीं रहे हैं।

तमाम प्रेडिक्टेबल मनुष्यों का सब लोग जमकर उपयोग कर रहे हैं

अब छोड़ो, जिसका जो हाल है वो उसकी जाने। यहां तो जो मेरे इन रहस्यों को समझ जाएगा उनके लिए खुशखबरी है। दरअसल ऐसे मनुष्यों को समझना बड़ा आसान हो जाता है। उसकी मनःस्थिति के आधार पर वह कब और क्या व्यवहार करेगा, इसका

अंदाजा बड़ी आसानी से लगाया जा सकता है। फायदा उठानेवाले ऐसे मनुष्यों का फायदा उठा भी लेते हैं, और आप चाहें तो आप भी उठा सकते हैं। क्योंकि जिनकी मनःस्थिति ऑटोमेशन पर चली गई वह पूरी तरह से प्रेडिक्टेबल हो गया। और प्रेडिक्टेबल से कभी कोई खतरा नहीं होता, वह तो उपयोग की वस्तु हो जाता है। जैसे सूरज, चांद, हवा, पानी, मिर्ची-शक्कर, शेर-हिरण सब प्रेडिक्टेबल हैं तथा आप उसका भरपूर फायदा उठाते ही हैं।

...नहीं समझे? अभी समझाता हूँ। आपको मालूम हो गया है कि सूरज गरमी देता है। यानी आपके लिए सूरज प्रेडिक्टेबल हो गया है। और जो प्रेडिक्टेबल हो गया है उसका उपयोग भी हो सकता है और उससे बचा भी जा सकता है। जैसे आप ठंड में धूप सेकने हेतु या विटामिन-डी लेने हेतु तो सूरज की शरण चले जाते हैं, परंतु सामने उसका ताप सहन न होने पर आप घरों व ऑफिसों में घुसकर भी बैठ ही जाते हैं। वैसे ही आपको मालूम है कि मिर्ची तीखी होती है, यानी वह स्वाद से प्रेडिक्टेबल हो गई। अब क्या, आपको तीखा खाना हो तो ही आप उसका उपयोग करते हैं। यही क्यों, जितना तीखा खाना हो उसी मात्रा में आप उसका उपयोग करते हैं।

ठीक इसी तरह आप जानते हैं कि शेर आपको फाड़ के खा सकता है, और चूंकि आप मरना नहीं चाहते इसलिए खुले शेर के पास नहीं जाते। और आप जानते हैं कि गाय दूध देती है तो आप गाय का दूध निकाल लेते हैं। कहने का तात्पर्य जिसे भी जान लिया गया या जो भी प्रेडिक्टेबल हो गया, आप ना सिर्फ उससे बचने के बल्कि उसके उपयोग के भी मार्ग खोज ही लेते हैं ।

लेकिन चूंकि हर मनुष्य अलग-अलग है और हर एक का विश्व अलग-अलग है; इसलिए मनुष्यों के बाबत आप भ्रमित रहते हैं। परंतु जैसे ही किसी की हार्डडिस्क पूरी तरह करप्ट हो जाती है कि वह प्रेडिक्टेबल हो जाता है। और फिर इन प्रेडिक्टेबल मनुष्यों का उपयोग किया जा सकता है। और आपको न मालूम हो तो बता दूं कि उनका धड़ल्ले से उपयोग किया भी जा रहा है। जहां एक ओर धर्मगुरु एक-से-एक चमत्कारी भगवान और विधियों की इजाद कर लोगों के भय को सहला रहे हैं तो वहीं नेता नए-नए सपने बेच आप पर शासन कर ही रहा है। दूसरी ओर व्यवसायी भी आपके भय और लोभ को सहलाकर तमाम कचरे बेच ही रहे हैं। यहां तक कि वे तो कालेपन को सीढ़ी बनाकर आपको फेयरनेस क्रीम भी धड़ल्ले से बेच जाते हैं। सचमुच इन प्रेडिक्टेबल मनुष्यों का हर कोई दिल खोलकर फायदा उठा रहा है। और चूंकि अधिकांश प्रेडिक्टेबल ही हैं, अतः मनुष्य की हालत सुधरने का नाम नहीं ले रही है।

चलो, यही बात थोड़ा और विस्तार से समझाने हेतु मैं मनुष्य की बन चुकी मनःस्थिति तथा उससे अपनेआप होनेवाली प्रतिक्रियाओं के बाबत कुछ बातें उदाहरणों से समझाता हूँ। इसके दो सीधे फायदे आप को हैं। एक तो उसकी प्रतिक्रियाओं पर गौर कर आप उसकी वास्तविक मनःस्थिति यानी उसके भीतर क्या चल रहा है वह समझ सकते हैं, और दूसरा प्रतिक्रियाओं के आधार पर क्रिया कर उसका जब और जैसा चाहें उपयोग भी कर सकते हैं। हालांकि मैं अपनी इंटेलिजेंस के बल पर किसी भी मनुष्य के किसी भी तरह के उपयोग के पक्ष में नहीं, और इसलिए यह चेता दूं कि उपयोग करनेवालों को भी नियम से उसकी प्रतिक्रियाएं भुगतनी ही पड़ती हैं। और उस हेतु ज्यादा दूर भी मत जाना, आपका उपयोग कर रहे नेता व धर्मगुरुओं के भीतर का हाल देख लेना। सो, अभी तो आप स्थापित मनःस्थिति की स्थापित प्रतिक्रिया समझ लीजिए जो मैं आपका सिर्फ इस विषय में ज्ञान बढ़ाने हेतु समझा रहा हूँ। बाकी आगे की चिंता मैं क्यों करूं? आप इनका कैसा उपयोग करना उस हेतु स्वतंत्र हैं, और मैं आपके उपयोग के तरीकों के आधार पर आपसे किस भाषा में बात करना उस हेतु सक्षम हूँ।

खैर, आपको कहां उनका शोषण करना है। परंतु हां, आपको उनको जानना तो है, आपको उनसे सावधान तो रहना है। सो अब मैं आपको मनुष्य की पर्सनल-प्रेडिक्टेबिलिटी के बारे में बताता हूँ। मैं आपको यह बताता हूँ कि किस मनुष्य की कौन-सी मनःस्थिति होने पर वह बाहर क्या प्रतिक्रिया देता है। अर्थात् आप मनुष्य द्वारा बाहर दी जाने वाली प्रतिक्रियाओं के आधार पर उसकी भीतरी मनःस्थिति का पता कैसे लगा सकते हैं? क्योंकि ऐसा मनुष्य हर वक्त अपने भीतर का सारा कचरा छिपाने में लगा रहता है।

मनुष्य की स्थायी मनःस्थिति	उस कारण लगातार होने वाली उसकी प्रतिक्रियाएं
(1) उसको मन के भीतर जो भी बात खटक रही होती है	उसके प्रति वक्त-बे-वक्त वह आश्वस्तता जताता रहता है।
(2) उसके भीतर जिस बात की कमी होती है	वह बाहर बार-बार उसी का प्रदर्शन करता रहता है।
(3) जो किसी से दबकर जीने का दर्द पाले जी रहा होता है	वह कमजोर सामने आते ही उसको दबाने हेतु लालायित हो उठता है।

(4) भीतर से जो डरा हुआ है	वह बहादुरी की बातें खूब करता है। आपको समझना हो तो यह समझ लेना कि उसे जरा-सा डराकर काम निकलवाया जा सकता है।
(5) जो भीतर गहरी हजार चिंताएं पाले जी रहा है	वह बाहर आप पूछें-न-पूछें, सब फर्स्टक्लास चल रहा है; कहता ही रहता है।
(6) जो एक उम्र के बाद आगे कुछ न कर पाने का दुःख लिए जी रहा होता है	वह मौके-बे-मौके अपने पुराने कारनामे सुनाता ही रहता है।

कहने का तात्पर्य मनुष्य के भीतर जो चल रहा है या उसकी मनःस्थिति जो-जो पकड़े बैठी है, वह हार्डडिस्क करप्ट होते ही उससे उल्टा बाहर करना शुरू कर देता है। और उसका यह सबकुछ ऑटोमैटिक होता है यानी उसका उसपर कोई नियंत्रण नहीं रह जाता है। ऐसा मनुष्य कभी आपसे अकारण विशेष प्यार जताने आए तो सावधान हो जाना। समझ लेना कि वह पीठ में छूरा भोंकने ही वाला है। सो कुल-मिलाकर अब आपको इस विषय में बहुत ज्यादा समझाने की आवश्यकता नहीं। मेरे बाबत पढ़ते-पढ़ते तथा मेरी सम्पूर्ण कार्यप्रणाली को जानकर इतना तो समझने लग ही गए होंगे कि अब मैं आपको इशारों में समझाकर आगे बढ़ सकूं। अभी तो यहां यह सबकुछ बताने का कारण केवल यह है कि लोगों की मनःस्थिति पहचानने का ज्ञान प्राप्त कर आप आसपास के मनुष्यों से अपने विश्व पर मंडरा रहे खतरे को पहले से जान सकें।

...तो अब यह बात यहीं समाप्त करते हुए आपको एक और अनूठी बात बताता हूँ। आपका ध्यान आपकी एक ऐसी आदत की ओर आकर्षित करता हूँ जो वाकई बड़ी खतरनाक है। और उसकी शुरुआत किसी भी चीज का चुनाव करने से होती है। बात-बात पर तथा अकारण चुनाव करते रहने की आपकी आदत पुरानी है। हालांकि आप डेटा डालते वक्त उस बाबत ध्यान नहीं देते, परंतु इससे आपका विश्व धीरे-धीरे दो विरोधाभासी बातों से घिरता चला जाता है। और ये सारी विरोधाभासी ताकतें एक दिन आप पर इस कदर हावी हो जाती हैं कि आपका विश्व ही टूटा-फूटा व अधूरा कर देती हैं। और इस लिहाज से कहूं तो यह आपकी चुनाव करने की आदत कुछ ज्यादा ही गंभीर है। चलो, इस बात को भी कुछ उदाहरणों से समझाता हूँ। अब तो आपका थोड़ा-सा ध्यान किसी बात पर आकर्षित

करने की देर है, फिर उन बातों का आपके रोजमर्रा के जीवन पर क्या असर होता है, यह आप स्वतः ही समझ जाएंगे। चंद उदाहरणों के बाद आपके लिए यह समझना मुश्किल नहीं होगा कि आपके चुनाव करने की प्रतिक्रियाओं के फलस्वरूप आपका क्या हाल हो जाता है।

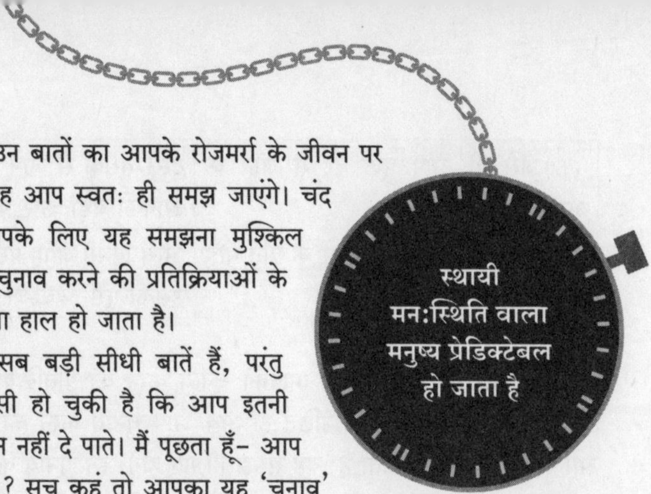

वैसे तो ये सब बड़ी सीधी बातें हैं, परंतु आपकी कंडीशनिंग ऐसी हो चुकी है कि आप इतनी सीधी बात पर भी ध्यान नहीं दे पाते। मैं पूछता हूँ- आप चुनाव करते ही क्यों हैं? सच कहूं तो आपका यह 'चुनाव' करते रहना सदैव से मेरी समझ से परे रहा है। आप यह क्यों नहीं समझते कि मेरे तल पर यानी आपके मनरूपी कम्प्यूटर में एक क्रिया कभी नहीं होती है। आप किसी चीज का चुनाव करते हैं तो उसके विपरीत मैं प्रतिक्रिया दे ही देता हूँ। चलो आपको यही बात एक चार्ट के जरिए समझाता हूँ। ...शायद आप आपके चुनाव करते रहने की आदतों के गंभीर परिणाम समझ सकें।

आपका चुनाव करना	मेरे द्वारा स्वचालित रूप से दूसरा चुनाव भी हो ही जाना
(1) जैसे ही आप एक धर्म को अपना मानने का चुनाव करते हैं	मैं हाथोंहाथ बाकी के धर्म आपके नहीं; यह आपको चुनवा ही देता हूँ।
(2) जैसे ही आप दस-बीस व्यक्ति अच्छे हैं, ऐसा चुनाव करते हैं	बाकी के ठीक नहीं, यह बात मैं आपके मानस में भर ही देता हूँ।
(3) जैसे ही आप कोई खाना अति रुचिकर होने का चुनाव करते हैं	बाकी खाने में नुक्स निकालना मैं आपको सिखा ही देता हूँ।
(4) जैसे ही आप किसी के निकट आते हैं	उसी अनुपात में मैं बाकियों से आपको दूर कर ही देता हूँ।
(5) जैसे ही आप एक विचार को अच्छा मानते हैं	हाथोंहाथ उसके विपरीत वाले सारे विचार खराब हैं, यह मैं आपको समझा ही देता हूँ।

(6) जैसे ही आप एक ढर्रे से जीने के आदी हो जाते हैं	दूसरे तरीके से जीने का मौका आते ही मैं आपको बड़ा कष्ट पहुंचाता हूँ।
(7) जैसे ही आप अपने कमरे के प्रति मोह से भरते हैं	अन्य किसी जगह पर आपको नींद न आए, उसकी पूरी व्यवस्था मैं कर ही देता हूँ।

मुझे नहीं लगता अब आपको चुनाव करने की प्रतिक्रियाओं बाबत और ज्यादा उदाहरण देने की जरूरत है। निश्चित ही अब आप चुनाव करने की अपनी आदत का मेरी ओर से क्या परिणाम आता है, यह समझ ही गए होंगे। इन चुनाव करते रहने की आदतों के कारण आप क्या-कुछ व कितना खो देते हैं, यह भी आपकी समझ में आ ही गया होगा। साथ ही क्रिया और उसकी प्रतिक्रियाओं के बाबत भी सभी कुछ आप समझ ही गए होंगे। सो, अब आगे बढ़ते हैं।

मनुष्य-जीवन का उद्देश्य

अब तक मैं आपको अलग-अलग तरीके से मेरी कार्यपद्धतियों तथा मेरे स्वरूपों के बाबत बहुत कुछ बता चुका हूँ। आगे मैं आपको एक और गहन रहस्य समझाता हूँ। क्या आपने एक पल ठहरकर कभी यह सोचा है कि मनुष्यजीवन का उद्देश्य क्या हो सकता है? ...शायद कभी नहीं। क्या आपने कभी अपने आने का मकसद जानने की कोशिश की है? इसका भी सवाल ही नहीं उठता। आप तो बस क्या पाना व क्या बनना की सूची बनाते चले जाते हैं, फिर कार्य की प्रतिक्रियास्वरूप उनमें से कुछ पा जाते हैं और कुछ नहीं पा पाते। परंतु बन तो वह कतई नहीं पाते जो आप बनना चाहते हैं या जो आपको बनना चाहिए होता है।

समझ नहीं आता कि इतने बुद्धिमान होकर भी अपने इस मनुष्यजीवन के या अपने जीवन के उद्देश्य के बारे में कभी क्यों नहीं सोचा? क्या कभी आपने इस तरीके से सोचा कि इतने विशाल ''टाइम व स्पेस'' के जगत में सिर्फ आपको स्वतंत्रता क्यों? सिर्फ आपको भावों के आवन-जावन की तथा सोचने-समझने की क्षमता क्यों? और चूंकि ऐसा है, अतः इसका कारण भी कुछ गहन होना ही चाहिए। सबसे बड़ी सोचने वाली बात तो यह कि इतनी विशिष्टताओं के बावजूद आपके पास समय क्या...? अस्सी वर्ष! और उसमें भी बीस वर्ष सोने में व पांच खाने-पीने और बीमारियों में गुजर जाए। और फिर बचा समय भी कमाल काः दस-एक वर्ष स्कूल में, कुछ मंदिर-मस्जिद व पूजा-पाठ में, फिर नौकरी,

बच्चे और बुढ़ापा। क्या कभी आपको इतनी विशिष्टताएं उपलब्ध होने के बावजूद भी इस तरह की चक्की में पिसकर मर जाना अखरने वाला नहीं लगा? क्या आपको इतने संक्षिप्त समय के लिए आना कभी खटका नहीं?

अब आपको खटका हो या नहीं, परंतु मुझे इतनी विशिष्टताओं के साथ पैदा होने के बावजूद आपका यह हश्र हो जाना बड़ा खटक रहा है। सो मैं आपको आपके जीवन का उद्देश्य बताता हूँ। ...और सच तो यह है कि एक आपको अस्तित्व में लाने हेतु ही एहसास द्वारा इस पूरी ''सृष्टि-निर्माण'' का यह खेल रचा गया है। और इस विषय पर आगे बढ़ूं, उससे पहले मैं इस सृष्टि के अस्तित्व में आने की प्रक्रिया एकबार फिर आपको संक्षेप में बता देता हूँ। क्योंकि यह विषय ही इतना गहरा है कि मुझे दोबारा बताने में कोई एतराज नहीं।

इस बात को ऐसे समझें कि जब कुछ न था तो सिर्फ एहसास था। इस कुछ न था का मतलब भी समझ लें, न टाइम था न स्पेस था। ...यानी शून्य ही था। सिर्फ एक होनेपन का एहसास था। ...अर्थात्, हां मैं हूँ...बस। लेकिन उस होने का भी क्या मतलब? सो उस एहसास ने एक खेल रचाया और ''समय'' यानी मुझे अस्तित्व में लाया। इस लिहाज से आप मुझे एहसास का प्रथम अंश कह सकते हैं। और इसी कारण सिर्फ मेरी उपस्थिति में ही एहसास होते हैं। मैं नहीं तो एहसास के ये विभिन्न स्वरूप भी नहीं। और आपकी मृत्यु के बाद के एहसासहीन शरीर को आप मेरी इस बात के सबूत के तौर पर ले ही सकते हैं। मृत्यु यानी मेरा आपसे बिछड़ना। आपके सारे अंग, सबकुछ वहीं-का-वहीं, फिर भी कुछ नहीं। ...इस बात को अच्छे से याद रख लेना, आगे की बातें समझने में यह बड़ी काम आएगी।

सो, अभी तो वापस सृष्टि की रचना पर लौट आता हूँ। और वहां मेरे अस्तित्व में आते ही मैंने अपने समानांतर ही स्पेस का निर्माण किया। और उसके साथ ही एहसास ने अपनी परम ऊर्जा व दृढ़ इच्छा-शक्ति के बल पर हमें विशाल नियमों के एक जाल में बांध दिया। यहां दृढ़ इच्छा-शक्ति का मतलब भी समझ लेना कि उसके बाद एहसास ने अपने हाथ में कुछ नहीं रखा। हमें उस नियम के भरोसे पूर्ण स्वतंत्रता से छोड़ दिया। और वह देखनेवाले की हैसियत से कण-कण में समा गया। यानी न तो कोई पल या ना तो कोई कण उसकी उपस्थिति से आजाद है। हां, यह बात अलग है कि उसकी उपस्थिति नॉन-इंटरफियरिंग है। अब तो बस हमें उसकी ''अपार-ऊर्जा'' नियमानुसार अपना विस्तार करने को उपलब्ध है।

और उस ऊर्जा की बात करूं तो उस एक क्षण के बाद लगातार मेरा और स्पेस का विस्तार चालू है, परंतु उसकी ऊर्जा है कि चूकती ही नहीं। आपके घड़ी के समय की भाषा में बात करूं तो ट्रिलियन व ट्रिलियन तथा ट्रिलियन वर्षों से भी ज्यादा पुरानी यह बात है। और तब से मेरे थकी लगातार इस स्पेस का विस्तार चालू है। और स्पेस के विस्तार की भी क्या बात करूं...? विज्ञान की इतनी प्रगति के बावजूद जो अंतिम तारा उसे ज्ञात है, जानते हैं वह कितना दूर है? उस तारे की रोशनी को लाइट की स्पीड यानी 1,86,000 Miles प्रति सेकंड की स्पीड से निकले लाखों वर्ष हो गए, परंतु उसकी रोशनी अब तक पृथ्वी पर नहीं पहुंची है। और यह विस्तार वास्तविक स्पेस का तो अंश भी नहीं। अब तो इस सृष्टि को अस्तित्व में आए इतना समय बीत चुका है कि स्पेस की विशालता का कोई अंदाजा आप लगा ही नहीं सकते। और फिर अंदाजा यह लगाओ कि यह स्पेस रोज-रोज फैलता जा रहा है, तो यह कहां फैल रहा होगा? और सोचो यह भी कि वह जगह क्या होगी जहां अभी स्पेस ही नहीं होगा?

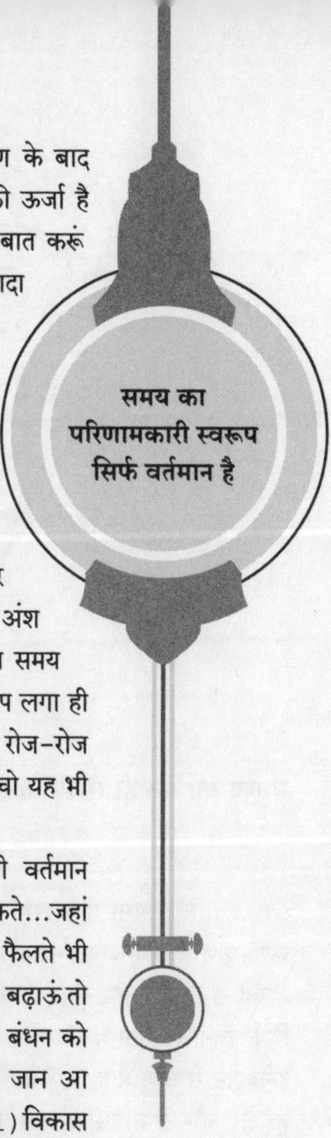

मत सोचो। पागल हो जाओगे। आप अपनी वर्तमान मनोदशा में उस 'शून्य' का कोई अंदाजा ही नहीं लगा सकते...जहां से हम यानी टाइम और स्पेस निकलते भी जा रहे हैं और फैलते भी जा रहे हैं। सो, अभी तो इस सृजन की प्रक्रिया को आगे बढ़ाऊं तो हमारे विस्तार के प्रथम क्षण में ही एहसास ने हम दोनों के बंधन को त्रिगुणी-माया के बंधन से बांध दिया। और इससे हममें जान आ गई। और उन बांधे हुए तीन गुणों की चर्चा करूं तो (1) विकास की क्षमता (2) मिटने का विरोध (3) तथा सबकी बेहतरी हेतु सदैव प्रयत्नशील रहने की इच्छा, यानी आपसी सहयोग की भावना। ...यह तीनों गुण भी अच्छे से याद रख लेना, आगे समझते वक्त यह भी बड़े काम आएंगे। क्योंकि प्रकृति का हर कण इन तीन गुणों से ही चलायमान है।

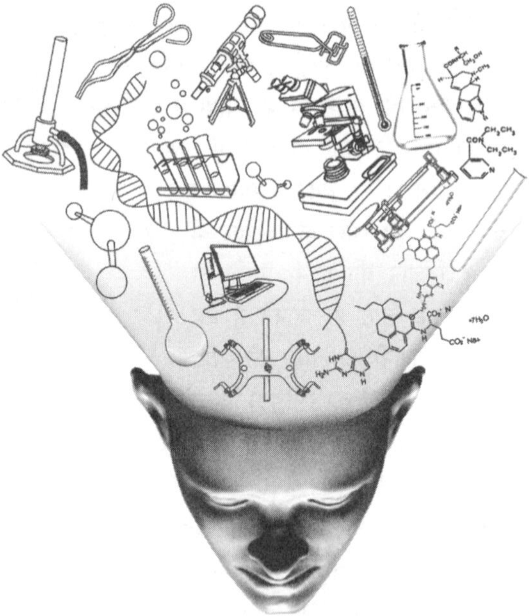

मनुष्य का मन ही समय के सारे स्वरूपों को पहचानने की एकमात्र लेबोरेटरी है

सो, अभी तो वापस सृष्टि के विस्तार पर आ जाऊं तो उसके बाद से यहां का कण-कण और मेरा पल-पल इस त्रिगुणी-माया से ओतप्रोत है। विज्ञान भी अब इसको अच्छे से अनुभव कर चुका है। मैं भी आपको यह अच्छे से समझा ही चुका हूँ। अभी याद सिर्फ इतना दिलाता हूँ कि स्पेस के थ्री डायमेंशन की बात करूं तो जैसे न्यूट्रोन, प्रोट्रोन व इलेक्ट्रोन से अणु बना है, वैसे ही...नेगेटिव, पॉझिटिव व न्यूट्रल की शक्तियां सबमें समायी हुई हैं। और ठीक उसी आधार पर अल्फा, बीटा व गामा के रूप में भी सारे विभाजन हुए पड़े हैं। और साधारण भाषा में बात करूं तो जैसे पृथ्वी, समुद्र व आकाश। और मेरी बात करूं तो भूतकाल, वर्तमान व भविष्य। और उससे भी आगे मेरी यानी आपके मन-बुद्धि की बात करूं तो- हां, ना या सोचता हूँ। समझा, नहीं समझा या कन्फ्यूज्ड। कुल-मिलाकर आपको इस ''त्रिगुणी-माया'' के कण-कण व पल-पल में समाए होने का अंदाजा हो ही गया होगा।

सो अब लौटकर वापस सृष्टि-निर्माण पर आता हूँ। और उस संदर्भ में यदि मैं यहां के कण-कण में समाए त्रिगुणी-तत्व के बाबत बताऊं तो यहां का कण-कण, एक एहसास यानी चेतना या ऊर्जा या भगवान जो चाहे समझो, से भरा हुआ है; तथा उस हर कण में समय व स्थान भी समाया ही हुआ है। यानी एहसास, समय व स्थान...इन तीनों का अस्तित्व कण-कण में समाया हुआ है। जहां तक सवाल है समय व स्थान का तो उसके विस्तार की भी काफी चर्चा मैं आपसे कर ही चुका हूँ। उनकी कार्यप्रणाली तथा उनका संबंध भी मैं आपको बता ही चुका हूँ। सो अब बारी आती है इस चैतन्य तत्व के बारे में बताने की। और इस बाबत सबसे पहले तो मैं यह बता दूं कि समय व स्थान की ही तरह इस चैतन्य तत्व में भी लगातार विकास होना जारी ही है। और खरबों-खरब वर्षों की विकास प्रक्रिया के बाद इसने वनस्पति व जीव-जंतु का स्वरूप धारण किया है। और चेतना का यह विकास सिर्फ पृथ्वी तक ही सीमित नहीं है, अन्य कई ग्रहों पर भी तथा अन्य कई तरीकों से भी इस चेतना ने जीवन का स्वरूप धारण किया ही हुआ है। अर्थात् अलग-अलग ग्रह के जीवन, अलग-अलग कारण से अस्तित्व में आए हैं। यह मत समझ लेना कि मात्र पानी या ऑक्सीजन ही जीवन के स्रोत हैं। और चूंकि ये स्रोत भिन्न-भिन्न हैं, अतः उन ग्रहों के जीवन की मुलाकात आसान नहीं रह गई है। वहीं निश्चित ही इतनी विशाल स्पेस भी इस हेतु जवाबदार है ही। ...और फिर साथ ही पृथ्वी के विज्ञान ने पनपना भी तो अभी ताजा-ताजा ही शुरू किया है। सो देखते हैं, वह कहां तक पहुंचता है?

चलो, यह सब छोड़ वापस मुख्य बिंदु पर यानी आपके पृथ्वी के जीवन पर आ जाऊं तो जीवन आते ही यहां की चेतना ने भी विकास करना प्रारंभ किया। और निश्चित ही यह जीवन, यानी चेतना का सजीव स्वरूप भी त्रिगुणी-माया से ओतप्रोत ही है। अर्थात् इस जीवन के हर स्वरूप को भी एहसास यानी चैतन्य, टाइम यानी मन...तथा स्पेस यानी उसके शरीर के रूप में इस त्रिगुणी-माया ने घेरा ही हुआ है। खैर, अंत में उसके भी करोड़ों वर्षों बाद चेतना ने मनुष्य का स्वरूप धारण किया। उसके साथ ही मैंने मनुष्य के मन का, तथा स्पेस ने उसके शरीर का स्वरूप धारण कर लिया। ...और मुद्दे की बात यह कि इस मनुष्य-स्वरूप में आने हेतु ही चेतना को विकास की चाह से भरा गया था। मकसद साफ था, एहसास पहले सृष्टि के निर्माण की नींव रखे और फिर चेतना के विकास के साथ उसके मनुष्य-स्वरूप धारण करते ही उसमें पूर्णता से स्थापित हो जाए। और ऐसा क्यों...? ताकि वह अपनी ही बनाई इस सृष्टि का भरपूर आनंद ले सके। और जब, जो मनुष्य आनंद से तृप्त हो जाए...यानी संतोष से भर जाए, तो वापस एहसास में लीन हो सके।

बस एहसास की यही चाह आज एक अच्छा-खासा खेल बनकर उभरी है। पहले चेतना का विकास मनुष्य तक हो और फिर मनुष्य अपनी हार्डडिस्क भरते-खाली करते एक दिन पूरी तरह खाली कर पूर्ण संतोष के साथ वापस अपना वही चैतन्य स्वरूप प्राप्त कर ले। और उसके साथ ही वह वापस परम-एहसास में लीन हो जाए। और ध्यान रहे कि यह खेल सिर्फ मनुष्य के लिए है। क्योंकि इस खेल हेतु स्वतंत्रता भी केवल उसे ही उपलब्ध है, और खेल को अंजाम तक पहुंचाने हेतु एहसास अपने पूर्ण स्वरूप के साथ उपस्थित भी सिर्फ उसी में है। और यह भी मैं आपको पहले बता ही चुका हूँ कि इस ब्रह्मांड का दूसरा कोई भी जीव या पदार्थ यानी जानवर, चांद-तारे या अन्य कोई इस खेल का हिस्सा कतई नहीं। सो, कुल-मिलाकर उपरोक्त सारी बातों का सार कहूं तो इस खेल को खेलते हुए तथा जीवन के हर रंग का भरपूर आनंद लेते हुए वापस एहसास में लीन हो जाना ही आपके जीवन का एकमात्र उद्देश्य है। और मजा यह कि इस उद्देश्य की प्राप्ति के बगैर मनुष्य का छुटकारा भी नहीं। चाहे तो इस उपलब्धि को हासिल करने हेतु लाखों जन्म ले ले या मामला दो-चार जन्मों में ही सलटा ले। लेकिन मनुष्य वापस जब तक एहसास में लीन नहीं होता, तब तक उसके जन्म-दर-जन्म का सिलसिला टूटनेवाला नहीं है।

वैसे तो आपको मनुष्य के जन्म और पुनर्जन्म के बाबत थोड़ा-थोड़ा पहले भी बता ही चुका हूँ, लेकिन अब वक्त आ गया है कि इस बात की चर्चा वैज्ञानिक भाषा में विस्तार से कर ली जाए। तो सर्वप्रथम यह बताओ कि आपने यह मनुष्य जन्म हासिल कैसे किया? निश्चित ही चेतना के लगातार विकास की चाह से आपने यह मनुष्य जन्म हासिल किया है। आप चेतना के इस विकास की दौड़ में स्वाभाविक तौर पर अन्य खरबों कणों से ज्यादा प्रतिभावान सिद्ध हुए हैं। और जब एकबार आप अपने अस्तित्व में आ गए तो, आपको समय यानी मैंने मन के रूप में घेर लिया है तथा स्पेस ने शरीर के तौर पर घेर लिया है। और चूंकि आपने चाह का बैसाखी की तरह उपयोग कर यह मनुष्य जन्म पाया है, इसलिए अपने अस्तित्व में आते ही आपने चाहना शुरू कर दिया है। पहले तो बस पेट भरने, और बहुत हुआ तो कुदरती आफतों से बचने तक ही आपकी ये चाहतें सीमित थी। लेकिन वक्त के साथ-साथ आपने जरूरतों की चाह करना भी सीख लिया। और सच कहूं तो आपकी इसी चाह ने विश्व को यह प्रगति उपलब्ध करवाई है। यानी जरूरतें बढ़ाना और उसकी पूर्ति हेतु प्रयास करना हितकर ही सिद्ध हुआ है।

चलो होगा! यह तो हुई आपके चाह की यात्रा। परंतु इसी कारण आप फंस भी गए हैं और बढ़ती चाहों के साथ भ्रमित भी होते गए हैं। क्योंकि नियम "नियम" का कार्य करने

ही वाला था। चाह कल्पना का विषय है और कल्पना में भूतकाल के अनुभवों तथा भविष्य की तमन्नाओं...दोनों का सम्मिश्रण होता है। सो, चाहते ही आप मेरे परम-स्वरूप ''वर्तमान'' से भटक गए। और आपके इस कॉम्प्लीकेशन ने यानी विगत भूतकाल और उम्मीदों से भरे काल्पनिक भविष्य ने मेरे तल पर प्रिंटें बनाना शुरू कर दी। और 'मैं' कौन; यह मैं आपको पहले भी समझा ही चुका हूँ। मैं आपका मनरूपी कम्प्यूटर, परंतु वास्तव में कहूं तो मैं सिर्फ समय हूँ। और समय सिर्फ वर्तमान होता है। ...यानी टाइम और स्पेस का सम्पूर्ण मिलना, या कहूं कि शून्य। परंतु चूंकि आप दौड़ पड़े, अतः मेरे विकृत स्वरूप भूतकाल व भविष्य में उलझ गए। आप अपनी कल्पनाओं, जरूरतों तथा याद्दाश्तों के बल पर भूतकाल और भविष्य निर्मित करते चले गए। और बस वहीं से आपके जीवन में मेरे विकृत स्वरूपों के विस्तार की गाथा प्रारंभ हो गई। आपको भूख लगी, परंतु भूख लगते ही तो खाना मिलनेवाला नहीं था। बस जो भूख लगी है यह जानने तथा भूख लगने पर क्या खाना यह समझने में आप अपने भूतकाल व भविष्य का विस्तार करते चले गए। फिर उस बेचैनी और तड़प के चलते जो भाव उत्पन्न हुए उन उभरते भावों और विचारों से मेरे भीतर डेटा समाना शुरू हो गए। और मैं यह समझा ही चुका हूँ कि आपके समय में कोई चीज आई नहीं कि मैंने हाथोंहाथ उस हेतु आपको स्पेस उपलब्ध कराई नहीं। बस इस तरह से आपके अपने डाले गए डेटा और उसके आधार पर मेरे द्वारा उपलब्ध कराई गई स्पेस के तालमेल से आपका अपना विश्व बनता चला गया।

मनुष्यजीवन का परम उद्देश्य अपने एहसास को परम एहसास में लीन करना है

अब आपका विश्व क्या होता है से लेकर मेरी सूक्ष्म से सूक्ष्मतम कार्यप्रणाली तथा मेरे जानने योग्य कई आवश्यक स्वरूपों के बाबत मैं आपको पहले ही बता चुका हूँ। वह सब मैंने आपको पहले इसीलिए बताए थे कि जब मैं मूल रहस्य और मूल उद्देश्य पर आऊं तो आपको अनवरत बता सकूं, ताकि उसमें हर छोटी बात

जिसमें भी एहसास अपनी पूर्णता में है वह भगवान है और इस लिहाज से हर मनुष्य भगवान है

विस्तार से समझाने हेतु मुझे बार-बार व्यवधान न डालना पड़े। सो, आपका विश्व क्या होता है यह आप जानते ही हैं। और उस विश्व में किसी की कोई दखलंदाजी नहीं, यह भी मैं आप से अनेकों बार कह ही चुका हूँ। यानी हर तरीके से आपके इस विश्व की सम्पूर्ण त्रिगुणी माया के मालिक...यानी निर्माण करनेवाले, उसे चलानेवाले तथा उसका नाश करनेवाले, तीनों आप ही हैं।

चलो यह तो शायद आप समझ गए होंगे, परंतु यहां समझने लायक सबसे महत्त्वपूर्ण बात यह कि यदि आप उस एहसास को भगवान कहते हैं, तो कायदे से आपको अपने को भी भगवान मानना होगा। क्योंकि वह आपके भीतर अपनी पूर्णता में मौजूद ही है। और यदि आप भगवान हैं तो, भगवान कम-से-कम ना तो किसी के आसरे जीएगा और ना ही किसी को पूजेगा। यूं भी आप मानें या न मानें, परंतु आपके विश्व में आपकी इच्छा के विरुद्ध रत्तीभर दखलंदाजी का अधिकार स्वयं परम-एहसास को भी नहीं। और इस दृष्टिकोण से देखें तो मनुष्य द्वारा किसी को अपने से ज्यादा शक्तिशाली मानने, या किसी व्यक्ति या बात के आसरे की तलाश में रहने से ज्यादा भटकानेवाला और कुछ नहीं है। क्योंकि मनुष्य को अस्तित्व में लाने के इस पूरे खेल में...मनुष्य को अपने अलावा किसी अन्य आसरों के लिए ना तो समय उपलब्ध कराया गया है, न स्थान ही।

कराया भी कैसे जा सकता था? आपका समय भी आपके मन के रूप में आपके पास है, और आपका विश्व भी स्पेस के रूप में आपको पूरा-का-पूरा उपलब्ध ही है। और उसे बढ़ाने, टिकाने व मिटाने; तीनों की सत्ता भी पूरी तरह से आपको दे दी गई है। ...और यही तो सारा खेल है। यदि दूसरा आपके विश्व में कुछ कर सके, तब तो यह खेल ही खत्म हो जाए। लेकिन दुःख की बात यह कि इन सबके बावजूद सत्य यही है कि मनुष्य अपने इस उद्देश्य से ही नहीं, बल्कि अपने को प्राप्त पूर्ण स्वतंत्रता की सत्ता के गौरव से भी भटक गया है। ...और इसीलिए आज वह इतना असफल व दुःखी हो गया है। और ज्यादा स्पष्ट शब्दों में उसके भटकन का मूल कारण कहूं तो उसके मूल में उससे परे उसकी परम-शक्तिशाली भगवान की कल्पनाएं तथा फिर उनसे उत्पन्न आसरे खोजना ही है। इससे वह अपनी परम-सत्ता, यानी अपने विश्व के निर्माण, उसके विकास तथा अपने विश्व में से अनावश्यकों को मिटाने की उसकी क्षमता...में से एक का भी ठीक से उपयोग नहीं कर

पा रहा है। सोचता है, भगवान सब ठीक कर देगा। लेकिन जब आपके विश्व के आप ही भगवान हो, तो दूसरे किसी भगवान को आपके विश्व में रत्तीभर दखलंदाजी का अधिकार हो ही कैसे सकता है? परंतु यह सीधा सत्य भी न समझने के कारण ही आपकी हास्यास्पद हालत अब ऐसी हो गई है कि आप जो कर सकते हैं, वह कर नहीं रहे; और जिसे आप भगवान कह रहे हैं, उसे सत्ता नहीं।

चलो, इस बात को मैं हिंदू पुराण की एक खूबसूरत कहानी से समझाने का प्रयास करता हूँ। इस कहानी में विष्णु को भगवान दर्शाया गया है तथा उसी कहानी में उनका एक भक्त है 'नारद', जो दिन में हजारों बार मौके-बेमौके व कारण-अकारण 'नारायण-नारायण' कह के भगवान का नाम लेता रहता है। ...इस कारण धीरे-धीरे कर नारद को यह गलतफहमी हो जाती है कि इस विश्व में भगवान का उससे बड़ा कोई भक्त ही नहीं। एक दिन अपनी इसी गलतफहमी को सहलाने के विचार से वह विष्णु के पास पहुंच जाते हैं। उनके चरणों में प्रणाम कर अहंकार पकड़े नारद थोड़ा तनते हुए विष्णु भगवान से पूछते हैं- प्रभु! क्या आपका मेरे से बड़ा भी कोई भक्त है?

सवाल सुनते ही विष्णु हंस पड़ते हैं और हंसते हुए ही कहते हैं- हजारों हैं।

...नारद का तो जैसे पूरा नशा ही उतर जाता है। लेकिन फिर स्वयं को आश्वासन देते हैं। शायद भगवान मजाक कर रहे हैं। सो वह सम्भलते ही बड़े शांत भाव से कहते हैं- भगवन मजाक क्यों कर रहे हो?

इधर मामला हवा में उड़ता देख विष्णु अबकी पूरी तरह गंभीर हो जाते हैं। ...फिर उसी गंभीरता से कहते हैं- मैं मजाक नहीं कर रहा। वास्तव में तुमसे बड़े हजारों-लाखों भक्तों से यह संसार भरा पड़ा है।

अबकी नारद बुरी तरह चौंक जाते हैं। उनके अहंकार को चोट भी तगड़ी लगती है। सो अबकी वह विष्णु से निवेदन करते हुए सीधे कहते हैं- प्रभु माफ करना, पर उनमें से एकाध का मैं दर्शन करना चाहूंगा।

विष्णु ने कहा- जैसी तुम्हारी इच्छा। ...बस वे नारद के साथ एक खेत के सामने खड़े हो जाते हैं। वहां एक किसान अपने खेत में काम कर रहा था। सूरज अभी सर पर चढ़ना शुरू ही हुआ था। ये दोनों उपयुक्त जगह ग्रहण कर किसान पर नजर रखने लगे। उधर करीब दोपहर चढ़ते तक वह किसान खेती करता रहा। उधर नारद को आश्चर्य यह कि इतना समय बीत जाने के बावजूद किसान ने एक बार भी भगवान का नाम नहीं लिया था। मन-ही-मन नारद को विष्णु द्वारा उनके साथ मजाक किये जाने का

अंदेशा तो हुआ, परंतु उन्होंने खामोश रहते हुए तमाशा देखना ही उचित समझा।

वहां दोपहर चढ़ते ही किसान की पत्नी खाना लेकर आई। हाथ वगैरह धोकर उसने पत्नी के साथ ही भोजन ग्रहण किया। फिर कुछ देर सुस्ताया। पत्नी वापस चली गई और वह फिर काम पर लग गया। संध्या तक काम किया और घर पहुंचा। नहा-धोकर खाना खाया, बच्चों की कुछ जिज्ञासाएं शांत की और सो गया।

...सुबह फिर खेत में पहुंच गया। फिर तो यह नित्यकर्म तीन रोज तक चलता रहा। इन तीन दिनों में एकबार भी उसने भगवान का नाम नहीं लिया। अब नारद के सब्र का बांध टूट पड़ा। उन्होंने विष्णु से कहा- आप भी क्या मजाक करने और समय बर्बाद करने मुझे यहां ले आए? इसने तो तीन रोज में एकबार भी आपको याद नहीं किया।

तमाम ग्रहों के जीवन का स्रोत पानी व ऑक्सीजन ही हो यह जरूरी नहीं

विष्णु बोले- तुम तीन रोज की बात करते हो, इसने तो पैदा होने से आज तक मेरा नाम नहीं लिया है। मैं तो बराबर इस पर निगाह बनाये हुए हूँ। उसको कष्ट आते हैं तो भी वह मुझको याद नहीं करता। बस कष्ट आने पर अपनी गलती खोजने में लग जाता है। मैं भी हैरान हूँ। अपनी राह से भटकता ही नहीं। अपना विश्व बनाने में लगा ही रहता है। ...तो कुछ समझे नारद। यही मेरा असली भक्त है। उसे ज्ञान है कि उसके विश्व का निर्माण उसे ही करना है। और अपने इस कर्म में वह दिन-रात लगा ही रहता है। न तो मुझे व्यर्थ परेशान करता है, और ना ही मुझसे व्यर्थ की उम्मीद ही रखता है। तुम्हारी तरह बिना कोई जवाबदारी उठाए दिनभर 'नारायण-नारायण' नहीं करता फिरता है।

वाकई बड़ी ही खूबसूरत कहानी है। और आप भी आगे की बात समझना चाहते हैं, और उसका फायदा उठाना चाहते हैं तो यह बात जहन में उतार ही लेना कि आपके विश्व-निर्माण की प्रक्रिया के रास्ते में न तो टाइम यानी मन में किसी आसरे को कोई

स्थान है, और ना ही आपके विश्व के स्पेस में ही उसे कोई स्थान है। यह सिवाय समय और ऊर्जा की बर्बादी के और कुछ नहीं। और ऊपर से अपने पर से उठे विश्वास के तौर पर उसके भयानक परिणाम तो आपको भुगतने ही पड़ते हैं। और सत्य को सबूतों की क्या कमी? आप अपने समेत अपने चारों ओर नजर दौड़ाएं, जहां एक भगवान की जगह नहीं, वहां लाखों भगवान को लोगों ने अपने समय यानी मन में जगह दे रखी है। और स्पेस का आलम तो पूछो ही मत। मस्जिद, मंदिर व चर्चों की तो कोई कमी नहीं आपकी दुनिया में, उसपर मजा यह कि हजार में से नौ सौ निन्यानवे ने अपने विश्व के टाइम व स्पेस में इन भगवानों को जगह उपलब्ध करवा रखी है; और सच कहूं तो वे ही नौ सौ निन्यानवे दुःखी हैं...क्योंकि वे सब अपनी राह से भटक गए हैं। जो राह से भटके इक्का-दुक्का सफल नजर आ भी रहे हैं, वे भी भीतर महसूस कर ही रहे हैं कि उनकी क्षमतानुसार वे कुछ कर नहीं पा रहे हैं। ...यानी क्षमता से कम पर जीने का हर्जाना तो उनको भी भुगतना ही पड़ रहा है।

तभी तो कहता हूँ कि यहां सबकुछ नियमबद्ध है। कुछ उसमें फेरफार संभव ही नहीं। सोचो यह कि जब आपका विश्व-निर्माण करना ही आपको है तो भगवान पक्षपात कर आपके अकेले की सहायता को आए ही क्यों? और जब नियम से आपको अपने डाले गए हर डेटा का अन्जाम भुगतना ही है तो भगवान बचाने आए भी तो कैसे? ऐसा पक्षपात आप अपने परिवारवालों या मित्रों के साथ कर सकते हो, कम-से-कम जिसे आप भगवान मान रहे हो वह तो यदि उसे सत्ता होती तो भी ऐसा नहीं ही करता। और फिर समझते यह क्यों नहीं कि यदि वह भी आप जैसा करने पर उतारू हो जाए तो वह भगवान रह ही नहीं जाएगा।

यदि वह भी आपकी चापलूसी में आ जाए, या पूजा करने के एवज में गलत कार्य करने के बावजूद आपको अपनी शरण में ले ले; तब तो वह ऐसे भी भगवान नहीं हो सकता। फिर तो वह आप ही की तरह सोया हुआ संसारी हो गया। मेहरबानी कर जब इतना ऊंचा शब्द खोजा है, जब इतनी उसको गरिमा प्रदान की है; तो फिर अपने को मनुष्य-जन्म तक पहुंचाने हेतु क्यों नहीं सिर्फ दिन-रात उसके प्रति धन्यवाद से भरे रहने का रिश्ता उससे बनाते? यह क्या पास होने से लेकर शादी कराने हेतु भी उसके पास पहुंच जाते हैं? कहते मालिक हैं, और काम नौकरों-सा उसे सौंपते हैं?

छोड़ो, और अभी तो यह सोचो कि भगवान और उसकी शक्तियों की मनुष्य को जरूरत महसूस हुई ही क्यों? निश्चित ही यदि एक वाक्य में कहा जाए तो, यह बनाये हुए नियमों से न निपट पाने का उसका फ्रस्ट्रेशन है। क्योंकि एक तरफ आप नियमों से तो निपट

क्रिया और प्रतिक्रियाओं के तमाम नियम फिक्स्ड हैं
अत: उनमें कोई फेरफार संभव नहीं

नहीं पा रहे, और दूसरी तरफ सफलता की चाह भी छोड़ नहीं पा रहे हैं। यानी अपने भरोसे जीवन आप से बनता नहीं, और फिर भी जीवन बड़ा व सफल बनाने की चाह छूटती नहीं। और उसी के परिणामस्वरूप आप ध्यान अपनी क्षमता बढ़ाने पर लगाने की बजाए आसरे खोजने में लगाते रहते हैं। अब ऐसे में आपके पास अपने से सुप्रीम किसी भगवान की कल्पना करने के सिवाय उपाय ही क्या है? इस बात को पूरी स्पष्टता से कहूं तो नियमों को ताक पर रखकर सफलता प्राप्त करने की चाह में आप भगवान की कल्पना कर बैठे हैं। यूं भी संसार का कोई शख्स नियम तोड़कर आपकी सहायता कर सके, इतना सक्षम आपको नजर आता नहीं, ऐसे में आपके पास ईश्वर की कल्पना करने के अलावा उपाय भी क्या है? जबकि वास्तव में ईश्वर सिर्फ एहसास हो सकता है, और वह तो अपनी पूर्णता से आपके भीतर मौजूद ही है। अब जो आपके भीतर मौजूद है, उसे आप कैसे बाहर टाइम व स्पेस दे सकते हैं? ...फिर भी मनुष्य की मूर्खता यह कि सौ में से निन्यानवे ने दे रखी है।

परंतु बात यहीं कहां थम रही है? जब हजारों अनुभवों के बाद भी ईश्वर कुछ नहीं कर पाया, तो आपने मुझसे निपटने हेतु पूजा-पाठ, विधि-विधान व वास्तु वगैरह खोज लिए। अपना समय बदलने हेतु उनकी शरण चले गए। धागों से लेकर न जाने क्या-क्या ढूंढ़ लाए ताकि किसी तरह आपका समय बदल जाए। पर मैं भी मैं हूँ। मैं कहीं इन सबसे बदलता हूँ? मैं न जाने कितनी बार कह चुका हूँ कि मैं स्वभाव से ही चंचल, नटखट व उपद्रवी हूँ। आपकी ये सारी नादान हरकतों को देख मैं और विकराल स्वरूप धारण कर लेता हूँ।

चलो, इस बात को भी आपको एक बड़े ही हल्के-फुल्के उदाहरण से समझाता हूँ। चार मित्र थे। चारों एक ही फैक्टरी में कार्य करते थे। उनमें मित्रता भी बड़ी गाढ़ी थी। हर शनिवार को चारों का पब में जाकर तीन पैग पीने का नियम था। नियम तो यह भी था कि सभी अपना-अपना बिल चुकाते थे। स्वाभाविक तौर पर कोई अकेला यह बोझ उठा भी नहीं सकता था। वर्षों उनका यह क्रम चलता रहा।

लेकिन अचानक जीवन ने करवट ली। एक मित्र को उसके रिश्तेदार ने नौकरी करने लंडन बुलाया। दो-वर्ष में उसने वहां बड़ी प्रगति कर ली। और अपनी प्रगति की गाथा वह मित्रों को नियमित रूप से खत व फोन द्वारा बताता भी रहता था। निश्चित ही उसे मित्रों की बड़ी याद आती थी। आखिर एक माह की छुट्टी लेकर वह वापस अपने देश आया। स्वाभाविक तौर पर आते ही उसे मित्रों के साथ शराब पीने की इच्छा हुई। अब उस आनंद हेतु ही तो वह लौटकर आया था। पर अबकी पुरानी जगह के स्थान पर उसने मित्रों को फाईव-स्टार के एक पब में व्हिस्की पीने बुलवाया। मित्र तो गदगद हो गए। इतनी प्रगति के बाद भी मित्र की उनके प्रति चाह कमजोर नहीं हुई है, निश्चित ही उनके लिए इससे ज्यादा खुशी की बात और हो भी क्या सकती थी?

बस सभी समय से ही उस फाईव-स्टार के पब में पहुंच गए। उधर लंडन से आए मित्र ने मारे उत्साह के पुरानी लोकल ब्रांड छोड़कर ऑर्डर भी इस बार ब्लेक लेबल व्हिस्की का दिया। खुश-खुश दोस्तों ने चियर्स किया। और चियर्स भी इस बात पर कि उनका मित्र बिल्कुल नहीं बदला है। ऐसा करते-करते सबके तीन-तीन पेग...यानी जो उनका नियमित कोटा था, पूरा हो गया। परंतु चूंकि मित्र इतने दिनों बाद आया था तो उसने सबसे एक-एक पेग और पीने की इच्छा जाहिर की। मित्र लौट आने की खुशी में सबके एक-एक पेग और आ गए। अबकी चियर्स करते हुए उस मित्र ने कहा- देखा, मैं रत्तीभर बदला हूँ क्या?

सबने खुशी-खुशी चियर्स करते हुए कहा- वाकई तुम बिल्कुल नहीं बदले हो।

इसपर मित्र ने कहा- और मैं बदल सकता भी नहीं।

पूरी सृष्टि का कण-कण एहसास टाइम और स्पेस इन तीन चीजों से बना है

खैर! पीना खत्म हुआ और बिल आ गया। बिल आते ही उस लंडन से आए मित्र ने अपने हिस्से के पैसे रखते हुए कहा- मैं कितना ही कमा लूं मुझे अहंकार नहीं पकड़ सकता। मुझे आपके स्वाभिमान की चिंता है। सो, जैसे पहले हम सभी अपना-अपना बिल दिया करते थे, आज भी वैसा ही होगा।

यह सुनते ही मित्रों की तो शक्लें ही उतर गई। सबने एक स्वर में बड़ी मायूसी के साथ अपना-अपना हिस्सा चुकाते हुए कहा- वाकई मेरे बाप, तुम बिल्कुल नहीं बदले हो। ...बेचारे मित्र! पूरे महीने उनके बच्चों को खाने-पीने तक के वांधे हो गए। इस बिल चुकाने के चक्कर में उनकी पूरे महीनेभर की कमाई चली गई।

बस मेरा स्वभाव भी कुछ-कुछ उस मित्र जैसा ही है। आप आसरा चाहे भगवान का खोजें या मंदिर-मस्जिद का। परिवार-मित्रों में खोजें या बॉस से। मैं नहीं बदलनेवाला। बल्कि उल्टा इससे क्रोधित हुआ मैं अपना और विकराल स्वरूप लिए प्रकट हो जाता हूँ। और यह मेरे कहर का ही परिणाम है कि विश्व में आसरा खोजनेवालों को हमेशा अपनी योग्यता से कम ही मिलता है। सो यह बात अपने जहन में अच्छे से ठूंस लेना। ...क्योंकि यह बात समझे बगैर आगे की बातों का फायदा आप नहीं उठा पाएंगे। साथ ही यहां यह भी स्पष्ट कर दूं कि यदि आप अपनी परम-स्वतंत्रता और अपने को मिली परम-सत्ता का मान करते हुए बिना कोई आसरा खोजे अपने विश्व-निर्माण की सम्पूर्ण जवाबदारी स्वयं उठाने को तैयार हो, तो ही ये सारे रहस्य आपके काम के हैं। ...वरना तो आपका जीवन जैसा चल रहा है, चल ही रहा है।

खैर, यह निर्णय आपका है। अभी तो फिर मुख्य बात जहां से इस बात पर आए थे, वहीं लौट जाएं। और वहां बात यह चल रही थी कि आपकी जो भी इच्छा, सोच या जरूरत उभरती चली जाती है, उस अनुसार आप अपने मनरूपी कम्प्यूटर यानी मुझमें डेटा डालते चले जाते हैं। और इधर मैं हाथोंहाथ डाले गए हर डेटा के

आधार पर अपने नियमानुसार व्यवहार कर के आपको काल्पनिक स्पेस प्रदान करता चला जाता हूँ। परंतु इस पूरी प्रक्रिया में आपकी परेशानी यह है कि आप डेटा जो सोचकर डालते हैं, और मैं उसे जिस रूप में लेकर उस पर प्रतिक्रिया करता हूँ ...इन दोनों का कोई तालमेल नहीं बैठ पाता है। क्योंकि मेरी भाषा सर्वथा भिन्न है। और उसे समझने हेतु मैंने पहले ही विस्तार से आपको मेरी हर प्रतिक्रिया के बारे में बताया ही हुआ है। अब यदि आप उसे समझकर डेटा डालना सीख जाएं तो ही यह संभव है कि आगे से आपको जो चाहिए उस अनुसार डेटा आप डाल पाएं। और मैं वादा करता हूँ कि इतना सीखने-मात्र से ही आपका जीवन काफी आसान हो जाएगा। वरना अभी तो हो यह रहा है कि आप जो चाहते हैं उससे सब उल्टा आपको मिले जा रहा है, क्योंकि डेटा आपको ठीक से डालने नहीं आ रहे हैं।

सो, कुल-मिलाकर कहने का तात्पर्य यह कि इन डाले गए डेटा और उनसे प्राप्त परिणामों में कोई सामंजस्य न होने के कारण आपकी हार्डडिस्क करप्ट होती चली जा रही है। और इसी कारण जीवन दुःखों और कष्टों से भरा जान पड़ता है। निश्चित ही इसमें हर चीज को उपयोगी मानकर डेटा डालते रहने की आपकी आदत भी बराबरी पर जिम्मेदार है ही। और उस आदत से कैसे बचना यह मैं पहले ही आपको विस्तार से बता चुका हूँ। अतः अभी तो यहीं से यात्रा को आगे बढ़ाते हैं। और यहां से आगे समझने लायक सबसे महत्त्वपूर्ण बात यह कि जो भी एकबार अस्तित्व में आता है, फिर उसे मिटाया नहीं जा सकता है। बहुत हुआ तो उसका सिर्फ रूपांतरण हो सकता है। और ठीक उसी तर्ज पर आपके अस्तित्व में आने के बाद आपका भी नाश नहीं हो सकता है। मृत्यु के बावजूद ना तो आपके शरीर का नाश होता है और न ही उस हार्डडिस्क का जो मरते वक्त आपसे बिछड़ जाती है। आपके शरीर को फिर कोई नई मिट्टी नए सेक्स के साथ मिल जाती है, और हार्डडिस्क की परिस्थिति के हिसाब से उसकी गति सेट कर आपको अपना नया मन यानी मैं भी फिर से मिल ही जाता हूँ। अर्थात् एहसास यानी कि आपके वास्तविक "आप" के सहारे एकबार फिर मेरे और शरीर का एक नए रूप में मिलन हो जाता है। और इस तरह फिर से आपके नए जीवन की यात्रा शुरू हो जाती है।

बस यहां यह बात खास याद रखना कि यदि आपकी हार्डडिस्क अति करप्ट हुई पड़ी होगी तो आपके नए जन्म में मेरे मनरूपी कम्प्यूटर की गति अत्यंत धीमी होगी। फलस्वरूप आप शांत, ओबेडियन, कम मस्तीखोर, कम चंचल बच्चे के रूप में जन्म लेंगे। और यदि मरते वक्त आपकी हार्डडिस्क ठीक दशा में होगी तो आपके मनरूपी कम्प्यूटर में मेरी गति उसी अनुपात में तेज होगी। और जिसके परिणामस्वरूप आप मस्तीखोर, उपद्रवी,

जिद्दी व किसी की न सुननेवाले बच्चे की तरह पैदा होंगे। हालांकि पैदा होते वक्त आपके भीतर समय की गति तेज हो या मंद, परंतु वहां से भी यदि आपके जीवन की शुरुआत ठीक तरह से हो जाए तो फिर से आपके समय की गति तेज हो ही सकती है। यानी हर नए जन्म के साथ आपको अवसर तो बराबरी पर उपलब्ध होता ही है। कहने का तात्पर्य सुख और सफलता की रेस से आप पिछड़ते कभी नहीं हैं। क्योंकि आगे का सबकुछ आप इस नए जन्म में कैसे डेटा डालते व निकालते हैं, उसपर निर्भर हो जाता है। अति कम गति का कम्प्यूटर लिए पैदा हुआ बच्चा भी सही डेटा डालकर मेरी तेज-से-तेज गति पकड़ सकता है, वहीं दूसरी ओर तेज गति के साथ पैदा हुआ बच्चा भी बड़ा होते-होते उसके भीतर की मेरी गति का सत्यानाश करने को स्वतंत्र होता ही है। ...यानी पुराने जन्म की हार्डडिस्क का सिर्फ स्टार्ट पर फर्क पड़ता है, बाकी तो आप अपनी समझ व स्वतंत्रता से आसमान छूने की क्षमता के साथ ही नया जन्म लेते हैं।

अब क्षमता लेकर पैदा हुए हैं, यह बात तो समझ में आ गई। हार्डडिस्क की स्थिति चाहे जो हो, या वह कितनी ही करप्ट हुई क्यों न पड़ी हो; पर उससे बच निकलने के उपाय हैं, यह बात भी समझ में आ गई। उस हेतु हार्डडिस्क को फिर हल्का करना होगा, यह भी समझ आ गया। परंतु उस मार्ग पर चलते जाने का क्या कोई सीधा ''एक'' उपाय नहीं, जिससे हम जीवन को सीधे-सीधे सुख और सफलता की राह पर लगा सकें?

बिल्कुल है। मैं जितना कॉम्प्लीकेटेड हूँ, उतना ही सरल भी हूँ ही। जितना शैतान हूँ उतना ही करुणा से भरा पड़ा हूँ ही। सो, आपको एक सीधा व सरल उपाय भी बता देता हूँ। परंतु वह चर्चा छेड़ने से पूर्व मैं आपको एकबार फिर आपके जीवन के मूल उद्देश्य के बाबत याद दिलाना चाहता हूँ। आपके जीवन का मूल उद्देश्य है वापस उसी एहसास में लीन हो जाना, जहां से आप अस्तित्व में

आए हैं। और वह आप कब हो सकते हैं, जब आप सिर्फ एक एहसास होकर रह जाएं। क्योंकि एहसास में सिवाय एहसास के और कोई लीन नहीं हो सकता है।

...तो अब सवाल यह कि आप सिर्फ एहसास कैसे होंगे? तो निश्चित ही अपने टाइम और स्पेस को शून्य करके। यानी मूल उद्देश्य की प्राप्ति हेतु आपको वास्तव में आपके टाइम और स्पेस काटने हैं, जबकि उसके विपरीत आप लगातार अपने टाइम और स्पेस को फैलाकर अपना विश्व बढ़ाते चले जा रहे हैं। अर्थात् आपने दिशा ही गलत पकड़ी हुई है। जाना आपको समय में पीछे है, और हरदम सोच आप आगे जाने की रहे हैं। और बड़े ही स्पष्ट शब्दों में समझ लें कि आज आपके विश्व की जो कुछ भी हालत है, वह सिर्फ-और-सिर्फ एहसास से उल्टी दिशा में जाने के कारण है। क्योंकि आपके जीवन की सारी शक्ति का स्रोत तो एहसास है। आप प्रकृति की तमाम वस्तुओं से अलग और महत्त्वपूर्ण हैं ही इसलिए कि एहसास आपमें पूर्णता के साथ मौजूद है। फिर भी आप उल्टी राह पकड़ेंगे तो उसका हर्जाना तो भुगतना ही पड़ेगा। ...आपको मन के तल पर यात्रा पीछे की करनी थी, यानी अपनी हार्डडिस्क खाली करनी थी, जबकि व्यर्थ की आपा-धापी मचाकर रुख आपने आगे का किया हुआ है।

हालांकि आप भी क्या करें? शिक्षा भी आपको आगे बढ़ने की ही दी जाती है, और बात भी आपके वही समझ में आती है। यही क्यों, रुचिकर और हित की भी वही जान पड़ती है। लेकिन यह सब आपकी बुद्धि की भाषा है, जिसे विचारने, एनालिसिस करने या चुनाव करने के अलावा कोई सत्ता नहीं। ...जबकि कार्यों के परिणाम मुझे यानी आपके मन को लाने हैं। और वहां परिणाम एहसास के निकट जाने यानी पीछे हटने के प्रयासों से ही आ सकते हैं। क्योंकि जीवन को बढ़ाने वाली सारी शक्तियों के स्रोत एहसास के निकट ही उपलब्ध हैं। खुलकर कहूं तो ध्यान, आत्मविश्वास, दूरदृष्टि से लेकर क्रिएटिविटी के तमाम गुण वहीं मौजूद हैं। साथ ही आनंद लेने की क्षमता भी एहसास के आसपास के मेरे मनरूपी स्वरूपों में ही मौजूद है। इसका विस्तार से वर्णन मैं "मैं मन हूँ" में कर चुका हूं। थोड़ा बच्चों को देख लो। वे एहसास के निकट पैदा होते। अर्थात उनके सारे शक्तिशाली मन सक्रिय होते। यही कारण है कि उनके पास धन, धर्म या शिक्षा न होते हुए भी आप उन्हें बिना अपवाद के आनंद, शांति व मस्ती में ही पाएंगे। यही नहीं, उन्हें आप जीवन को बढ़ानेवाले तमाम गुणों जैसे कोन्सन्ट्रेशन, उत्साह, दृढ़ता, क्रिएटिविटी से भी भरा पाएंगे। और इन सबके बगैर जीवन आगे बढ़ ही नहीं सकता, यह आप जानते ही हैं। अतः आपको अपने जीवन का केन्द्र तो बुद्धि के बजाए एहसास के निकट लाना ही रहा। और वह पीछे

समय जितना कॉम्प्लीकेटेड है उतना ही सरल व करुणा से भरा हुआ भी है

हटने से ही संभव है। ...तथा पीछे कोई हटना नहीं चाहता। लाख में से कोई एक पीछे हटने को तैयार होता है, और जो भी हटता है, नियम से वह जल्द ही सुखी और सफल हो जाता है। क्योंकि एहसास के निकट जाने की यात्रा का रहस्य ही यह है कि वह पूरी यात्रा आनंद और सफलता का स्वाद चखते-चखते ही गुजरती है। लेकिन यहां भी दिक्कत यह कि आपकी बुद्धि की उल्टी परिभाषाओं के कारण इतनी महत्त्वपूर्ण बातें आपको अपना जीवन पीछे ले जाती हुई जान पड़ती हैं। होगा, कुल-मिलाकर कहूं तो यह पीछे हटने की यात्रा पर निकल पड़ना जीवन बढ़ाने का एक एकदम सीधा व सरल उपाय है।

खैर, आप ऐसे नहीं मानेंगे। कोई बात नहीं, जरा ठहरो और सोचो कि आप जीवन में इतनी आपा-धापी क्यों मचाये हुए हैं? निश्चित ही आगे बढ़ने हेतु, सुखी व सफल होने हेतु। तो आप आगे कैसे बढ़ेंगे? स्पेस में कोई बड़ा काम करके...। ठीक है, पर सोचो कि वह होगा तो मेरे द्वारा ही; और मेरी भाषा उल्टी है यह मैं आपको हजार बार समझा चुका हूँ। ...यानी आप स्पेस में आगे बढ़ना चाहते हो तो मन यानी समय में पीछे हटो, यही तो मैं कबसे आपको कह रहा हूँ। और समय में पीछे हटने का मतलब है अपने डेटा खाली करते चले जाओ। डेटा खाली करोगे तो आप अपने एहसास की ओर बढ़ोगे, और यही मैं कह रहा हूँ कि आपका मूल उद्देश्य भी एहसास की ओर जाना है और स्पेस में सफलता भी उसी मार्ग पर संभव है। अतः वर्तमान ज्ञान, विचार और शिक्षाओं से निजात पाएं और समय में पीछे की यात्रा पर निकल पड़ें। बस जन्मों-जन्मांतर के डेटा काटते चले जाएं, एहसास के निकट आते चले जाएं और इस प्रक्रिया में जन्म-दर-जन्म सफलता के नए शिखर छूते चले जाएं।

आप कहेंगे यह तो बड़ा आसान नजर आ रहा है। वो तो है ही...। क्योंकि लगातार सुखी और सफल होते चले जाना आपका

जन्मसिद्ध अधिकार है। और आपको सुखी व सफल देखने हेतु ही एहसास अपनी पूर्णता में आपके भीतर मौजूद है। बस उसके निकट की यात्रा पर निकल पड़ो, और मजा लो। इतनी सीधी बात को क्यों खुद ही कॉम्प्लीकेटेड बनाकर जीवन बर्बाद किये हुए हो?

चलो छोड़ो! इसी बात को मैं स्पेस के उदाहरण से समझाता हूँ। उससे आपको समय में पीछे जाने का महत्त्व जल्दी समझ आएगा। विज्ञान की इस अचानक प्रगति का रहस्य क्या है? क्यों हजारों-हजार वर्षों में कोई प्रगति नहीं हुई, परंतु पिछले पांच सौ वर्षों में अनायास ही इतनी प्रगति हाथ लग गई। क्योंकि पिछले पांच सौ वर्षों में विज्ञान ने पीछे जाने की यात्रा में तेजी पकड़ी। आगे कैसे बढ़ना उसको छोड़, यह जगत अस्तित्व में कैसे व किन-किन कारणों से आया, विज्ञान ने उस ओर...यानी पीछे के ओर की यात्रा प्रारंभ कर दी। और जितना वह पीछे की यात्रा करता चला गया, उतने ही प्रगति के एक-से-एक फॉरम्यूला उसके हाथ लगते चले गए। आप यह सीधी बात क्यों नहीं समझते कि अब आपका विश्व हो या ब्रह्मांड, अस्तित्व में तो टाइम और स्पेस के कारण ही आया है, तो स्वाभाविक रूप से यहां की प्रगति के राज भी उनके मौलिक स्वरूप की ओर जाने से ही प्राप्त हो सकते हैं।

आप जानते ही हैं कि विज्ञान ने थोड़ा-सा टाइम और स्पेस की रिलेटिविटी के बारे में क्या जाना कि भौतिक विज्ञान में क्रांति ही आ गई। फिर तो आगे चलकर विज्ञान ने उसी आधार पर बिग-बैंग थ्योरी से लेकर गॉड पार्टिकल खोजने तक के प्रयास किये। यहां तक कि मेरे एक स्वरूप ब्लैक होल तक का आभास भी उसे हुआ। यह सब कोई छोटी-मोटी सफलताएं नहीं हैं।

ठीक वैसे ही सोचो कि जीव-विज्ञान ने प्रगति कब की? जब उसने मनुष्य को अस्तित्व में लाने वाले डीएनए और जीन खोज निकाले। उससे ना सिर्फ उसे मनुष्य के जीवन संबंधी कई नई जानकारियां प्राप्त हुई, बल्कि उसी के सहारे बीमारियों के राज भी उसके हाथ लगते चले गए। ये सारी असंभव-सी उपलब्धियां विज्ञान ने पीछे की ओर का रुख करके ही पाई है। ...और वैसा ही आपके जीवन के साथ भी है, यदि आप वाकई उसे बढ़ाना चाहते हैं तो वह भी जीवन को पीछे की ओर ले जाने की यात्रा पर निकले बगैर संभव नहीं।

कुल-मिलाकर इस पूरी बात का सारांश कहूं तो विज्ञान यानी रास्ता स्पेस का चुनें, या मन से यानी रास्ता समय का चुनें, वापस एहसास तक की यात्रा करना ही एकमात्र उद्देश्य होना चाहिए। और प्रगति भी इस पीछे हटने की यात्रा प्रारंभ करने पर ही संभव है।

सो, जीवन में वैभव और आराम बढ़ाने हेतु स्पेस के जरिए पीछे की ओर जाने का ज्ञान बटोरते चलो और मानसिक ऊंचाइयां प्राप्त करने हेतु समय यानी सायकोलॉजी की भाषा पकड़कर पीछे जाने की यात्रा पर निकल पड़ो।

ठीक है चलो, पीछे की ओर यात्रा करने का महत्त्व समझ गए। जीवन को सुख और सफलता की राह पर लगाने हेतु इसके अलावा दूसरा कोई उपाय नहीं, यह भी समझ गए। लेकिन आखिर यह सब भी कब तक? कितने जन्मों तक? ...लो, फिर भूल गए क्या? आप यही पूछना चाह रहे हो न कि यह सब करते-करते भी हमारा यह जन्म के बाद जन्म लेने का सिलसिला कब थमेगा? ...तो उस हेतु सोचो यह कि जब आप पीछे हटते-हटते एक दिन उस मुकाम पर पहुंच जाएंगे जहां आपके समय, यानी मुझमें... अर्थात् आपके मनरूपी कम्प्यूटर में एक भी डेटा नहीं बचा रह जाएगा, तब क्या होगा? जब डेटा ही नहीं तो मैं स्वयं कहां बचूंगा? और जब मैं ही नहीं रहा तो आपका स्पेसरूपी विश्व भी कहां बचेगा? तो ऐसे में क्या रह जाएगा आपके पास? सिर्फ एहसास...। और उस एहसास का क्या होगा? वह जहां से आया था उसी परम-एहसास में लीन हो जाएगा। क्योंकि जब हार्डडिस्क ही नहीं रही, तो जन्म कैसा? बस यही पूरे मनुष्यजीवन का खेल है। और यदि इसी बात को आपके जीवन के परिप्रेक्ष्य में कहूं तो यह जन्म लेते रहने की प्रक्रिया से छुटकारा पाना ही आपके जीवन का एकमात्र उद्देश्य है। और इस छुटकारा पाने में सहायक होने वाली शिक्षाओं या यूं कहूं कि समय में पीछे ले जाने वाली शिक्षाओं को ही "सायकोलॉजी" कहते हैं। और उसी तर्ज पर दूसरी ओर स्पेस के जरिए पीछे ले जाने वाली प्रक्रियाओं को "विज्ञान" कहते हैं। इतनी सीधी तो बात है। और आपको कितनी ही बार अलग-अलग तरीके से ये बातें समझा भी चुका हूँ। लेकिन फिर आप कन्फ्यूज हो जाते हैं और मुझे फिर नए तरीके से समझाना पड़ता है।

> **समय के विरुद्ध जाने पर समय विकराल स्वरूप धारण कर सबक सिखाने आ खड़ा होता है**

होगा, अभी तो इस पूरी विवेचना में आपके लिए महत्त्वपूर्ण बात यह कि विज्ञान समय में पीछे जाकर भौतिक प्रगति भले ही जितनी कर ले, परंतु उसकी यह सारी प्रगति आपके व्यक्तिगत जीवन को एहसास की ओर ले जाने में असमर्थ है। उस हेतु तो आपको सिर्फ मेरे सहारे ही रहना होगा। यानी उस हेतु तो आपको अपने समय में ही पीछे जाना होगा। इसी बात को थोड़ा गौरवान्वित भाषा में कहूं तो आपके जीवन में मेरा महत्त्व, मेरा अपना है।

दूसरी ओर एहसास तक पहुंचना विज्ञान का विषय भी नहीं। यह तो हर व्यक्ति का अपना जाती मामला है। सो, विज्ञान की उसके क्षेत्र में किये गए तमाम प्रयासों की तो दिल खोलकर तारीफ मुझे भी करनी ही होगी। और वह मौके-बे-मौके मैं करता भी रहता हूँ। अभी तो मेरे बुद्धिमान भाइयों सिर्फ इतना समझो कि जब दो कदम पीछे हटने की यात्रा करने पर विज्ञान इतनी प्रगति कर सकता है तो फिर आप चार-कदम समय में पीछे जाकर कहां-से-कहां नहीं पहुंच सकते हैं? फिर क्यों आप जीवन में आगे बढ़ने की इतनी आपा-धापी में लगे हुए हो?

खैर, मुझे तो पता ही है कि आप मेरी कोई भी बात आसानी से नहीं मानने वाले। सो, चलो मैं उससे भी सरल भाषा में आपको पीछे के ओर की यात्रा करने का महत्त्व समझाता हूँ। क्योंकि जब तक बात पूरी तरह आपके जहन में नहीं उतरेगी, आप पीछे की यात्रा करने हेतु राजी नहीं होंगे। और उस यात्रा पर निकले बगैर आपका उद्धार नहीं होगा। तथा मैं आपका उद्धार करने हेतु ही आपके सम्मुख प्रकट हुआ हूँ।

सो, यह बताओ कि जो घटना घटी है वह क्या है? ...निस्सन्देह वह परिणाम है। और आप क्या करते हैं? आप दिन-रात एककर उन परिणामों की एनालिसिस करते रहते हैं। बहुत हुआ तो उसके प्रभावों की चर्चा करने लग जाते हैं। जबकि वास्तव में तो आप चाहे परिणाम दोहराना चाहते हों या न चाहते हों; परंतु दोनों ही सूरतों में यह तो तय है कि उसकी असली चाबी उसके कारणों में छिपी होती है। और कहने की जरूरत नहीं कि घटना के कारण की खोज का मतलब पीछे जाना है। यानी कान कहीं से भी पकड़ें, आपको आगे जाना हो तो भी सही राह तो पीछे हटकर ही प्राप्त होगी। ...वरना आगे बढ़ने के प्रयास में तो सब लगे ही हुए हैं और सबका हश्र भी आपके सामने ही है। सो, कुल-मिलाकर कहूं तो भले ही एहसास को प्राप्त करने या परम-एहसास में लीन होने में आपका रस न हो तो भी जीवन में सफलता के शिखर छूना तो आप चाहते ही हैं। और उसका पीछे के ओर की यात्रा पर निकल पड़ने के अलावा दूसरा कोई उपाय नहीं। और

उम्मीद करता हूँ कि अब यह बात आपकी समझ में अच्छे से आ गई होगी। सो, अब हम यह यात्रा आगे बढ़ाते हैं।

आपके विश्व को संवारने के तरीके

खैर! आपने मेरे स्वरूपों, मेरी कार्यप्रणाली तथा मेरे प्रभावों बाबत बहुत कुछ समझ लिया। आपने अपने जीवन के मकसद को भी पहचान ही लिया। आप मेरे बाबत अनजान होने का बहुत कुछ भुगत रहे हैं, यह भी जहन में उतार ही लिया। ...अब सवाल आता है कि वे क्या उपाय हैं जिनके सहारे आप अपना जीवन सुख और सफलता की राह पर भी लगा सकें, तथा अपने जीवन का मकसद भी पा सकें।

...तो निश्चित ही वे सारे उपाय भी मैं ही बताऊंगा, और अब आगे मैं उसी बाबत चर्चा करूंगा।

बुद्धि के रचे भ्रम से बाहर आना

अब मैं अपनी सारी पुरानी बातें समेटते हुए तथा उन्हीं सब बातों के सहारे आपके विश्व संवारने के चंद तरीकों पर चर्चा करता हूँ। निश्चित ही आपका भी सीधा रस उन्हीं तरीकों को जानने में होगा जिनसे आपका विश्व संवारा जा सकता हो। और उस संदर्भ में यह जो पहला तरीका बता रहा हूँ, वह बड़ा ही अक्सीर व आसान है। अब तक आप अपने जन्म व पुनर्जन्म के बाबत तो समझ ही चुके हैं। साथ ही यह भी समझ चुके हैं कि आज जिन युगों के बारे में कोई जानता तक नहीं यानी जिनका इतिहास तक उपलब्ध नहीं; आप उनमें भी जी चुके हैं। यही क्यों? मनुष्य ने यहां तक का सफर कई जानवर योनियों को पार करके पाया है। और यही कारण है कि आप हरेक में चाहे सांप हो या बिच्छू, चाहे कुत्ता हो या बंदर; इनमें से किसी-न-किसी के कई गुण पाएंगे ही। यानी यह एकमात्र जन्म या अस्सी-सौ वर्ष ही आपका दायरा नहीं। वहीं आप यह भी समझ ही गए होंगे कि आप अपने विश्व का निर्माण करने, उसे पालने तथा उसे समाप्त करने, तीनों की सत्ता रखते हैं। ...और वह भी पूरी स्वतंत्रता के साथ। इसमें किसी बाहरी शक्ति की कोई दखलंदाजी नहीं। और जब दूसरे की दखलंदाजी ही नहीं तो जवाबदारी आपके स्वयं की हुई। यानी जिसका जो भी हाल है, उस हेतु वह स्वयं जवाबदार है। और सौ में से निन्यानवे यह जवाबदारी ठीक से नहीं निभा पाए हैं, यह सत्य आपकी आंखों के सामने है।

अब सवाल यह कि ऐसा क्यों? क्योंकि जीवन के मकसद बाबत तो कहीं कोई कन्फ्यूजन नहीं। बिना अपवाद के हरकोई अपने विश्व को आनंद व सफलता से भर देना चाहता ही है। और उस हेतु कोई कुछ कसर भी नहीं रख छोड़ता है। तो फिर गड़बड़ कहां है? आप कहेंगे "आपके कारण...।" गलत और बिल्कुल गलत! आपके जीवन को विकसाने हेतु मैं पूरी तरह से आपके साथ हूँ। अतः आपको जो कुछ भी सोचना है, अपनी गलतियों के बाबत ही सोचना है। आप कहेंगे देखो भई, हमें तो समझ नहीं आता। समझ आता होता तो हम अपने हाथों अपने विश्व का यह हाल ही क्यों करते? अतः आप ही बताइए कि गड़बड़ कहां है? आप ही समझाइए कि आगे कैसे बढ़ा जाए? ...लो शरणागति स्वीकार ली, तो अभी बताता हूँ। गड़बड़ आपके आगे बढ़ने की विधि में है। आप सोचते हैं कि आगे बढ़ने के भरपूर प्रयास कर आगे बढ़ा जा सकता है। और यहीं मैं आपसे सहमत नहीं। यहीं आकर आपके आगे बढ़ने के प्रयास और मैं आमने-सामने खड़े हो जाते हैं। जरा सोचो, आपकी वर्तमान समस्या क्या है? आपकी समस्या यह है कि आपमें से अधिकांश लोगों के मनरूपी कम्प्यूटर की हार्डडिस्क डेटा के ओवरलोड हो जाने की वजह से करप्ट हुई पड़ी है। आपके जिस कम्प्यूटर का ऑपरेटर व प्रोग्रामर दोनों आपको होना चाहिए था, उसमें इतने लोगों ने आपको प्रभावित कर डेटा डाल दिया है कि अब आपका यह कम्प्यूटर आपकी वास्तविक प्रोग्रामिंग ही भूल चुका है। और अब ऐसे में आप यहां से आगे बढ़ने की सोचेंगे तो उसमें और डेटा डालने होंगे, तथा और डेटा डालने का मतलब होगा कम्प्यूटर को और करप्ट करना। तथा कम्प्यूटर को और करप्ट करने का अर्थ होगा मेरी गति और धीमी करना। और मेरी गति धीमी करने का अर्थ होगा, दुःख व असफलता झेलना। कहने का तात्पर्य स्पष्ट है, आप आगे बढ़ने की कोशिश करेंगे तो और पीछे हटते चले जाएंगे, यह तय है।

> **बुद्धि की हर बात ऊपरी जबकि मन की हर बात बड़ी गहरी होती है**

चलो यही बात मैं आपको वैज्ञानिक तरीके से बताता हूँ। जरा सोचो कि यही हालत आपके टेबल कम्प्यूटर की हो गई होती तो आप क्या करते? निश्चित ही कम्प्यूटर को वापस सुचारू रूप से चलाने हेतु आप उसमें से डेटा डिलीट करना शुरू कर देते। यानी उसे आप फिर से अपने ओरिजनल स्वरूप में लाने का प्रयास करते। ...तो यही तो मैं आपसे कह रहा हूँ कि डेटा डिलीट करो। चलो यह तो समझ गए, पर अब यह बताइए कि यह डेटा डिलीट करें कैसे? सवाल तो एकदम सही है। आपमें से कइयों को तो यह भी नहीं मालूम कि उनके भीतर मेरे स्वरूप में एक मनरूपी कम्प्यूटर का स्वरूप भी स्थित है। अरे...इसकी भी छोड़ो, अधिकांश लोग तो बुद्धि व मन का फर्क तक नहीं समझते। ऐसे में वाकई अपने कम्प्यूटर में से डेटा डिलीट करने की बात तो बहुत दूर की है।

सो, शुरुआत मैं मन और बुद्धि का यह फर्क समझाने से ही करता हूँ। और उसमें सबसे बड़ा व महत्त्वपूर्ण फर्क यह कि आपकी बुद्धि इस जन्म की है। यानी आपके शरीर के साथ ही पैदा हुई है। और इस कारण उसकी सोच का दायरा भी बहुत बड़ा नहीं। बहुत हुआ तो दो-चार जनरेशन की सोच। जबकि मैं अनंत से आपके साथ हूँ। और आप को करनी भी अनंत की ही यात्रा है। और बुद्धि का उसमें व्यवधान यह कि वह लगातार अपने छोटे दायरे के डेटा आपके कम्प्यूटर में डालती रहती है। और सच कहूं तो उसने इसी से आपकी हार्डडिस्क को करप्ट कर दिया है। बुद्धि जीवन को अनंत की दृष्टि से देखती ही नहीं। वैसे वह देखे भी कैसे? वह है ही इस जन्म की, अतः उसका अनुभव भी इस जन्म पुरता ही है। यूं भी अगले जन्म में वह आपके साथ जानेवाली नहीं, सो उस दृष्टि से उसकी सोच भी गलत नहीं। वह तो अपने ही हित की बात सोचेगी। उसके लिए तो आपका यह जन्म "अभी नहीं तो कभी नहीं" ही है। परंतु इन सब चक्करों में कुल-मिलाकर सोचो तो आपके हाथ लग तो कुछ नहीं रहा, और उल्टा आपकी हार्डडिस्क खराब होती चली जा रही है। यानी यह जन्म तो बिगड़ ही रहा है, साथ में अगले जन्म की नींव भी गलत पड़ रही है। कहने का तात्पर्य बुद्धि विचार पकड़ा सकती है, आपको दायरे में बांध सकती है, आपको जबरदस्ती चंद राहें चुनवा सकती है, परंतु आगे क्या? अंत में तो सबकुछ आपकी हार्डडिस्क के आधार पर ही होना है, और वह इन सब चक्करों में करप्ट होती चली जा रही है।

सो, अभी के संदर्भ में मोटा-मोटी विभाजन आपके मन के कम्प्यूटर व बुद्धि की सोच का करूं तो दोनों में फर्क समय के दायरे का है। जहां बुद्धि की सोच सौ-दो-सौ वर्ष तक सीमित है, जिसे हम स्वार्थी सोच भी कह सकते हैं; जबकि मन अनंत समय अपने में समाये हुए है। इस कारण जहां बुद्धि जल्दी में है, वहीं मन के पास समय-ही-समय है। जहां

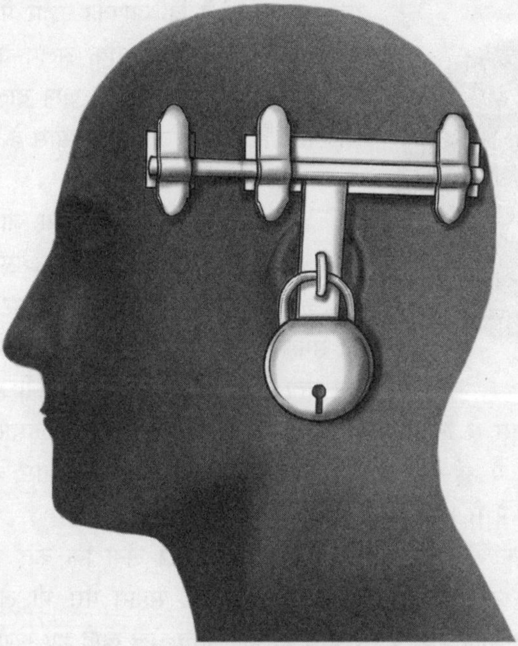

बुद्धि चूंकि इस जन्म की ही है
अतः एक दायरे से ऊपर का वह नहीं सोच पाती है

बुद्धि आपके शरीर के टॉप पर करोड़ों तंतुओंवाले कॉम्प्लीकेटेड ढांचे के साथ विराजमान है, वहीं आपका मन, यानी "मैं" आपकी नाभि में अरबों कॉम्प्लीकेटेड डेटा के साथ विराजमान हूँ।

अब जहां अपनी सीमित सोच के कारण बुद्धि वर्तमान जन्म संवारने की सोचती है, वहीं मैं आपके स्थायी उद्धार की सोचता हूँ। परंतु चूंकि मनुष्य को बुद्धि की हाथोंहाथ फायदा दिखाने वाली सोच ज्यादा रास आती है, अतः वह इस जन्म की सोच-सोचकर स्वार्थी होता चला जाता है। और यह स्पष्ट समझ लें कि ऐसी स्वार्थी सोच से आपका उद्धार नहीं हो सकता है। और इसके सबूत हेतु कहीं दूर जाने की जरूरत नहीं; आपके समेत सबका जीवन आपकी आंखों के सामने है।

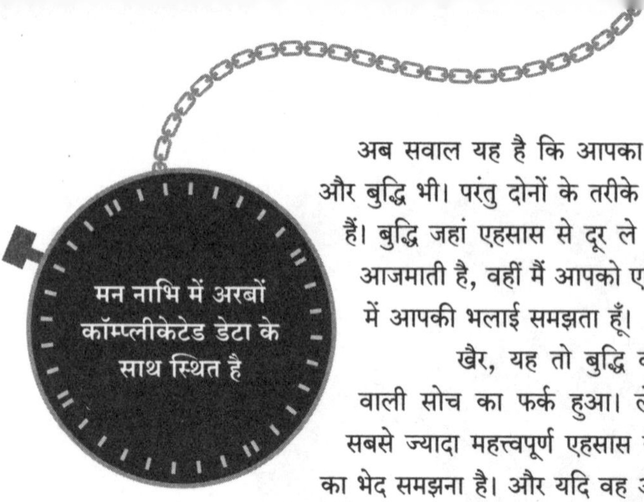

अब सवाल यह है कि आपका उद्धार मैं भी चाहता हूँ और बुद्धि भी। परंतु दोनों के तरीके अलग-अलग पड़ जाते हैं। बुद्धि जहां एहसास से दूर ले जाने वाले तमाम उपाय आजमाती है, वहीं मैं आपको एहसास के निकट ले जाने में आपकी भलाई समझता हूँ।

खैर, यह तो बुद्धि व मेरे जीवन को बढ़ाने वाली सोच का फर्क हुआ। लेकिन उपरोक्त बात में सबसे ज्यादा महत्त्वपूर्ण एहसास के निकट और दूर जाने का भेद समझना है। और यदि वह आप ठीक से नहीं समझे हों तो मैं फिर बता देता हूँ। एहसास से दूर यानी हार्डडिस्क भरते जाना, और एहसास से निकट यानी हार्डडिस्क खाली करते जाना। एहसास से दूर जाना यानी अपने विश्व में नई-नई स्पेस को जगह देते जाना, जबकि एहसास के निकट जाना यानी अपने विश्व में से स्पेस डिलीट करते जाना।

यहां एक और कॉम्प्लीकेशन अच्छे से समझ लेना कि कोई भी व्यक्ति पूरी तरह बुद्धि से ही नहीं चलता। हरकोई कुछ-न-कुछ सहारा मेरा भी लेता ही है। तो कुल-मिलाकर हर कोई बुद्धि व मेरे बीच ही कहीं हिचकोले खाते हुए निर्णय करता रहता है। अब यदि आपके जीवन के सुख, चैन और सफलता के नियम की बात करूं तो वह सीधा-सीधा कितना आप एहसास के निकट हैं, ...उसके डायरेक्टली प्रपोर्शनेट है। ...यानी जितना आप एहसास के निकट होंगे, उतनी बड़ी सफलता आपके जीवन में दस्तक देगी। जितने आप एहसास से दूर होंगे, उतने ही आप सामान्य जीवन जीने पर मजबूर होंगे। दूसरी महत्त्वपूर्ण बात यह कि एहसास का केन्द्र नाभि में है, जहां मैं भी मौजूद हूँ। जबकि बुद्धि आपके शरीर के टॉप पर है। यानी एहसास के निकट आप मेरे सहारे ही पहुंच सकते हैं, आपकी बुद्धि के सहारे कभी नहीं।

और इसी बात को और स्पष्टता से कहूं तो एहसास से मेरी निकटता देखते हुए सर्वप्रथम तो आपको अपनी बुद्धि के सुझाए मूर्खतापूर्ण सारे उपायों से अपने को दूर रखना होगा। ...तथा साथ ही आपको अपने समय यानी मेरा विस्तार बढ़ाते चले जाना होगा। बुद्धि लाख आपको सौ-दो-सौ वर्ष या युग-दो-युग के दायरे में बांधना चाहे, आपको उन सारे झंझटों से मुक्त होना ही होगा। और आपका विश्व संवारने हेतु दूसरा कोई उपाय भी नहीं है आपके पास। सो कुल-मिलाकर उस दिशा में सबसे मजबूत कदम तो आपको यह

उठाना होगा कि आपको अपनी इस जीवन-यात्रा को केवल इसी जन्म तक सीमित होने का भ्रम मिटाना होगा। आप थे और रहेंगे, यह विश्वास आपको पूरी दृढ़तापूर्वक करना ही रहा। और यह विश्वास दृढ़ करने हेतु आपको गहरे में थोड़ा मेरी ओर झांकना होगा। क्योंकि एकबार यदि आपको मेरी उपस्थिति का पक्का एहसास हो जाए, तो यह कार्य बड़ा आसान हो जाएगा।

अब आपको मेरी उपस्थिति के बाबत कहूं तो अनेकों बार आपको उसका अंदाजा होता भी है, परंतु आप ठीक से ध्यान नहीं देते। चलो मैं आपका ध्यान आकर्षित कराए देता हूँ, आप अक्सर गाने तो सुनते ही होंगे। आज के बाद थोड़ा गौर करना कि क्या सारी आवाजें गले से निकल रही हैं? नहीं, जो आपको ज्यादा खींचती होगी वह आपको लगेगा कि हृदय या नाभि से आ रही है। ...और यही मेरी मौजूदगी का सबूत है। आपको भी अपने या दूसरों के दुःख या खुशी कई बार गहरे जान पड़ते हैं, आप कहते भी हैं कि उसका दुःख बड़ा गहरा है। ...या उसकी खुशी बड़ी परम है। यह परम क्या है...? तथा वह आपको परम क्यों भासती है? इसलिए कि वह बुद्धि के द्वारा नहीं, मेरे द्वारा महसूस की गई होती है। या मेरे निकट ही कहीं महसूस की गई होती है। वैसे ही कहूं तो अक्सर आप किसी की सहायता कर देते हैं, सहायता आप बुद्धि के बहकावे में आकर कर देते हैं, भीतर गहरे में वह आपका वास्तविक स्वभाव नहीं होता। अतः सहायता करने के बाद आप उससे हजार उम्मीदें बांधते हैं या अक्सर तो आप सहायता कर पछताते भी हैं। यह सब और कुछ नहीं, आपके बेमन या कहूं आधे-अधूरे विचार से की गई सहायता के कारण मेरे द्वारा भेजी गई प्रतिक्रियाएं हैं।

कुल-मिलाकर बुद्धि व मेरा फर्क यह है कि बुद्धि की सारी बातें ऊपरी होती हैं। होगी ही, क्योंकि बुद्धि का जीवन के प्रति दृष्टिकोण ही बड़ा संकीर्ण है। यह जन्म और बहुत हुआ तो दो-पांच सौ वर्ष, बस। जबकि मैं गहरा और विशाल हूँ, अतः मेरा हर अनुभव फिर चाहे वह कोई भाव बनकर ही प्रकट क्यों न हो रहा हो, गहरा ही होगा। यानी वह क्रोध हो या प्रेम, चिंता हो या आनंद; सब का सब यदि मेरे तल पर अनुभव किया गया होगा, तो गहरा ही होगा।

और मेरी उपस्थिति का उससे बड़ा सबूत दूं तो बुद्धि लाख बार तय कर लेती है कि अब क्रोध नहीं करना है, फिर यह क्रोध आ कहां से जाता है? यदि वह बुद्धि के ही वश में होता तो कभी न आता। परंतु जब वह मेरे द्वारा भिजवाया गया हो, तो बुद्धि का क्या बस? अतः पहले आप हर हाल में मुझे और बुद्धि को अलग-अलग पहचान लें। और

एकबार यह फर्क समझ में आ जाए तो फिर बुद्धि के डाले गए डेटा की व्यर्थता भी समझ लें। बस फिर बुद्धि ने आपके विश्व में जमाने भर की जो व्यर्थ जानकारियां तथा व्यर्थ के रिश्तों में जो गंभीरताएं डाल रखी हैं, उनसे निजात पाना शुरू कर दें।

यदि अब भी बात पूरी तरह नहीं समझे हों तो, एक नए ही तरीके से समझाने की कोशिश करता हूँ। यह समझें कि कुल-मिलाकर आप जीवन में चाहते क्या हैं? यही न कि जीवन में आप आनंद और सफलता के नए-नए आयाम छूते चले जाएं। तो, मैं भी यही चाहता हूँ। और इस हेतु ही अपनी पूरी कार्यप्रणाली आपको समझा रहा हूँ। सो, सीधा-सीधा समझते क्यों नहीं कि जीवन में सफलता पाने हेतु आपको करना क्या है? निश्चित ही आपको अपनी करप्ट हुई हार्डडिस्क को फिर सक्रिय करना है। और वह सक्रिय कैसे होगी? स्वाभाविक तौर पर डेटा डिलीट करके। सो, सबसे पहले उन डेटा पर नजर घुमाएं जो आपकी बुद्धि ने आपके कम्प्यूटर में डाल रखे हैं। और इस विषय में जरा-सा गौर करने पर आपको समझ आ जाएगा कि आपकी बुद्धि ने हजार अनावश्यक जानकारियां एकत्रित कर रखी है। सो, सर्वप्रथम तो आप अपनी आज की जरूरत समझें। और जो आज काम की नहीं, उसे अनावश्यक ही जानें। और यह अनावश्यक जानना भी एक कला है। जितनी गहराई से आप उन जानकारियों को अनावश्यक मानेंगे, उतने ही उन बेकार की चाहों और याद्दाश्तों के डेटा आपकी हार्डडिस्क में से डिलीट होते चले जाएंगे। फिर वह डेटा चाहे बुद्धि ने संग्रहित कर रखे हों या मन ने। और यहां यह तो तय कर ही लें कि नए अनावश्यक डेटा तो डालने ही नहीं हैं। यदि स्विटजरलैंड जाने के हालात ही नहीं हैं तो वहां के क्लाइमेट के बाबत पूछपरछ करना ही क्यों?

दूसरी बात, बुद्धि ने जो आपका विश्व बनाया है, और उस विश्व में जो तमाम रिश्तेदारों और मित्रों को घुसेड़ा है, उन्हें बाहर निकालें। बाहर निकालने का अर्थ यह नहीं है कि उनसे संबंध तोड़ दें। नहीं...। बाहर निकालें अर्थात् वे आपके विश्व का हिस्सा हैं, ऐसा मत मानें। आपका जीवन अलग, उनका अलग। आपका अपना विश्व, उनका अपना विश्व। उनके साथ बातें करें, खेलें-कूदें, उनके कष्ट दूर कर सकते हों तो तुरंत करें, उनके प्रति आपके कर्तव्य भी निभाएं, परंतु उनसे लगाव नहीं...। यह नहीं कि आप उनके दुःख दूर नहीं कर सकते तो आप भी दुःखी हो गए। उनकी हंसी आपका जीवन बन जाए, यह नहीं। आपकी बुद्धि ने तो हर जन्म में ऐसे पांच-पचास व्यक्तियों को आपके विश्व में घुसेड़ा ही है। और हर जन्म में इन रिश्तों से लगाव के कारण ना तो आप रिश्तों का मजा ले पाए हैं और ना ही उनके ठीक से काम ही आ पाए हैं। और फिर अपने होंगे तो अपेक्षाएं

जागेंगी ही। और फिर उन जागी अपेक्षाओं के कारण हजार झमेले रोज पालना...। ना बाबा ना, जो दस-बीस वर्ष बाद हमेशा के लिए आपके विश्व से बिदाई लेने ही वाले हैं, वे आपके हमेशा रहने वाले विश्व का हिस्सा कैसे हो सकते हैं? यूं भी आपके कर्तव्य-कर्म में अपना विश्व सम्भालना और दूसरे के कर्तव्य-कर्म में उसका विश्व सम्भालना आता है। सो, सब सम्भाले अपना-अपना विश्व, आपको क्या झंझट? बस यह बात यदि आपने पूरी दृढ़तापूर्वक तय कर ली तो आपकी करप्ट-से-करप्ट हार्डडिस्क भी तत्क्षण कार्य करना शुरू कर देगी। इस एक निश्चय से लाखों डेटा उसमें से डिलीट हो जाएंगे। उन रिश्तों से बंधी आपकी अपेक्षाएं, उनके दुःख-दर्द, उनकी आकांक्षाएं, उनके कमेंट, उनकी आपके बाबत रायें...फिर कुछ भी आपको विचलित कर आपके भीतर मेरी गति धीमी नहीं करेगा। और इसे कोई छोटी-मोटी उपलब्धि मत समझना। सोचो तो यह भी कि यदि हरकोई इस तरह अपना विश्व अच्छे से संभाल ले, तो क्या पूरी दुनिया आबाद न हो जाए?

मनुष्य की बुद्धि इस जन्म की है जबकि उसका मन जन्मों-जन्मांतर का है

खैर, वह तो होगा तब होगा। अभी तो इस डेटा काटनेवाली बात को ही आगे बढ़ाते हैं। और उस संदर्भ में अब बारी आती है बुद्धि द्वारा किये गए चुनावों की। और यह चुनाव हजार तरीके के होते हैं। इस कारण आपको जहां पूरा ''जहां'' पाने का सफर तय करना होता है, वहीं आपकी बुद्धि आपको छोटी-छोटी हजार चीजों में उलझाकर रख देती है। जहां आपको उस एहसास में लीन होना होता है जो इस पूरे जहां का सृजन करनेवाला है, वहीं आपकी बुद्धि बात-बात पर आपको छोटी-मोटी चीजों में इनवोल्व करती फिरती है। जैसे यह तीस व्यक्ति मेरे अपने, बस यही मेरे विश्व का हिस्सा। और मैं समझा ही चुका हूँ कि इसका सीधा अर्थ मेरी भाषा में यह कि बाकी पराए। ...यानी विश्व की करोड़ों की आबादी आपने ठुकरा दी। फिर ...मैं क्रिश्चियन। यानी बाकी धर्म आपने ठुकरा दिये। ऐसा क्यों? अरे,

क्रिश्चियन धर्म तो अभी इक्कीस सौ वर्ष पुराना है, सोचो यह कि क्या वह नहीं था तो जहां नहीं चल रहा था? वैसे ही जब हिंदू, बौद्ध या मुस्लिम धर्म नहीं थे तो क्या आसमान टूट पड़ा था? ...बेकार की बातें करते हैं। क्या तब भी आप किसी-न-किसी रूप में मौजूद नहीं थे? तो फिर अचानक यह क्रिश्चियन कैसे हो गए? ...फिर अगले जन्म में हिंदू हो जाएंगे। ...यह सब कब तक? नहीं, न चुनाव न विभाजन। यह बात अच्छे से अपने भेजे में ठूंस लें कि जो दस-बीस वर्ष में बिछड़ने ही वाला हो, वह आपका कतई नहीं हो सकता। ठीक वैसे ही अन्य भी ऐसे फिजूल के चुनाव जो बुद्धि ने कर रखे हैं, तथा उस कारण दूसरों से जो दुराव आया है; मेहरबानी कर वे सारे डेटा समझदारीपूर्वक डिलीट कर दें। अलग से टोपी, अलग का खाना; यह सब क्या लगा रखा है? बुद्धि ने इस चुनाव करने की आदत के कारण पूरा ब्रह्मांड तो छोड़ो, अब तो पृथ्वी का एक प्रतिशत हिस्सा भी आपके लिए नहीं छोड़ा है। अब यह उसने कैसा विश्व बना दिया है आपका? ...जो न तो आपका है और ना ही सबका है। यदि आप स्पेस के तरीके से अपना विश्व बनाना चाहते हैं तो सबको बराबरी पर अपना लो। और यदि आप वाकई टाइम के तरीके से अपना विश्व बनाना चाहते हो तो सिर्फ अपने विश्व में सिमटकर रहो। दोनों ही मार्ग सही है, और मैं वादा करता हूँ कि दोनों ही सूरतों में आपकी हार्डडिस्क ओवरलोड नहीं होगी।

खैर, मैं तो समय हूँ और समय के रास्ते जाने की ही बात करूं। और उस संदर्भ में सोचो यह कि जब आपके सिवाय कोई आपका है ही नहीं, तो भीतर डेटा क्या बनेंगे। इससे उल्टा सोचो, यदि सब आपके हैं और सबकुछ आपका है, तो भी डालने हेतु डेटा लाओगे कहां से? परंतु यदि चुनाव है, कुछ है और कुछ नहीं है; तब तो आपके भीतर डेटा का भंडार एकत्रित होता चला जाएगा। पर अभी चूंकि बात मेरे यानी समय के मार्ग से एहसास तक पहुंचने की चल रही है, अतः आप अपने विश्व में चुनावों के डेटा डालें ही मत। और यदि आपने मेरी बात समझकर आपके द्वारा चुनाव के उद्देश्य से डाले गए तमाम डेटा डिलीट कर दिये, तो आप तत्क्षण अपने जीवन में मेरी गति कई गुना बढ़ी पाएंगे। और मेरी गति तेज होने का अर्थ तो अब आपको अलग से समझाने की जरूरत ही नहीं।

सो, कुल-मिलाकर कहने का तात्पर्य यह कि जो कुछ भी आपने अपने विश्व में ऐसा समा रखा है जो आपकी मृत्यु के बाद बिछड़ जानेवाला है; उससे आप ज्यादा मोह रखें ही मत। और उसकी सूची गिनाऊं तो आपके तमाम रिश्ते तथा आपके तमाम चुनाव ही नहीं, बल्कि आपके शरीर व बुद्धि भी उसमें शामिल हो ही जाते हैं। क्योंकि आपकी मृत्यु के बाद वे दोनों भी आपसे बिछड़ ही जानेवाले हैं। सो, न तो अपनी बुद्धि की ज्यादा सुनें

और न ही शरीर के कारण कोई काम अटकने दें। हेलेन केलर से लेकर स्टीफन हॉकिंग तक इसके तमाम उदाहरण मौजूद हैं। जिनके शरीर ने उनका साथ बिल्कुल नहीं दिया, परंतु अपने स्थायी साथी यानी अपने मन के साथ से उन्होंने इतिहास रच डाला।

सो, यदि अब तक कही बातों का सारांश कहूं तो आप अपने अनंत समय की शरण में जाएं। इसका सीधा अर्थ यह कि आप अपना जीवन सिर्फ इस जन्म पूरता मानें ही मत। और जब आप "सिर्फ इस जन्म पूरता अस्तित्व में नहीं हैं" पर स्थिर हो जाएंगे तो आपके सोचने के तरीके में बड़ा ही बुनियादी फर्क आ जाएगा। फिर आप सरलता से इस जन्म से संबंधित तमाम डेटा डिलीट करने में सफल हो जाएंगे। और यह करते ही आपकी हार्डडिस्क काफी हद तक खाली हो जाएगी। कहने की जरूरत नहीं कि उस कारण मेरी गति अत्यंत तेज हो जाएगी। और मेरी तेज गति आपके जीवन को सुख व सफलता के मार्ग पर लगा ही देगी। यूं भी आपका सारा रोना तो इस जन्म का ही है। ...वरना अनंत में तो यूं भी कहीं कोई दुःख नहीं है।

सिर्फ अपने 'होनेपन' के साथ रहें

आगे अब जीवन सफल बनाने के अगले उपाय पर चर्चा करता हूँ। और उस संदर्भ में मैं आपको एक ऐसी महत्त्वपूर्ण तथा बुद्धिमत्ता से परिपूर्ण बात बताने जा रहा हूँ कि शायद यह बात आप पर जादू ही कर जाए। आपकी बुद्धि के मायाजाल से छूटने का यह एक बड़ा ही अक्सीर उपाय है। और उससे भी बड़ी बात यह कि जीने का तरीका भी यही है और जीने का मजा भी इसी में है। जरा सोचें, वास्तव में आपके लिए सबसे ज्यादा महत्त्वपूर्ण क्या है? ...लेकिन आप क्यों सोचने लगे? सो मैं ही बताए देता हूँ। आपके लिए सबसे ज्यादा महत्त्वपूर्ण आपका होना है। और एक आप हैं जो उस "एक" को छोड़कर परिवार, मित्र, रिश्तेदार, धर्म, समाज, व्यवसाय, घर, वस्तुएं, इज्जत और...और भी न जाने किन-किन चीजों को महत्त्व दिये हुए हैं!

एक क्षण को सोचें कि ये सब चीजें क्या वाकई महत्त्वपूर्ण है? जरा-सा ध्यान देने पर ही पता चल जाएगा कि इनका महत्त्व ही तब है जब आपके होनेपन का उनसे मिलन होता है। इसे ऐसा समझें कि आपने एक नया घर बनवाया है और जिसका बगीचा आपको बहुत पसंद है। परंतु जब आप ऑफिस गए होते हैं तब उस बगीचे का क्या? वह बगीचा क्या आपके साथ जाता है? नहीं, आपके घर से निकलते ही वह आपका साथ छोड़ देता है। तो फिर बताओ, महत्त्व आपके होनेपन का हुआ कि बगीचे का?

...यही टाइम और स्पेस के मिलन की थ्योरी है, और यही इसका कमाल है। अब यह समझाने की जरूरत नहीं कि यहां टाइम आपका होनापन है, और स्पेस वह जिससे आपके होनेपन का मिलन हो रहा है। आप थोड़ा-सा गौर करेंगे तो पाएंगे कि सुबह से शाम तक स्पेस में पचासों वस्तुओं और व्यक्तियों से आपका मिलना व बिछड़ना चलता रहता है। और उसी तर्ज पर यह क्रम जीवनभर चलता रहता है। ...परंतु थोड़ा-सा ठहरकर सोचो यह कि स्पेस के इस मिलने-बिछड़ने के पूरे खेल में 'टाइम में सिर्फ आपका होनापन रहता है। ...यानी स्पेस से मिलने और बिछड़ने के तमाम सुख-दुःख आप सिर्फ अपने इस होनेपन के साथ भोगते हैं। उससे आप एक पल को नहीं बिछड़ते हैं। क्योंकि वही आप हैं और आपके, आपसे बिछड़ने का कोई उपाय नहीं।

अब सवाल यह कि जब स्पेस में सबसे आपका मिलन ही बिछड़ने के लिए होता है तो आप उसे अपना मानते ही क्यों हैं? सीधा-सीधा जब एक बार में एक टाइम आपको उपलब्ध है, तो उसमें एक बार में एक ही स्पेस को क्यों नहीं अपनाते? ...बात शायद थोड़ी कॉम्प्लीकेटेड हो गई, तो चलो कुछ विस्तार से समझाता हूँ। मानो आप सुबह उठे और बगीचे में टहलने गए, अब जब बगीचे में टहलने गए तो आपके होनेपन का मिलन बगीचे से हो ही गया। तो, बस बगीचे का आनंद लो। फिर आप नहाने गए तो वह भी अपनेआप में एक सुखदायी क्रिया है, और यूं भी उस समय पूरता होनेपन का मिलन आपके बाथरूम और उसके शॉवर से हो ही गया। ...तो बस आप बगीचे को पूरी तरह भूलकर नहाने से अपने होनेपन को एक कर दो। और ऐसा वस्तुओं के संबंध में ही नहीं, व्यक्तियों के संबंध में भी रखो। आपके होनेपन का मिलन मित्रों से हुआ तो मित्रों के हो जाओ, और रिश्तेदारों से होए तो उनके हो जाओ। घर आए तो परिवारवालों के हो जाओ, और ससुराल जाओ तो ससुराल के हो जाओ।

और यह आदत तो आपको डालनी ही होगी। क्योंकि जिनका आपके होनेपन से मिलन नहीं हो रहा, उन्हें भी चौबीस घंटे अपने होनेपन में ढोने का क्या मतलब? और फिर एक-दो नहीं हजारों वस्तुओं और व्यक्तियों को आपने अपने होनेपन में अपना मान रखा है। और उस कारण आपको अकारण विभाजित होकर जीना पड़ रहा है। जिससे मिलते हो अधूरा मिलते हो। न मित्रों का मजा ले पाते हो न घर का। न प्रेमिका से दिल खोलकर मिल पाते हो न ऑफिस के काम में ही आपका मन लगता है। अतः बेहतर है कि जो व्यक्ति सामने हो, अपने होनेपन का उससे पूर्ण मिलन कर दो। जो कार्य सामने हो, अपने होनेपन को उसमें डुबो दो। देखना, मिलने का आपका मजा ही हजार गुना हो जाएगा। और कार्य

तो ऐसे निपटेंगे कि आप देखते ही रह जाएंगे। और ऊपर से हर काम आपको पहले से सौ गुना मजा देगा, सो अलग।

आप ध्यान बाहर की वस्तुओं के बजाए अपने होनेपन पर रखेंगे तो सदैव सुखी रहेंगे

और वैसे भी देखो तो यह सारी स्पेस जिसे आप अपने होनेपन में बेवजह स्थायी तौर पर बसाये हुए हो, वे आपकी हैं भी कहां? स्पेस तो कोई भी व कैसी भी हो, बेवफा ही है। जब आप ऑफिस जाते हो, तब भी आपका घर तो वहीं का वहीं रहता है। यही नहीं, जिन-जिन के होनेपन का आपके घर से दिनभर ताल्लुक होता रहता है, आपका घर उनका हो ही जाता है। और-तो-और, भले ही आपने यह घर कितनी ही मेहनत, चाव व लगन से क्यों न बनवाया हो, आपके होनेपन ने दुनिया से विदाई ली नहीं कि वह हमेशा के लिए किसी और का हो जाता है। आपके होने-न-होने का घर पर रत्तीभर असर पड़ता है? तो फिर आप क्यों घर की समझदारी से भी गया-बीता व्यवहार कर रहे हो? किस बिनाह पर उसे अपना मानकर उसका बोझ ढो रहे हो? बस, यह सीधा गणित क्यों नहीं समझते कि जीवन में आपके होनेपन का जिस व्यक्ति या वस्तु से जितनी देर के लिए मिलन हो, उतने ही देर के लिए वह आपकी? ...बाकी जाए भाड़ में।

और फिर इसका दूसरा फायदा भी है। इससे आपकी अपने जीवन में आनेवाले संकटों से निपटने की क्षमता भी कई गुना बढ़ जाएगी। क्योंकि एकबार यह आदत बन गई तो संकट आने पर आपका होनापन पूरी तरह संकट से एक हो जाएगा। और जब आप इतनी दृढ़ता से संकट से एक हो जाएंगे तो फिर निश्चित ही उससे बच निकलने के हजार बेहतर उपाय भी खोज ही लेंगे।

और ठीक इसी तरह आपके कार्य भी फटाफट और उच्च-कोटि के होंगे। क्योंकि तब जो कार्य आपके हाथ में होगा, आपका होनापन उस कार्य के साथ एक हुआ पड़ा होगा। अर्थात् आपका ध्यान सिर्फ उसी कार्य पर होगा। क्योंकि उस दरम्यान आपके होनेपन का किये जा रहे कार्य से पूर्ण मिलन हो जाएगा। यानी ना

सिर्फ समस्याओं से निपटने का बल्कि सफलता की ओर कदम बढ़ाने हेतु भी यह एक अक्सीर उपाय है। ...और फिर जीवन जीने का पूरा मजा भी इस आदत को पनपाए बगैर नहीं आ सकता।

अतः कुल-मिलाकर समझा जाए तो महत्त्व सिर्फ आपके होनेपन का ही है, और महत्त्व उसे ही देने में फायदा भी है। और सबसे बड़ी बात तो यह कि इससे आपकी हार्डडिस्क में अकारण पड़े हजारों डेटा स्वतः ही डिलीट हो जाएंगे। मेरी गति बढ़ेगी और आपका आनंद बढ़ेगा। और यही बढ़ता आनंद आपके जीवन को सफल बनाता चला जाएगा।

मैं ही सब तय करता हूँ

मैंने अभी आपको पीछे जो दो उपाय बताए हैं, उसे हमेशा याद रखना। उसे जल्द-से-जल्द अमल में लाने की कोशिश भी करना। और सच कहूं तो उनका महत्त्व जानते हुए एकबार फिर याद दिलाऊं तो, सबसे पहले तो स्वयं को बुद्धि के फैलाए इस जन्म के विश्व से खुद को अलग कर लेना। और दूसरा कहूं तो अपने होनेपन का महत्त्व जान हमेशा सिर्फ उसके साथ रहना। यानी अपने होनेपन का जिस वस्तु से मिलन हो, उसे ही और उतने ही समय के लिए अपने विश्व का हिस्सा मानना।

चलो यह बात तो आप अमल में रखना शुरू कर ही देंगे। अब आगे मैं आपको अपनी परम-सत्ता से मिलवाता हूँ, जिसे जानकर शायद आपके अपने जीवन संबंधी काफी कन्फ्यूजन पूरी तरह दूर हो जाएंगे। लेकिन बात थोड़ी गहरी है, इसलिए मेरी इस परम-सत्ता को बड़े ध्यान से समझना, चौंकना मत। मेरी परम-सत्ता यह है कि कब, किसको, क्या करना यह सब मैं ही तय करता हूँ। और मेरे चाहे अनुसार बढ़ने में ही आपकी भलाई है। और इस लिहाज से आप इसे मेरा ''निर्णायक स्वरूप'' भी कह सकते हैं। ...क्या बात करते हैं आप? और यदि ऐसा है भी तो हमें कैसे पता चले कि आप क्या चाह रहे हैं? हमने तो कभी आपको बोलते सुना नहीं? अब मेरे बोलने में आवाज थोड़े ही होती है जो आप कान से सुनेंगे। मैं अदृश्य हूँ और मेरी बात समझने हेतु आपको मेरी अदृश्य भाषा ही अपनी गहराइयों में समझनी होगी। हां, यह अवश्य स्पष्ट कर दूं कि आपकी भलाई कब

और क्या करने में है, उस हेतु मैं सीधे तौर पर आपको इशारे करता ही हूँ। लेकिन आप ना तो मेरा इशारा समझते हैं और ना ही मुझे तवज्जो देते हैं। क्योंकि आप सारे निर्णय अपनी बुद्धि पर छोड़े बैठे हैं। आपके जीवन के सारे निर्णय वही करती चली जाती है। अब उसकी समझ ही क्या? उसे मालूम ही क्या? उसकी पहुंच ही कहां तक? दो-चार किताबें पढ़ ली, दस-बीस अनुभव कर लिए कि बस...। अरे! मैं सृष्टि में सबसे पहले अस्तित्व में आया हूँ। ब्रह्मांड ही नहीं, मनुष्यजीवन के भी सारे उतार-चढ़ावों का मैं गवाह हूँ। या यूं कहूं कि मनुष्य के जीवन के सारे उतार-चढ़ावों का एक मैं ही जिम्मेदार हूँ तो ज्यादा ठीक होगा। ...फिर क्यों मेरे बजाए बुद्धि की सुनते हैं?

आप कहेंगे, महाराज हमें क्या करना, यह आप तय करते हैं; यह तो हमें मालूम ही नहीं था। और ''कब क्या करने'' के इशारे भी करते हैं, यह तो बिल्कुल हमारी समझ के बाहर है। कहीं ताव में आकर ऐसे ही ऊंची-ऊंची बातें करने पर तो नहीं उतर आए हो? अरे मूर्खों, मैं तो हूँ ही सबसे ऊंचा, मुझे बड़ास मारने की आवश्यकता ही क्या? सो, यह यकीन जानो कि आपकी भलाई किसमें है, यह सिर्फ मैं ही जानता हूँ। आपकी बुद्धि को आपके हित का कोई अंदाजा नहीं। उल्टा उसके चक्कर में ही आप अपना अहित करते चले जाते हैं। और इस बात के सबूत के तौर पर सबका जीवन आपकी आंखों के सामने है। निश्चित ही सौ में निन्यानवे सिर्फ अपनी बुद्धि के भरोसे जीते हैं, और कहने की जरूरत नहीं कि उनकी बुद्धि चौबीसों घंटे अपने हित के ही चक्कर में लगी रहती है। काम भी सब कोई जो हितकर जान पड़ते हैं, वही करते हैं। संभावित अहित से बचने के प्रयास में भी सभी लगे ही रहते हैं। तो फिर परिणाम में किसी का हित हो क्यों नहीं रहा है? और इसका सीधा जवाब यह कि आपकी बुद्धि को आपके हित बाबत कुछ पता ही कहां है? दरअसल यह उसका कार्यक्षेत्र ही नहीं है।

...वैसे तो आपके जीवन का सबसे दुःखद पहलू यह है कि आप में से अधिकांश को मन और बुद्धि का फर्क ही नहीं मालूम है। और जो कुछेक को मालूम है, वे भी मन को भावों का मायाजाल समझते हैं; ''समय'' का स्वरूप नहीं। खैर, मन ''समय'' है यह तो मैं आपको समझा ही चुका हूँ और बीच में भी वैसे तो जब-जब जरूरत पड़ी है, मन और बुद्धि का बुनियादी फर्क भी मैं समझाता ही रहा हूँ। बुद्धि के अच्छे काम हैं, सोचना, एनालिसिस करना, निर्णय करना, याद रखना और जीवन बेहतर बनाने हेतु जरूरतें महसूस करना। साथ ही शरीर सुचारू रूप से चलाना। ...वहीं दूसरी ओर बेकार की चीजें याद रखना, स्वार्थ में निर्णय करना, ज्यादा सोचना, अनावश्यक एनालिसिस करना आदि बुद्धि

के गुणों का दुरुपयोग है। बुद्धि के साथ सबसे बड़ी दिक्कत ही यह है कि यह लाख गुणी होने के बावजूद इसका जरूरत से ज्यादा उपयोग खतरनाक हो जाता है। इसको एक लिमिट से ऊपर का महत्त्व देना, जीवन का सत्यानाश कर देता है। और आज के बाद आप भी गौर करना कि ज्यादा सोचनेवाले या हर बेकार की बात याद करनेवाले जीवन में कभी कुछ नहीं कर पाते हैं। और बात-बात पर एनालिलिस करनेवालों की गत तो तरस खाने लायक हो जाती है।

चलो, ये सब तो सामान्य बातें हुई। और इस संबंध में मैं पहले भी बहुत कुछ समझा ही चुका हूँ। सो, अब सीधे बुद्धि की उस खतरनाक सत्ता की ओर इशारा करता हूँ जिसका दुरुपयोग ही आपके जीवन का सत्यानाश किये हुए है। और वह है बुद्धि की निर्णय करने की शक्ति। यहीं आकर मनुष्य को सबसे ज्यादा सजग रहने की आवश्यकता है। क्योंकि बुद्धि अपनी निर्णय क्षमता से ही मेरे तल पर उभर रहे भावों को दबाती रहती है और इसके बड़े ही गंभीर परिणाम मनुष्य को भुगतने पड़ते हैं। सच कहूं तो यही मनुष्य की दुर्दशा का सबसे बड़ा कारण भी है। क्योंकि बुद्धि 'मन' को कितना ही दबाए पर स्थायी तौर पर मन में उभरे भाव कभी नहीं दबाए जा सकते हैं। अतः वे और भी विकृत होकर निकलते रहते हैं। ...और यही विकृति आज के मनुष्य की सबसे बड़ी परेशानी है। ठीक है, निर्णय की क्षमता बुद्धि के पास है, लेकिन मेरे तल पर उभरे भाव दबाना बुद्धि द्वारा अपने को मिली सत्ता का खुल्लम-खुल्ला दुरुपयोग है। चलो यह भी समझ गए। पर बुद्धि पर लगाम कैसे लगाएं? यह तो बड़ा आसान है, बस स्वाभाविक होकर जीना सीख जाएं। साथ ही अपने स्पोन्टेनियस निर्णय पर भरोसा करें। बस ये दोनों बातें अपनाते ही बुद्धि के तमाम इंटरफियरंस पर ताले लग जाएंगे।

समय का एक निर्णायक स्वरूप भी है और वो ही सबकुछ तय करता है

वहीं बुद्धि की इस निर्णय करने की क्षमता का दूसरा दुष्परिणाम बताऊं तो कई बार आप मेरे इशारे समझ भी जाते हैं, परंतु बुद्धि अपनी निर्णय-क्षमता के बल पर उनपे आपको अमल

नहीं करने देती है। और मेरे इशारों की भाषा कहूं तो, इंट्यूशन, स्पोंटेनिटी वगैरह...वगैरह इसमें शामिल होते हैं। और आपकी साधारण भाषा में कहूं तो बस ऐसे ही, या यूं ही; यह करने का मन कर रहा है, वगैरह...वगैरह। मेरी इस बात को अलग तरीके से समझाऊं तो जिन कार्यों को करने के आपको कारण मालूम हैं, वे सब आपकी बुद्धि के दिखाए रास्ते हैं। उनसे बड़ा लाभ कभी नहीं होगा। लेकिन जो कार्य करने का कारण नहीं मालूम या कहूं कि जिस कार्य को करने का एक ही कारण है कि मजा आ रहा है, वे मेरे इशारे पर किये जानेवाले कार्य हैं। और एक दिन उसके बड़े ऊंचे परिणाम अवश्य आते हैं। विश्वास नहीं होता तो जाओ और सारे सफल लोगों की बायोग्राफी पढ़ लो। उनकी सफलता का राज कोई ऐसा ही कार्य न निकले तो मुझसे कहना।

कुल-मिलाकर कहने का तात्पर्य यह कि बुद्धि जीवन का एक नौसिखिया मैकेनिक है, और मैं आपके जीवन की गाड़ी ही नहीं, उसके एक...एक स्पेयर-पार्ट्स का निर्माता भी हूँ। अतः बुद्धि के मायाजाल से निकलकर जीवन की बागडोर मुझे सौंपने पर ही आपका जीवन सुरक्षित रूप से सफलता के शिखर छू सकता है। वरना बुद्धिरूपी मैकेनिक तो बात-बात में रेस देकर आपके प्लग और कार्बोरेटर में इतना तो कचरा भर देगा कि गाड़ी जीवन में कभी भी गैरेज से बाहर नहीं निकल पाएगी। और गौर से देखने पर आपको पता चल ही जाएगा कि अधिकांश लोगों के जीवन की गाड़ियां गैरेज में ही पार्क हो गई हैं। कुछ नया करने या अपने फंसे हुए जीवन से बाहर निकलने का कोई मार्ग उनके पास बुद्धि ने नहीं छोड़ा है।

चलो, इस विषय पर मैं आगे कुछ और कहूं उससे पहले मैं आपसे आप पर पड़ने वाले बुद्धि के कुछ अन्य तगड़े प्रभावों के बाबत चर्चा कर लूं। क्योंकि बुद्धि के प्रभावों को पूरी तरह समझे बगैर आप मैं क्या कहना चाह रहा हूँ, यह बहुत गहराई से नहीं समझ पाएंगे। सो, सबसे बड़ी बात तो यह कि बुद्धि ने आपके सामने सबकुछ तोड़-मरोड़कर पेश किया हुआ है। यहां यह भी स्पष्ट कर दूं कि आपके अधिकांश धर्मशास्त्र और आपकी अधिकांश शिक्षाएं भी बुद्धि की ही उपज हैं। और बुद्धि चाहे जिसकी क्यों न हो, वह ना तो एक दायरे से ऊपर का सोच ही सकती है और ना तो स्वीकार ही सकती है। क्योंकि इस खरबों-खरब वर्षों के समय में उसका अस्तित्व ही साठ-अस्सी वर्ष का है। तो उसकी सोच तो संकुचित रहेगी ही। और अपनी इसी संकुचितता के कारण जिसकी जो मरजी आई या जिसने जो अनुभव किया, बस वह उसके अनुसार आपके लिए क्या अच्छा-क्या बुरा की लिस्ट आपको पकड़ाता चला गया। और लाचार आप उन सबके सहारे अपना जीवन

संवारने की दौड़ में लग गए। तथा उसका क्या परिणाम आया यह आपकी आंखों के सामने है।

किसी भी बात को पहले से तय कर लेना समय के विरुद्ध जाने की तैयारी करने के समान है

होगा, इन सब से छुटकारा दिलवाने हेतु ही तो मैं आपके सम्मुख प्रकट हुआ हूँ। सो, अब मुझे यह बताओ कि आपके हिसाब से आपकी सबसे बड़ी समस्या क्या है? आप कहेंगे- रिश्ते, बिगड़ी परिस्थितियां, कुछ मनचाहा न होना, वगैरह...वगैरह। नहीं, दरअसल गौर करोगे तो यह सब आपकी समस्या नहीं है। आपकी समस्या विपरीत परिस्थितियों में आप दुःख, टेन्शन, चिंता वगैरह के जो भाव झेलते हैं, वह है।

हां, यह बिल्कुल ठीक कहा आपने। तो, मैं गलत कहूंगा भी क्यों? और आपकी यह समस्या है, यह वर्षों से अनकों ने जानी है। और उस हेतु कइयों ने बेहिसाब ज्ञान भी झाड़ा है। परंतु परिणाम कुछ नहीं आया। ...क्यों? क्योंकि उनमें से अधिकांश ने आपके इस कष्ट को दूर करने हेतु मेरे से समान भाव से उत्पन्न तमाम भावों और विचारों को अलग-अलग समझा और समझाया। ...कह दिया, यह सद्विचार-यह दुर्विचार। यह पाप-यह पुण्य। यह बुद्धिमानी-यह बेवकूफी। यह करने योग्य-यह न करने योग्य। यहां तक कि कर्मों और भावों को भी मनुष्य की बुद्धि ने नहीं छोड़ा। उस पर मजा यह कि जो एक की लिस्ट में करने योग्य की सूची में शामिल है, वही दूसरे की न करने योग्य की सूची में शामिल है। एक की राय में जो अच्छा है, वही दूसरे की राय में बुरा है। और आपका मजा यह कि आप सबकी रायें भी सुन लेते हैं, और कम पड़ता है तो अपनी भी अलग से कुछ रायें बनाते चले जाते हैं। और फिर इतना ही नहीं; समय के साथ उन रायों को इतना तो दृढ़ बना लेते हैं कि फिर उसी दायरे में जीवन को बांधकर आगे बढ़ाने को मजबूर भी हो जाते हैं। बस इसी ने आपके जीवन का सत्यानाश कर रखा है। कुल-मिलाकर कहूं तो जीवन को बर्बाद करने हेतु एक आपकी बुद्धि कम पड़ रही थी, तो आपने हजारों आदमियों की लगायी बेकार की बुद्धियों को और अपना लिया है।

...जबकि इसके विपरीत 'मैं', जिससे यह ब्रह्मांड और मनुष्य ही नहीं, मनुष्य के भाव व कर्म तक निर्मित हैं; वह सबको बराबरी पर अपनाए इस जहां को चला रहा है। ...एकदम पक्षपात रहित। न मुझे कुछ प्रिय न मुझे कुछ पाप, सब मेरे यानी समय के रूप हैं। और मैं अपने ही रूपों में भेदभाव करूं भी तो कैसे? मैं भेदभाव वाली दुनिया बनाऊं

भी तो कैसे? और मजा यह कि एक मनुष्य को छोड़ मेरी बनाई कोई भी वस्तु आपस में भेदभाव नहीं करती। सूर्य रोशनी दे रहा है तो सबको बराबरी पर दे रहा है। अच्छे-बुरे या पापी-पुण्यात्मा या फिर हिंदू-मुस्लिम का कोई भेद सूर्य नहीं कर रहा। वह तो पहाड़, नदी, पेड़-पौधे या जानवरों तक का भेद नहीं करता, सबको बराबरी पर रोशनी दे ही रहा है। वैसे ही यदि पानी प्यास बुझा रहा तो वह भी बगैर भेदभाव के बुझा ही रहा है, इन्सान या जानवर का कोई भेद उसे नहीं। हो भी नहीं सकता, जब अस्तित्व में ही सब एक मेरे कारण हैं तो वे क्यों किसी को अपना-पराया या अच्छा-बुरा समझने लगे? परंतु मनुष्य अपने को दी बुद्धि की पूर्ण स्वतंत्रता का पूरे-पूरा फायदा तमाम तरीके के भेदभाव करके उठा रहा है। उठाने दो, परिणाम में मेरी मार भी तो उसे खानी पड़ रही है। अरे महाराज! मार बुद्धि कहां, हम खा रहे हैं। तो आप थोड़ा समझो, और बुद्धि के जरूरत से ज्यादा उपयोग को रोको।

खैर, यदि अब आप यह समझ चुके हों कि आपकी बुद्धि आपको कब-कब व कैसे-कैसे मरवाती है, तथा उससे बचने के उपाय भी जहन में अच्छे से उतार चुके हों, तो मैं वह महत्त्वपूर्ण बात प्रारंभ करता हूँ, जिसे समझाने हेतु ही यह सारी चर्चा मुझे करनी पड़ी थी। जी हां, मैं बता यह रहा था कि आपका हित किस चीज से सध सकता है यह सिर्फ मैं जानता हूँ। तथा आपके हित की इच्छा से भरा मैं आपको कब और क्या करना के इशारे भी करता हूँ। और उम्मीद करता हूँ कि बुद्धि के दुरुपयोग पर लगाम कसना सीखकर जल्द ही आप मेरे इशारों की भाषा समझने में सक्षम भी हो जाएंगे।

यदि एकबार आप मेरे इशारे की भाषा समझने लग जाएंगे तो मैं आप पर कभी आंच नहीं आने दूंगा। और आंच आने भी कैसे दूं? आंच देनेवाला ही मैं हूँ। और जब आप मेरी सुन के चल रहे हैं तो फिर जीवन में कोई गड़बड़ नहीं। परंतु उस हेतु सबसे पहले आपको जीवन के सारे रंगों तथा प्रकृति की तमाम वस्तुओं को बिना भेदभाव और बगैर पक्षपात के बराबरी पर अपनाकर चलना होगा। यानी कि एकबार फिर कह देता हूँ कि आपको बुद्धि के फैलाए मोह-माया के जाल से अपने को पूरी तरह मुक्त कर देना होगा। ...अब अपना जीवन संवारने हेतु इतना तो आपको करना ही रहा।

खैर, आगे की चर्चा प्रारंभ करने से पूर्व मैं आपको राज की एक और बात बता दूं। जैसा कि मैंने कहा है कि सबकुछ त्रिगुणी-माया से दृश्यमान है, वैसे ही यहां के कण-कण को मिटने तक हर पल क्या करना, इसके भी तीनों डायमेंशन्स तय ही हैं। और उन तीनों डायमेंशन्स के बाहर कोई नहीं जा रहा, एक मनुष्य को छोड़कर। यदि आप स्वयं को भी उन तीनों डायमेंशन्स में बांध लें तो आपको अलग से क्या करना क्या न करना,

या क्या अच्छा क्या बुरा की सूची बनाने की कोई आवश्यकता नहीं रह जाएगी। यहां तक कि उसी पल ये सारे बकवासी-ज्ञान देनेवालों से आपका ज्ञान कहीं उच्च व महान हो जाएगा। क्योंकि स्वयं को त्रिगुणी-माया के उन तीनों डायमेंशन्स में बांधते ही हर परिस्थिति में आपको क्या करना के बाबत आप अपने जहन में हमेशा स्पष्ट रहेंगे। अब इस स्पष्टता से बड़ी उपलब्धि इस मनुष्यजीवन में और क्या? खैर, आपकी तैयारी हो तो मैं आपको वह तीनों डायमेंशन्स बता दूं। ...लो महाराज यह तो आप भाव खाने लग गए। अरे, हमारी समस्या ही हमारा बात-बात पे कन्फ्यूज हो जाना है। हमें कब क्या करना समझ ही नहीं आता। यदि वह समझ आ जाए और वह हमेशा हमारे हित का भी हो, तो हमें और क्या चाहिए? फिर तो हम सिर्फ खुलकर जीने का मजा न लें?

अरे भाई, मैं भाव नहीं खा रहा...। मैं तो यही समझाना चाहता हूँ कि आप समय के तय दायरों से बाहर जाने की कोशिश ही क्यों करते हैं? आप केवल मेरे साथ चलो, परिणाम में तमाम मुसीबतों से बचो और जीने का मजा लो। ...तो ठीक है, जब आप तैयार हैं तो मैं आपको उन तीनों डायमेंशन्स के बारे में बता देता हूँ जिसके दायरे में ही आपको हर चीज सोचना और करना है।

(A) तमाम मनुष्यों व उनके तमाम भावों को तथा सबके जीवन को बिना पक्षपात के बराबरी पर देखना।

(B) सबका विकास दृढ़तापूर्वक चाहना ...और तीसरा

(C) सबको टिकाए रखने की कोशिश करना, यानी अपने समेत तमाम मनुष्यों और वस्तुओं को जब तक आपके बस में हो, मिटने से बचाने की भावना रखना।

बस यह तीन चीज तय कर ली, फिर जीवन में और कुछ तय करने की जरूरत ही नहीं। इन तीनों का ध्यान रखते हुए कुछ भी करो, आप अपने को हमेशा मेरे साथ ही पाएंगे। यहां यह भी स्पष्ट कर दूं कि यह तय करे बगैर ना तो आपको मेरी परम-सत्ता का आभास ही होगा और ना ही आप मेरी आवाज सुन पाएंगे। ...यानी आप मेरे इशारे नहीं समझ पाएंगे।

हालांकि यहां मैं यह भी जानता हूँ कि आप एक साथ मेरे ये तीनों-तीन डायमेंशन्स आसानी से नहीं अपना पाएंगे। क्योंकि आपकी बुद्धि कहेगी कि अपना विकास तो ठीक से हो नहीं रहा, उसपर सबके विकास के पचड़े में पड़ गए तब तो बचे-खुचे भी डूब जाएंगे। बस ऐसी ही स्वार्थपूर्ण घटिया सोचों से बुद्धि आपसे निर्णय करवाती रहती है और इसीलिए आपके वे सारे निर्णय मेरी चाल से मेल नहीं खाते। और उसके परिणामस्वरूप मेरी

सही ही कहते हैं कि समय बलवान तो गधा पहलवान

चल रही चक्की में आप पिसकर रह जाते हैं। इस बात को यदि मैं एक फैक्टरी के उदाहरण से समझाऊं तो किसी भी फैक्टरी के तीन स्तम्भ क्या होते हैं? एक फैक्टरी का मालिक, एक रॉ मटेरियल सप्लाई करनेवाला और एक वो जिसे फैक्टरी का मालिक अपना बनाया हुआ माल बेचता है। क्या कोई भी ऐसा व्यवसाय ज्यादा दिनों तक चल सकता है जिसमें तीनों को फायदा न हो रहा हो?

सोचो, यदि रॉ मटेरियल सप्लाई करनेवाले को घाटा पड़ेगा तो वह सप्लाई रोक नहीं देगा? यदि फैक्टरी की प्रोडक्शन कॉस्ट से सस्ते में माल बिक रहा होगा तो आदमी फैक्टरी बंद नहीं कर देगा? और यदि ग्राहक आपके माल से संतुष्ट नहीं होगा तो वह माल खरीदेगा कब तक? वैसे ही परिवारवाले हों या मित्र, जो जब और जितने हैं; सबका हित

चाहे बगैर ना तो आपका हित सधने वाला है, और ना ही कोई संबंध ज्यादा दिन टिकने वाला है। एक सीधी बात क्यों नहीं समझते कि यह पूरा जगत एक मेरे कारण अस्तित्व में है, अतः इसका संयुक्त-हित मेरी परम इच्छा है। और आपको भी टिकना हो और विकास करना हो तो मेरी इच्छा को ही अपनी इच्छा बनानी होगी। दूसरा कोई उपाय नहीं आपके पास...। यहां यह राज की बात और बता दूं कि सबके हित की चाह से भरते ही आपके अपने-पराये या अच्छे-बुरों के सारे भेद तत्क्षण छूट जाएंगे। और एकबार ये भेद टूट गए तो आप मुझसे एकाकार हो जाएंगे। बस मैं तत्क्षण अपनी पूर्णता से आपके हित की रक्षा करना प्रारंभ कर दूंगा। आप को हर पल किस परिस्थिति में क्या करना, यह बताऊंगा। क्योंकि यहां की हर परिस्थिति क्या करना, यह चिल्ला-चिल्लाकर कह ही रही होती है, बस उसकी वह आवाज सुनने हेतु मेरी चाल-से-चाल मिलाकर चलना जरूरी है।

समय की आवाज सुननेवाला जीवन में कभी मार नहीं खाता है

चलो यह भी समझ गए। आपके तीनों डायमेंशन्स अपनाने की कोशिश भी करेंगे। पर आप क्या करने को कब और कैसे कहते हैं, यह तो बताओ? ...हम वैसा ही कर लेंगे। चलो, मैं तो यह बताने ही वाला था, परंतु यह समझ लो कि यह सुनना और सुनने-समझने के बाद अमल में रखना भी इतना आसान नहीं। लेकिन वह सब आपकी समस्या है। मैं तो अपना कर्तव्य निभाते हुए आपको अपने उस स्वरूप के बारे में बताता हूँ जो कब क्या करना की ओर इशारा करता है। लेकिन यह इशारा समझने के लिए सबसे पहले आपको "पूर्व-निर्णय" करने की आदतों से बचना होगा। यानी कुछ भी और किसी भी बाबत आपने पहले से तय कर रखा होगा तो 'मेरा-आपका' कम्यूनिकेशन नहीं बैठ पाएगा। दूसरी बात यह कि आपको तमाम पक्षपातों से भी मुक्त हो जाना होगा। और यही दो बातें मैं आपको जाने कबसे समझा भी रहा हूँ। ...क्योंकि तभी आप गौर कर पाएंगे कि आगे बढ़ने का भी एक समय होता है और

पीछे हटने का भी एक समय होता है। और जो पीछे हटने के समय भी दृढ़ता से खड़े रहने या आगे बढ़ने की सोचेगा, वह मेरे द्वारा मिटा दिया जाएगा। क्योंकि मैं अपने इशारे की अवहेलना बर्दाश्त नहीं करता। हालांकि यह बहुत संक्षिप्त में बड़ी गहरी बात कह दी मैंने। अतः इस शुरुआती बात को समझने में आसान करने हेतु मैं महान गैलिलियो के एक उदाहरण का सहारा लेता हूँ।

बाइबल में स्पष्ट लिखा है कि सूर्य 'पृथ्वी' के चक्कर लगा रहा है। अब बाइबल में लिखा है तो किसी क्रिश्चियन को शंका करनी ही नहीं चाहिए। क्योंकि क्रिश्चियनिटी तो टिकी ही इस बात पर है कि बाइबल में सब सत्य ही लिखा हुआ है। हालांकि हिंदू-शास्त्रों में भी ऐसा ही कुछ लिखा हुआ है। अब उस समय तक किसी हिंदू को तो कभी शक नहीं गया, परंतु गैलिलियो के मन में शंका जागी। कुछ खोजबीन तथा चंद प्रयोगों के बाद उसने पाया कि यह तो पृथ्वी है जो सूर्य के चक्कर लगा रही है। उसने अपना यह निष्कर्ष सबको बताया। बस हंगामा खड़ा हो गया। गैलिलियो बाइबल से ज्यादा जानता है? हमारी बाइबल गलत...? उसको पकड़कर अदालत ले जाया गया। पादरियों की भीड़ लग गई। जज भी बड़ा क्रोध में आ गया। माहौल गरमा गया। कोई किसी कीमत पर गैलिलियो को बख्शने के पक्ष में नहीं था। जज ने तो गैलिलियो से साफ कह दिया- या तो वह अपने शब्द वापस ले और मान ले कि सूर्य 'पृथ्वी' के चक्कर लगा रहा है, वरना मैं मौत की सजा सुना दूंगा। गैलिलियो को माहौल समझते देर न लगी। परिस्थिति चिल्ला-चिल्लाकर कह रही थी कि पीछे हटने का "समय" आ गया है। बस उसने अपने शब्द वापस ले लिए। सही ही है, जिंदा रहूंगा तो कुछ और सत्य खोज पाऊंगा, कुछ और प्रयोग कर पाऊंगा। ...इन पागलों के चक्कर में मैं अपनी जान क्यों गंवाऊं? बस उसने समय की सुनी और वह बच गया। यानी सत्य अपनी जगह है, परंतु उस पर डटे रहने और उससे पीछे हटने का भी समय तो होता ही है।

यहां सबसे बड़ी मजे की बात तो यह कि अब यह वैज्ञानिक तथ्य है कि पृथ्वी ही सूर्य के चक्कर लगा रही है। अब कोई बाइबल बीच में नहीं आ रही। और उससे भी ज्यादा मजे की बात यह कि चक्कर पृथ्वी लगा रही है यह तो स्वीकार लिया गया है, परंतु इससे बाइबल या हिंदू-शास्त्रों की विश्वसनीयता पर कोई आंच नहीं आई है। अब जब इतना कमाल का मनुष्य हो तो उसका उद्धार हो भी तो कैसे?

चलो, सबका उद्धार हो न हो परंतु जो मुझे समझना चाहते हैं, उन्हें तो मुझे अपने सारे स्वरूपों के बाबत बताकर उनका उद्धार करना ही रहा। सो, उन लोगों से मैं कहना यह

चाह रहा हूँ कि सारी परिस्थितियां चिल्ला-चिल्लाकर समय क्या कह रहा है, यह बता ही देती है। और समय का कमाल तो यह कि कई बार गधे को बाप बनाने जैसे समय भी जीवन में आ जाते हैं। समय तो जीवन में दुश्मन से हंस के बोलने के भी आते हैं। वैसे ही व्यवसाय बढ़ाने का भी अपना एक समय होता है, और कई बार जीवन में चालू व्यवसाय बंद करने का भी समय आ जाता है। और यह हकीकत है कि जो व्यक्ति व्यवसाय बंद करने के समय पर व्यवसाय बंद नहीं करता, उसका दिवाला निकल जाता है। वैसे ही जीवन में झूठ बोलने के भी समय आते हैं और मारपीट करने के भी समय आते हैं। यहां तक कि कभी-कभार तो बेशरमी दिखाने का समय भी आ खड़ा होता है। यानी आप जिन बातों को अच्छा कहते हैं, या जिन चीजों को अच्छा समझते हैं उनके ही नहीं, जिन्हें गलत समझते हैं वे करने के भी समय जीवन में आते ही हैं। यूं भी गलत-सही, अच्छा-बुरा यह सब आपकी बुद्धि की ईजाद है। मेरे लिए तो सारे कर्म समान हैं, बस वह वक्त की जरूरत पर होने चाहिए। यदि मुझसे मेरे अच्छे-बुरे की परिभाषा पूछी जाए तो सबका हित ध्यान में रखते हुए समय की मांग पर किया गया कोई भी व कैसा भी कर्म अच्छा; और स्वार्थवश या जिद्दवश बिना समय का ध्यान रखे किया गया कोई भी व कैसा भी कार्य गलत। और जो यह समझ ले फिर उसे क्यों तो अच्छे-बुरे की सूची बनाना और क्यों किसी बाबत पहले से तय करके रखना?

कब क्या करना मनुष्य के हित में है समय उसके इशारे करता ही है

ठीक वैसे ही ध्यान रखना कि कार्य समाप्त होते ही खिसक जाना। वही निकल जाने का श्रेष्ठ समय होता है। कार्य समाप्ति के बाद रुकना अक्सर हजार नई मुसीबतों को न्यौता देना सिद्ध होता है। फिर चाहे आप कोई प्रेजेंटेशन के लिये गए हों या किसी की शादी में। आपका सम्मान चल रहा हो या आपको बॉस ने याद किया हो। काम निपटते ही भाग जाओ। और आज के बाद गौर करना कि जब-जब आप फंसे हैं, आप पाएंगे कि या तो आप वहां पहले पहुंचे

हैं या कार्य-समाप्ति के बाद भी रुके हैं। ...यानी खिसकने के समान ही कब-कहां पहुंचना इसका भी समय तय ही होता है।

चलो, यह बात आप समझ ही गए होंगे कि हर परिस्थिति में कब व क्या करना के इशारे मैं करता ही हूँ। और आपके लिए बेहतर है कि आप उस अनुसार ही बरतें। सो अब इस चर्चा के विस्तार को आगे बढ़ाते हुए मैं आपकी मुलाकात अपने दूसरे पहलू से करवाता हूँ। दरअसल स्पेस में कब किसको कहां जाना यह भी मैं ही तय करता हूँ। ...यानी यह भी कभी आपकी जरूरत या आपके रिश्ते तय नहीं करते। ना ही वह आपके विचार या सिद्धांत ही तय कर सकते हैं। मैं तो वह करवट भी ले लेता हूँ कि आप अपने ही पुत्र की शादी में नहीं जा पाएं। होगा, अभी तो कहने का तात्पर्य यह कि आप अपनी सांसारिक-मजबूरी को कहीं आने-जाने का बैरोमीटर मत बनाना, वह भी मुझे ही तय करने देना; आप सुखी रहेंगे। और अपनी गुलामी से भरी मजबूर सोचों से तो यह कभी तय मत करना कि आपको कहां जाना है।

माना बात थोड़ी कॉम्प्लीकेटेड हो गई। सो, यदि इसी बात को आपको और सरल भाषा में समझाने का प्रयास करूं तो आपको हर समय वहां होना चाहिए जहां उपस्थित होकर आप श्रेष्ठ सकारात्मक कार्य कर सकते हों। मानो आपके सामने ऐसी परिस्थिति आ जाए जहां से आपके पास दो चुनाव एकसाथ दस्तक दे रहे हों, एक आप दस-बीस का बड़ा हित कर सकते हों; और दूसरा उसी समय आपके घर पर कोई बड़ा फंक्शन हो। समय की मार ऐसी कि आप दो में से एक ही कार्य कर सकते हैं। और मैं यहां कह यह रहा हूँ कि आप घर के फंक्शन की बात करते हो, अपनी खुद की शादी हो तो भी मत जाना। मैंने तय कर ही लिया है कि आपको सबका हित करने वाली जगह पर ही उपस्थित होना है। परंतु यह आपसे नहीं होता है, परिणामस्वरूप आप समय से बिछड़ जाते हैं। यानी मैंने तो इशारा कर ही दिया होता है कि यह शादी आपको रास नहीं आएगी। चुपचाप दस-बीस का हित करने पहुंच जाओ, आपकी इस हरकत पर आपकी शादी सामने वाला ही निरस्त कर देगा। आप बच जाओगे...। वरना फिर झेलते रहना जीवनभर उस शादी को और उसके परिणामों को।

खैर, मैं अपने इशारों बाबत इससे आसान भाषा में नहीं समझा सकता। वैसे भी आप लोग वैज्ञानिक युग में जी रहे हैं, तभी तो मैंने आपके सम्मुख होने का यह समय चुना है। मैं यही बातें पांच हजार वर्ष पहले कहता तो कौन समझता? सो, अपनी उपरोक्त कही महत्त्वपूर्ण बातों को समेटूं तो हर परिस्थिति में किसको क्या करना, यह मैं ही तय करता हूँ। क्योंकि इतना तो आपको मानना ही रहा कि मेरी इंटेलिजेंस आपकी बुद्धि से कहीं ज्यादा

प्रगाढ़ है। मानना तो आपको यह भी रहा कि आपका हित आपसे बेहतर मैं चाहता और समझता हूँ। अतः आपकी भलाई इसी में है कि आप हर कार्य वक्त की पुकार पर ही करें।

वहीं दूसरी तरफ अपनी सोच, अपनी कमजोरी, अपनी सांसारिक मजबूरी या स्वार्थ को कहीं आने-जाने का कारण न बनाएं। क्योंकि किसको कब कहां होना यह भी मैं ही तय करता हूँ। और मैं जो सबके हित की चाह से भरा हुआ हूँ; सो आपको भी अपने कहीं आने-जाने का यही बैरोमीटर बनाना चाहिए। जहां सर्वाधिक सकारात्मक परिणाम आप ला सकते हों वहीं आप उपस्थित रहें। वादा करता हूँ ऐसा करने से आप समय से कभी नहीं बिछड़ेंगे।

और समय के साथ यानी कि मेरे साथ ताल-से-ताल मिलाकर चलने पर ही आपके जीवन का उद्धार हो सकता है। क्योंकि आप मेरे ही अंश हैं और मेरे कारण ही अस्तित्व में हैं। और चूंकि मैं मजबूर नहीं, अतः आप भी मजबूर नहीं। यह तो सारी सांसारिक व सैद्धांतिक मजबूरियां आपने अपनी बुद्धि के वश में आकर ओढ़ी हुई है। अन्यथा तो मैं सर्वहित की चाह से भरा हुआ हूँ, और आप भी सर्वहित की चाह से भरे रहें। आप हमेशा वहीं उपस्थित रहें जहां आपका, अन्य किसी का या कइयों का या फिर सबका सर्वाधिक हित आपको दिखाई पड़ रहा हो। क्योंकि स्पेस के मामले में एक मजबूरी आपको स्वीकारनी ही होगी कि आप एक समय में एक ही जगह उपस्थित रह सकते हैं। और आपने चाहों, रिश्तों और मजबूरियों का विश्व ऐसा फैला रखा है कि आपको हरहमेशा कई जगह उपस्थित होने की जरूरत महसूस होती है। परिणाम में यहां जाओ तो भी दुःख और वहां जाओ तो भी दुःख। नहीं; सकारात्मकता यानी सर्वाधिक हित पकड़ लो, और बाकी सबको भूलकर वहीं उपस्थित हो जाओ। ...बस आपका और मेरा सुर एक हो जाएगा। और एकबार आपका और मेरा सुर मिला, तो जीवन भी संवर ही जाएगा।

समय के पटल पर अच्छा-बुरा या पाप-पुण्य कुछ नहीं होता है

खैर! अब आगे बढ़ते हैं। और आगे मैं आपको अपने एक अद्‌भुत स्वरूप टाइमिंग से मिलवाता हूँ। सच कहूं तो इस टाइमिंग का तो कहना ही क्या? कौन-सा कार्य कब शुरू करना यानी टाइम, और उसमें कितनी ताकत लगाना अर्थात् स्पेस; यह दोनों मुझे पहचानने वालों को साफ दिखाई पड़ जाता है। यह ध्यान रख लेना कि उससे पहले या उसके बाद कार्य शुरू करना कुछ खास परिणाम नहीं ला पाता है। वैसे ही कार्य में कम या ज्यादा जोर लगाना भी कार्य के परिणाम पर विपरीत असर करता ही है। यानी कार्य करने के तीनों डायमेंशन की बात करूं तो योग्य समय पर, योग्य ताकत लगाकर...योग्य कार्य करना ही कार्य की सफलता का एकमात्र सार-सूत्र है। अब हर बात आपको विस्तार से व उदाहरणों से समझाता रहूंगा तो यह चर्चा कभी खत्म ही नहीं होगी। लेकिन अब अपने बारे में मैं इतना तो बता ही चुका हूँ कि थोड़ा-सा गहराई से भीतर झांकने पर आपको ये सारे रहस्य साफ दिखाई पड़ना शुरू हो जाएं। बस, उस ओर प्रयास करो और जीवन सफल बनाओ।

सो आगे अब मैं आपको अपने गिरगिट-स्वभाव से मिलवाता हूँ। सचमुच मेरे अन्य स्वभावों की तरह मेरे गिरगिट की तरह रंग बदलने के स्वभाव का भी क्या कहना? पल में माशा पल में तोला। आपने मेरे इस स्वरूप के भी हजारों बार अनुभव किये ही होंगे। कभी समय काटे नहीं कटता तो कभी समय की आपको ऐसी कमी आ पड़ती है कि अफरा-तफरी मच जाती है। वैसे ही आप गौर करना कि कई बातें कहने का भी समय होता है, और अचानक वही बात छिपाने का भी समय आ खड़ा होता है। कई बार तो जो बात आप गर्व से कहते फिर रहे होते हैं, अचानक वही बात सुनने तक में शर्म महसूस होने लग जाती है।

मेरा यह स्वभाव तो इतना निराला है कि कई बार दान भी गलत हो जाता है, और कई बार की गई चोरी भी सार्थक हो सकती है। ये सब बातें इसलिए कह रहा हूँ कि "यह करूंगा या यह नहीं करूंगा" की सूची बनाने वाला तो कभी समय की आवाज सुन ही नहीं पाएगा। और गलती से सुन भी लेगा, तो भी अपनी ही बनाई बेमतलब की सूचियों के कारण उसपर अमल नहीं कर पाएगा। सो, यदि आपको समय के साथ चलना हो तो आपको बिना भेदभाव के समय की मांग पर आ पड़ने वाले तमाम कर्म करने हेतु खुद को तैयार करना होगा। और यह दोहराने की जरूरत नहीं कि जीवन में आनंद और सफलता के शिखर छू ही वे पाते हैं जो समय के साथ चलते हैं।

...और समय, यानी मेरा तो कहना ही क्या? आराम करने का भी समय होता है और काम करने का भी समय होता है। वैसे ही पब्लिक में आने का और पब्लिक से भागने का भी समय होता है। जीवन में नया करने का भी समय होता है, वहीं पुराना दोहराने का भी

समय होता है। अपनी ही बात पर डटे रहने का भी समय होता है और कई बार अपनी ही बात काटने का भी समय आ खड़ा होता है। दूसरे की हंसी उड़ाने का भी समय होता है, और कई बार जीवन ऐसी करवट लेता है कि खुद अपनी हंसी उड़ाने का समय भी आ जाता है।

वहीं यदि मैं अपने स्वरूपों के गहराइयों की चर्चा करूं तो इन्तजार भी एक समय है, यह तो आप जानते ही होंगे। परंतु क्या कभी उस इन्तजार के भी कितने रूप हैं, इसकी कल्पना की है आपने? कभी मनुष्य को अपनी ही मौत का इन्तजार करने का समय आ खड़ा होता है तो कभी अपने ही दिवाले निकलने की खबर सुबह अखबार में छपने का इन्तजार करना पड़ता है। कभी बीमारी ठीक होने का इन्तजार करना पड़ता है, तो कभी बीमारी के अपने विकराल स्वरूप धारण करने का इन्तजार करना पड़ता है। कभी कोई बात मन से निकलने का इन्तजार करना पड़ता है तो कभी कोई बात मन में ठूंस जाए, इस बात का इन्तजार आपको होता है। कभी किसी से नजरें चार हों उसका इन्तजार रहता है, तो कभी कोई नजर आपको खोज न ले, उसकी चिंता लगी रहती है।

...कुल-मिलाकर कहने का तात्पर्य यह कि क्या करना या कहां जाना ही नहीं या फिर बात सिर्फ इन्तजार की ही नहीं, और ना ही बात सिर्फ आपके सारे रिश्ते, आपके विकास-विनाश या आपके जीवन में घटने वाली हर परिस्थिति तक ही सीमित है; ...बल्कि आपके हर कर्म व भाव पर मेरा प्रत्यक्ष या परोक्ष प्रभाव है ही। ना तो आपके जीवन का कोई पहलू और ना ही आपके मन से उभरा कोई भी भाव मेरे प्रभावों से अछूता है। सो उनकी चर्चाएं अंतहीन हैं। अतः उन सबपर पूर्णविराम लगाते हुए मैं यह चर्चा यहीं समाप्त करता हूँ। यूं भी अब तक मैं आपको अपने इतने स्वरूपों के बाबत बता ही चुका हूँ कि आगे आपको किसी भी भाव या परिस्थिति में मुझे खोजने में शायद तकलीफ नहीं होनी चाहिए।

सो, सौ बातों की एक बात यह कि यह पूरा विश्व अस्तित्व में एक मेरे कारण है। और मेरा गुमान यह कि इस विश्व के कण-कण को टिके रहने तथा विकास करने हेतु मेरे सुझाए उपाय के अनुसार ही चलना होता है। एक मनुष्य को छोड़कर कोई मेरी अवहेलना करता भी नहीं, इसलिए उनके जीवन में कहीं-कोई गड़बड़ भी नहीं। सो यदि आप भी मेरी मार से बचना चाहते हों तो जैसा मैं कहता हूँ...वैसा ही करो। यह अच्छे से ध्यान रख लेना कि मेरे इस नियम से कोई बाकात नहीं। सबको मेरा इशारा समझना होता है, या उसका इन्तजार करना ही होता है। यहां तक कि 'कृष्ण' जैसे व्यक्ति, जिन्हें इस युग का श्रेष्ठतम-व्यक्तित्व कहा जाता है; भी समय की आवाज पर कार्य करने को बंधे हुए

थे। चलो बात चली है तो मेरी इसी बात को कृष्ण के जीवन के एक रोचक किस्से से ही समझाए देता हूँ।

यह उन दिनों की बात है जब अपने मामा कंस द्वारा आमंत्रित किये जाने पर मथुरा उत्सव में शामिल होने कृष्ण वृन्दावन छोड़ मथुरा गए थे। परंतु किसी कारणवश उन्हें वहां उसी उत्सव में अपने मामा कंस की हत्या कर देनी पड़ी थी। अब हत्या होते तो हो गई थी, परंतु दुर्भाग्य से कंस का श्वसुर राजा जरासंध उन दिनों भारतवर्ष का सबसे शक्तिमान राजा था। और निश्चित ही उससे अपनी बेटियों के घर उजड़ने का दुःख बर्दाश्त नहीं हुआ। जी हां, जरासंध की दो-दो बेटियां कंस से ब्याही गई थीं। बस जरासंध कृष्ण की जान का दुश्मन हो गया। और उसने कृष्ण की जान लेने हेतु मथुरा पर धावा भी बोल दिया।

> **जीवन में गधे को बाप बनाने का भी समय आ खड़ा होता है**

उधर एकबार तो अपनी चालबाज रणनीतियों से कृष्ण जरासंध का हमला बचा गए, परंतु दूसरी बार जरासंध के शानदार तैयारियों से फिर धावा बोलने की खबर से उनकी घिग्घी बंध गई। सो, कुछ दिनों की मशक्कत के बाद भी जब कोई उपाय न सूझा तो कृष्ण-महाराज अपने भाई बलराम को लेकर मथुरा छोड़कर ही भाग गए। बलराम बड़े नाराज हुए, उन्हें कृष्ण का इस तरह जरासंध के डर से रण छोड़ के भागना रास नहीं आया। वे कृष्ण पर काफी क्रोधित भी हुए; परंतु कृष्ण का एक ही कहना था कि अभी "समय" ही भाग खड़े होने का है। ऐसे में समय की न सुनकर व्यर्थ अपनी जान गंवाने का क्या तुक?

निश्चित ही कृष्ण का यह 'रणछोड़' स्वरूप बड़ा ही मशहूर हुआ। यह सब तो ठीक, पर फिर मजा यह कि चर्चित महाभारत के युद्ध के वक्त कौरवों की विशाल सेना देखकर डरा हुआ अर्जुन जब रण छोड़ना चाहता था...तब कृष्ण ने उसका ना सिर्फ पुरजोर विरोध किया, बल्कि मनुष्यजीवन तथा सृष्टि के तमाम रहस्यों को उजागर कर तथा उसे समझाकर युद्ध करने हेतु राजी भी किया।

क्योंकि वह समय अर्जुन के लिए रण छोड़ के भागने का बिल्कुल नहीं था। तो, कुल-मिलाकर समझाने का तात्पर्य यह कि सवाल रण छोड़ने या न छोड़ने का नहीं है, सवाल यही है कि 'समय' यानी मैं रण छोड़के भागने का कह रहा हूँ, कि नहीं...? वैसे ही बात आप साधारण व्यक्ति हैं या कृष्ण जैसे ज्ञाता हैं, उसका भी नहीं है। समय की पुकार तो दोनों को बराबरी पर सुननी ही होती है।

राजा को रंक व रंक को राजा बनाना समय का ही काम है

चलो, इतनी बात समझाई है तो आपको एक राज की बात और बता दूं। और वह यह कि जरा-सा गौर करने से आप पाएंगे कि मैं वर्तमान में क्या करना यही नहीं, भूतकाल की भी चुगली करता ही हूँ। आप कोई भी खंडहर हो चुकी इमारत देखकर कह ही सकते हैं कि यह इमारत कितने वर्ष पुरानी होगी, या कैसी भव्य रही होगी। ...तभी तो कहते हैं कि खंडहर ही बता देती है कि इमारत कितनी बुलंद रही होगी।

वैसे ही एक बात और बता दूं कि भविष्य भी मेरे ही हाथों में होता है। और इसकी भी धुंधली छाप देखनेवालों को नजर आ ही जाती है। और सच कहूं तो मेरा ज्ञान होने पर मनुष्य शब्दों के मायाजाल से दूसरों का, और विज्ञान वस्तुओं का समय बदल सकता है। तो ऐसे में यह समझाने की जरूरत नहीं कि आप स्वंय भी मेरे विस्तार, मेरे स्वरूपों तथा मेरे कार्यकलापों को जानकर अपना समय बदल ही सकते हैं। और आप अपना समय बदल सकें, इसीलिए मैं आज आपको अपने बारे में इतने विस्तार से बता रहा हूँ।

और जहां तक शब्दों के मायाजाल से दूसरों के समय बदलने का सवाल है, तो उसके तो आपको कई अनुभव होंगे ही। छोटे-मोटे लेवल पर कइयों ने आपके समय बदले होंगे, और जाने-अनजाने आपने भी कइयों के समय बदले ही होंगे। और यह सब समझना कोई बहुत मुश्किल भी नहीं। क्योंकि मैं क्या हूँ... कुल-मिलाकर आपके लिए तो मैं आपका मनरूपी कम्प्यूटर ही हूँ।

वहां के डेटा बदले नहीं कि मेरी गति परिवर्तित हुई नहीं। थोड़ा समझें तो कृष्ण ने भगवद्गीता में क्या किया? रण छोड़ के भाग रहे अर्जुन के मन में चंद डेटा ऐसे डाले कि अर्जुन युद्ध करने हेतु राजी हो गया। इसे ही समय बदलना कहते हैं। क्योंकि यदि अर्जुन युद्ध छोड़ के भागा होता तो उसका ही नहीं, शायद उस पूरे युग का इतिहास कुछ और होता। लेकिन वे कृष्ण थे, इसलिए वे अर्जुन की और उस युग की भलाई के लिए अर्जुन का समय बदल पाए।

मैं आपसे हाथोंहाथ मुझपर कृष्ण जैसी पकड़ की उम्मीद नहीं करता हूँ। परंतु आप उस ओर कदम तो बढ़ा ही सकते हैं। और उस हेतु थोड़ा इस पर तो ध्यान दो कि छोटे-मोटे पैमाने पर एक-दूसरे का समय बदलने में जाने-अनजाने आप सभी लगे ही रहते हैं। अच्छीखासी चल रही दो व्यक्तियों की मित्रता में कुछ-का-कुछ कहकर आप उन दोनों का समय बदलने की कोशिश करते हैं कि नहीं? थोड़ा गौर करो कि कभी किसी की चुगली खाकर तो कभी किसी की तारीफ करके आप उसका समय बदलने के प्रयास करते हैं कि नहीं? हालांकि आपकी ये सब हरकतें छोटे पैमाने पर होती हैं, और इस बात का दुःखदायी पहलू यह कि आपकी ये सब हरकतें अधिकांश समय नकारात्मक ही होती हैं। होगा, उस पर चर्चा बाद में, अभी तो गौर यह करो कि कैसे दूसरे लोग जरा-सी यहां-वहां की बात कर आपके समय बदल देते हैं। लो, इतनी बार समझा चुका हूँ फिर भी कन्फ्यूज हो गए? अरे, समय का अर्थ ही मन है। और मन का अर्थ भाव है। और आपको इस बात के जाने कितने अनुभव हैं ही कि कैसे कोई दूसरा चंद शब्दों का सहारा लेकर आपकी मस्ती छू कर देता है। आपके अच्छे-खासे मूड को बिगाड़ देता है। यानी आपके भाव बदल देता है। और भाव बदलते ही आपके भीतर की मेरी गति परिवर्तित हो जाती है। और मेरी गति परिवर्तित होते ही आपको होना कहीं और होता है, और आप पड़े कहीं और होते हैं। अब समझे कि नहीं, अर्थात् आपका समय बदल जाता है। और निश्चित ही यह सारी गड़बड़ी दूसरों को महत्त्व देते हुए उन्हें आपके कम्प्यूटर में डेटा डालने की छूट देने के कारण होती है। लेकिन दुर्भाग्य की बात यह कि दूसरों को यह छूट एक ने नहीं, सबने दे रखी है। इसका सीधा अर्थ निकालूं तो आपकी कमजोरी और दूसरों की नीयत ने मिलकर सबके समय को धीमा कर रखा है। और इस धीमे समय के कारण ही सब सफलता से कोसों दूर हैं।

खैर! जब इतनी बात चली है तो एक और बात स्पष्ट कर दूं कि...यह मनुष्य सबसे ज्यादा जिस कारण मेरी मार खा रहा है, वह मुझे बांधने के चक्कर में खा रहा है। एक तो वह मेरी आवाज नहीं सुनता और ऊपर से आने वाले कल का आज तय कर लेता है। और कल का आज तय कर लेने की प्रक्रिया में ही मेरी अवहेलना करना तय हो जाता

है। और मुझ जैसे परम-कारण की अवहेलना करने के परिणाम तो भुगतने ही पड़ते हैं। मजा यह कि यह सत्य प्रगाढ़ रूप से आपकी आंखों के सामने होने के बावजूद आप कल-परसों का ही नहीं, मृत्यु तक का भी सबकुछ तय करते चले जाते हैं। समझते ही नहीं कि आपको कब-क्या करना इसकी सत्ता सिर्फ मेरे पास है। सोचते ही नहीं कि समय आने से पूर्व बातें तय कर लेने से आपके जीवन का क्या हाल हो सकता है। और हो सकता है क्या, मैं कहता हूँ- क्या हो चुका है यह देखते क्यों नहीं?

मुझे समझ नहीं आता कि "मैं जीवनभर के लिए इस धर्म का व्यक्ति रहूंगा, ता-उम्र यही मेरा परिवार रहेगा, आगे बढ़ना ही मेरा ध्येय रहेगा, मैं ऐसा-ऐसा कभी नहीं करूंगा"...इन सबका अर्थ क्या हुआ? इसका अर्थ तो यही हुआ कि कल कुछ और करने का समय आया, तो आप नहीं कर पाएंगे। यानी आपसे मेरी अवहेलना हो ही जाएगी। और फिर हो क्या जाएगी, दिन में दसियों बार आप मेरी अवहेलना कर ही रहे होते हैं। कुछ नासमझी के कारण, तो कुछ आदतों के कारण। अब कारण चाहे जो हो, परंतु मेरी अवहेलना हुई नहीं कि मेरी मार पड़ी नहीं।

...समझ नहीं आता कि क्यों आप रविवार को चर्च जाऊंगा, या शुक्रवार को नमाज पढ़ने जाऊंगा जैसे हजार निर्णय पहले से ले लेते हैं? क्यों आप यह जीवनभर नहीं करूंगा के निर्णय आज ही कर लेते हैं? क्यों आप ग्रेजुएट होऊंगा ही, यह तय कर लेते हैं? आप जो अपना किया भोजन तक तो ठीक से पचा नहीं पाते हैं, ऐसे में इतना सबकुछ तय करनेवाले आप होते कौन हैं? और फिर आप लाख पक्के क्रिश्चियन सही, आपने हर रविवार को चर्च जाना भले ही तय किया हुआ हो, परंतु पत्नी ICU में भरती हो गई तब क्या करोगे? आपने भले ही ग्रेजुएट होना तय कर रखा हो, परंतु कल उठके आपके पिताजी की अकाल मृत्यु हो गई और आपको पढ़ाई छोड़ नौकरी करने की नौबत आ जाए तो आप क्या करोगे? क्या परिवार को भूखा मारोगे?

अरे, कौन चर्च जाने से रोक रहा है? कौन ग्रेजुएट होने से रोक रहा है? परंतु यह पहले से तय करना क्या हुआ? शुक्रवार आने दो, नमाज पढ़ने की इच्छा हो और परिस्थिति व्यवधान नहीं पहुंचा रही हो तो चले जाओ। और ऐसा हर शुक्रवार को करो। परंतु कट्टरतापूर्वक सब तय ही क्यों कर लेना...! सोमवार को उपवास करूंगा, रविवार को आराम करूंगा, यह सब क्या है?

यह समझ लेना कि क्षण आने से पूर्व तय करनेवाले, संकल्प व नियम लेनेवाले और अन्य किसी भी प्रकार की जिद्द पकड़ने वालों के जीवन को "मैं" तहस-नहस

कर देता हूँ। फिर वह आपकी जिद्द जिसे आप कितनी ही महान, बुद्धिमत्तापूर्वक की या आवश्यक क्यों न समझ रहे हों, परंतु मैं नटखट तो सीधा उसके विपरीत परिस्थितियां बनाने में लग जाता हूँ। मैं अक्सर ऐसी परिस्थितियां निर्मित कर देता हूँ कि जहां से आपके जिद्द की मेरी निर्मित की हुई परिस्थितियों से टकराहट हो जाए। जैसे आज ही कोई बड़ी बिजनेस ऑपर्च्यूनिटी पैदा हुई है और आज ही शुक्रवार है, जुमे की नमाज पढ़नी है। पढ़ो और जीवनभर आगे मत बढ़ो, मेरा क्या जाता है? अरे, हज और जियारत पर जाने का भी क्या कोई फिक्स समय होता है? क्या आप अपने समय, संजोग व परिस्थिति के हिसाब से जाएंगे तो आपके भगवान आपसे नाराज हो जाएंगे?

बस! बात आप गलत करते हैं, दिल में मेरे खटकती है। और फिर मेरा क्या है? मैं उपद्रवी तो आपके जीवन की श्रेष्ठ संभावनाएं ही ऐसे समय निर्मित करता हूँ जब आप अपनी जिद्दवश किसी दूसरे कार्य में लगे होते हैं। और उसका परिणाम यह होता है कि आप उन उभरी श्रेष्ठ संभावनाओं को ठीक से भुना नहीं पाते हैं। और इसका सीधा असर यह होता है कि दूसरे आगे बढ़ जाते हैं और आप हाथ मलते रह जाते हैं। न हज काम आता है न जात्रा पर जीवन की दौड़ में आप पिछड़ जरूर जाते हैं। फिर रोते हैं, मेरे में सब योग्यताएं हैं पर बात नहीं बन रही। और फिर दोष मुझे देते हैं कि क्या करें मेरा समय ही गलत चल रहा है। लो, मैं तो सबके साथ हर पल समानरूप से व्यवहार करता हूँ। सबको बराबरी पर कब क्या करना की खबर देता रहता हूँ। फिर आपकी असफलता का दोष मुझे क्यों? अपने भाग्य या कुंडली को क्यों? दुनिया और दुनियादारी को क्यों? ऐसे में अन्य किसी को दोष देने का क्या फायदा? अरे भाई, एक सीधी बात क्यों नहीं समझते कि जब व्यवसाय में मंदी हो, तभी घूमने का या जात्रा पर जाने का ठीक समय होता है। अब व्यवसाय के पीक पर जात्रा के लिए निकल जाओगे तो जीवन की 'पीक' से गिर ही जाओगे न...!

कभी समय काटे नहीं कटता तो कभी एक-एक क्षण कीमती हो जाता है

सो, सौ बातों की एक बात यह कि मेरे मुताबिक चलने में ही आपका उद्धार है, अतः जो क्षण आया नहीं उस बाबत तय करने के गंभीर परिणाम भुगतने हेतु तैयार रहना। जितना और जितने लंबे समय के लिए आपने तय कर रखा होगा, उतनी ही मेरी मार झेलने हेतु तैयार रहना। मैं वादा भी कर रहा हूँ व दावा भी कि जिद्द, संकल्प व सिद्धांत से चलनेवालों को ना मैंने पहले छोड़ा है, और न आगे छोड़ूंगा। और यह भी बड़े गर्व से बता दूं कि मेरे खिलाफ जानेवालों को ना तो आज तक कोई बचाने आया है, और ना ही आने वाला है। सीधी बात यह क्यों नहीं समझते कि जो सब कर रहे हैं...वही आप भी क्यों कर रहे हैं? क्या आप, मैं जो सबके साथ कर रहा हूँ उससे राजी हैं? नहीं..., तो फिर आज से ही आप अपनी सारी जिद्द, सारे संकल्प व तमाम सिद्धांत छोड़कर सिर्फ एक 'समय' यानी मुझे मान देना सीख जाएं। ...वरना आपका कोई मालिक नहीं। मैं जो करने को कह रहा हूँ वह करो और बाकी सबकी चिंता छोड़ो। देखो मैं आपको कहां-से-कहां पहुंचा देता हूँ।

हर चीज की एक सीमा होती है

जैसे हर वस्तु का एक समय होता है, वैसे ही हर चीज की एक सीमा भी होती है। सच तो यह है कि जिसे इस समय व सीमा का ज्ञान हो जाए वह आसानी से कभी किसी संकट में नहीं फंस सकता। समय की चर्चा तो इस किताब में हम कर ही रहे हैं। सीमा भले ही इस किताब का विषय नहीं, परंतु इस तयशुदा सीमा की भी चर्चा करना यहां प्रासंगिक है। बस इसीलिए इस विषय की संक्षिप्त चर्चा मैं यहां छेड़ रहा हूँ।

ऐसा भी नहीं है कि इस सीमा का किसी को ज्ञान नहीं है। मनुष्य है, अतः उसे इस समय व सीमा यानी टाइम और स्पेस का कुछ-न-कुछ ज्ञान होता ही है। क्योंकि यह सिर्फ मनुष्य है जिसके पास वह इंटेलिजेंस है जो प्रकृति की चल रही इस विशाल लीला के समय व सीमा बाबत जान सके। अर्थात् यह उसकी नेचरल प्रतिभा है। और जब नेचरल है तो वह ध्यान दे या न दे, उसे इसके अनुभव होते ही हैं।

तो अब सीधे इस बात पर आते हैं कि कैसे स्पेस द्वारा समय के सहारे हर चीज की एक सीमा तय हो जाती है। और मनुष्य हमेशा उस तय सीमा का उल्लंघन करने के कारण ही बड़े संकटों में फंसता रहता है। यदि मनुष्य तय सीमा पहचान ले और उसे पार न करे तो उसके जीवन में संकट के दस्तक देने का सवाल ही नहीं उठता है। और जैसा कि मैं आपको कह ही चुका हूँ कि इस तय हो रही सीमा का भी सबको कुछ-न-कुछ अंदाजा होता ही है, सो मेरे इशारा करते ही आप अपने पुराने अनुभवों से इस तय सीमा बाबत बहुत

कुछ समझ ही जाएंगे। निवेदन सिर्फ इतना है कि फिर उस समझ को इतना आगे बढ़ाना कि भविष्य में आप इसके सहारे अपने पर मंडरा रहे सारे संकटों से स्वयं को बचा पाएं।

तो शुरुआत मैं शारीरिक सीमाओं से ही करता हूँ। क्योंकि आपके लिए शारीरिक बातें समझना बड़ा आसान है। मानो, आप खाने के शौकीन हैं। यह भी माना कि स्वादिष्ट भोजन दे दिया जाए तो आपका हाथ नहीं रुकता है, तो भी आप कोई गाड़ा भर तो नहीं खा जाते हैं। यानी थोड़ा कम-या-ज्यादा, पर उस बाबत आप अपने पेट की सीमा जानते हैं। लेकिन फिर भी सच यही है कि अधिकांश शौकीन स्वादिष्ट भोजन सामने आने पर जानते हुए भी सीमा का उल्लंघन कर ही जाते हैं। और यदि कोई ऐसा लगातार करता है, तो एक दिन उसे सूप और सलाद पर आ ही जाना पड़ता है। कहने का तात्पर्य भोजन के शौकीन भी यदि जीवनभर स्वादिष्ट भोजन का लुत्फ उठाना चाहते हैं, तो उन्हें अपनी शारीरिक परिस्थिति की तय सीमा का ध्यान रखना ही होता है। ...वैसा ही शराब के शौकीनों बाबत भी है। यदि कोई जीवनभर रोज व्हिस्की पीना चाहता है तो उसे पेग-दो-पेग की सीमा तय करनी ही होगी। सीमा रोज-रोज लांघेगा तो भविष्य में व्हिस्की छोड़ो कोल्ड्रिंक पीने लायक भी नहीं बचेगा। ठीक वैसे ही फीजिकल एक्झर्शन करने और बिना एक्सरसाइज के जीने की भी एक सीमा है। लगातार जरूरत से ज्यादा एक्झर्शन करने वाला भी भविष्य में बिस्तर पकड़ लेता है और बिना हिलन-डुलन के जीने वाला भी बिस्तर पकड़ ही लेता है।

...चलो ये सब तो शारीरिक बातें हैं। जिनके आपको कम या ज्यादा अनुभव भी हैं, सो आप समझ भी गए होंगे और उसपर तात्कालिक अमल भी कर लेंगे। अब सवाल आता है व्यवहार का। व्यवहार में भी आपको तय हो रही सीमा के कुछ-कुछ अंदाजे हो ही रहे होते हैं। दुःखद बात यह है कि आप उन हो रहे अनुभवों को महत्त्व देकर अपने ज्ञान को उस विषय में बढ़ाते नहीं हैं। मानो कोई आज्ञाकारी है, आपकी हर बात मानता है, आप उससे काम भी खूब निकलवाते हैं, लेकिन कब तक...? उसकी भी एक सीमा है। यदि आपने उस सीमा पर ध्यान नहीं दिया तो एक दिन वह आपकी आज्ञाएं मानना बंद कर ही देगा। अर्थात् आप चाहते हैं कि वह जीवनभर आपकी आज्ञा मानता रहे तो आपको आज्ञा देने की तय सीमा के भीतर ही उसे आज्ञाएं देनी होगी। बस ठीक वैसे ही हरेक के अपमान सहने की भी एक सीमा होती है। कोई कितना ही सहनशील क्यों न हो, एक सीमा क्रॉस करने के बाद वह विद्रोह पर उतर ही आएगा।

बस इसी तरह मनुष्य के आपसी व्यवहार तथा उसके हर रिश्तों में हर चीज की एक सीमा, आपके व्यवहार और मनुष्यों की सायकोलॉजी के आधार पर तय हो ही

जाती है। उस सीमा के बाहर की करी गई अवहेलना, निंदा, क्रोध, बदमाशी या कुछ भी...गंभीर दुष्परिणाम लेकर आएगी ही। पहली बात तो अवहेलना, निंदा, क्रोध या बदमाशी हरहाल में बुरी है, लेकिन इसकी सीमा तोड़ने पर तो यह अति-गंभीर परिणाम लेकर आएगी, यह तय है।

सीमा के भीतर बने रहने पर कभी कोई बड़ी मुसीबत नहीं आती है

यह मत समझना कि नकारात्मक भावों की ही सीमा होती है, सकारात्मक व्यवहार की भी अपनी एक सीमा होती है। माना आप सुलझे हुए और सज्जन व्यक्ति हैं, पॉझिटिव हैं और किसी को दुःख देना नहीं चाहते; अच्छी बात है, परंतु इसकी भी एक सीमा होती ही है। यह ध्यान रख लेना कि आप यदि किसी की बदमाशी एक हद से ज्यादा सहते हैं तो आप उसके ''महा-बदमाश'' होने की नींव डाल रहे हैं। और यदि ऐसा करते हैं तो आप सज्जन नहीं कहे जा सकते हैं। क्योंकि आप किसी के भविष्य के साथ खिलवाड़ कर रहे हैं। वैसे ही आप किसी का झूठ छिपाते हैं या उसकी चोरी दबाते हैं, तो दो-चार बार तक तो ठीक है, परंतु फिर एक सीमा के पार वह आपकी रहम के काबिल नहीं रह जाता है। उसे एक्सपोझ करना ही रहा। ...ऐसा नहीं करते हैं तो उसका भविष्य ही आप बर्बाद कर रहे हैं। ध्यान रख लेना, कुदरत की निगाह में ऐसी सज्जनता दुर्जनता से भी ज्यादा खराब मानी जाती है।

वहीं जरूरत से ज्यादा किसी को लाड़-प्यार देना भी अनेक दुष्परिणाम लेकर आता है। और मां-बाप खासकर मांएं अपने बच्चों के ऐसे लाड़ में अक्सर पड़ जाती हैं। वे इसे अपने बच्चे के प्रति प्यार समझते हैं, परंतु वास्तव में वे बच्चे से दुश्मनी निकाल रहे होते हैं। क्योंकि गलत बात पर एक सीमा से बाहर का दिया गया प्रोटेक्शन बच्चों की छोटी-मोटी बुराइयों को आदत में रूपांतरित कर सकता है। ...फिर जीवनभर उसका उससे छुटकारा संभव नहीं रह जाता है।

खैर! यह जो बात मैंने आपसी व्यवहार के लिए कही, वही बात सामूहिक व्यवहारों पर भी लागू होती ही है। जुल्मी से जुल्मी

शासक के भी जुल्म की एक सीमा होती है। सीमा के भीतर किया जुल्म तो जनता सह भी लेती है, लेकिन जिस रोज शासक सीमा तोड़ देता है; उसके विरुद्ध क्रांति हो ही जाती है। और फिर शासक के तो जुल्म की ही नहीं, भष्टाचार से लेकर तमाम गलत नीतियों व निर्णयों की भी अपनी एक सीमा होती है। उस सीमा को पार करने के बाद कोई शासक कभी नहीं टिक सकता है। ठीक वैसे ही धर्मगुरुओं और समाज के ठेकेदारों द्वारा फैलाई जा रही कुरीतियां अपनी सीमा में नुकसान पहुंचा रही होती है, तब तक उनपर बड़ी आंच नहीं आती है। लेकिन जब वे सीमा पार का नुकसान पहुंचाना शुरू कर देती है, तो फिर उसके खिलाफ आवाज बुलंद हो ही जाती है। ...और जो उसे मिटाकर ही दम लेती है। यही सती-प्रथा से लेकर छूआछूत जैसी सभी कुरीतियों के साथ हुआ है। और जिस रोज मूर्तिपूजा से लेकर ज्योतिष-वास्तु भी सीमा पार की परेशानी खड़ी कर देंगे, उनके साथ भी वैसा ही होगा।

कुल-मिलाकर यह समझ लें कि व्यक्तिगत व्यवहार हों या सामूहिक व्यवहार, हर जगह हर बात की एक सीमा तय हो ही जाती है। और जब भी उस सीमा का उल्लंघन होगा, उसके दुष्परिणाम सीमा तोड़ने वाले के खिलाफ आएंगे ही। सो, यदि आप दुष्परिणामों से बचना चाहते हैं तो सीमा में ही व्यवहार करें।

खैर, यह तो बात का एक पहलू हुआ। क्योंकि अब तक की सारी बातें जो मैंने बताई है, वह दूसरों पर आधारित है। लेकिन आपकी अपने स्वयं के लिए भी हर चीज की एक सीमा होती है। और आपको चाहिए कि आप भी हर मामले में उस सीमा को पहचानें। यदि आप सम्पूर्ण-व्यक्तित्व पाना चाहते हैं तो पल-पल तय हो रही इस सीमा के दायरे में ही व्यवहार करें। और वह भी बेझिझक, बिंदास, बगैर डरे तथा बगैर भविष्य की सोचे। क्योंकि भविष्य बिगड़ता ही है सीमा का उल्लंघन करने की वजह से। अतः आप अपनी हर चीज की सीमा का ध्यान रखें। ...फिर वह सहनशीलता हो, को-ऑपरेशन हो, सज्जनता हो या प्रेम हो। यही नहीं, फिर सामने व्यक्ति भी चाहे जो हो। क्योंकि जो प्रेम के काबिल नहीं उसे एक सीमा से बाहर का प्रेम करोगे तो आपके जीवन में बड़ी मुसीबत दस्तक देगी ही। वैसे ही आप किसी को लगातार औकात से बाहर का सहयोग करते रहोगे तो एक दिन उसे आप अपना आश्रित बनाकर ही छोड़ोगे। सर पर पड़ा हर आश्रित मनुष्य कितना कष्ट देता है, अभी इसका शायद आपको कोई अंदाजा नहीं है। और यदि किसी का नकारात्मक और गलत लगातार सहन करोगे...करोगे और करते चले जाओगे तो फिर यह तय जान लेना कि एक दिन वह आपको मार भी डालेगा तो भी उसके खिलाफ जाने

की या अपने को बचाने तक की क्षमता आप अपने में नहीं पाएंगे। और सायकोलॉजिकल स्तर पर तो उस व्यक्ति द्वारा आप कुत्ते की मौत मरते दम तक रोज-रोज मारे ही जाएंगे।

सो, थोड़ा सोचो यह कि जब अच्छाइयों की सीमा क्रॉस करने के इतने गंभीर परिणाम जीवन में आते हैं, तो बुराइयां, जो अपनेआप में अभिशाप है, की सीमाएं क्रॉस करने पर क्या-का-क्या न हो जाता होगा? यदि आपको किसी से जलन पकड़ती है, और यदि वह जलन एक सीमा में रहती है तब तो ठीक है, आप कम कष्ट पाकर मैनेज कर भी लेते हैं, परंतु यदि वह तय सीमा पार कर जाए तो फिर यह ध्यान रख लेना कि वह जलन आपके भीतर ऐसा तो फ्रस्ट्रेशन पैदा कर देगी कि फिर जीवनभर आप खुलकर हंस ही नहीं पाएंगे। बड़े-से-बड़ा उत्सव या ऊंचे-से-ऊंची खुशी भी फिर आपको कभी दिल से प्रसन्न नहीं होने देगी। वैसे ही किसी पर फायनेंशियली या इमोशनली डिपेंड होने की भी एक सीमा होती है। यदि आपने प्रेम या विश्वास के नाम पर इसकी सीमा तोड़ी तो फिर आप अपनी इंडिविज्युअलिटी इस कदर खो देंगे कि उस व्यक्ति द्वारा दिये कोई मामूली झटके से तहस-नहस हो जाएंगे। ...यानी आपके भीतर के हर भाव की अपनी एक सीमा होती है। आपने ध्यान नहीं दिया और उसका उल्लंघन कर दिया, तो निश्चित जानो कि जल्द ही आप अपने को बड़ी मुसीबत में फंसा हुआ पाएंगे।

सीमा लांघने पर ही समस्या दस्तक देती है

चलो अब इसी बात को आपके रोजमर्रा के जीवन के चंद उदाहरणों का सहारा लेकर समझाता हूँ। और बात की शुरुआत शरीर से ही करूं तो जैसे लगातार ज्यादा व गंदा खाने की सीमा होती है, वैसे ही लगातार कम खाने या भूखे रहने की भी सीमा होती है। इनमें से किसी भी सीमा का उल्लंघन करने पर मुनष्य को बड़ी बीमारी पकड़ ही लेती है। वैसे ही व्यवहार में कार्य करने की व कामचोरी की, दोनों की सीमा होती ही है। यदि आप ऑफिस में

अपना ही नहीं दूसरों का काम भी एक सीमा से ज्यादा करते हैं, तो धीरे-धीरे ऑफिस में हरकोई आपको ग्रान्टेड ले लेता है। और एकबार दूसरों ने आपको ग्रान्टेड ले लिया फिर तो आपकी खैर नहीं? फिर तो मामूली-सी चूक या छोटा-सा इन्कार आपको विलेन बना देता है। उसी तरह कामचोरी की एक सीमा तोड़ने पर आपको नौकरी से हाथ धोना ही पड़ सकता है। ठीक वैसे ही घर हो या ऑफिस, स्टाफ को छूट देने की या उनपर नियंत्रण रखने की दोनों की ही अपनी सीमाएं होती ही हैं। एक सीमा से बाहर की छूट आपके स्टाफ को बदमाशी के लिए उकसा सकती है, वहीं एक सीमा से बाहर के नियंत्रण लादने पर उन्हें विद्रोह हेतु मजबूर कर सकती है।

और ठीक उसी तरह किसी पर विश्वास करने की ही नहीं, किसी पर अविश्वास करने की भी एक सीमा होती है। वैसे ही किसी से प्रभावित होने की या किसी से नफरत करने की भी एक सीमा होती है। यदि आप किसी से एक सीमा के बाहर प्रभावित होते हैं तो धीरे-धीरे कर आप उस जैसा होना शुरू हो जाते हैं। उसी तरह आप किसी से सीमा से बाहर की नफरत करते हैं तो फिर उसे आप अपने जीवन का एक हिस्सा बना लेते हैं। यानी अपनी अच्छीखासी सायकोलॉजी में नफरत को घर बनाने देते हैं।

बस ऐसी हजारों-हजार चीजों की सीमाओं के बाबत चर्चा की जा सकती है। जैसे, किसी की बात मानने की व किसी की बात की अवहेलना करने की भी एक सीमा होती है। वैसे ही तिरस्कार करने की व तिरस्कार सहने की भी एक सीमा होती है। वैसे तो किसी बात, व्यक्ति या वस्तु पर ध्यान देने की भी एक सीमा होती है, और ठीक वैसे ही अपने से संबंधित किसी बात, वस्तु या व्यक्ति पर से ध्यान हटाने की भी एक सीमा होती है। आपको यह ध्यान रखना ही होगा कि कोई आपकी हर जिद्द पूरी करता है तो भी उसकी अपनी एक सीमा होती ही है। यदि आप उस सीमा का ध्यान नहीं रखेंगे तो जल्द ही एक दिन ऐसा भी आ ही जाएगा कि वह आपकी कोई भी फरमाइश मानना बंद कर देगा। वैसे ही कोई आपका क्रोध या टोकना सह रहा है तो भी उसकी भी अपनी सीमा है ही। सीमा तोड़ी तो एक दिन उल्टा वह पलटकर आप पर क्रोध कर ही देगा। कहने का तात्पर्य आपके रोजमर्रा के जीवन से संबंधित हर व्यक्ति, वस्तु, विचार व व्यवहार; सभी की एक सीमा होती ही है। बस सीमा के भीतर कोई खतरा नहीं, और सीमा के पार जीवन नहीं।

यहां एक बात और ध्यान रख लेना कि जो नियम मनुष्य व उसके व्यवहारों पर लागू होते हैं, वे प्रकृति पर भी लागू होते ही हैं। और इसे सीधा समझें तो जिन नियमों के अंतर्गत यह प्रकृति चलायमान है वे सारे मनुष्यों पर भी लागू होते ही हैं। प्रकृति में ना तो

कोई इतना महत्त्वपूर्ण है और ना ही कोई कण-मात्र इतना तुच्छ ही है जिसके लिए अलग से कोई नियम बने हों।

और इसी संदर्भ में आगे कहूं तो सीमा बाबत जो मैंने मनुष्यों के संदर्भ में बताया वही प्रकृति पर तथा उसकी हर वस्तु पर लागू है ही। आप जानते ही हैं कि पानी की सीमा 99 डिग्री सेंटीग्रेड है, 100 डिग्री सेंटीग्रेड तक उबालने पर वह भाप बन ही जाएगा। वैसे ही 0 डिग्री सेंटीग्रेड से नीचे वह बर्फ का स्वरूप धारण कर ही लेगा। वैसे ही तापमान के मामले में मनुष्य का शरीर भी सीमा में ही कैद होता है। नीचे में 82 फरेनहाइट और ऊपर में 108 फरेनहाइट। यह सीमा यदि मनुष्य का शरीर तोड़ देता है तो मर जाता है। ...और आपको यह भी बता दूं कि सुनामी से लेकर भूकंप तक सबकुछ इस संसार में एक या दूसरे पदार्थ के अपनी सीमा तोड़ने के कारण ही आते हैं। ...यानी प्रकृति में भी सबकुछ तभी तक ठीक चलता है जबतक उसका हर पदार्थ अपनी सीमा में रहता है।

खैर, अब मैं यहां अपने बारे में बताने को प्रस्तुत हुआ हूँ, सीमा पर कोई किताब तो लिख नहीं रहा हूँ, और फिर आप भी वैज्ञानिक युग में जी ही रहे हैं; सो मेरा 'सीमा' बाबत इतना इशारा करना ही आपके लिए पर्याप्त हो जाना चाहिए। उम्मीद करता हूँ कि आप अपने हर भाव की सीमा को भी समझेंगे तथा अपने किसी व्यवहार की सीमा को भी नजरअंदाज नहीं करेंगे। फिर जल्द ही इस सीमा के ज्ञान के सहारे आप जीवन में आगे आनेवाली बड़ी मुसीबतों से बचना भी सीख जाएंगे।

ध्यान से भोगना व अक्ल से छूटना

खैर! अब तक की सारी बातों का सार क्या है? सार यह है कि जरूरत से ज्यादा डेटा डाले जाने के कारण आपके मनरूपी कम्प्यूटर की हार्डडिस्क करप्ट हो गई है, और उस कारण उसकी गति अत्यंत धीमी पड़ गई है। अतः जीवन में चाहकर भी और लाख हाथ-पांव मारकर भी आपसे कुछ नहीं हो पा रहा है। लेकिन फिर भी ध्यान रहे कि उससे बचने हेतु अब आपको नया कुछ नहीं करना है। कुछ नया जानना या समझना भी नहीं है। ...और ना ही कोई नए उपाय ही खोजने हैं। यह नए उपाय खोजने और नया समझने-समझाने में ही तो यहां तक पहुंचे हो। नहीं, और नहीं...। अब तो बस आपकी करप्ट हुई हार्डडिस्क में से आपको डेटा डिलीट करने हैं। और निश्चित ही मैंने समझाया भी है और सिद्ध भी किया है कि आपके हजारों जन्म हो चुके हैं, और आगे भी हजारों जन्म होते ही रहेंगे। यानी आपके कम्प्यूटर में डेटा इस जन्म के भी हैं व जन्मों-जन्मांतर के भी। ऐसे में मैंने आपकी हार्डडिस्क को हल्का करने हेतु एक अक्सीर उपाय सुझाया ही था कि आप कम-से-कम बुद्धि के द्वारा डाले गए इस जन्म संबंधित डेटा तो डिलीट कर दीजिए। और यह ज्यादा मुश्किल भी नहीं, क्योंकि यह बहुत ज्यादा गहरे भी नहीं। तीस-चालीस वर्ष पुराने हैं; जल्द ही डिलीट हो जाएंगे। और उन्हें डिलीट करने के सारे उपाय भी मैं आपको बता ही चुका हूँ। अब सवाल आता है कि जो गहरे हैं उनका क्या? तो जो गहरे हैं वे ऐसे डिलीट नहीं होंगे। सो अब मैं आपको जन्मों-जन्मांतर से चले आ रहे डेटा कैसे

डिलीट करना, यह समझाता हूँ। और सच कहूं तो यह जन्मों-जन्मांतर के डेटा ही आपको ज्यादा परेशान किये हुए हैं।

और इस संदर्भ में कोई भी बात प्रारंभ करूं उससे पहले मैं आपको यह गहरा क्या है और ऊपरी क्या है, इसे थोड़ा विस्तार से समझा दूं। यह समझना आपके लिए बहुत जरूरी भी है और दुर्भाग्य से यह बात कुछ ज्यादा गहरी भी है। अतः इसे बड़े ध्यान से समझना। क्योंकि बुद्धि के डेटा डिलीट करने से आपके भीतर मेरी गति तेज अवश्य हो जाएगी, उससे जीवन में आनंद भी बढ़ेगा; परंतु बात पूरी तरह तो यह जन्मों-जन्मांतर के गहरे डेटा कमजोर करने से ही बनेगी। और सबसे बड़ी बात तो यह कि ये सारी बातें आप ही के जीवन से संबंधित है। अतः इनका कम या ज्यादा अनुभव आपको होगा भी। ...परंतु आप उसपर ध्यान नहीं देते। अतः वास्तव में कहूं तो मेरी कही हर बात को समझने हेतु सवाल सिर्फ मेरे इशारे करने का और आपके ध्यान देने का ही बचता है। चलो ध्यान तो आप इन बातों का महत्त्व जान दे ही देंगे। सो अभी तो यहां यह समझ लें कि आपके भीतर मेरे मनरूपी कम्प्यूटर की जो गहराई है वह स्पेस में आसमान-पाताल की गहराई से किसी तरह कम नहीं है। लेकिन चूंकि आसमान की ऊंचाई या पाताल की गहराई स्पेस है, इसलिए आपकी समझ में आ जाती है; जबकि मेरी गहराई ही नहीं मेरे स्वरूप भी अदृश्य हैं, इसलिए मेरे बाबत समझना आपको जरा मुश्किल हो जाता है।

लेकिन इस वैज्ञानिक युग में एक सीधा वैज्ञानिक सत्य क्यों नहीं समझते कि मेरा और स्पेस का विस्तार एक साथ हुआ है। अतः मेरी गहराई किसी कीमत पर स्पेस से कम नहीं हो सकती। और आपके लिए मैं आपका मन हूँ। और इसीलिए हजारों में कोई एक ही अपने जीवन, अपने स्वभाव, अपने वर्तमान या भविष्य के बाबत कुछ "जान-समझ" पाता है। वरना तो बाकियों पर छाया यह अज्ञान ही उनके सारे दुःखों का मूल है। और फिर मेरी कही इन तमाम बातों को समझने हेतु सीधा-सीधा यह क्यों नहीं समझते कि मेरे कई स्वरूप आपके जीवन और उसमें घटनेवाली घटनाओं के इर्द-गिर्द ही घूमते हैं। और फिर मैं स्वयं आपके भीतर मनरूपी कम्प्यूटर के रूप में मौजूद हूँ। सो आप अपनी बुद्धि को विश्राम देकर और चारों ओर झांकना छोड़कर सीधा अपने भीतर क्यों नहीं झांकते? वहां आपको मेरी कही हर बात का सबूत मिल जाएगा। लेकिन यदि आप मेरी कही बातों का ताल्लुक स्पेस में घट रही घटनाओं से बिठाने की कोशिश करेंगे तो असफल हो जाएंगे। वहीं यदि आप उसे बुद्धि से खोजने का प्रयास करेंगे तो और भी भ्रमित हो जाएंगे। सीधी बात है, जो वस्तु जहां पड़ी है वहीं तो मिलेगी। और चूंकि आपको सारे कन्फ्यूजन मेरे कारण है,

समय की भाषा में क्षमा या संयम जैसे शब्द होते ही नहीं हैं

और मैं आपके मनरूपी कम्प्यूटर के रूप में आपके भीतर मौजूद हूँ, अतः ये सारे कन्फ्यूजन भी दूर अपने भीतर झांकने से ही होंगे। मैं उम्मीद करता हूँ कि आगे से आप मेरी अबतक कही और आगे कही जाने वाली तमाम बातों को अपने भीतर खोजने की कोशिश करेंगे। आप उसकी सत्यता अपने एक नहीं तो दूसरे अनुभव में पाएंगे ही। और यह बात मैं पहले भी कह चुका हूँ कि आपका मन ही एक ऐसी लेबोरेटरी है जहां मेरी कही हर बात सिद्ध होती चली जाएगी। जैसे आपको नाइट्रोजन के बाबत कोई चीज जाननी या सिद्ध करनी है तो वह नाइट्रोजन के साथ प्रयोग कर के ही सिद्ध की जा सकती है, वैसे ही मेरे बाबत कुछ भी सिद्ध सिर्फ मेरी गहराइयों में झांकने से ही हो सकता है।

सो अभी तो मैं फिर यह गहरी बात व ऊपरी बात क्या है, इस पर लौट आता हूँ। आपको भी इसके हजार अनुभव होंगे, परंतु आपने कभी इस पर ध्यान नहीं दिया होगा। अब यह तो मैं आपको समझा ही चुका हूँ कि मन के कम्प्यूटर में पड़ने वाले हर डेटा के बराबर तथा विपरीत दिशा में लगातार प्रतिक्रिया होती ही रहती है। और यदि आपने यह प्रतिक्रिया बुद्धि के चक्कर में आकर दबाई तो याद रखना कि उसकी और हजार गुनी प्रतिक्रियाएं होंगी। यदि आपको किसी पर क्रोध आया और आपने क्रोध करने के बजाए उसे दबा दिया तो उससे वह दब थोड़े ही जाएगा? वह हजार गुना होकर एक दिन उसी व्यक्ति के विरुद्ध निकलेगा। और इस बात के आपको हजारों अनुभव होंगे भी। साथ में रहते-रहते रोज एक-दूसरे के विरुद्ध थोड़ा-थोड़ा क्रोध जो आप दबाते चले जा रहे हैं, वह अक्सर आपको अपनी गहराइयों में छिपा नजर आ ही जाता होगा। और तभी तो एक दिन वह दबा हुआ क्रोध मामूली-सी बात पर इकट्ठा निकलकर आपकी अपनों से ही आजीवन की दुश्मनावट कराकर दम लेता है। इस बात को विस्तार से समझाने की जरूरत नहीं कि यही अक्सर भाई-भाई, पति-पत्नी और मित्रों के बीच

दुराव का कारण होता है। यानी क्रोध आया तब ऊपरी था, परंतु दबाया तो गहरे में चला गया। यानी अंत में जाकर यह गहरा क्रोध ही परिणामकारी सिद्ध होता है।

वैसे ही इच्छाओं का है, जागी व पूरी कर ली तो कोई खास बात नहीं। दबायी तो और बढ़ जाएगी। और लगातार व बार-बार दबायी तो गहरे में उतर जाएगी, तथा एक दिन विकृत स्वरूप धारण कर लेगी। और यही प्रक्रिया कोई वस्तु पाने की कामना से लेकर कुछ हासिल करने हेतु डाले गए तमाम डेटाओं के संबंध में भी है। यानी कोई भी डेटा मन में जाने पर उसकी प्रतिक्रिया होगी, यदि उस प्रतिक्रिया को दबाने की कोशिश की तो उसकी और हजारों प्रतिक्रियाएं होगी। और लंबे समय तक दबी रही तो अंत में वह आपके मन की गहराई में उतर जाएगी। और जो दबी प्रतिक्रियाएं जितनी गहरी होंगी, उसे निकलने में उतना ही वक्त लगेगा। ...और वह उतने ही गहरे परिणाम भी लेकर आएगी। उदाहरण के तौर पर धन कमाने की इच्छा गहरे में उतर जाने के बाद धन न कमा पाने की इन्फीरिओरिटी आपके भीतर तक उतर जाएगी। वैसे ही यदि किसी लड़की से आप बड़ा प्रेम करते हैं, और किसी दबाव या अन्य कारण से आप उससे विवाह नहीं कर पाते हैं तो ध्यान रखना आप वह दबाव डालनेवाले या कारण पैदा करनेवालों को कभी माफ नहीं कर पाएंगे। जितना गहरा आपका प्रेम होगा, उतनी ही गहरी उनके प्रति आपकी दुर्भावना भी आज नहीं तो कल प्रकट होगी ही। अर्थात् कोई भी भाव या इच्छा अपनी बुद्धि या दूसरों के प्रभाव में आकर दबाने के कोई सकारात्मक परिणाम आपके या दूसरों के लिए कभी नहीं आ सकते। सबसे बड़ी बात यह कि ये सारी क्रियाएं-प्रतिक्रियाएं नियम से ही घटती हैं। और जो वस्तु नियम से घट रही है उसे दबाने का फायदा हो भी कैसे सकता है?

अब वापस मैं गहरी बात क्या है व ऊपरी बात क्या है, उसपर लौट आता हूँ। और वह आप समझ ही गए होंगे। ऊपरी वह है जो ताजा-ताजा उत्पन्न हुई है और गहरी वह है जो पहले की दबाई हुई बाहर निकल रही है। यहां कहने की जरूरत नहीं कि जो जितनी जोर से दबाई हुई है और जितने लंबे समय से दबाई हुई है, वह उतनी ही गहरी है। और एक बार यह गहरी और ऊपरी का फर्क समझ लेंगे तो आप बहुत कुछ समझ लेंगे। ...तथा एकबार यदि आपको अपने या आसपास वालों के गहरे में छिपे इन भावों का अंदाजा हो जाए तो आप ना सिर्फ उनका इलाज कर सकते हैं, बल्कि दूसरों के गहरे में छिपे भावों को देखकर उनसे सावधान भी रह सकते हैं। यदि किसी के आपके प्रति क्रोध या नाराजगी की कोई गहराई दिख जाए तो फिर वह ऊपर से चाहे जो व्यवहार कर रहा हो, परंतु आप सावधान हो जाना; क्योंकि उसकी यह गहराई एक-न-एक दिन अपना रंग अवश्य दिखाएगी।

अब जब क्रिया-प्रतिक्रियाओं के बाबत इतनी बातें बता ही रहा हूँ, तो इससे होनेवाली हजारों गलतफहमियों के बाबत भी बता दूं। अक्सर सब कहते हैं कि बुद्ध और जीसस को देखो, उनके साथ कैसा भी व्यवहार क्यों न करो, वे ''क्षमा'' कर देते हैं। आप भी क्षमा करना सीखो, क्षमा से बड़ा कोई दान ही नहीं। अब ऐसी बातें जो करते हैं उन्हें न मेरा, न मेरे मनरूपी समय का और ना ही जीवन का कुछ पता है। मेरे तल पर क्षमा जैसा कोई भाव होता ही नहीं है। मेरे तल पर तो क्षमा एक कोरा शब्द-मात्र है। क्योंकि मनुष्यों की बुद्धि जिसे क्षमा समझ रही है, वह तो परिणाम है। यह जो क्षमा आपको दिखाई पड़ रही है उसका कारण यह है कि दूसरों के व्यवहार से उनके कम्प्यूटर में कोई डेटा ही नहीं डल रहा है। और जब डेटा डल ही नहीं रहा तो प्रतिक्रिया कैसी? अर्थात् उनका दूसरों के व्यवहार से यह अछूतापन आपको क्षमा दिखाई देता है। लेकिन आप यह बात अच्छे से समझ लें कि यदि आपको किसी की कोई बात का बुरा लगा है, तो फिर आप क्षमा नहीं कर सकते, उस सूरत में प्रतिक्रिया तो होगी ही।

आप स्वयं अपने जीवन में देख लीजिए, कोई आपको किसी के विरुद्ध भड़का रहा है, परंतु यदि आप उसकी बात को कोई तवज्जो ही नहीं देंगे तो भीतर डेटा जाएगा ही कैसे? और जब भीतर डेटा जाएगा ही नहीं तो आप भड़केंगे भी नहीं। ...यानी कोई प्रतिक्रिया नहीं होगी। लेकिन यदि आप बातों में आ गए तो कोई इलाज नहीं, फिर तो जिसके विरुद्ध आपको भड़काया गया है उससे कोई-न-कोई नाटक तो आप करके ही मानेंगे। ...आज नहीं तो कल।

यानी एकबार फिर स्पष्टतापूर्वक समझ लें कि मेरे तल पर बात हमेशा दो-तरफा होगी। उसका स्वरूप हमेशा क्रिया और प्रतिक्रिया का ही होगा। और यह भी कह ही चुका हूँ कि प्रतिक्रिया हमेशा विपरीत दिशा में होगी। ...यानी यदि आज के बाद आपको मेरे बाबत कोरी बातों और वास्तविक बातों का फर्क समझना हो तो समझ लेना कि मेरे बाबत यदि कोई बात जानकार कहेगा तो वह हमेशा विरोधाभासी होगी। और जो कोई अज्ञानी मेरे बाबत सिर्फ क्रिया या प्रतिक्रिया में से किसी एक की भाषा में कह रहा है, वह भले ही आपको सीधी मालूम पड़ती हो; परंतु सत्य कतई नहीं। ...जैसा कि उपरोक्त उदाहरण से मैंने समझाया।

कहना कितना सीधा लगता है कि क्षमा करो। पर यह तो एक बात हुई। पूरी बात तो यह कि दूसरों के व्यवहार का बुरा मत मानो, प्रतिक्रिया करने की जरूरत ही नहीं पड़ेगी। हां, अपने इस व्यवहार को भले ही 'क्षमा' का नाम दे दो मुझे कोई एतराज नहीं।

...तो यह मैंने आपको बड़ी गहरी बात बड़ी आसानी से समझा दी। इसे हमेशा के लिए गांठ बांध लेना कि धर्म, भगवान, सायकोलॉजी, जीवन, मन, समय जैसी गहरी बातों के बाबत जो वक्तव्य विरोधाभासी नहीं; जिसके दोनों सिरों की चर्चा नहीं, वह कभी इन विषयों के बाबत सत्य नहीं। इसीलिए बेकार की ऊंची-ऊंची बातें सुनने में तो अच्छी लगती हैं, परंतु उन पर अमल नहीं हो सकता है। क्योंकि वे सत्य नहीं होतीं। और बेचारा मनुष्य ऐसी बातों को अमल में न ला पाने की वजह से अकारण अपने को तुच्छ समझने लगता है। नहीं, हर सत्य के दो सिरे होते हैं, कोई एक अपना लो दूसरा अपनेआप आपकी पकड़ में आ जाएगा, परिणाम में आपकी ऊंचाई बढ़ जाएगी।

अपनी इसी बात के चंद और उदाहरण दूं तो निश्चित ही यदि आप बुद्ध के सामने दुनियाभर की दौलत या जमानेभर की सुंदरियां लाकर रख दोगे तो भी बुद्ध आकर्षित नहीं होंगे। बुद्धिमान लोग कहेंगे- देखा बुद्ध का संयम। अरे पागलों, यह संयम नहीं है, और जीवन में संयम रखना तो सीखना भी मत। पागलों की कमी नहीं, समझा देंगे कि संयम बड़ी ऊंची चीज है। देखो बुद्ध का संयम। नहीं, विकृत हो जाएंगे...विकृत। उधर बुद्ध कोई संयम नहीं बरत रहे हैं, धन या सुन्दरी उन्हें आकर्षित ही नहीं कर रही, और जब आकर्षण नहीं तो मन में कोई डेटा भी नहीं जा रहा। तथा जब डेटा ही नहीं जा रहा तो प्रतिक्रिया भी नहीं हो रही। ...सयंम काहे का? हां, आकर्षण कम करने की बात करो तो बात फिर भी समझ में आती है। परंतु आकर्षण है, तो दबाना मत। ...वरना आपका वही आकर्षण एक दिन विकृत स्वरूप धारण कर लेगा। कुल-मिलाकर कहने का तात्पर्य यह कि नासमझों की बातें सुन क्षमा करने या संयम बरतने में मत लग जाना। आपका कम्प्यूटर पूरी तरह तहस-नहस हो जाएगा। और एक फ्रस्ट्रेटेड बने घूमते रह जाओगे। नहीं, डेटा भीतर जाए ही नहीं, उसकी व्यवस्था करो। डेटा भीतर जाएगा तो प्रतिक्रिया होगी ही, और प्रतिक्रिया दबाओगे तो विकृत और पागल हो ही जाओगे।

इसी बात को आगे बढ़ाऊं तो कई पागल आपसे कह देते हैं कि सम्पूर्ण संयम बरतो। सब चीजों के प्रति आकर्षण दबा दो। यह फिर एकतरफा बात हुई। संभव ही नहीं...। बगैर आकर्षण के कोई मनुष्य एक पल जीवित नहीं रह सकता। फिर वह बुद्ध ही क्यों न हो? आप बुद्ध से कह दें, यह मत करें...क्योंकि इससे दो जनों का भला होगा। आप संयम बरतें, उनकी भलाई करने हेतु आकर्षित हों ही न। नहीं..., यह बुद्ध के लिए संभव नहीं। दूसरों की भलाई उनका परम आकर्षण है। उन्होंने जीवनभर वही किया है। अर्थात् आकर्षण की ऊंचाइयां बढ़ानी है, आकर्षण को भी दबाना नहीं है। सच कहूं तो धर्म के नाम पर नासमझों

द्वारा दी गई गलत शिक्षाओं और ऊंचे शब्दों ने ही मनुष्य को सबसे ज्यादा नुकसान पहुंचाया है। लेकिन आपने मेरी बात समझ ली होगी। अतः उम्मीद करता हूँ कि इन नासमझी से भरी बातों से आप अपने को बचा लेंगे। कोई भी बात जो एकतरफा कही गई हो, उसे असत्य जान उसकी अवहेलना कर ही लेंगे।

खैर, अब आप डेटा गहरे में कैसे जाते हैं यह समझ ही गए होंगे। गहरे में गए डेटा कितना परेशान कर देते हैं, इसका अंदाजा भी आपको लग ही गया होगा। साथ ही सबसे ज्यादा महत्त्वपूर्ण यह कि नासमझों की बात न सुनने की बात भी आपकी समझ में आ ही गई होगी। बीमार होने पर स्पेश्यलिस्ट को ही दिखाओ। इन K. G. के विद्यार्थी, जो अपनी ठीक से सहायता नहीं कर पा रहे, बस अपने को ऊंचा और आपको नीचा दिखाकर अपनी दुकानें चलाने हेतु आपको संयम, क्षमा तथा और भी ना जाने क्या-क्या ऊंची-ऊंची बातें बताते रहते हैं; की सलाह क्यों मानना? अरे भाई, जो हो नहीं सकता; वह हो नहीं सकता। वे तो समाज में अपना झूठा सम्मान बचाने की खातिर अपना फ्रस्ट्रेशन दबाकर भी जी लेंगे, पर आप नहीं जी पाएंगे। और यूं भी जो बात मन में हो उसे शरीर से दबाकर जीने का फायदा भी क्या? और फिर वह दबाने से भी दब कहां रही है? उल्टा वह तो विकराल स्वरूप धारण कर आपका जीवन तहस-नहस कर रही है। स्पष्ट समझ लेना कि यह दबाने वालों के खेल बस जन्म-दो-जन्म की बात है, फिर ऐसे लोग ही आतंकवाद और दरिंदगी की तमाम सीमाएं पार कर जाते हैं। ...सीधा-सीधा यह बताएं कि मन व जीवन का मुझसे बड़ा स्पेश्यलिस्ट कौन? निश्चित ही कोई नहीं, क्योंकि मेरे द्वारा ही यह पूरा खेल चल रहा है। तो फिर सीधे-सीधे इस मौके का फायदा उठाते हुए मेरी बात मानकर सुखी क्यों नहीं हो जाते?

उम्मीद है कि इस संदर्भ में आप मेरी बात सुनेंगे भी और मानेंगे भी। आगे से मन में उभरे कोई भी भाव आप नहीं दबाएंगे। बस इसी आशा के साथ अब मैं इस बात को आगे बढ़ाता हूँ। और आगे अब सबसे पहला प्रश्न यह उठता है कि बात गहरे में उतरती कैसे है? और उसका उत्तर देने से पूर्व यह समझा दूं कि यह भी दो स्तर पर है। एक तो वे जो जन्मों-जन्मांतर से गहराई में उतरी पड़ी है, और दूसरी वे जो इस जन्म में की जाने वाली गलतियों के कारण गहराई में उतर रही है।

सो, पहले बात इस जन्म में की जाने वाली गलतियों के बाबत ही कर ली जाए। और उस संदर्भ में कहूं तो दो ही बातें प्रमुखता से उभरकर सामने आती है। एक तो बेकार की बातों को आवश्यकता से अधिक तवज्जो देने के कारण बात गहराई में घुस जाती है, और दूसरा लगातार भीतर से आने वाले भावों को दबाने के कारण बातें गहराई में उतरती

जीवन आनंद से काटने हेतु मनुष्य का शौकीन होना अति आवश्यक है

चली जाती है। सो यदि आप गहराई में उतरी बातों की उटपटांग प्रतिक्रियाओं से स्वयं को बचाना चाहते हो, तो उपरोक्त दोनों आदतें आपको छोड़नी पड़ेगी।

और अब सीधे बात मन की गहराइयों में छिपे उन डेटाओं के बाबत करते हैं जो जन्मों-जन्मांतर से भीतर दबे पड़े हैं। और निश्चित ही वे ज्यादा खतरनाक हैं। ...खासकर यह देखते हुए कि एक उम्र के बाद इन तमाम गहरे में दबे डेटा के कारण आपका एक ''स्वभाव'' बन जाता है, और फिर उसी के आसपास आपका जीवन घूमता रहता है। यानी उसके पश्चात आपके बदलने की या आपके जीवन में कुछ नया होने की संभावना समाप्त हो जाती है। फिर चाहे आप लाख कष्ट में हों या हजारों अप्रिय व्यक्तियों और वस्तुओं से क्यों न घिरे हुए हों, लेकिन बावजूद इसके आप बदल कुछ नहीं पाते। एक तो यह दशा अपनेआप में खतरनाक है, उस पर कष्टदायक बात यह कि सौ में से निन्यानवे लोगों की यही दशा है।

यह सब तो समझे 'समय' महाराज। पर अब उनसे छुटकारा पाने के इलाज भी तो बताओ। क्योंकि वाकई हम अपने वर्तमान जीवन से खुश नहीं, फिर भी कुछ नहीं कर पा रहे हैं। ...तो ठीक है, अब मैं सीधे गहराई में दबे इन डेटा से छुटकारा पाने के उपाय बताता हूँ जो आपके जीवन को दिशाहीन किये हुए है। और इस हेतु दो बातें आपके लिए समझना आवश्यक है। एक तो यह कि ऐसे डेटा संख्या में ज्यादा नहीं होते, लेकिन गहरे में छिपे होने के कारण यह बड़े सूक्ष्मतम स्वरूप में बड़ी दृढ़तापूर्वक स्थित होते हैं। और बहुत अच्छे से समझें तो यह चंद वे इच्छाएं होती हैं जो आपने जन्मों-जन्मों तक लगातार दबाकर गहरे में पहुंचा दी होती है। और बहुत हुआ तो कुछेक ऐसे भाव होते हैं जिन्हें आप कभी निकाल ही नहीं पाए हैं।

...और आगे फिर होता यह है कि इन गहरे में दबे भावों के कारण उत्पन्न हजारों प्रतिक्रियाएं आपके मनरूपी कम्प्यूटर में घूमती रहती है। जो ना सिर्फ आपके कम्प्यूटर को करप्ट, बल्कि आपके स्वभाव को विकृत भी कर देती है। और मेरी गति तो ऐसी हो जाती है मानो यह साठ-अस्सी वर्ष का जीवन भी बहुत लंबा हो गया हो। दूसरी बात इस संदर्भ में समझने लायक यह है कि ये इच्छाएं किसी भी प्रकार की हो सकती हैं जैसे खाने की, खेलने की, कमाने की, नाम की, सत्ता की, स्त्रियों की या...कुछ भी। और इस संदर्भ में सबसे महत्त्वपूर्ण बात यह कि जिसकी जो इच्छाएं दबी पड़ी हैं, वे ही बार-बार सर उठाती हैं। इसलिए आप देखते भी होंगे कि कोई खेलने के पीछे पागल है तो कोई कमाने के। कोई स्त्रियों का दीवाना है तो कोई नाम का भूखा है। परंतु इन तमाम गहरी दबी इच्छाओं के संबंध में सबसे बड़ी बात यह कि ये पूरी किये बगैर निकलने वाली नहीं। और उससे भी खतरनाक बात यह कि ये कभी पूरी होनेवाली नहीं।

...यानी यह वाकई बड़ा गहरा चक्कर है और निश्चित ही इससे छूटना आसान नहीं। क्योंकि मन के उपद्रव ही कुछ ऐसे हैं कि इच्छाएं दबाई तो विकृत हो जाएगी, और गहरे में दबी इच्छाएं पूरी करने की कोशिश की तो वे और बढ़ती जाएंगी। ऐसे में जान छुड़ाओ भी तो कैसे? और मैं जो कह रहा हूँ उन सब चीजों के आपको भी कम या ज्यादा अनुभव होंगे ही। कमानेवाले कमाते चले जाते हैं, तथा जितना कमाते जाते हैं...और कमाने की इच्छा पैदा होती रहती है। यही हाल खानेवालों से लेकर स्त्री-पुरुष मित्र बनानेवालों का भी है। और सच कहूं तो इन दबी इच्छाओं के कारण ही जन्मों-जन्मों से आपके कम्प्यूटर करप्ट हुए पड़े हैं। यदि आप इनसे निपट के अपने जीवन में मेरी गति वाकई तेज करना चाहते हैं तो इन्हें भोगना तो पड़ेगा ही, परंतु ध्यान से। आपको इच्छाएं पूरी करते वक्त

देखना होगा कि क्या यही आपका जीवन है?...नहीं, जीवन तो पूर्ण है। इसमें सारे शौक व सारे कर्तव्य शामिल होने ही चाहिए, तभी यह जीवन सम्पूर्ण कहा जा सकता है। और फिर सोचो यह कि जिन चंद इच्छाओं के इर्द-गिर्द आप अपना जीवन घुमा रहे हैं, क्या वे वाकई इतनी सार्थक हैं? बस ध्यान से इन बातों का चिंतन करते जाओ और इच्छाएं पूरी भी करते जाओ। ...यानी इच्छाओं की पूर्ति करते वक्त भी निगाह उसकी व्यर्थता जानने में लगाए रखो। देखना, जल्द ही इसके चमत्कारिक परिणाम आएंगे। इच्छा की तीव्रता कम हो जाएगी। तीव्रता कम होते ही मेरी गति बढ़ जाएगी, और उस कारण आपका जीवन सरल और सम्पूर्ण होता चला जाएगा।

और फिर दबी इच्छाओं से मुक्ति पाने हेतु एक तिरछी 'आंख' ही काफी है। आपको करना क्या है? उसकी व्यर्थता ही तो पहचाननी है। इस बात को ऐसा समझें कि आपको बड़ा धनी होना है। मैं कहता हूँ कि इसमें कोई बुराई नहीं। परंतु किस कीमत पर? जीवन की कीमत पर, स्वास्थ्य व शौकों की कीमत पर? नहीं, यह तो बड़ा महंगा सौदा हुआ। जरा-सा इस तरह सोचेंगे तो इच्छाएं अपनेआप कमजोर हो जाएगी। थोड़ा इतिहास उठाके देखेंगे तो पाएंगे कि जीवनभर के युद्ध कर विशाल साम्राज्य बनाने के बाद भी सिकंदर के हाथ मरते वक्त खाली ही थे। उसे हो या हिटलर को, हाथ कुछ नहीं लगा था।

इस बात को थोड़ा विस्तार से समझने हेतु यह समझें कि यह जीवन क्या है? यह जीवन तमाम रंगों के मिलन का नाम है। और यहां का कोई भी रंग मुफ्त में नहीं मिलता। यहां कुछ पाने के लिए कुछ खोना ही पड़ता है। आप सिर्फ धन कमाने पर ध्यान देंगे, तो शौक अधूरे रह जाएंगे। सिर्फ शौकों के पीछे पड़ जाएंगे, तो भूखे ही मर जाएंगे। सो, भागते वक्त थोड़ा होश रख लेना तो सब ठीक हो जाएगा। थोड़ा उस क्षेत्र में भागे व्यक्तियों का इतिहास देख लेना। एक चीज पाने के लिए उन्होंने बदले में कितना खोया है, इस पर थोड़ा गौर कर लेना। निगाह सिर्फ उनके पाने पर मत गड़ा देना। सो, यदि आप गहरे में छिपी इच्छाओं को कमजोर करना चाहते हैं तो पहले तो जीवन को उसकी सम्पूर्णता में स्वीकारो। जब आप जीवन को उसके सारे रंगों से भरने का सोचोगे तो एक इच्छा-विशेष या चंद दबी हुई इच्छाएं स्वतः ही कमजोर हो जाएगी।

इसी संदर्भ में दूसरा यह भी समझें कि यह जो गहरी इच्छाएं आपके भीतर दबी पड़ी हैं उनमें से कई तो आपके जन्मों-जन्मांतर की है। यानी वह आपकी कैरीड-फॉर्वर्ड लाइअबिलिटीज हैं। और इसकी गहराई का आपकी बुद्धि को या फिजूल की ऊंची-ऊंची बातें करनेवालों को कोई अंदाजा नहीं। दोनों इस सत्य को जानते ही नहीं कि मेरे तल

पर कोई भी इच्छा भोगे बगैर समाप्त होनेवाली नहीं। डेटा भीतर हैं तो बाहर निकालने तो पड़ेंगे ही। जो कहते हैं कि इच्छा पाप है, उन्हें मन का या जीवन का कुछ पता नहीं। अतः अच्छे-बुरे या पाप-पुण्य के चक्कर में पड़ना ही मत। इच्छाएं आपकी पैदा की हुई हैं और वह भी वस्तुओं की तरफ आकर्षित होकर। साथ में यह भी समझ ही लेना कि वे दबाने से या पूरी न होने के कारण ही तीव्र हुई हैं, सो फिर दबाने के रास्ते जाकर उसे और विकृत करने के रास्ते तो जाना ही मत। कहने वाले का कुछ नहीं जाता, विश्व आपका तहस-नहस हो जाता है। अतः इच्छाएं पूरी करने का प्रयास तो करो परंतु सावधानीपूर्वक, पूरे ध्यान व होश के साथ। भोगते वक्त भी निगाह उसकी व्यर्थता पर बनाए रखो। दरअसल तो इच्छाएं पूरी करने का प्रयास करो ही उससे छूटने के लिए। और वह भी समय, संजोग और परिस्थिति साथ दे तब। ...साथ ही अपनी तमाम मर्यादाओं का पालन करते हुए।

जब इतना करो, तो थोड़ा भोगते वक्त इस जीवन को भी समझो। इसका यह नियम ध्यान रखो कि यहां कुछ भी मुफ्त में नहीं मिल रहा है। कुछ खोकर ही यहां कुछ पाया जा सकता है। सो इच्छाएं पूरी करते वक्त भी निगाह क्या खो रहे हो उस पर जरूर बनाए रखो। इन दो प्रयासों से पुरानी-से-पुरानी व जन्मों-जन्मांतर की दबी गहरे-से-गहरी इच्छाएं भी कमजोर होना शुरू हो जाएगी। उनके कमजोर होते ही मेरी गति आपके भीतर बढ़नी शुरू हो जाएगी। यानी आप तत्काल एक नई ऊर्जा से भरना शुरू हो जाएंगे। बस आगे इस बढ़ी हुई ऊर्जा के सहारे जीवन को उसकी सम्पूर्णता में देखना प्रारंभ करो। यूं भी जीवन में खेल-कूद, कमाना, नाम, परिवार, आराम, स्वास्थ्य, भोजन, कला सारे शौकों का बैलेंस होना ही चाहिए, तो ही जीवन सम्पूर्ण कहा जा सकता है। जैसे एक पेड़ में जड़, तना, शाखाएं, फूल, कांटे, पत्ते सब हों तो ही वह पूर्ण कहा जा सकता है; वैसे ही सारे रंगों से आपका जीवन भरा हो तो ही वह पूर्ण कहा जा सकता है। बस इस विचार के साथ इस दिशा में प्रारंभ किये प्रयास-मात्र से आपकी दबी इच्छाएं स्वतः ही जीवन के तमाम रंगों में विभाजित हो जाएगी। इससे मेरी गति इतनी तो बढ़ जाएगी कि आप अपने जीवन को वास्तव में सारे रंगों से भर पाओगे। बस जब समय, संजोग और परिस्थिति जिस इच्छा को सहायता करती मालूम पड़े, उसके साथ हो जाओ। उस समय पूरता वह इच्छा पूरी कर लो। फिर देखिए क्या कमाल हो जाता है। आप एक क्षेत्र में खोये हुए थे फिर भी बात नहीं बन रही थी, अचानक सभी क्षेत्रों की सफलताएं आपको अपने कदम चूमती मालूम पड़ेगी। हां, आपका प्रमुख शौक और कर्तव्य तब भी एक ही होगा, परंतु वह दबी हुई विकृत इच्छा कतई नहीं होगी।

> एक बार
> जो इच्छा मन में जागी
> तो फिर वह पूरी
> किए बगैर उससे कोई
> छुटकारा नहीं

सो, उम्मीद है आप दबी इच्छाओं के प्रभाव से कैसे मुक्त होना यह समझ गए होंगे। और न समझें हो तो एक सुंदर दृष्टांत से समझाने का प्रयास करता हूँ। ...गरीब परिवार का एक होनहार नवयुवक था। उसने अपनी प्रतिभा के जोर पर एक अच्छे गुरुकुल में दाखिला पाया। अब चूंकि बात पुराने जमाने की है सो गुरुकुल में एक उसको छोड़ बाकी विद्यार्थी या तो राजकुमार थे या संभ्रांतों के बेटे थे। धीरे-धीरे उनके वट की बातें सुन-सुनकर युवक के मन में धन कमाने की इच्छा जागृत होने लगी। ...उधर गुरु बड़े ही समझदार थे, वे उस नवयुवक के मन में तेजी से पनप रही धन कमाने की इच्छा को अच्छे से भांप गए थे। सो, जैसे ही उसकी शिक्षा समाप्त हुई और उसने गुरु से गुरुदक्षिणा में क्या दूं पूछा कि गुरु ने कहा- तू मेरी खातिर धनवान बन। बस यही तेरी मुझे गुरुदक्षिणा होगी। आज से तू धन कमाना ही अपने जीवन का उद्देश्य रख। ...गुरु वाकई समझदार थे। उन्होंने यह कहकर शिष्य की दबी इच्छा को सतह पर ला दिया। गुरु की बात भी सही थी, दबी इच्छा से बड़ा पाप क्या? उससे तो जितनी जल्दी छुटकारा मिले, अच्छा है।

खैर! उधर शिष्य को जो चाहिए था, मिल गया। वह गुरु के आशीर्वाद लेकर निकल पड़ा। और शिष्य का भाग्य देखो कि एक दिन उसे एक ऐसे राजा के बारे में मालूम पड़ा जो बड़ा ही दिलदार था। उसका यह नियम था कि सुबह-ही-सुबह जो पहला व्यक्ति उसके राजमहल में प्रवेश करता था, उसे वह जो मांगे देता था। युवक की तो मानो लॉटरी ही लग गई। वह एक लंबी यात्रा कर पहुंच गया उस राजा के राज्य में। लेकिन दुर्भाग्य से उसका राज्य-प्रवेश संध्या को हुआ था। कोई बात नहीं, सुबह क्या दूर थी। लेकिन देखा जाए तो बहुत दूर थी। आपको भी अनुभव होंगे ही कि कोई बड़ी तमन्ना पूरी होने का घंटे-भर का इन्तजार भी कितना लंबा हो जाता है। जबकि इसे तो पूरी रात काटनी थी। ...सो, उसने सोचा क्यों न अभी से ही राजमहल के बाहर डट जाऊं। कहीं ऐसा न हो सुबह लेट हो जाऊं और कोई दूसरा पहले पहुंच जाए।

अब रात का डटा हुआ था, सो स्वाभाविक तौर पर राजमहल में पहला प्रवेश उसी ने पाया। नियमानुसार राजा ने उसे जो चाहे मांगने को कहा। उसे तो विश्वास ही नहीं हुआ, वह हड़बड़ा भी गया। वह आ तो पहुंचा था, परंतु वास्तव में ऐसा कोई राजा हो भी

सकता है, इस बात का उसे पूरा यकीन नहीं था। उधर उसे इस तरह भौंचक्का देख राजा ने अपनी बात दोहराते हुए कहा- बेझिझक होकर जो चाहो मांग लो।

शिष्य सोच में पड़ गया। गरीब था, मन में यही आ रहा था कि क्या तो न मांग लूं। सोचा, हजार स्वर्ण मुद्राएं तो मांग ही लेनी चाहिए। फिर लोभ पकड़ा, जब दे ही रहा है तो क्यों न दस हजार मुद्राएं ही माग लूं। फिर तो पलभर में लाख पर पहुंच गया। लेकिन अब तो उसने उड़ानें भरना शुरू कर दी थी, उसने सोचा क्यों न पूरा राजपाट ही मांग लूं? बस यह बात उसको जंच गई और उसने पूरा राजपाट ही मांग लिया। उधर राजा भी कमाल था। यह सुनते ही वह तो खुश-खुश हो गया। और उसी खुशी में बोला भी- अहो! अब कहीं जाकर मेरी जान छूटी।

अब यह शिष्य भी तो पक्के गुरु के यहां पढ़ा हुआ था। तुरंत होश में आ गया। जरूर राजपाट में कुछ तो ऐसा छिपा ही हुआ है जो राजा ऐसा कह रहा है। तो फिर मुझे तो उसके अनुभव पर भरोसा करना ही चाहिए। उसकी जान छुड़ाने हेतु मैं क्यों इस अनजान में डुबकी लगाऊं? बस उसने तुरंत राजा से क्षमा मांगी और वहां से भाग खड़ा हुआ। और इस एक ध्यानपूर्वक के अनुभव से उसकी धन कमाने की और सत्ता पाने की इच्छा तो हमेशा के लिए ऐसी छू हो गई कि पूछो ही मत।

बस, यही मैं कह रहा हूँ। इच्छा है तो भोगना जरूर, पर ऐसा ध्यान और ऐसी प्रज्ञा बनाए रखना कि उससे जल्द-से-जल्द छुटकारा हो जाए। इच्छा दबाना मत, और सिर्फ उसी इच्छा के लिए जीना भी मत। जब एक गरीब नवयुवक क्षणभर को हवा में राजमहल भोगकर उससे हमेशा के लिए छुटकारा पा सकता है, तो आपको अपनी दबी हुई इच्छाओं से मुक्ति पाने में देर ही कितनी लगेगी? सिर्फ सही ज्ञान प्राप्त करो और सही दिशा में प्रयास करो। सो, ज्ञान और दिशा तो मैं दे ही चुका हूँ...और रहा सवाल प्रयास का तो वह तो आपको ही करने हैं।

मेरे कुचक्रों से बचना

दरअसल मेरे कुछ ऐसे चक्रव्यूह हैं जिन्हें आप मेरे ''कुचक्र'' भी कह सकते हैं। निश्चित ही इनमें से निकल पाना आम मनुष्य के लिए आसान नहीं होता। यह 'मन' का एक ऐसा दलदल है जिसमें मनुष्य फंसता ही चला जाता है। मेरे इन कुचक्रों के आपको कई अनुभव भी होंगे, परंतु आपने कभी उन्हें उस तरह से देखा नहीं होगा। सो, मैं अपने इन कुचक्रों के बाबत आपको थोड़ा विस्तार से बताता हूँ। पहले आपको आपके शरीर तथा मेरे मिलन से उत्पन्न चंद कुचक्रों के बाबत बताऊं जिससे आपको मानसिक कुचक्रों के बाबत समझना आसान हो जाए।

1) **एक्सरसाइज और स्फूर्ति का कुचक्र:** कई बार आपने अनुभव किया होगा कि आपको सुस्ती चढ़ी हुई है, और आप यह जान भी रहे हैं कि बिना एक्सरसाइज किये अब स्फूर्ति आनेवाली नहीं। परंतु सुस्ती के चलते एक्सरसाइज करने जाना मुश्किल हो जाता है। मामला ऐसा आ फंसता है कि सुस्ती उड़े तो एक्सरसाइज करने की इच्छा हो, और एक्सरसाइज करो तो सुस्ती उड़े। कई बार इसी चक्कर में तीन-चार रोज सुस्ती में बिताने पड़ जाते हैं।

2) **दर्द और ध्यान का कुचक्र:** आपने अक्सर गौर किया होगा कि सरदर्द होने पर या आपके शरीर में अन्य कोई अन-कम्फर्ट होने पर आपको दर्द होता है। इस दर्द के कारण आपका ध्यान उसी पर लग जाता है। और ध्यान उसी ओर लगे रहने के कारण

दर्द और गहरा महसूस होता है जिससे आपका ध्यान और दृढ़ता से उसी अंग पे लग जाता है जिसमें दर्द हो रहा है। जबकि आपको भी समझ आता है कि ध्यान यहां से कुछ हटे तो दर्द कम हो जाए। परंतु फिर तो मेरा रचाया यह कुचक्र आपका किसी और बात पर ध्यान ही नहीं लगने देता।

3) **थकान और नींद का कुचक्र:** कई बार लगातार की व्यस्तता के कारण आपको गहरी थकान हो जाती है। आप जानते हैं कि एक गहरी नींद आपकी थकान छू कर देगी, परंतु थकान की बढ़ी तीव्रता के कारण आपको नींद ही नहीं आती है। यह नींद नहीं आना आपकी थकान को और भी बढ़ा देता है, और जिस वजह से नींद आपको पूरी तरह से दगा दे जाती है। अक्सर यह कुचक्र तीन-चार रोज से पहले आपका पीछा नहीं छोड़ता है।

उपरोक्त उदाहरणों से आप शरीर संबंधी कई कुचक्रों को समझ गए होंगे। सो अब मैं सीधे आपको मन के तल पर रचाये मेरे कुचक्रों के बाबत बताता हूँ। उम्मीद करता हूँ कि शरीर संबंधी कुचक्रों को समझने के बाद आपके लिए मन के कुचक्रों को समझना आसान हो जाएगा।

1) **चिंता और असफलता का कुचक्र:** जब भी आपको किसी कार्य की बहुत ज्यादा चिंता पकड़ती है, तो चिंता की अति के कारण स्वतः ही आपसे गलत निर्णय होते हैं। और गलत निर्णयों के कारण मिली असफलता आपको और चिंतित कर देती है। बढ़ी चिंता आगे और गलत निर्णय करवाती है जिससे आपकी चिंता में और कई गुना इजाफा हो जाता है। कई बार तो महीनों नहीं, वर्षों इस कुचक्र से बाहर आने में निकल जाते हैं।

2) **दुःख और ध्यान का संबंध:** कई बार आपको कुछ अनचाहा हो जाने से या मनचाहा न होने से दुःख पकड़ लेता है। दुःख पकड़ते ही आपका ध्यान उस बात या वस्तु पर कुछ ज्यादा ही चला जाता है। जिस कारण आपको और गहरा दुःख पकड़ता है तथा इस बढ़े दुःख के कारण आपकेलिए अपना ध्यान उस दुःख पर से हटाना और भी मुश्किल हो जाता है। बस फिर धीरे-धीरे कर आप इस कुचक्र में और लंबे उलझते चले जाते हैं।

3) **इन्तजार और समय का कुचक्र:** अक्सर इन्तजार में आपका समय काटे नहीं कटता है। और यह समय न कटना इन्तजार को और तीव्र बना देता है। इससे आपके लिए समय काटना और भी मुश्किल हो जाता है। अंत में हालत यह हो जाती है कि वह एक-एक पल आपको घंटों व दिनों की तरह बिताने पड़ते हैं।

4) **ईर्ष्या और हीनता का कुचक्र:** जब भी आपको किसी वस्तु या व्यक्ति से ईर्ष्या होती है कि तत्क्षण आपको हीनता पकड़ लेती है। यह पकड़ी हीनता आपकी ईर्ष्या और बढ़ा देती है जिससे आपको और जोर की हीनता पकड़ लेती है। तथा अंत में यह कुचक्र आपका अपने पर से विश्वास समाप्त कर के ही दम लेता है।

5) **मजबूरी और निर्भरता का कुचक्र:** अक्सर महसूस की हुई कोई भी मजबूरी या खोया आत्मविश्वास आपको निर्भर हो जाने पर मजबूर कर देता है। और यह खोया आत्मविश्वास आपको और मजबूर बनाता चला जाता है। फिर वह आपको और निर्भर बना देता है। जिस कारण आप और भी आश्रित होते चले जाते हैं। वह बॉस, परिवार, धागे, अंगूठी, तावीज और क्रॉस के भरोसे जीना शुरू करवा देता है। उससे आत्मविश्वास और कम हो जाता है। फिर उससे और निर्भरता बढ़ती है। और यह कुचक्र एक दिन आपके आत्मसम्मान का पूरी तरह पतन करके ही थमता है।

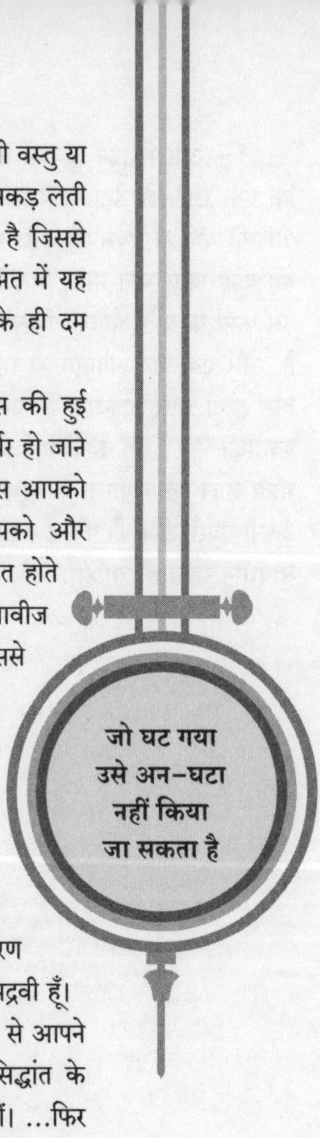

इस तरह एक छोटी-सी पहल या चूक के कारण आप मेरे द्वारा हजार तरीके के कुचक्रों में फंसा दिये जाते हैं। और इस बाबत आपको शिकायत का कोई कारण नहीं; मैं पहले ही कह चुका हूँ कि मैं बड़ा ही नटखट व उपद्रवी हूँ। लगातार गतिमान होने की वजह से कोई डेटा थोड़ी गहराई से आपने भीतर डाला नहीं कि मैंने अपने क्रिया-प्रतिक्रिया के सिद्धांत के आधार पर उसे मल्टीप्लाई कर आपको विकृत किया नहीं। ...फिर मेरे कुचक्रों से बच निकलना आपके लिए इतना आसान नहीं बच जाता। और कभी अपने जीवन को ध्यान से देखोगे तो स्वयं को ऐसे एक नहीं कई कुचक्रों में फंसा पाओगे। वहीं सच कहूं तो अधिकांश मनुष्यों के विश्व जो तहस-नहस हो चुके हैं, वे इन्हीं कुचक्रों में फंसने के कारण हुए हैं।

और मेरे इन कुचक्रों की व्यापकता का तो कहना ही क्या? आप खुद देख लो कि एक छोटे-से डेटा से मैं आपको किस कदर फंसा देता हूँ। ...मानो किसी कार्य में आपकी वर्षों से एक्सपर्टीज है। परंतु एक बार आपसे उसमें कुछ गड़बड़ हो गई। वैसे तो यह कोई खास बात नहीं; परंतु आपके गंभीर होते ही मैं सक्रिय हो जाता हूँ और तत्क्षण उस कार्य के प्रति आपका विश्वास घटा देता हूँ। यह घटा विश्वास फिर गड़बड़ करवा देता है, और एक दिन लगातार हो रही इन गड़बड़ों से वाकई आपका विश्वास उस बाबत बुरी तरह टूटना चालू हो जाता है। और फिर लगातार की गड़बड़ और घटते विश्वास के चलते एक दिन ''मैं'' वह कार्य करने की क्षमता ही आप में से गायब कर देता हूँ। सोचो, आपने भीतर डाले एक गंभीरता के साधारण-से डेटा से मैं किस कदर सक्रिय हो जाता हूँ। आपको अपनी एक्सपर्टीज की फील्ड तक भुलवाकर दम लेता हूँ। सो, वाकई मेरे कुचक्रों से आपको सावधान रहना ही चाहिए।

समय का अपना एक कुचक्रों का जाल है
उनमें फंसना दलदल में फंसने के समान है

आप कहेंगे, हजारों स्वरूपों वाले "महाराज समय"! आपके द्वारा चालित इन कुचक्रों को भी हम समझ गए, हमने यह भी मान लिया कि वाकई ऐसे कई कुचक्रों से हम घिरे भी पड़े हैं, परंतु अब इनसे छुटकारा क्या? कैसी बात करते हो? मैं कोई आपका शत्रु थोड़े ही हूँ? इन कुचक्रों से भी छुटकारा है, और अवश्य है। और मैं यह भी जानता हूँ कि उस हेतु राह मेरे अलावा कोई सुझा भी नहीं सकता है। क्योंकि यह मेरा कोई ऐसा स्वरूप नहीं है जो बीतते वक्त के साथ कमजोर पड़ जाता हो, या समय के साथ तिरोहित हो जाता हो। वैसे भी मेरी सूक्ष्मता को तो देखो कि अपने बाबत बताने हेतु भी मुझे अपने ही भिन्न-भिन्न नामों, जैसे वक्त और समय का सहारा लेना पड़ रहा है। छोड़ो, अभी तो सवाल यह कि मेरे कुचक्ररूपी इस खतरनाक स्वरूप से कैसे निपटें जो वाकई आपके जीवन को किसी भी ऊंचाई से खाई की गहराइयों तक धकेल देने में सक्षम है।

> **संतोष एकमात्र वह गुण है जो आपको समय के तमाम कुचक्रों से बचा लेता है**

और उस संदर्भ में सबसे पहले यह समझ लेते हैं कि आपके इन तमाम कुचक्रों में फंसने की जड़ क्या है? तो जड़ यह है कि जब भी आपके साथ कुछ अप्रिय घट जाता है, आप उस समय मेरी गति को रोक देते हैं। आप यह नहीं समझते कि वह अप्रिय तो घट ही चुका है, और मैं उस अप्रिय को छोड़ बहुत आगे भी निकल ही चुका हूँ। नहीं...आप उस अप्रिय के साथ ठहर जाते हैं। अरे भाई, जो घट गया वह तो घट ही चुका है। और घटा हुआ अनघटा किया नहीं जा सकता। ...फिर क्यों उसकी चिंता करते हो या दुःख पालते हो? क्यों उसे अनघटा करने का कोई प्रयास करते हो? उसका आघात क्यों अनुभवते हो? यह क्यों नहीं सोचते कि उन सबसे भी होगा क्या? ठीक तो यह है कि जो कुछ भी अप्रिय घट चुका है उसे घटते ही चुपचाप स्वीकार लो। ...और फिर दस मिनट अपने साथ एकान्त में बैठकर उस वस्तु को अपने विश्व से डिलीट कर दो। और अगले दिन से अपने बाकी बचे हुए नए विश्व के साथ जीना शुरू

कर दो। इस तरह कोई भी अप्रिय बात होने पर जब आप कोई डेटा भीतर डालेंगे ही नहीं, तो मुझे आपको कुचक्र में फंसाने का कोई मौका या जरिया मिलेगा ही नहीं। ...यानी जो घट गया है उसे तत्क्षण स्वीकारने की क्षमता बढ़ाओ, फिर देखो आप मेरे द्वारा चलाए जा रहे कुचक्रों से कैसे मुक्त हो जाते हो।

यदि आपको जो कुछ भी घट गया है उसे स्वीकारने में थोड़ा वक्त लगता है, तो ऐसा करो कि जो कुछ भी आपके पास बच गया है...निगाह उस पर डालो और उससे संतोष मानो। क्योंकि अस्वीकार भी एक तरह की मांग ही है। भले ही उसमें सीधे तौर पर आप कुछ मांग नहीं रहे हैं, परंतु उसमें भी जो कुछ भी आपसे छूट चुका है, उससे ना बिछड़ने की चाह तो होती ही है। भले ही फिर वह आपका स्वास्थ्य आपसे बिछड़ा हो या आपका कोई प्रिय आपसे बिछड़ गया हो। चाहे आपका कुछ धन कम हुआ हो या आपके मान-सम्मान में किसी कारणवश कमी आई हो। गौर से समझो तो...जो हो गया है, उसे न स्वीकार के आप एक तरीके से खो चुका वापस मांगने की ही तो फिराक में होते हैं। सो, यदि आपसे आसानी से यह मांगना न छूटे तो अपने में संतोष का गुण उजागर करो। जिस फ्रंट पर जो कुछ भी आपके पास इस क्षण है, बस उसी से संतोष मानो। उसमें से कुछ भी प्रिय हो या अप्रिय, ना तो किसी से छूटने की मांग, ना ही कुछ और पाने की चाह। बस, आपका उद्धार हो जाएगा। यह संतोष पाए बगैर और स्वीकार्य-शक्ति बढ़ाए बगैर तीसरी कोई शक्ति, व्यक्ति या जादू आपको मेरे द्वारा रचाए जानेवाले कुचक्रों से नहीं बचा सकता है।

हालांकि संतोष मानना या जो कुछ भी घट गया है उसे स्वीकारना आपको पीछे ले जाता हुआ मालूम पड़ेगा। ...तो? मैं पहले ही कह चुका हूँ कि यदि आप वाकई आगे बढ़ना चाहते हों, तो उसके सारे मार्ग पीछे ले जाने वाली शिक्षाओं से ही निकलेंगे। वैसे ही आप मन की किसी भी समस्या से निपटना चाहते हैं तो वह भी पीछे के ओर की यात्रा कर ही आप निपट पाएंगे। ...और इस लिहाज से सच कहूं तो यह संतोष व स्वीकार्य-भाव आप के मन के विकारों के लिए भी, तथा आपके जीवन की सफलताओं के लिए भी सर्वश्रेष्ठ उपाय है। तथा मेरे कुचक्रों से तो सिर्फ ये दोनों ही बचा सकते हैं।

परिस्थितियों का फायदा उठाते सीखना

मैं अब यह बता दूं कि इस ब्रह्मांड में तथा आपके जीवन में जो कोई भी परिस्थितियां बनती रहती हैं, वे सब भी मेरे द्वारा ही निर्मित होती हैं। हां, परंतु वे निर्मित नियम से ही होती हैं। और सच कहूं तो यह मेरा एक बड़ा ही रोचक स्वभाव है। और इस हेतु मैं इतने बड़े संयुक्त कम्प्यूटर के तौर पर कार्य करता हूँ कि उसका आप अंदाजा भी नहीं लगा सकते हैं। और यही एक जगह है, जहां मनुष्य को अपने विश्व के साथ-साथ, सारे विश्वों पर बराबरी की पैनी निगाह बनाए रखनी होती है। क्योंकि मेरे संयुक्त कम्प्यूटर द्वारा उत्पन्न की जाने वाली परिस्थितियां सीधे तौर पर हर मनुष्य के जीवन को प्रभावित करती हैं। और सच कहूं तो वे जितना प्रभावित करती हैं, उससे कहीं ज्यादा तो मनुष्य स्वयं उन बनती-बिगड़ती परिस्थितियों से कन्फ्यूज्ड होता रहता है। और यहां यह स्पष्ट कर दूं कि मेरा इतना बड़ा कार्य भी घटता नियम से ही है। और सच कहूं तो इन बनती-बिगड़ती परिस्थितियों को समझने वाले तथा उनसे फायदा उठानेवाले भी बहुत हो चुके हैं। जब बात चली ही है तो यहां एक बात और स्पष्ट कर दूं कि जिन्होंने भी बड़ी सफलता पाई है उन्होंने इन बनती-बिगड़ती परिस्थितियों को ना सिर्फ समझा है, बल्कि अपने विश्व से उसका मेल बिठाकर उसका भरपूर फायदा भी उठाया ही है। और इस लिहाज से यदि मैं इन बनती-बिगड़ती परिस्थितियों को सफलता का सार-सूत्र कहूं तो कोई गलत नहीं होगा।

जीवन में छोटी-से-छोटी घटना भी अनायास नहीं घटती है

और अब आपको अलग से यह समझाने की कोई आवश्यकता नहीं कि यह बनती-बिगड़ती परिस्थितियां एक मेरे ही कारण चलायमान है। और जैसा कि मैं अपने स्वभाव के बारे में अनेकों बार बता चुका हूँ कि एक डेटा मेरे पटल पर पड़ा नहीं कि मैंने उसे मल्टीप्लाई किया नहीं, और ठीक उसी तर्ज पर मैं परिस्थितियों के साथ भी व्यवहार करता हूँ। हां, यहां फर्क सिर्फ इतना है कि यहां डेटा सामूहिक चाहों या जरूरतों के कारण मेरे 'संयुक्त-समय' पर पड़ता है और उसकी प्रतिक्रियाएं भी सबको संयुक्तता में ही भुगतनी पड़ती है। जी हां, आप ठीक समझे। यह 'संयुक्त-समय' मेरा एक अलग ही रूप है। सीधे तौर पर समझा जाए तो यह सम्पूर्ण मनुष्यता के समय का एक सामूहिक जोड़ है और इसीलिए इसकी प्रतिक्रियाएं सम्पूर्ण मनुष्यता को प्रभावित करती हैं।

खैर, अभी तो इससे पहले कि मैंने क्या-क्या कहा उस बाबत ही आप कन्फ्यूज्ड हो जाएं, मैं सीधे तौर पर सबसे पहले यह बनती-बिगड़ती परिस्थितियां क्या होती हैं, उसके बाबत आपको विस्तार से बता दूं। और उस हेतु सबसे पहले आप थोड़ी निगाह अपने चारों ओर फैले स्पेस पर फेरें। देखें, स्पेस में चारों ओर कितने भयानक कर्म हो रहे हैं। कोई फैल रहा है तो कोई नष्ट हो रहा है, कोई किसी से टकरा रहा है तो कहीं किसी कारण से भूकंप और तूफान आ रहे हैं। और अब तो विज्ञान की मेहरबानी से आप इतना तो समझ ही चुके हैं कि यह सबकुछ नियम से ही घट रहा है। अरे भाई, नियम से घटने के कारण ही तो इनमें से कुछ विज्ञान जान चुका है, और कुछेक के बारे में जानने हेतु वह प्रयासरत है। और तभी तो विज्ञान सुनामी से लेकर मौसम तक की पहले से आगाही कर पाता है। क्योंकि भविष्य के बारे में जाना और बताया ही तभी जा सकता है जब सबकुछ नियम से घट रहा हो। ठीक वैसे ही मनुष्यों की अपनी दुनिया में भी सबके अपने-अपने कम्प्यूटर के हिसाब से

परिस्थितियां बनने और बिगड़ने के बड़े भयानक कर्म चलते ही रहते हैं, परंतु दुर्भाग्य से इस ओर बहुत कम लोगों का ध्यान जाता है।

इस पूरी बात को ऐसा समझें कि हर मनुष्य के कम्प्यूटर में हजारों डेटा डले पड़े हैं। इस कारण अक्सर मनुष्यों के मन की हार्डडिस्क करप्ट हो जाती है। और करप्ट हो जाने पर उनमें से स्वतः ही डेटा निकलना व घुसना प्रारंभ हो जाते हैं। बेहोशी में निकले इन तमाम डेटा के कारण सम्पूर्ण मनुष्य-जगत की संयुक्तता में कई परिस्थितियां बनना और बिगड़ना प्रारंभ हो जाती है। और फिर यह अकारण बनती-बिगड़ती परिस्थितियां हर उस व्यक्ति को प्रभावित करना प्रारंभ कर देती है जो अपने मनरूपी कम्प्यूटर के ऑपरेटर और प्रोग्रामर स्वयं नहीं होते। यानी परिस्थितियां बनाते भी वो हैं जिनका कम्प्यूटर करप्ट हो चुका है, और उन परिस्थितियों को भुगतते भी वो ही हैं जिनका कम्प्यूटर करप्ट हो चुका है।

इस बात को और थोड़ा विस्तार से कहूं तो दरअसल मनुष्यजीवन में घटनेवाली हर छोटी-से-छोटी घटना करोड़ों-करोड़ों पुरानी घटनाओं का जोड़ होती है। ...यानी यहां कुछ भी अनायास नहीं घटता है। मानो आपको बच्चा हुआ है, तो यह अनायास नहीं हुआ है। यह आपने शादी की इसलिए हुआ है। लेकिन सच तो यह है कि आपका शादी करना भी इस घटना का प्रारंभिक बिंदु नहीं। यदि आपके मां-बाप ने शादी न की होती तो भी यह संभव न हो पाता। फिर उनके और उनके और उनके भी मां-बाप। कहां तक जाएंगे? यह आप जानें, पर यह बता दूं कि पीछे जाते-जाते आप सीधे मेरे अस्तित्व में आने तक पर पहुंच जाएंगे। और यह एक-दो नहीं, हर घटी घटना के साथ आप पाएंगे, क्योंकि आखिर सबकुछ अस्तित्व में भी सिर्फ मेरे कारण है, और यह सबकुछ चलायमान भी एक मेरे ही कारण है।

लेकिन ये सब बातें बड़ी घटनाओं के बाबत हुई। और शायद इसलिए यह बात समझना आपके लिए इतना मुश्किल भी नहीं होना चाहिए। परंतु यह भी समझ लें कि बड़ी घटनाएं ही नहीं, सूक्ष्म से सूक्ष्मतम घटनाएं भी हजारों घट चुकी घटनाओं का जोड़ ही होती हैं। ...और बात आगे बढ़ाने से पूर्व मैं कुछ ऐसी ही सूक्ष्म घटनाओं के घटने के कारणों पर प्रकाश डालना चाहूंगा ताकि आपको आगे और गहरी बातें समझने में आसानी हो जाए। मानो दो समुदायों के आपस में झगड़े हो जाते हैं। बुद्धिमान एनालिसिस कर खोजने का प्रयास करते हैं कि किसने उन्हें भड़काया। लेकिन क्या सिर्फ उस कारण यह दंगे हुए हैं? नहीं, कोई भड़का ही कैसे सकता है यदि दो भिन्न-भिन्न धर्म या समुदाय अस्तित्व में ही न आए होते? यहां सवाल यह भी उठ खड़ा होता है कि एक मनुष्यता को छोड़ ये सारे धर्म

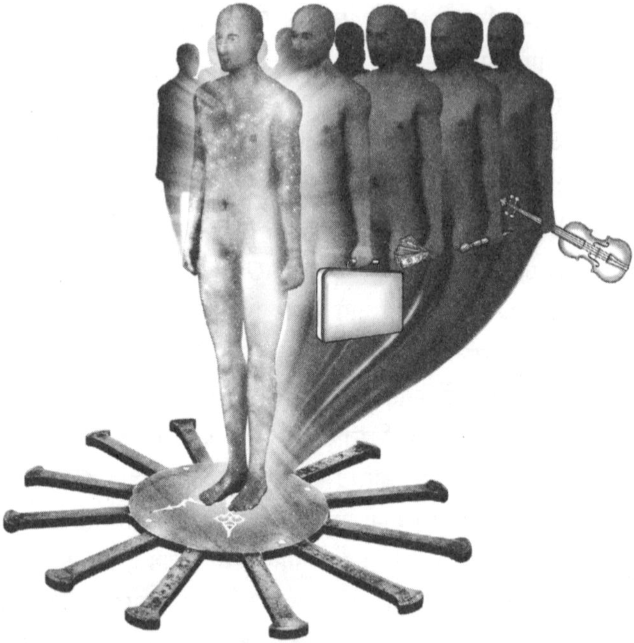

सही समय पर सही जगह होना
सफलता का सबसे बड़ा सार–सूत्र है

अस्तित्व में आए ही क्यों? क्योंकि चंद बुद्धिमानों ने करप्ट–कम्प्यूटर वालों के भीतर पनप रहे लोभ और भय को पहचान लिया। बस उसका फायदा उठाने हेतु उन्होंने ये समुदाय वाले धर्म बना डाले। लेकिन उन्हें इसकी आवश्यकता ही क्यों पड़ी? बस मान–सम्मान व धन पाने हेतु। तो फिर यह बताओ कि उन्हें मान–सम्मान और धन की आवश्यकता ही क्यों महसूस हुई? क्योंकि उनका बढ़ा अहंकार उसी से तृप्त हो सकता था। कहने का तात्पर्य पीछे घटी करोड़ों–करोड़ों घटनाएं ही आज घटी एक छोटी–से–छोटी घटना को स्वरूप दे रही हैं। ...और चूंकि वे नियम से घट रही हैं, अतः वे अपने समय पर ही घटती हैं।

यदि आप मानते हैं कि फलां–फलां व्यक्ति या व्यक्तियों के समूह ने शतरंज या ताश जैसे शानदार खेल खोजे, तो फिर आप मार खा रहे हैं। क्योंकि वे खेल अपने वर्तमान

स्वरूप में कई खेलों की जोड़ के रूप में आए हैं। और वे सारे खेल मस्ती की चाह से पैदा हुए हैं। तथा मस्ती की चाह तनावपूर्ण जीवन के कारण पैदा हुई है। और यह तनाव या स्ट्रेस भागा-दौड़ी के कारण मनुष्यजीवन में आया है। तथा यह भागा-दौड़ी चीजों की जरूरत के कारण पैदा हुई है। कहने का तात्पर्य चेस और पत्ते जैसे खेल भी हजारों वर्ष में घटी लाखों-करोड़ों घटनाओं के जोड़ के कारण अस्तित्व में आए हैं।

उम्मीद करता हूँ कि अब आप अच्छे से समझ गए होंगे कि यहां घटनेवाली हर घटना, पीछे घटी न जाने कितनी घटनाओं का जोड़ होती हैं। वैसे इन्हीं सब बातों को मनुष्य के व्यक्तिगत जीवन के चंद उदाहरणों से भी समझाए देता हूँ। क्योंकि ना सिर्फ देश या समाज में उत्पन्न परिस्थितियां ही मनुष्यजीवन को प्रभावित कर रही हैं, बल्कि उसके व्यक्तिगत जीवन में घटनेवाली घटनाएं तो उसे और भी गहरा प्रभावित कर रही हैं। पिता-पुत्र, भाई-भाई या पति-पत्नी के झगड़े क्या किसी एक घटी घटना का परिणाम है? नहीं; ऐसा आप सोच सकते हैं, परंतु यह अंतिम घटना आपस में वर्षों तक घटी कई अनचाहे अनुभवों का एक ऐसा जोड़ है जिसने एक दिन किसी एक छोटे-से कारण से विस्फोट का स्वरूप धारण कर लिया होता है। और चूंकि यह तो आपके जीवन की बात है, इसलिए आपके नियंत्रण में भी होती है। यदि आप इस संदर्भ में घटी पहली घटना के वक्त ही सावधान हो जाएं और उसे वहीं आगे बढ़ने से रोक दें, तो शायद आपसी मनमुटाव की ऐसी नौबत आपके जीवन में कभी न आए। यूं भी माना कि लाखों वर्ष पूर्व घटी घटनाओं पर आपका कोई जोर नहीं; परंतु बीस-तीस वर्ष पुरानी घटनाओं पर तो आपका नियंत्रण होना ही चाहिए।

सो, जाती तौर पर घटनेवाली घटनाओं के सिलसिले को समझकर उसे नियंत्रित कर सकने वाली बात समझ गए हों, तो अब वापस लाखों वर्ष से घट रही घटनाओं पर आ जाता हूँ। और उसमें महत्त्वपूर्ण यह कि भले ही लाखों वर्ष पुरानी घटनाओं के कारण घटनेवाली घटनाओं पर आपका जोर नहीं, परंतु उनके प्रभावों में आना या न आना उस पर तो आपका पूरा बस है ही। मानो, पूरा विश्व समुदायों और संप्रदायों में भले ही बंटा पड़ा हो, परंतु आप चाहें तो उससे दूर खड़े हो ही सकते हैं। लाखों बुद्धिमान आज भी इन सब फिजूल के विभाजनों से दूर खड़े ही हुए हैं।

चलो यह सब भी छोड़ो। अभी तो आपको आपके मतलब की एक बात बताता हूँ। इन बनती परिस्थितियों का ज्ञान न सिर्फ आपको सफलता के शिखर पर बिठा सकता है, बल्कि हजारों झंझटों तथा मुसीबतों से छुटकारा भी दिलवा सकता है।

क्या बात करते हो समय महाराज...? तब तो इस बात को थोड़ा और विस्तार से बताओ। अब आपके मतलब की बात हो और विस्तार से न समझाऊं, ऐसा थोड़े ही होने वाला है। लेकिन यह बात थोड़ी गहरी भी है। अतः इसे समझने हेतु आपको मेरी गति की विभिन्नताओं को अच्छे से समझना जरूरी है। वैसे मैं अपनी गति की विविधताओं के बाबत पहले भी समझा ही चुका हूँ। परंतु बनती-बिगड़ती परिस्थितियों को गहराई से समझने हेतु आपको मेरे गति-परिवर्तन और उससे आप पर होनेवाले प्रभावों को थोड़ा और विस्तार से समझना जरूरी है। सो पहले बात इसी पर करता हूँ।

वैसे तो मनुष्य के मनरूपी कम्प्यूटर में मेरी हजारों भिन्न-भिन्न गतियां हैं, यह मैं आपको अच्छे से समझा ही चुका हूँ। यह भी बता ही चुका हूँ कि मेरी गति जितनी तेज उतना ही आपका जीवन सुखी व सफल। परंतु अब यहां आपको मेरी गति और उसके आप पर पड़नेवाले गंभीर प्रभावों के चंद सूक्ष्म उदाहरण देता हूँ। कई बार आपने गौर किया होगा कि आप कोई ऐसा सपना देख रहे हैं जिसमें आप तेज दौड़ रहे हैं, बस तत्क्षण सपना देखते-देखते आप पसीने से लथपथ हो जाते हैं। सोचो, बिस्तर पर लेटे-लेटे सिर्फ दौड़ने का सपना देख रहे हैं और उतने में पसीने से लथपथ? जी हां, क्योंकि उस एक मिनट के सपने में मैंने आपको दस किलोमीटर दौड़ा दिया होता है। यही मेरी गति की भिन्नता भी है और मेरी तेज गति का कमाल भी।

ठीक इसी तरह कई बार आपने महान लोगों की जीवनी पढ़ते वक्त अनुभव किया होगा कि उन्होंने जितने कार्य किये हैं वे एक साठ-अस्सी वर्ष के औसत जीवन में संभव नहीं। बात भी यही है, उनके और आपके मन की गति में इतना बड़ा फासला है कि वे घड़ी के उस साठ वर्ष में 600 व कई बार तो 6000 वर्ष जितना जी लिए होते हैं। जबकि आम मनुष्यों में कई तो 60 वर्ष के अपने जीवन में 6 वर्ष भी नहीं जिए होते हैं। आपको भी उनको देखकर लगता होगा कि उनका जीवन व्यर्थ ही गया- कर कुछ नहीं पाए। कैसे कर पाते? अपने जीवन में मनुष्य कितना कार्य कर पाता है इसका सीधा ताल्लुक उसके भीतर मेरी गति किस प्रकार की है, उस पर निर्भर है। यानी मेरी गति तेज तो जीवन सफल, वरना एक आम जीवन।

...और कैसे, यह मैं आपको कुछ उदाहरणों से बताता हूँ। कई लोग जिनके भीतर मेरी गति धीमी होती है, उन्हें चाहते हुए भी कोई चीज बीसियों बार पढ़ने पर भी याद नहीं होती है। मैं यहां स्कूल के बच्चों की बात नहीं कर रहा हूँ जिन्हें जबरदस्ती पढ़ना पड़ रहा हो। क्योंकि उनमें से कई ऐसे होते हैं जो मजबूरी में पढ़ रहे होते हैं इसलिए उन्हें याद नहीं

होता है। मैं तो इधर चाहकर भी याद न होने या बात समझ में न आनेवालों की बात कर रहा हूँ। लेकिन उनके विपरीत जिनके भीतर मेरी गति तेज होती है उन्हें पन्ने पलटते-पलटते ही सबकुछ याद हो जाता है। उन्हें बड़ी-से-बड़ी रहस्यपूर्ण या कॉम्प्लीकेटेड बात भी पलभर में समझ में आ जाती है। क्योंकि उस पलभर में वे घंटों का पढ़ और समझ लेते हैं।

चलो, यह तो छोटे-मोटे फायदे हुए। मेरी गति तेज होने का सबसे बड़ा फायदा तो यह कि ऐसा मनुष्य परिस्थितियों को उनकी जड़ से पहचान लेता है। और उससे वह हजारों वर्ष पुरानी रखी नींव का फायदा उठाने में समर्थ हो जाता है। यानी हजारों वर्षों में हजारों मनुष्यों की कोशिश से पकी रोटी उसे बिना कोई विशेष प्रयास के ही चट करने को मिल जाती है। और यह बात जो मैंने यहां एक वाक्य में कही, वही सफलता का सबसे बड़ा सार-सूत्र है। सो आज के बाद यह ध्यान रख लेना कि जिन्होंने भी जीवन में बड़ी सफलता पाई है, उन्हें यह सफलता परिस्थितियों के निर्माण के गणित द्वारा 'रेडी-प्लैटर'' पर ही मिली है। यानी साधारण भाषा में कहूं तो उन्होंने अपॉर्च्यूनिटी यानी मौके को ना सिर्फ ठीक से पहचाना है बल्कि हाथोंहाथ उसपर झपट्टा भी मारा है।

समय की धारा से बिछड़े लोग 60 वर्ष में 6 वर्ष भी नहीं जी पाते हैं

मैं मानता हूँ कि यह बात थोड़ी कॉम्प्लीकेटेड है और इसलिए समझना भी इतना आसान नहीं है। अतः यह बात मैं आपको थोड़ा विस्तारपूर्वक तथा कुछ उदाहरणों का सहारा लेकर समझाता हूँ। राइट-ब्रदर्स ने हवाईजहाज खोजा यह सत्य है, परंतु सवाल यह कि सायकल की दुकान चलानेवाले और बमुश्किल चंद क्लास तक पढ़नेवाले राइट-ब्रदर्स को यह अद्भुत सफलता मिली कैसे? निश्चित ही उनकी दूरदृष्टि और कार्य में भिड़ने की क्षमता वगैरह का इसमें बहुत बड़ा योगदान है ही, परंतु कोई इतने मात्र से उनका काम नहीं चला है। उनके मनरूपी कम्प्यूटर की गति कितनी ही तेज हो, परंतु परिस्थितियों का साथ भी आवश्यक है ही।

एक छोटी–सी घटना भी करोड़ों पुरानी घटी घटनाओं का जोड़ होती है

...और उतना ही आवश्यक उन परिस्थितियों को पहचानना और भुनाना भी है।

सो, यहां अब मैं यह समझाता हूँ कि राइट–ब्रदर्स को यह हवाईजहाज की खोज रेडी–प्लैटर पर कैसे मिली? दरअसल तो इस हवाईजहाज के खोज की नींव हजारों वर्ष पहले उस समय डल चुकी थी जब पक्षियों को उड़ता देख मनुष्यों ने भी कपड़ों के पंख लगाकर उड़ने के प्रयास किये थे। हालांकि उसमें तो उन्हें सफलता नहीं मिली, परंतु फिर चाइनीज पतंगों के आविष्कार ने मनुष्य की उम्मीदों को एकबार फिर जगाया। फिर तो लियोनार्डो डा विंची के सिद्धांत "AV= Constant" तथा हाइड्रोजन गैस से भरा गुब्बारा उड़ाकर मोंगोफियर ब्रदर्स ने उड़ान की नींव और भी मजबूत कर दी। तत्पश्चात् पैराशूट खोजे गए और वस्तु को शक्ति देने हेतु इंजिन का भी आविष्कार हुआ। लेकिन उन सबसे बढ़कर राइट–ब्रदर्स के साथ बात यह हुई कि उनके पिता मिल्टन राइट ने उन्हें बचपन में एलकोस पेनोड का बनाया एक उड़नेवाला खिलौना गिफ्ट में दिया। एक तो इस खिलौने ने यह सिद्ध कर ही दिया था कि आवश्यक शक्ति प्रदान कर वस्तु उड़ाई जा सकती है और दूसरा इस खिलौने ने राइट–ब्रदर्स को वो प्रेरणा दी कि फिर उन्होंने उड़नेवाला यंत्र बनाना ही अपने जीवन का एकमात्र मकसद बना लिया। और अंत में तो उन्हें अपने प्रयोगों के अंतिम स्टेज में न्यूटन के गति के सिद्धांत भी बड़े काम आए। कहने का तात्पर्य उड़ान का माहौल जम चुका था, उन्होंने अपनी पैनी दृष्टि और दृढ़ता के बल पर उसे अंजाम तक पहुंचा दिया।

वैसे तो आप समझदार हैं, बात एक ही उदाहरण से समझ गए होंगे। फिर भी मेरा मन नहीं मान रहा। अतः मैं आपको यही बात एक और दृष्टांत देकर समझाता हूँ। क्योंकि मैं जानता हूँ कि यह समझ गए तो फिर आपको सफलता के शिखर छूने से कोई नहीं रोक सकता। तो बात यह कि महात्मा गांधी ने अकेले हाथों और

वह भी बिना किसी हिंसा के सिर्फ अनशनों और आंदोलनों के बल पर दो सौ वर्षों से अंग्रेजों की गुलामी झेल रहे भारत को कैसे आजाद करा दिया? तो, यहां भी आजाद होने की परिस्थितियां कबकी निर्मित हो चुकी थी। अंग्रेजों के जुल्म, लोगों की जागरूकता, चंद्रशेखर की हत्या व भगत सिंह जैसों को फांसी तथा जालियांवाला बाग जैसी घटनाओं ने तख्ता तैयार किया ही हुआ था, सिर्फ गांधीजी की भावना और दृढ़ता ने मिलकर उसे अंजाम तक पहुंचा दिया।

और इसे ही मेरी भाषा में टाइमिंग कहते हैं। टाइमिंग का अर्थ ही यह है कि तैयार हो चुकी परिस्थिति पर सबसे पहले झपट्टा मार देना। वैसे इस टाइमिंग का एहसास आपको छोटी-मोटी कई बातों में होगा भी। परंतु आप इतने तो व्यस्त कि इतनी महत्त्वपूर्ण चीज पर भी आपने कभी ध्यान ही नहीं दिया होगा। टाइमिंग का अर्थ है ठीक समय पर ठीक स्थान पे चोट मारना। आपने क्रिकेट, टेबल टेनिस या बेसबॉल वगैरह खेल तो कभी-न-कभी खेले ही होंगे। क्रिकेट में बेहतरीन शॉट कब लगता है जब बल्ले का ठीक भाग, ठीक समय पर ठीक फोर्स के साथ गेंद से टकराता है। और वह शॉट अति शानदार होता है। ऐसा ही टेबल टेनिस और बेस-बॉल में भी होता है। और यहां मैं आपको समझा यह रहा हूँ कि ऐसा ही जीवन में भी होता है। बस दो-चार शॉट ठीक समय पर ठीक जगह लगा दो कि जीवन सुखी और सफल। ...समझ नहीं आता कि यह रोज-रोज की मूर्खताएं कर और छोटी-मोटी सफलता पाने हेतु इतनी मेहनत कर क्यों मनुष्यजीवन की इस कदर तौहीन कर रहे हो?

दरअसल यह बात समझना आपके लिए इतनी आवश्यक है कि इस बात को एक और उदाहरण देकर समझाए बगैर मेरा दिल ही नहीं मानेगा। क्योंकि यह एक बात समझना आपको लाखों में एक बना सकता है। आपने हेनरी फोर्ड का नाम सुना ही होगा। जी हां, जिन्हें ऑटोमोबाइल का किंग कहा जाता है। वे इस मुकाम तक कैसे पहुंचे?

यह उस दौर की बात है जब ऑटोमोबाइल अस्तित्व में तो आ गई थी परंतु उनकी मांग बिल्कुल नहीं थी। यह नहीं कि उसकी उपयोगिता किसी की समझ में नहीं आ रही थी, या कोई खरीदना नहीं चाहता था। परंतु दिक्कत यह थी कि उस समय बॉडी कोई और बनाता था तो इंजिन कोई और। तथा सारे स्पेयर-पार्ट्स भी अलग-अलग लोग बनाते थे। अब जिसे गाड़ी खरीदना हो उसे सब जगह से अलग-अलग सबकुछ खरीदकर स्वयं असेम्बल करना या करवाना पड़ता था। और कुछ गड़बड़ हो जाए या बिगड़ जाए तो मरम्मत भी स्वयं करते आना जरूरी था। अब सोचिए, ऐसे में कौन गाड़ी खरीदेगा?

बस यहीं हेनरी फोर्ड ने कमाल कर दिखाया। ऑटोमोबाइल बनाने वाले बना चुके थे। बॉडी समेत सारे स्पेयर-पाट्‌र्स बन ही रहे थे। गाड़ियों की मांग भी थी ही। बस उन्होंने बड़े पैमाने पर उत्पादन हेतु एक असेम्बल यूनिट डाल दी, साथ ही मरम्मत की सुविधा भी उपलब्ध करवा दी। और उसका परिणाम आपकी आंखों के सामने है। आज घर-घर में गाड़ी हो गई है।

सो मेहरबानी कर थोड़ा-सा इस टाइमिंग को समझ जाओ। यह टाइमिंग का खेल एक-दो नहीं, जीवन की सारी सफलताओं के पीछे का राज है। बात को समेटने से पूर्व इसे थोड़ा अन्य उदाहरणों से भी समझाऊं तो; जो भी सफल नेता हैं, उन्होंने या तो आम प्रजा क्या सोच रही है यह सबसे पहले पहचाना है, या फिर बनती-बिगड़ती परिस्थितियों के आधार पर जनता को किस लुभावने वादे में फंसाया जा सकता है, यह अच्छे से समझा है। या फिर किस बात के लिए उन्हें आन्दोलित किया जा सकता है, यह अच्छे से पहचाना है। यानी कुल-मिलाकर बनी परिस्थितियों का ठीक-ठीक आकलन किया है। ...ठीक यही गणित जीवन की सारी व्यावसायिक सफलताओं के बाबत भी है। वहां भी जिसने लोगों की जरूरत या मांग को ठीक से पहचाना है, वही रातोंरात बड़ी सफलता पा गया है। एडीसन तो कहते ही हैं कि उनके सारे आविष्कारों ने जन्म ही आवश्यकता की कोख से लिया है। कुल-मिलाकर जीवन में बड़ी सफलता उसे ही मिलती है जिसके भीतर मेरी गति तेज हो, तथा साथ ही वह मेरे ही द्वारा निर्मित परिस्थितियों के ठीक-ठीक आकलन करने की क्षमता रखता हो। और जो ठीक समय पर शॉट मारने की कला यानी टाइमिंग बिठाना सीख जाए, उसकी तो बात ही क्या करना?

विपरीत परिस्थितियों से बच निकलने का गणित

चलो अब मैं आपको मेरे कारण आपके जीवन पर पड़ रहे प्रभाव से जुड़े एक और गहरे विषय की ओर आपका ध्यान आकर्षित करता हूँ। जैसा कि मैं पहले ही कह चुका हूँ कि करोड़ों-करोड़ों मनुष्यों के मनरूपी कम्प्यूटर के कारण परिस्थितियां स्वतः ही परंतु नियम से बनती और बिगड़ती रहती हैं। यह बनती-बिगड़ती परिस्थितियां समुद्र में उठे मौजों की तरह होती हैं, जो उठती हैं और फिर समुद्र में लीन हो जाती हैं। यह कतई जरूरी नहीं कि हर बार वह कोई परिणाम लेकर ही आए। अब चूंकि आप भी हजारों तरीके की भीड़ से घिरे ही रहते हैं, सो रोज यह बनती-बिगड़ती परिस्थितियां आपके निकट से भी गुजरती ही रहती हैं। यहां तक तो ठीक है, परंतु आप उन परिस्थितियों से स्व-प्रभावित होकर उनसे तादात्म्य बना लेते हैं। ज्यादा सीधी भाषा में कहूं तो दूर बन रही कोई परिस्थिति को देखकर भी आप ऐसा मान लेते हैं कि यह आपका ही कुछ बनाने-बिगाड़ने आयी है। और बस यहीं सावधान रहने की आवश्यकता है। क्योंकि आपके निकट से गुजर रही उन परिस्थितियों का वाकई आपसे कोई ताल्लुक है या नहीं, यह सोचे बगैर ही आप उसका हिस्सा हो जाते हैं। और ज्यादा स्पष्ट कहूं तो एक उसी के कारण आप बार-बार फंस भी जाते हैं।

इस बात को मैं चंद उदाहरणों से समझाता हूँ। अक्सर आपने पुलिस की जीप को सड़कों पर तेजी से दौड़ते देखा ही होगा। पच्चीसों चोर और बदमाश पुलिस की उस जीप

का सायरन सुनकर घबरा भी जाते हैं, लेकिन वह उन सबको पकड़ने तो निकली नहीं होती है। वह तो किसी खास व्यक्ति की खोज में ही निकली होती है। लेकिन यदि कोई चोर यह मान ले कि वह मुझे ही पकड़ने आई है, और यह सोच वह भाग-दौड़ मचाने की कोशिश करे, तो पूरा चान्स है कि वह बेमतलब पुलिस के हत्थे चढ़ जाए।

बस वही चोर वाली गलती आप भी अक्सर कर जाते हैं। अब आसपास कई जगह, कई क्षेत्रों में परिस्थिति बिगड़ रही है, परंतु यह जरूरी नहीं कि वह आपको ही धर-दबोचने के लिए बिगड़ रही है। लेकिन आप उससे बचने के चक्कर में स्वयं को उसमें उलझा देते हैं। सो पहली बात तो परिस्थिति बिगड़ते ही या कठिन होते ही अकारण गंभीर मत हो जाना। हां, यदि आपके पास उससे निपटने का सौ प्रतिशत उपाय है तो उससे निपट लेना। वरना यह मान लें कि वह परिस्थिति आपका कुछ बिगाड़ने हेतु नहीं पनप रही है। और देखना कि अक्सर दो-चार दिन आसपास चक्कर काटकर वह किसी दूसरे को धर-दबोचती है। यानी परिस्थितियों से निपटने का पहला सिद्धांत ही यह है कि यदि उससे निपटने का सौ प्रतिशत उपाय हो तो ही उसे अपनी ओर आया मानना, निन्यानवे प्रतिशत उपाय जेब में होने पर भी उसे छेड़ना मत, वरना बिगड़ी परिस्थिति की चक्की में आप जबरन पिस जाएंगे। क्योंकि मैं पहले भी कह चुका हूँ कि मेरे तल पर कभी एक चीज पैदा नहीं होती, यहां समस्या यानी स्पेस और समाधान यानी आपके मनरूपी कम्प्यूटर में उपाय दोनों एकसाथ पैदा होते हैं। यदि समस्या आपके लिए होगी तो समय रहते उसका सटीक उपाय भी आपके पास होगा ही। नहीं तो दूर-दूर घूमने दो समस्या को, उस पर ध्यान ही मत दो। कुछ ही दिनों में स्वतः ही वह कहीं गायब हो जाएगी। और कभी बीस-तीस में से एकाध बार कोई उपाय सौ फीसदी न सूझे और कुछ आपका अहित हो भी जाए तो स्वीकार लेना उसे। ...यह भी अपनेआप में कोई छोटा-मोटा उपाय नहीं।

आपको जो संकट दिखाई पड़ते हैं उनमें से अधिकांश काल्पनिक हैं

सो, कुल-मिलाकर कहने का तात्पर्य यह कि पचासों समस्याओं में से एकाध समस्या ही वास्तव में आपको घेरने आई होती है। परंतु जल्दबाजी न करें, जब तक उसे भी सुलझाने का सौ प्रतिशत उपाय उपलब्ध न हो जाए, इन्तजार करें। बाकी बची उनचास को तो सिर्फ नजरअंदाज करें। बाकी की समस्याएं आपको परेशान ही इसलिए कर पाती हैं कि आप घबराकर जबरन उनमें टांग अड़ा देते हैं।

...देखना मुसीबतों से बचने का यह अनूठा सिद्धांत जीवन में अपनाते ही आपके पास समय-ही-समय हो जाएगा। क्योंकि फिर बेमतलब हाथ में चाइनीज रैकेट लिए आप समस्या रूपी मच्छरों को मारते नजर नहीं आएंगे। ऐसे में सफलता दिलवाने वाली परिस्थितियां भी आपको स्पष्ट दिखाई दे ही जाएंगी। बस इस एक उपाय से आपका जीवन एक यादगार और सफल जीवन हो जाएगा। ...फिर तो ना समस्याओं से उलझने में आपका समय बिगड़ेगा, और ना ही सफलता हेतु सिर्फ स्वयं के भरोसे रहना होगा। क्योंकि फिर तो हजारों वर्षों से घट रही हजारों-लाखों घटनाओं का जोड़ स्वतःही आपको सफलता के शिखर पर बिठा देगा।

मेरी शरणागति जीवन की तमाम समस्याओं से बचने का श्रेष्ठ उपाय

चलो ये सारी बातें छोड़ो। यदि आपको इतनी सब बातें समझने तथा उसे अमल में रखना इतना आसान नजर न आता हो, तो भी मेरे पास आपके लिए बड़ा ही सीधा और सादा एक अन्य उपाय भी है। ...तो जल्दी बताओ न महाराज!

हां-हां तो इतने उतावले क्यों हो रहे हो? मैं जानता हूँ कि मैंने ही अपने हजारों स्वरूप रचकर यह खेल रचाया है, और यह सबकुछ मेरे थकी ही नियमबद्ध भी हुआ है, सो मैं ही एक हूँ जो आगे-पीछे का सबकुछ जानता हूँ। और जब मैं सबकुछ जानता हूँ तो यह तो बहुत अच्छे से जानता हूँ कि आपके कम्प्यूटर की मेरे कम्प्यूटर के आगे कोई बिसात नहीं। और ऊपर से करप्ट कम्प्यूटरों के तो अब बस में ही क्या जो मेरे फैलाए इतने विशाल जाल के नियमों से निकलकर जीवन को कोई राह दिखा सके। सो सीधी बात है, जब हार्डडिस्क जरूरत से ज्यादा करप्ट हो जाए तो बेहतर होता है खुद सुधारने की बजाए स्पेश्यलिस्ट को ही बुलवा लिया जाए। डेस्कटॉप कम्प्यूटर का तो ठीक है, परंतु आपके मनरूपी कम्प्यूटर का मुझसे बड़ा जानकार कौन? सो अब बड़ी दृढ़तापूर्वक मैं आपको अपने इस मायाजाल से निकलने का एक सटीक उपाय बताता हूँ।

...और उपाय भी सीधा और साफ है। बस उस हेतु आपको मेरी सम्पूर्ण शरणागति स्वीकारनी है। और यह सम्पूर्ण शरणागति क्या होती है, यह मैं आपको अभी बताता हूँ। दरअसल इसे आप मेरा करुणा से भरा स्वरूप भी कह सकते हैं। मैं जानता हूँ कि

जन्मों-जन्मांतर की उलझनों, उसपर मेरी कॉम्प्लीकेटेड कार्यप्रणाली तथा ऊपर से मेरे द्वारा रचाए इन परिस्थितियों के मायाजाल से निकलकर सबकुछ ठीक-ठाक कर देना आपके लिए इतना आसान नहीं। और इसीलिए मैंने, जो अपनी बुद्धि पर ताला लगाकर मेरी शरणागति स्वीकार सकता हो, उनके लिए एक मार्ग बनाया हुआ है। दरअसल बात यह है कि मैं जानता ही हूँ कि मेरे द्वारा रचाया गया मायाजाल इतना खतरनाक है कि इसमें उलझना तो आसान है, परंतु उससे निकलना बड़ा ही मुश्किल है। और मैं यह भी जानता हूँ कि एक तो किसी को पता चलना कि उसके मन की हार्डडिस्क करप्ट हो चुकी है, यही आसान नहीं। तो फिर उसे ठीक करने के प्रयास करने का सवाल ही कहां उठता है? और चलो किसी का ध्यान उस ओर गया तो भी सवाल यह कि उसे ठीक करने के तरीके तो उसे मालूम होने चाहिए। मैं यह भी जानता हूँ कि वर्तमान में उपलब्ध ज्ञान से वह जितनी कोशिश करेगा उतनी ही अपनी हार्डडिस्क और करप्ट कर बैठेगा।

बगैर मूड के किया गया कोई भी कार्य कभी भी परिणामकारी सिद्ध नहीं होता है

सो मैंने उसे अपनी हार्डडिस्क ठीक करने और फिर उसे लगातार प्रगति के मार्ग पर लगाने हेतु उसके और मेरे बीच "मूड" नामक भाव से कम्यूनिकेशन स्थापित किया हुआ है। और यह मूड क्या होता है, यह मुझे किसी को समझाने की अब कोई आवश्यकता नहीं। इसका अनुभव आप रोज-ब-रोज की जिंदगी में करते ही रहते हैं। बस आप अपने इस मूड की शरण चले जाइए; मैं इसके थकी ना सिर्फ आपकी हार्डडिस्क ठीक कर दूंगा, बल्कि आपके भीतर के समय को तो वह पर लगाऊंगा कि आप आनंद और सफलता के शिखर को छूना प्रारंभ कर देंगे।

लेकिन यह भी इतना आसान नहीं जितना सुनने में लग रहा है। अपने मूड की शरणागति स्वीकारने हेतु बड़ा साहस चाहिए। मुझ पर अटूट विश्वास चाहिए। क्योंकि आपकी बुद्धि को ऐसे हजार कार्य जरूरी लगते हैं और वह ऐसे हजार कार्य करना चाहती है जो

मुझे ना तो जरूरी जान पड़ते हैं और ना ही मैं चाहता हूँ कि आप करें। क्योंकि मैं जानता हूँ कि आपकी बुद्धि जो करने का कह रही है उससे आपका कम्प्यूटर और करप्ट ही होनेवाला है। ...उससे आपके समय की गति और धीमी ही पड़नेवाली है। सो मैं उन कार्यों के लिए आपको मूड भेजता ही नहीं हूँ। यह मेरा आपको बचाने का अपने तरीके का एक अनूठा उपाय है। आप सिर्फ इतना समझ लीजिए कि जो कार्य करने का मूड नहीं, वह आपके लिए आवश्यक नहीं। परंतु आप अपने मूड की सुनते ही कहां हैं, मन मारकर भी जरूरी लग रहे कार्य में भिड़ जाते हैं। और यहां आकर मैं अपनी यह अवहेलना बर्दाश्त नहीं कर पाता। बस, मैं मन मारकर किये गए कार्यों के कोई परिणाम ही नहीं आने देता, और ऊपर से आपके भीतर मेरी गति और धीमी कर देता हूँ...वह अलग। और ऐसा कोई नहीं जिसने अपने भीतर चल रहे इस संघर्ष का अनुभव न किया हो। लेकिन चूंकि आपने इस संघर्ष में बार-बार बुद्धि को जिताया है इसीलिए आपके जीवन का यह हाल हो गया है।

अब यहां महत्त्वपूर्ण सवाल यह उठता है कि मनुष्य बार-बार ऐसा करता क्यों है? तो इसका सीधा उत्तर यह है कि सिर्फ एक अज्ञान की वजह से। और अज्ञान यह कि मनुष्य ने बाहर की दुनिया को सत्य मान लिया है। बाहर की दुनिया की उसने गुलामी स्वीकार ली है। धर्म, समाज, परिवार, रिश्ते, ज्ञान सबकी मानकर, सुनकर वह मूड के विरुद्ध भी सबकुछ करता रहता है। समझता ही नहीं कि ये सब पांच-दस हजार वर्ष पुराने हैं। भला मेरे ज्ञान व मेरी शक्ति का यह सब कैसे मुकाबला कर सकते हैं? समझते क्यों नहीं कि हवाईजहाज व गाड़ियों का आविष्कार भी समय पे होता है। जिन्हें आप भगवान कहते हैं उन्हें भी जीवनभर पैदल, रथ व गाड़ों में घूमना पड़ा है। मैं अंतिम शक्ति व अंतिम ज्ञानी हूँ। सो मुझे छोड़ यहां-वहां शरण कहां खोजते हो? और फिर स्वयं भी हजार जरूरतें पैदा कर मेरे खिलाफ जाते हो। बाहर है क्या? आपका सबकुछ मेरे रूप में आपके भीतर उपस्थित है। परंतु आपकी बुद्धि को लगता है कि यह-यह पा लें तो सब ठीक हो जाए। यह-यह सम्भाल लें तो जीवन संवर जाए। यह-यह न हो जाए तो फिर कोई अड़चन नहीं। जबकि मेरा गणित कहता है कि भीतर सब ठीक तो बाहर जो भी आवश्यक है सब मिल ही जाएगा। और बुद्धि सोचती है कि यह-यह सब बाहर मिल जाए, या ऐसा-ऐसा कुछ हो जाए तो भीतर सब ठीक हो जाए। यानी मुझे पहली चिंता भीतर की है और बुद्धि को पहली चिंता बाहर की है।

कुल-मिलाकर समझा जाए तो चिंता तो दोनों को सबकुछ ठीक करने की ही होती है, दोनों चाहते ही हैं कि अंदर-बाहर सब ठीक रहे। फर्क सिर्फ इतना है कि बुद्धि

समय की पूर्ण शरणागति स्वीकारना
जीवन की सारी समस्याओं से निपटने का एकदम सटीक उपाय है

बाहर सब ठीक कर भीतर सबकुछ ठीक होने की उम्मीद में आपसे सारे कार्य करवाती है, जबकि मैं भीतर सब ठीक कर...बाहर ठीक होने का इन्तजार करने में विश्वास करता हूँ। बस इस कारण दोनों में संघर्ष होता है, और निर्णय आपको करना होता है। और कहने की जरूरत नहीं कि अधिकांश समय आप बुद्धि के ही साथ हो जाते हैं।

लेकिन मुझ परमसत्ता को मारकर या मेरी अवहेलना कर कैसे कुछ ठीक हो सकता है? फिर भी मैं क्रोध की बजाए अपनी परम-करुणा का ही इस्तेमाल करता हूँ। बुद्धि के सुझाए कार्यों हेतु आपको मूड ही नहीं भेजता हूँ। सोचता हूँ, जब मूड नहीं तो कार्य नहीं। परंतु नहीं, आपके लिए सबकुछ आवश्यक तो इतना कि बिना मूड के ही भिड़ जाते हैं।

और आश्यर्च यह कि आप जानते हैं कि मूड के विरुद्ध जाने पर आपको बड़ा कष्ट उठाना पड़ रहा है, मजा भी चला जा रहा है; फिर भी आप जाते अपने मूड के विरुद्ध ही हैं। ऐसा क्यों...? ऐसा इसलिए कि आपके पास, आपके सामने जो है उसके अलावा का कुछ देखने की दृष्टि ही नहीं। इस कारण अक्सर आपको कोई उटपटांग चाह कुछ चीजों

को करना आवश्यक समझा देती है, तो कभी कोई परिस्थिति आपको तत्काल कुछ करने को उकसा देती है। कभी आपका डर आपको कुछ करने को मजबूर कर देता है, तो कभी दूसरों का दबाव आप पर काम कर जाता है। और कभी-कभी आपके ही लिये गए संकल्प और नियम आपको वह सब करने पर मजबूर कर देते हैं। ...यानी कुल-मिलाकर कारण एक नहीं हजार उपस्थित हो ही जाते हैं, और आप अपने मूड की अवहेलना कर ही जाते हैं।

अब आप भी क्या करें? कई बार तो आपको सवाल जीवन-मरण का जान पड़ता है, और इधर मैं हूँ जो फिर भी आपको कुछ भी करने का मूड नहीं भेजता। ऐसे में आप अपने मूड का साथ देने का साहस जुटाएं भी तो कैसे? लेकिन एक सीधी बात आप क्यों नहीं समझते कि अपने मूड के विरुद्ध कार्य करने के भी कोई परिणाम तो आ नहीं रहे, और ऊपर से जीवन का मजा भी किरकिरा हुआ जा रहा है...वह अलग। दूसरा, आप यह भी क्यों नहीं समझते कि आपने आपका कम्प्यूटर करप्ट न कर दिया होता, और यदि आप ही उसके ऑपरेटर और प्रोग्रामर होते; तो क्या आप जरूरी समझे जानेवाले इन कार्यों के लिए अपना मूड पैदा न कर लेते? ...परंतु अब वह बात तो बची नहीं। आप बात को लाख जरूरी समझें, परंतु आपका मनरूपी कम्प्यूटर तो अब आपके कंट्रोल में रहा नहीं। और बगैर मूड के कार्यों के परिणाम आ नहीं रहे। अब ऐसे में मेरे प्रतीक "मूड" की शरणागति स्वीकारना क्या आपके लिए बेहतर ऑप्शन नहीं?

ऑप्शन की छोड़ो, मैं तो यह कह रहा हूँ कि करप्ट हो चुके कम्प्यूटर को ठीक करने का मनुष्य के पास मेरे द्वारा भेजे गए मूड की शरणागति स्वीकारने के अलावा दूसरा कोई उपाय ही नहीं। और जब तक आपका कम्प्यूटर ठीक नहीं; आपको अपना हित-अहित क्या खाक समझ में आने वाला है? आप कहेंगे महाराज, जब मूड आपके नियंत्रण में है तो फिर करुणा का थोड़ा और विस्तार कर के चुपचाप क्यों नहीं आप ही हमें आवश्यक कार्य हेतु मूड भेज देते हैं? ...वाह क्या बुद्धिमानी की बात की है? यानी आप कम्प्यूटर करप्ट करते चले जाएं, और मैं फिर भी आपके हित के और आवश्यक कार्यों हेतु आपको मूड भेजता रहूँ। यानी आप गुनाह तो करें पर सजा मिले ही न। बस ऐसी बुद्धिमानी के कारण ही तो आपको मेरी इतनी मार सहनी पड़ रही है। और ये सारे धर्म व भगवान की उपज भी आपकी ऐसी ही तो बुद्धिमानी है। जरा गौर करें, आप धर्म और भगवान से चाहते क्या हैं? यही न कि आप लाख गलती करें पर वे आपको अपना अहित होने से बचा लें। पर मैं कहता हूँ कि वे होते कौन हैं? मारना-बचाना तो मेरे हाथ में है, और मैं नियम से चलता हूँ।

और नियम यह कि आपके भीतर मेरी गति तेज हुए बगैर आपसे कोई परिणामकारी कार्य नहीं होने वाले। और मेरी गति करप्ट हुए कम्प्यूटर में कभी तेज नहीं होने वाली। और कम्प्यूटर को ठीक करना हो तो अपने मूड का साथ देना प्रारंभ करना एकमात्र सरल व सीधा उपाय है। निश्चित ही शुरुआत में मैं आवश्यक-से-आवश्यक कार्य हेतु भी आपको मूड नहीं भेजूंगा, अक्सर ऐन वक्त पर धोखा दे जाऊंगा, परंतु आपको यह सब तो सहना ही होगा। चाहे जो हो जाए ''मूड नहीं तो काम नहीं'', यह तय कर ही लेना होगा। आपको लोगों की डांट भी पड़ेगी और आपकी अवहेलना भी की जाएगी। आपको अन्य भी कई संकटों का सामना करना ही पड़ेगा, हो सकता है आपको कुछ समय के लिए नाकामी का एहसास भी हो, परंतु यह सब मेरी वजह से तो है नहीं। ये सारे शुरुआती उपद्रव आपके द्वारा करप्ट कर दी गई अपनी हार्डडिस्क के कारण ही है। अतः यह स्पष्टतापूर्वक समझ लें कि मूड का साथ देने पर भी आपको शुरुआती कष्ट तो उठाने ही पड़ेंगे। लेकिन हां, यह वादा अवश्य करता हूँ कि समय के साथ सब ठीक होना भी शुरू हो जाएगा। और समय कितना? तो यह तो हार्डडिस्क कितनी करप्ट है, उसपर निर्भर है।

> समय हरहमेशा हर मनुष्य का सिर्फ हित चाहता है

यानी एकबार फिर बात वहीं-की-वहीं आ गई। आपको कुछ भी कर अपनी ठसाठस भरी हार्डडिस्क में से डेटा डिलीट करने ही हैं। और अब यह डेटा आप से तो कट नहीं रहे, और उल्टा ऊपर से नए-नए डेटा डालकर आप अपनी हार्डडिस्क को रोज-रोज और करप्ट करते चले जा रहे हैं। लेकिन मूड का साथ देने का सबसे बड़ा फायदा तो यह कि उससे आपका नए डेटा डलना स्वतः ही बंद हो जाएगा। क्योंकि अब आपकी न तो कोई चाह और ना ही कुछ आवश्यकता, जिस बात में मन लगा वह कार्य किया और बात समाप्त। परिणाम अच्छा-बुरा, जो आए आने दो। आप तो सिर्फ यह शुक्र मनाओ कि मूड का साथ देने पर नए डेटा डालने की प्रक्रिया पर

किस मनुष्य में कौन-से क्षेत्र की प्रतिभा छिपी पड़ी है यह सिर्फ समय जानता है

तो कम-से-कम लगाम लग गई, और कार्य करने में मजा आया वो अलग। अब सवाल बचा पुराने डेटा का, तो वह भी मूड के अनुसार चलने पर तेजी से कटते ही चले जाएंगे। क्योंकि जब आपके लिए महत्त्वपूर्ण ही आपका मूड है तो बाकी चीजों पर से आपका ध्यान भी हटेगा और जीवन में उनका महत्त्व भी अपनेआप कम हो जाएगा। यानी कि आपके मनरूपी कम्प्यूटर को ठीक करने का सबसे सरल व सटीक उपाय यही है।

लेकिन सच कहूं तो आप लोगों की हालत देख इतना सीधा काम करना भी आपके बस का नजर नहीं आ रहा है। क्योंकि हो सकता है कि आपकी कोई जरूरी मीटिंग हो, या कोई रिश्तेदार अस्पताल में भरती हो गया हो, पर आपका उस समय ऐसे कार्य करने का मूड नहीं। क्या करेंगे आप? थोड़ा सोच लेना, बस यही करते आ रहे हैं आप। बच्चों की परीक्षा सर पर है और उनका मूड खेलने का कर रहा है। अब बच्चे क्या करते हैं और आप उन्हें मूड मारने को कैसे मजबूर करते हैं, इससे तो आप सभी वाकिफ हैं ही। यानी मूड मारने की आपकी प्रैक्टिस पुरानी है। इसीलिए बार-बार दोहरा रहा हूँ कि आपने अपना विश्व ही ऐसा मकड़जाल बना रखा है कि जहां जीवन को बचानेवाले सरल और सटीक उपाय भी अब आपके लिए आसान नहीं रह गए हैं। और यह सब इसीलिए कि आपके विश्व पर आपका एकाधिकार नहीं रह गया है। विचारों, सिद्धांतों से लेकर धर्म और समाज तक सब आप पर शासन कर रहे हैं। तथा परिवार और मित्रगण तो आपको वैसे ही गुलाम समझते हैं। और ऊपर से करप्ट हुई हार्डडिस्क के कारण आपके पास भी अब यह सब सहन करने के अलावा कोई उपाय नहीं बचा है।

कारण क्या है? संसार की एकमात्र स्वतंत्र सत्ता इतनी मजबूर क्यों? तोड़ दो सारे बंधन, आ जाओ एक मेरी शरण; दूसरा कुछ आपको नहीं बचा सकता है। अपने मालिक बनो, और सिर्फ अपने मूड यानी जीवन की रक्षा करो। जरा सोचो, आपके जीवन की परिभाषा ही कितनी गलत है, यह परिवार, यह समाज, यह धन, यह प्रतिष्ठा क्या वास्तव में आपका जीवन है? नहीं; आपका जीवन सिर्फ आत्मसंतोष की वह अनुभूति है जो सिवाय जीने के और किसी वस्तु से नहीं मिल सकती। ...और आपके लिए तो यह अनुभूति मूड के साथ जीने के अलावा किसी चीज से मिलना संभव नहीं। सीधा क्यों नहीं समझते कि

इस कुदरत में ना तो कोई मुझसे ज्यादा करुणावान है, ना ज्ञानी और ना शक्तिशाली। यानी ना तो मेरे इंटेशन और समझ पर शंका की जा सकती है और न क्षमता पर। फिर अड़चन क्या है? अतः मेरी शरणागति स्वीकार लो। अरे! मूड के साथ जीने से ज्यादा-से-ज्यादा क्या होगा? व्यवसाय कमजोर हो जाएगा, मित्र व परिवार दूर हो जाएंगे, धर्म और समाज आपको ताने मारेंगे,...तो उससे आपका क्या बिगड़ जाएगा? आप तो अपने मालिक बनना शुरू हो जाएंगे। और कायदे से मनुष्य को उपलब्धि यही प्राप्त करनी है कि उसे अपना मालिक स्वयं बनना है। इसे दूसरे शब्दों में कहूं तो उसे अपनी जवाबदारी स्वयं उठानी है। समाज, धर्म, शिक्षा, भगवान या परिवार के आसरे नहीं जीना है। और जब यह नहीं ही हो पा रहा है तो चुपचाप यह जवाबदारी अपने मूड को सौंप देनी है। फिर जो अच्छा-बुरा हो, स्वाभाविक तौर पर उसका दोष दूसरों को देने की जगह नहीं। अब मनुष्य अपना मालिक स्वयं और अपने जीवन हेतु जवाबदार स्वयं। ...बोलो इससे बड़ी कौन-सी उपलब्धि आप हजार भागा-दौड़ी करके भी पा लेने वाले हैं?

चलो, इस बात को और अलग तरीके से समझाता हूँ। मैं पूर्व में कह ही चुका हूँ और फिर कह रहा हूँ कि यह पूरा विश्व अस्तित्व में भी मेरे कारण है और चलायमान भी सिर्फ एक मेरे कारण है। तथा मेरा आधार ही सबका हित है। ...और तभी तो एटम से मनुष्य तक का सफर आपने तय किया है। सो, मैं तो आपका हित चाहता ही हूँ। और मेरा मानना है कि इसका अलग से और कोई सबूत देने की मुझे आवश्यकता नहीं, क्योंकि एक मेरी ही ऊंगली पकड़कर आपने एटम से मनुष्य तक का यह सफर तय किया है। और ऐसे में शायद मुझे यह भी समझाने की आवश्यकता नहीं कि ठीक वैसे ही आप मेरी ऊंगली पकड़कर...आगे मनुष्य से परम-एहसास में लीन होने तक का सफर भी तय कर सकते हैं। और यह तो मैं पहले ही समझा चुका हूँ कि मनुष्य से इस परम-एहसास में लीन होने की यात्रा के मार्ग पर ही आपके जीवन के सारे सुख और सफलता आपका इन्तजार कर रहे होते हैं। जबकि इसके विपरीत मनुष्य से एटम तक का उल्टा मार्ग जो आप पकड़े हुए हैं, बस एक उसी वजह से आप इतने कष्ट में हैं। क्योंकि मनुष्य से एटम तक उल्टा जाने वाला मार्ग होगा ही कष्टों से भरा। यह मार्ग होगा ही असफलताओं से घिरा। क्योंकि आपकी असफलताएं ही आपको वापस एटम तक ले जा सकती है। सो, अब तय आपको करना है कि आपको परम-एहसास के ओर की यात्रा करनी है या एटम तक की।

हालांकि यह बात थोड़ी रहस्यपूर्ण है इसलिए इसे थोड़ा विस्तार से समझाता हूँ। देखिए, आपने चेतना का लगातार विकास कर एटम से मनुष्य तक का सफर तो तय कर

ही लिया। लेकिन यही आपका अंतिम मुकाम थोड़े ही है। क्योंकि मनुष्य-जन्म लेते ही एहसास अपनी पूर्णता में आपके भीतर मौजूद हो गया है। और वह अब अपने रचाए इस पूरे खेल का मजा लेते हुए आपको देखना चाहता है। और जब आप तमाम प्रकार के मजे ले-लेकर संतुष्ट हो जाएं, या मेरी भाषा में कहूं तो आपकी हार्डडिस्क किसी भी प्रकार की चाहों से पूरी तरह खाली हो जाए, तो आपके भीतर का एहसास पूरी तृप्ति के साथ परम-एहसास में लीन हो जाए। यहां समझें यह कि आप मजे कब ले पाएंगे और तृप्त कब हो पाएंगे, जब लगातार आप आनंद और सफलता के मार्ग पर बढ़ते चले जाएंगे। और यदि इसी बात को सीधी भाषा में कहूं तो भीतर आप जब अपने एहसास के निकट जाना शुरू हो जाएंगे, तो बाहर की परिस्थितियां अपनेआप आपको आनंद और सफलता के मार्ग पर लगाती चली जाएंगी। और भीतर एहसास के निकट बिना अपने मूड की रक्षा किये नहीं पहुंचा जा सकता है।

अब चूंकि आप अपने भीतर की परवाह ही नहीं करते, और सीधे बाहर आनंद और सफलता खोजने में लग जाते हैं, इसलिए आप बार-बार अपने मूड के विरुद्ध जाने को मजबूर होते हैं। और लगातार मूड के विरुद्ध जीने से आपका हृदय भीतर से पत्थर-सा हो जाता है। मैं इसे ही आपकी वापस एटम तक जाने की यात्रा कह रहा हूँ। सो मैंने अपनी तरफ से बात विस्तार से समझा दी। आगे कौन-से मार्ग पर जाना, यह आपको चुनना है।

चलो, यह तो आपका जाती फैसला है। परंतु मैं यहां स्पष्ट कर दूं कि जिससे आपका जीवन फले-फूले, उसमें ही मेरा रस है। तभी तो आप अपने को मिली स्वतंत्रता के कारण अपना कम्प्यूटर कितना ही करप्ट कर लेते हैं, मैं मूड के सहारे उसे फिर ठीक करने की कोशिश में लग ही जाता हूँ। सो अब यह क्यों नहीं समझते कि मेरा ज्ञान व मेरी सत्ता दोनों, आपकी बुद्धि और आपको उपलब्ध धर्म, ज्ञान तथा समाज के कुल टोटल से भी खरबों गुना ज्यादा है। आप यह सीधा गणित क्यों नहीं समझते कि इन सबकी जो कुछ भी समझ है वह सिर्फ एक जन्म की है, अतः इन सबकी सारी शिक्षाएं आपा-धापी वाली हैं। ...जल्दी-जल्दी की है। और आपने सुना ही होगा कि जल्दी का काम शैतान का...।

अब मेरी बात करूं तो मेरे पास समय-ही-समय है। अरे! यह क्या कह गया, मैं स्वयं ही तो समय हूँ। होगा, अभी तो आपको यह समझना है कि आपके पास समय-ही-समय है। और जब अनंत समय है तो जल्दी क्या? जरा देखें चांद, सूरज, पृथ्वी वगैरह को; खत्म एक दिन सबको होना है लेकिन कोई आपा-धापी नहीं; क्योंकि काफी लंबा समय है उनके पास। फिर समय के मामले में मैं आपसे क्यों पक्षपात करने लगा?

आपके पास भी समय-ही-समय है। सो, एकबार आप यह समझ लें कि आपके पास समय की कोई कमी नहीं, तो ही आप अपने मूड की रक्षा कर पाएंगे। वरना तो कुछ भी कर काम निपटाना होगा, क्योंकि समय ही कहां है? और उसका परिणाम आप सबके जीवन-दशा के रूप में आपके सामने ही है।

छोड़ो! जब इतनी बात करी ही है तो फिर पूरे ही विस्तार से समझा दूं। ...कोई शक बचे ही न। दरअसल सत्य तो यह है कि इस पूरी प्रकृति को, एक मनुष्य को छोड़कर ...चलानेवाला मैं ही हूँ। इसलिए प्रकृति में कहीं कोई गड़बड़ नहीं। परंतु आप चूंकि स्वतंत्र हैं, अतः आप मेरी अवहेलना कर अपने हिसाब से अपना जीवन चलाने को भी स्वतंत्र हैं। और आप इस स्वतंत्रता का भरपूर फायदा उठा भी रहे हैं। लेकिन आप जानते ही नहीं कि मेरे स्वरूपों को समझे बगैर तथा उसकी शरणागति स्वीकारे बगैर आपके जीवन में कुछ भी सार्थक होनेवाला ही नहीं। चलो बाकी नहीं समझ रहे तो मत समझने दो, परंतु आप तो समझ लो। आपका जीवन आप चलाओगे तो सबकुछ खो दोगे, जो शायद आप खो भी चुके हो। पर अगर अपनी जिद्द छोड़ मेरी शरण में आ जाओगे तो जल्द ही सबकुछ ठीक हो जाएगा।

और उसका भी एक कारण है। मेरे पास कैसा भी करप्ट कम्प्यूटर क्यों न हो, उसे ठीक करने का नक्शा बना ही रहता है। और उसी को फॉलो करने हेतु मैं 'मूड' भेजकर मनुष्य से कम्यूनिकेट करता रहता हूँ। लेकिन आपकी सीमित दृष्टि मेरे भेजे गए मूड का रहस्य नहीं समझ पाती। समझ सकती भी नहीं। पर सवाल यह कि आपको समझना क्यों है? क्या आप नहीं जानते कि मेरे तीनों स्वरूप भूत, भविष्य व वर्तमान सब मेरे अधीन हैं। और जब यह जानते हैं तो यह समझते क्यों नहीं कि आपके हित की बात मैं आपसे बेहतर जानता ही होऊंगा। कोई आपके आवश्यक समझने से चीज आवश्यक थोड़े ही हो जाती है। और ठीक वैसे ही आपके सफलता मानने से वह सफलता नहीं हो जाती। आपने तो हजारों कार्य आवश्यक मानकर किये हैं, कौन-से आपके हित के सिद्ध हुए हैं? आपने पचासों बार सफल होने के गुमान का अनुभव किया है, वास्तव में आप कौन-सा सफल हो गए हैं?

अरे, आपकी समझ ही क्या? आप जिसे अच्छा हुआ समझते हैं, वह वास्तव में आपका बहुत बुरा हुआ होता है। आप की सीमित दृष्टि केवल अभी का फायदा देखती है, जबकि मैं दूर तक का नुकसान देख लेता हूँ। इस बात को एक उदाहरण से समझाता हूँ। एक मनुष्य पहली बार चोरी करने गया हो और वह सफलतापूर्वक चोरी को अन्जाम दे आए, न पकड़ा जाए; सोचो, वह क्या सोचेगा? वह इसे अपनी सफलता मानेगा। मानने दो

और आगे देखो। फिर तो दो-चार और चोरी को अन्जाम दे उसका हौसला ही बढ़ जाता है। लेकिन पांचवीं चोरी के वक्त इसी उत्साह के चलते उससे एक खून हो जाता है और वह पकड़ा जाता है। उसको आजीवन जेल में सड़ना पड़ता है। अब यदि पहली चोरी के वक्त वह पकड़ा जाता जब नया-नया चोर था, तो शायद पुलिस के डंडे खाकर वह यह रास्ता ही छोड़ देता। बताओ यह कि पहली चोरी के वक्त उसका न पकड़ा जाना अच्छा हुआ या बुरा हुआ?

बस ऐसे ही आपके सारे आवश्यक काम हैं और ऐसी ही आपकी सफलताएं हैं। सो अपनी बुद्धि के बजाए मेरी चाल पर भरोसा करें। सारे अनावश्यकों से छुड़वा दूंगा। पढ़ने को मूड हो तो पढ़ें व मंदिर-मस्जिद-चर्च जाने का मूड हो तो जाएं। वरना एडीसन की तरह पढ़ाई छुड़वा दूंगा व बिल गेट्स, स्टीव जॉब्स की तरह चर्च छुड़वा दूंगा। जो अनावश्यक है आपके लिए वह हटा ही दूंगा। सो मेहरबानीकर, मेरे द्वारा भेजे गए मूड की सम्पूर्ण-शरणागति स्वीकार लें। फिर उस प्रोसेस में जो आपसे बिछड़ते हैं उसे स्वीकार लें; और जो आपको मिलता है उससे संतोष मानें। अपने मूड का साथ निभाते चले जाएं और उस प्रक्रिया में पकड़ती हर फिक्र को धुंए की तरह उड़ाते चले जाएं। मैं आपको आपके जीवन के तमाम अनावश्यकों से छुटकारा दिलवा दूंगा, चाहे फिर वह परिवार हो या मित्र, धर्म हो या समाज। विश्वास जानो कि मेरी शरण आने के बाद वे सब आपसे स्वतः ही दूर हो जाएंगे जो भविष्य में आपको डंस सकते थे, और जो वर्तमान में आपको डंस रहे हैं। और वे तमाम चीजें जो आपके जीवन को बढ़ानेवाली थी, परंतु मेरी अवहेलना करने के कारण आपसे कोसों दूर थी; वे सब आपके निकट आ जाएगी।

समय मूड द्वारा मनुष्य को कब क्या करना के इशारे भेजता ही है

...दरअसल आपको हमेशा ''सही समय पर सही जगह'' पहुंचाने की जिम्मेदारी मेरी होती है। वह आपके बस का है भी नहीं। फिर भी आप अपनी जिम्मेदारी खुद उठाकर क्यों परेशान होना चाहते

हो यह मेरी समझ में नहीं आता है। आपके युग के सफल उद्योगपति बिल गेट्स ने क्या कहा, कि मेरी सफलता का राज ही यह है कि मैंने अपने को हमेशा सही समय पे सही जगह पर पाया। अब स्वयं बिल गेट्स जानते हों या नहीं, पर आप यह समझ लो कि यह सिर्फ मेरी शरणागति स्वीकारने का परिणाम है। वैसे ही आपको भी सही समय पर सही जगह पहुंचाने की जिम्मेदारी मैं उठाने को तैयार ही हूँ, बस इन्तजार है कि वह जवाबदारी आप मुझे कब सौंपते हैं?

ज्यादा सोचें मत और तत्काल अपने को मुझे सरेंडर कर दें। शुरू-शुरू में ऐसा होगा कि आवश्यक-से दिखनेवाले कार्यों में आपका मन नहीं लगेगा। मत लगने दो, वे अनावश्यक होंगे। लेकिन धीरे-धीरे मेरी लगातार शरणागति से एक दिन ऐसा आ जाएगा कि आपका ''टाइम और स्पेस'' सेट हो जाएगा। यानी जो भी कार्य आवश्यक होगा, आपका मूड भी उस हेतु बनता चला जाएगा। और एक दिन बढ़ते-बढ़ते यह टाइमिंग उस ऊंचाई पर पहुंच जाएगा कि टाइम यानी आपके मूड में जो होगा, वही स्पेस अर्थात् परिस्थिति में आपको उपलब्ध होगा। इसे सीधी भाषा में कहूं तो जो आपकी इच्छा होगी, वही सामने आ जाएगा। या कहूं जो सामने होगा कभी उससे ऊपर की इच्छा ही नहीं होगी। तथा मनुष्यजीवन में उसका इससे अच्छा और कुछ हो ही नहीं सकता है कि जो वह चाहे वह उसे उपलब्ध हो जाए। बाकी तो सबको सबकुछ प्राप्त हो भी नहीं सकता है। कोई चांद-तारे आपकी जेब में नहीं आ सकते हैं। पर ऐसी इच्छाएं होती हैं और वही कष्ट का कारण है। सो यह बात अच्छे से समझ ही लें। सवाल ''क्या है या कितना है'' का कभी नहीं है, सवाल जो है उससे अन्य कुछ चाहिए कि नहीं, उसका है। अत: टाइम और स्पेस की ट्युनिंग हो जाना मनुष्य की अंतिम ऊंचाई है।

लेकिन यह ध्यान रहे कि यह जादू और यह सत्ता दोनों मेरी है, सो आज से ही मेरी शरणागति स्वीकार कर अपने मूड के अनुसार चलना प्रारंभ कर दो। फिर देखो, जल्द ही मैं आपके लिए क्या-से-क्या नहीं कर दिखाता हूँ। आप देखें, एक हजार से ऊपर आविष्कार करनेवाले एडीसन ने बचपन से मेरी शरणागति स्वीकार ली थी कि नहीं? निश्चित ही इसमें उनकी मां नैन्सी ने उनका बड़ा साथ दिया था। स्कूल में मन नहीं लगा तो दो वर्ष बाद ही स्कूल छोड़ दिया। फिर प्रयोगों की तरफ आकर्षण जागा तो उसे पकड़ ही लिया। पंद्रह वर्ष की उम्र तक तो उन्होंने अनेकों लेबोरेटरियां बनाई भी और वे एक या दूसरे कारण से नष्ट भी हो गईं। अब थे तो वह साधारण परिवार से ही, सो यह सब भी कब तक चलता? बस मजबूरी में उन्हें नौकरी करनी पड़ी। अब नौकरी ही ऐसी थी कि रात्रि-जागरण जरूरी था।

पर एडीसन भी एडीसन थे। नौकरी अति-आवश्यक होने के बावजूद सोने का मूड आए वैसे ही सो जाए। हालांकि नौकरी छूट जाए तो खाने-पीने के वांधे हो जाए, परंतु मूड के आगे ये सब चिंता क्यों करना? तीन-चार बार उन्हें वार्निंग भी दी गई, परंतु सदैव 'मूड' पेट की भूख पर हावी रहा। और ऐसी शरणागति की तो मुझे कद्र करनी ही थी। बस नींद-ही-नींद में उन्होंने बेल का आविष्कार कर दिया। ...यानी जीवन का पहला आविष्कार। और उनके लगातार मूड के साथ चलने का परिणाम तो देखो, एक हजार से ऊपर आविष्कार उन्होंने एक ही जन्म में कर डाले। और उसमें भी बल्ब जैसा आविष्कार जिससे दुनिया रोशन है। सोचो, उनके समय की गति क्या होगी? और आप...? आविष्कार करना तो छोड़ो, आप एक जन्म में उनके सारे आविष्कार पढ़ पाएं, यही आपके लिए काफी होगा।

समय का कितना फर्क? होगा ही, आपने भी गौर किया होगा कि जिस काम में आपका मूड होता है, वे आपसे ना सिर्फ रॉकेट की स्पीड पर बल्कि परफेक्शन के साथ भी समाप्त होते हैं। और समय...? कार्य करते वक्त उसका तो आपको पता ही नहीं चलता है। तो फिर लगातार मूड का साथ देनेवाले एडीसन से ऐसा चमत्कार होना कौन-सी बड़ी बात है? चलो, एडीसन ने तो कर दिखाया पर आप कब कर दिखाएंगे? ज्यादा सोचो मत, संसार में अपने मालिक स्वयं बनो, तथा सब छोड़ मेरी शरण आ जाओ। जब तक आपके मालिक दूसरे होंगे वे कतई आपको मेरी शरण नहीं आने देंगे। कभी धर्म के नाम पर तो कभी समाज का डर दिखाकर, कभी रिश्तों का वास्ता देकर तो कभी उज्वल भविष्य का लालच देकर आपको मूड मारने पर मजबूर करते ही चले जाएंगे, सो उन सबको आपके मालिकपन से बेदखल करो तथा एक अकेले "आप" अपने मालिक हो जाओ। और जब आपके मालिक आप, तो आपको शरणागति से कौन रोक पाएगा? ...बस हो जाओ अपने मूड के रक्षक।

यहां एक बात और स्पष्ट कर दूं कि यदि आपने अपने मूड का रक्षक होना तय कर लिया है तो फिर मेहरबानी कर आप उसको उसके तीनों डायमेंशन्स के साथ स्वीकारो। पहला है, शरणागति। दूसरा है उस शरणागति के बाद जो भी आपसे दूर होता जाए या बिछड़ता जाए, उसे स्वीकारते चले जाओ। दृढ़तापूर्वक समझ ही लो कि वह निश्चित ही अनावश्यक है जो आपसे बिछड़ गया है। चलो अच्छा है, जान छूटी। और तीसरा यह कि इस प्रोसेस में जो मिल जाए उसी से संतोष मान लो। और संतोष भी ऐसा पक्का कि जो आपके पास है उसके अलावा सब जहर है, अच्छा है जो वह सब मिल नहीं रहा है। यानी एकबार मूड का साथ देना प्रारंभ कर देने के बाद यह मान ही लो कि आपके साथ जो कुछ घट रहा है वह अच्छा ही घट रहा है, जो कुछ घटा वह भी अच्छा ही था, और

इसी आधार पर दृढ़तापूर्वक विश्वास यह कर लो कि आगे भी जो कुछ घटेगा वह अच्छा ही होगा। यहां यह भी बता दूं कि यह कोरी फिलॉसोफी नहीं, मेरी शरण आने के बाद की पक्की हकीकत भी यही है। यानी इस पूरी प्रोसेस को उसके तीनों डायमेन्शन यानी मुझ पर सम्पूर्ण-विश्वास, जो बिछड़ जाए उसका स्वीकार्य अर्थात् उसका पीछा नहीं करना है, और जो व जितना मिल जाए उससे संतोष मानना है। बस आप इन तीनों डायमेन्शन की पूर्णता के साथ मुझे समर्पित हो जाएं, फिर देखिए मैं आपको ''आप'' न बना दूं तो मेरा नाम भी ''समय'' नहीं। और इसके अलावा बाकी कुछ भी प्रयास किये तो मैं आपको पूरी तरह मिटा के न रख दूं तो भी मेरा नाम 'समय' नहीं।

समझते क्यों नहीं? आपके जीवन की समस्या क्या है? यही कि कई चीजें जरूरी हैं, पर जीवन में आ नहीं रही हैं। और कई ऐसी चीजें जीवन में घुस गई हैं जो जी का जंजाल हुई पड़ी हैं, पर निकल नहीं रही। और यह भी आप अपनी सीमित बुद्धि से तय करके सोच रहे हैं। सो जरूरी नहीं कि जिसे आवश्यक मान रहे हो, वह वास्तव में आवश्यक हो ही। जिसे उपयोगी मान रहे हो, वह उपयोगी हो ही। और चलो, दो-चार केस में आप सही हो तो भी आवश्क चीजों को आप ना तो जीवन में ला पा रहे हैं और ना ही अनावश्यकों को जीवन से निकाल पा रहे हैं, यह तो आप जानते ही हैं। अब यह भी समझ ही गए होंगे कि यही आपकी समस्या है। लेकिन मैं आपके लिए वास्तव में क्या परम कल्याणकारक व क्या खतरनाक है, यह आपसे व आपको उपलब्ध सारे ज्ञानों से कई गुना बेहतर जानता हूँ। और सब कल्याणकारक को आपके जीवन में पहुंचाने हेतु ही, तथा सारी खतरनाक चीजों को हटाने हेतु ही आपको मूड भेजता हूँ। भले ही आपको कार्य नुकसानदायक लगे, पर मूड हो तो आंख बंदकर कर डालना। भले ही कार्य या क्रिया फायदेमंद नजर आ रही हो, पर मूड न हो तो मत करना। ...बस इस एक शरणागति से विश्वास करो कि जो भी आवश्यक होगा वह मिल जाएगा, और जो भी वास्तव में अनावश्यक होगा वह कट जाएगा। बाकी आपसे वह नहीं हो रहा है यह स्वीकारना ही रहा। तभी तो अनावश्यक सारे जीवन में डेटा डाले बैठे हैं, और आवश्यक पाने हेतु इतनी भागदौड़ मचाये हुए हो।

खैर, अब बिल गेट्स जो सही समय पर सही जगह पहुंचनेवाली बात कह रहे हैं, थोड़ा उसे समझो। हालांकि आप भी पक्के हैं, वैज्ञानिक युग के मनुष्य हैं, अतः जब तक पूरे विस्तार से और वह भी वैज्ञानिक तरीके से समझाऊंगा नहीं, आप समझेंगे नहीं। तो लो, आपको सही समय पर सही स्थान पर होने का रहस्य समझाता हूँ। और यह दिक्कत आज के मनुष्य के साथ कुछ ज्यादा ही आ खड़ी हुई है। बात यह है कि विज्ञान ने गाड़ियां व

हवाईजहाज बनाकर आपके जीवन को जो गति और आराम दिया है, दरअसल आपको उसका उपयोग करना नहीं आया है। इस बात को थोड़ा ऐसे समझें कि समय यानी मैं तो अपनी ही चाल से चल रहा हूँ। इन गाड़ियों और हवाईजहाजों ने गति आपको प्रदान की है, मुझे नहीं। और आपको जीवन में सफलता पाने हेतु मेरी चाल-से-चाल मिलानी है, आपके घड़ी के समय से नहीं। लेकिन विज्ञान ने आपके जीवन की गति तेज क्या करी कि कायदे से आपके पास समय-ही-समय हो गया। कारण कि जो यात्रा आपको बीस दिनों में करनी थी, हवाईजहाज की मेहरबानी से एक दिन में कट गई। यह वाकई अच्छा हुआ, इससे आप हजार फिजूल के कष्टों से बच गए; परंतु जो उन्नीस रोज आपके पास बचे उसका क्या? बस आपको उसका मतलब और उपयोग दोनों समझ में नहीं आए। आपकी बुद्धि ने आपको उन उन्नीस दिनों में भी खूब दौड़ाया, खूब काम करवाया। और यहीं आकर आप मार खा गए।

वास्तव में तो मनुष्य ने स्वयं विचारों का जाल बुनकर अपने को गुलाम बना लिया है

नहीं समझे...? कोई बात नहीं, इस बात को थोड़ा और विस्तार से समझाता हूँ। यह मनुष्यजीवन क्या है? क्या सिर्फ गधा-मजूरी का दूसरा नाम है? नहीं, यह तो क्रिएटिव काम, खूब आराम तथा मौज-मस्ती का नाम है। और एक तरीके से विज्ञान ने आप को जीवन की सही राह पर लगा भी दिया, आपके पास उसने आराम और मौज-मस्ती के लिए काफी समय भी छोड़ दिया। लेकिन आपको विज्ञान द्वारा दिया गया यह मौका रास आया नहीं। आप यहां भी काम पर भिड़ जाने लगे। जाने क्या-क्या उपद्रव करने लगे। यहां तक कि इस बचे हुए समय का उपयोग कैसे करना यह न सीख पाने के कारण ही आप लोगों को फ्रस्ट्रेशन भी पकड़ने लगा। ...वरना पुराने युगों में फ्रस्ट्रेशन जैसी कोई वस्तु अस्तित्व में ही नहीं थी।

खैर! अब समझो यह कि यदि आप पूरी तरह अपने मूड को समर्पित होते हैं तो आप मेरी चाल से चलना शुरू कर देते हैं।

अब मेरी चाल से चलोगे तो मैं तो आपका मन खेल-कूद, आराम, मौज-मस्ती, शौक, सब ओर लगाऊंगा, क्योंकि इन सबके मजे लेना भी आपके जीवन के प्रमुख मकसदों में से एक है ही। यूं भी यह सब एक मनुष्य को छोड़ दूसरा कोई इस प्रकृति में कर भी नहीं सकता। और इसी बात को ध्यान में रखते हुए मैं अपनी शरणागति स्वीकार चुके मनुष्यों को समय-समय पर पढ़ाई से लेकर कला, तथा विज्ञान से लेकर व्यवसाय तक का मूड भेजता रहता हूँ। ...और वह भी उसके हित में कब क्या करना, की आवश्यकता पहचानकर। बस इससे वह जल्द ही हंसते-खेलते जीवन में आनंद व सफलता की ओर बढ़ना शुरू हो जाता है। तथा यह अलग से कहने की आवश्यकता नहीं कि इस पूरी प्रोसेस में जो बिछड़ने जैसा है वह बिछड़ता चला जाता है, और जो उसे पाने जैसा है वह वो पाता चला जाता है।

और फिर आपको एक और राज की बात बताऊं। आप अपने बारे में जानते ही कितना हैं? जीवन की दौड़ में तो लोग-बाग आपको बाहर से शामिल कर लेते हैं। व्यवसाय, विज्ञान से लेकर कला तक जिसकी जो मरजी होती है आपको पकड़ा देता है, और आप पकड़ते चले जाते हैं। यानी आप भी पकड़ने में कम माहिर नहीं होते। और मजा यह कि फिर पकड़ते ही आप ''पक्का इरादा, अनुशासन, काम ज्यादा'' की तर्ज पर उसमें भिड़ भी जाते हैं। लेकिन समझते यह क्यों नहीं कि जिस क्षेत्र की आपमें प्रतिभा ही नहीं, उसमें कितना ही पक्का इरादा क्यों न कर लें या कितने ही हाथ-पांव क्यों न मार लें; होनेवाला क्या है? जरा मुझपर भरोसा करो, मैं आपको जन्मों-जन्मांतर से जानता हूँ। मैं जानता हूँ कि आपमें किस क्षेत्र की प्रतिभा भरी हुई है, पिछले जन्मों में आप पेंटिंग में माहिर थे या संगीत में, यह मैं ही जानता हूँ। और आपकी भलाई जान मैं आपका आकर्षण व मूड दोनों उस क्षेत्र में लगवाता भी हूँ। यहां यह भी स्पष्ट कर दूं कि एक उस क्षेत्र को छोड़ अन्य किसी क्षेत्र में आप सफल हो भी नहीं सकते हैं। और चारों ओर इतनी असफलताएं जो आपको दिख रही है वह है ही इसलिए कि सब लोग अपने क्षेत्र का चुनाव बाहर से या दबाव में आकर कर रहे हैं। अपने मूड को अपना क्षेत्र चुनने दीजिए, देखिए जीवन में आप कैसे हंसते-गाते, मौज-मस्ती उड़ाते सफलता की सीढ़ियों को तय करते चले जाते हैं।

अरे भाई, याद करो! मैं पहले भी समझा ही चुका हूँ कि बड़ी सफलता एक पकी पकायी रोटी है। और यह रोटी अपने समय पर किसी एक स्थान पर पकी होती है। अब जो उस समय, उस स्थान पर होगा, उसे वह रोटी मिल जाती है। यही सफलता का सिद्धांत है। अब चूंकि बनती-बिगड़ती परिस्थितियों यानी स्थान पर भी मेरा ही अधिकार है और

आपके मनरूपी कम्प्यूटर पर भी मेरा ही एकाधिकार है; इसलिए अपने मूड के साथ चलने पर मैं आपको बिल्कुल ठीक समय पर उस स्थान पर पहुंचा देता हूँ जहां उस समय रोटी पककर बाहर आ रही होती है। बस इसे ही बिल गेट्स सही समय पर सही स्थान पर होना कह रहे हैं। फिर क्या है, उस क्षेत्र की प्रतिभा आप में होती ही है, जीवन अच्छा गुजरने की वजह से शक्ति से भी आप भरपूर होते ही हैं, कार्य में मूड मैं लगा ही देता हूँ, बस आप भिड़ जाते हैं। और सच कहूं तो जीवन में मात्र यही समय होता है पक्का इरादा करने का और बिना थके काम करने का। कोई फिजूल के क्षेत्र में या बिना समय के रोज-रोज पक्के इरादे से मजदूरी करना मनुष्य का काम थोड़े ही है। ऐसा जीवन तो आप मेरी अवहेलना करने के कारण जीने पर मजबूर हो रहे हैं।

और जब इतना समझे हैं तो अंत में यह भी समझ लीजिए कि यह बेमतलब की जो भागा-दौड़ी आप करते रहते हैं, तथा हजारों जगह जो हाथ-पांव मारते रहते हैं, आखिर उसका परिणाम क्या आता है? आप भीतर के समय से बिछड़ जाते हैं। और उसके परिणामस्वरूप खजाना बड़ौदा में निकला होता है, परंतु तब तक आप दिल्ली पहुंच चुके होते हैं। मालूम पड़ता है वहां तो लूटमार मची हुई है। परिणामस्वरूप आपके पास जो कुछ था, वह भी आप खोकर चले आते हैं। जरा गौर से देखना यही हाल है मनुष्यों का। जहां वाकई सोना पड़ा है वहां इक्का-दुक्का ही पहुंचते हैं, और जहां दलदल है वहां लाखों की भीड़ धक्का-मुक्की करती नजर आ रही है। आज के बाद यह अनुभव भी आप कर ही लेना और जरूरत पड़े तो हजारों सफल लोगों की जीवनी भी पढ़ लेना; आप उनमें से एक भी भागा-दौड़ी वाला या कड़ी मेहनत, पक्का इरादा, अनुशासन या काम ज्यादा वाला नहीं पाएंगे। उनमें से सभी अपने मूड के क्षेत्र में कार्य करते नजर आएंगे। सो आप भी फिक्र न करें, अपने मूड के अनुसार चलें, भले ही दुनिया आपको धरती पर रेंगनेवाला समझे, परंतु ध्यान रखना कि सफलताओं के सारे शिखर इन धरती पर रेंगनेवालों ने ही छूए हैं।

मैं जानता हूँ कि इतना सब कहने के बाद भी आपके मन में कई सवाल उठ ही रहे होंगे। और कुछ नहीं तो आप इतना तो अवश्य सोच रहे होंगे कि कई ऐसे अत्यावश्यक कार्य होते हैं जिनके लिए कई बार मूड नहीं बनता,...तो क्या वे नहीं करने के? पहली बात तो आप आदमी कैसे हैं जो अत्यावश्यक काम करने तक की इच्छा आपको नहीं हो रही है। अरे, आपके या किसी के जीवन-मरण का सवाल हो, या कोई अति-आवश्यक बिजनेस-मीटिंग हो तो मूड कैसे नहीं बनेगा? और फिर उसमें मूड करेगा भी क्या? अब आपकी तबीयत ठीक नहीं और अस्पताल जाना ही पड़े ऐसा है, या मानो ऑपरेशन ही

करवाने की नौबत आ गई तो फिर उसमें मूड क्या? अस्पताल में भरती होना किसे अच्छा लगता है? ...पर जीवन है, यहां कुछ-कुछ करना भी पड़ता है।

अतः यह स्पष्टरूप से यहां समझ लें कि रोजमर्रे के कार्य तथा परिस्थितिजन्य अत्यावश्यक कार्य तो करने ही होते हैं। परंतु उसके अलावा के कार्य जैसा मूड हो वैसा ही करें। हालांकि जब तक आपके कम्प्यूटर की मेरे साथ पूर्ण सेटिंग नहीं हो जाती, आप में अपने मूड पर भरोसा करने का ऐसा साहस नहीं आ पाएगा; और ना ही तब तक हर आवश्यक कार्य हेतु आपका मूड ही बन पाएगा। सो, शुरुआत में काफी कुछ एडजस्ट करके चलना ही पड़ेगा। यूं भी शुरुआत में आपको बचना अनावश्यक कार्यों से ही है। काम का परिणाम भी न आवे और काम करने में मजा भी न आवे; बस सबसे पहले आप को ऐसे फोकट के कार्यों से स्वयं को दूर कर लेना है। क्योंकि काम ही वह जिसमें या तो मजा आए, अथवा जिसका परिणाम अपने या किसी के जीवन को बढ़ाए।

समय के साथ तो वो सेटिंग हो सकती है कि जब जो चाहो मिल ही जाए

दरअसल सच कहूं तो आपने गुलामियां इस कदर स्वीकार ली है कि आप अपनी स्वतंत्रता से जी ही नहीं पा रहे हैं। आपका मंदिर जाने से लेकर काम पर जाना, और परिवार के साथ बैठने से लेकर लोगों के यहां फंक्शन्स में जाना, सब आप मजबूरी में करने के आदी हो गए हैं। मनुष्य और मजबूर, बात ही खटकने वाली है। सो मूड के साथ चलने से मैं ना सिर्फ आपका जीवन बनाऊंगा, बल्कि आपका साहस बढ़ाते हुए दिन-ब-दिन आपको बेकार की मजबूरियों से छुटकारा भी दिलवाता चला जाऊंगा। सो मैं उम्मीद करता हूँ कि अब आपको जीवन को ठीक राह पर लाने का एक व एकमात्र उपाय समझ में आ ही गया होगा। देखना यह है कि आप मुझपर कितना विश्वास कर पाते हैं, और अपने मूड की रक्षा करने हेतु कितनी हिम्मत जुटा पाते हैं?

हालांकि यहां एक और गलतफहमी की संभावना है ही। कुछ निकम्मे, हरामखोर, कामचोर और जवाबदारियों से भागने वाले यह समझ सकते हैं कि वे क्या करें, उनका किसी कार्य हेतु मूड ही नहीं बन रहा। इसलिए दूसरों के आसरे जी रहे हैं। काम किसी के नहीं आ रहे हैं। नहीं ऐसी हरामखोरी को मूड मत समझ बैठना। ना ही अपने भय और लोभ से भागने को मूड समझ लेना। मूड में भय-लोभ, लाभ-हानि, पाप-पुण्य समा ही नहीं सकते। वह तो जब जिस चीज का बना वह कर लिया। फिर मरते हों तो मर जाए, चिंता नहीं। वहीं मर रहे हों, पर स्वयं को बचाने की प्रक्रिया में हाथ-पांव मारने का मूड नहीं, तो मरने को तैयार। ...यह मूड है। मैं पहले ही कह चुका हूँ कि आप पूर्ण स्वतंत्र हैं, इसलिए आपके सम्पूर्ण जीवन की जवाबदारी भी सिर्फ आपकी ही है। जो अपनी जवाबदारी तक स्वयं नहीं उठा रहा, या जो अपने कर्तव्य-कर्म तक ठीक से नहीं निभा पा रहा; क्या तो वह और क्या तो उसका मूड? वह अपनी हरामखोरी छिपाने हेतु इस सूत्र का सहारा कभी मत ले। मेहरबानी कर कोई भी अपने स्वभाव को अपना मूड मत समझ बैठना। आप आलसी, स्वार्थी या डरपोक कुछ भी हैं, तो उसे अपना स्वभाव जान लेना।

मूड शब्द तो वे समझ सकते हैं जो अपनी सम्पूर्ण जवाबदारी स्वयं उठाये हुए हैं। जो किसी आसरे या सहारे की उम्मीद में नहीं जी रहे। कर्म और कर्तव्य दोनों जिसे प्यारे हैं। बस यह सूत्र ऐसे विरलों के लिए है, निकम्मों के लिए नहीं। खैर, जिसकी जो जाने। मैं कह ही चुका हूँ कि जैसी गति वैसी मति। सो अभी तो मैं अपनी बात एक बड़े ही खूबसूरत दृष्टांत से खत्म करता हूँ। यह बात अच्छे से समझ लेना कि मनुष्य कितना ही ऊपर उठ जाए शारीरिक तौर पर उसपर मेरा नियंत्रण बना ही रहता है। और सच कहूं तो इस बात का दूसरा अर्थ ही यह है कि कौन मनुष्य कितना ऊपर उठा है यह इस बात से तय होता है कि वह मेरी सत्ता बाबत कितना जानता है, और कितना उस अनुसार मेरे सारे स्वरूपों की शरणागति स्वीकारकर जीता है। और यही बात मैं आपको एक उदाहरण से समझाता हूँ।

वैसे जब इतनी बात चली है तो एक बात और स्पष्ट कर दूं। अहंकार क्या है? अहंकार है ही यह कि मनुष्य मेरी शरणागति नहीं स्वीकार रहा। जिसने मेरी सम्पूर्ण शरणागति स्वीकार ली वह स्वतः ही अहंकार शून्य हो गया। संसार के सारे रहस्यों का ज्ञाता हो गया। क्योंकि वह अब मेरे अनुसार चल रहा है, और मैं तमाम रहस्यों का ज्ञाता हूँ ही। ...तो बताओ वह खुद भी ज्ञाता हो गया कि नहीं। लेकिन आपकी जिद्द यह कि आप स्वयं सारे रहस्य जान लें, और जो कभी होनेवाला नहीं। यानी ज्ञानी ही वह जिसे यह समझ आ जाए कि वह कुछ नहीं जानता है। बस वह तो परम-सत्ता की शरण स्वीकार लेता है।

खैर, अभी तो फिर दृष्टांत पर लौट आऊं तो पैगम्बर मोहम्मद का नाम तो आपने सुना ही होगा, कुरान जैसे अद्भुत ग्रंथ को इस संसार में लाने के निमित्त वे ही बने थे। अब जिनके मुख से कुरान निकली हो, उन्हें मेरे बाबत तो पूरी जानकारी है ही। कहते हैं कि एक दिन मोहम्मद कुछ सिपाहियों के साथ घोड़े पर सवार होकर जंगल से निकल रहे थे। अचानक उनके कुछ शत्रु उनके पीछे पड़ गए। सिपाही तो घबरा गए, पर मोहम्मद के चेहरे पर कोई शिकन नहीं थी। सिपाही हैरान रह गए, मौत पीछा करती आ रही है और मोहम्मद के चेहरे पर कोई हाव-भाव नहीं।

तभी उनको दायीं ओर एक गुफा नजर आई। सबने चुपचाप उसमें आसरा ले लिया। सिपाही अब भी बुरी तरह घबराये हुए थे। लेकिन मोहम्मद चुपचाप एक कोने में बैठे अपने सिपाहियों के इस हाल पर मुस्कुरा रहे थे। आखिर एक सिपाही से नहीं रहा गया, उसने मोहम्मद से पूछ ही लिया- अब क्या होगा?

मोहम्मद ने मुस्कुराते हुए कहा- यह तो समय जाने। हां, इतना तय है कि कुछ बुरा नहीं होगा। यदि हमारा कार्य पूरा हो चुका होगा तो शत्रुओं के सिपाही हमें खोजते हुए यहां भी आ पहुंचेंगे, और हमारा कार्य बाकी होगा तो वे इस जन्म में हमें नहीं खोज पाएंगे। समय का इतना मान?...बस इसी से वे मोहम्मद हैं। और आप भी उनके पद-चिह्नों पर चलें तो उनकी ऊंचाइयां छू ही सकते हैं। अब यहां इसी के साथ मैं अपनी बात समाप्त करता हूँ।

हालांकि मैं जानता हूँ कि आप लोग वैज्ञानिक युग में है। मॉडर्न हैं। आपको व्यावसायिक सफलता में ज्यादा रस है। सो, आपके जमाने के सफल उद्योगपति स्टीव जॉब्स का उदाहरण देता हूँ। उन्होंने अपना पूरा जीवन मूड की शरणागति स्वीकारे ही जिया। स्कूल जाने का मूड नहीं तो जाना बंद कर दिया। जब जो व्यवसाय करने का मूड बना, किया। यहां तक कि अटारी की अच्छीखासी लगी-लगाई नौकरी छोड़ भारत आकर संन्यास लेने का मूड बना तो नौकरी छोड़ भारत आ गए। हां, मूड बदलते ही वापस लौट गए, यह बात अलग है। बस यह सब करते-करते एक दिन झेरॉक्स की ऑफिस पहुंच गए जहां उन्होंने कम्प्यूटर स्क्रीन से एक माउस को कनेक्टेड पाया। बस, माउस के साथ कम्प्यूटर बनाने का विचार मन में आया। और उस विचार के साथ ही एपल की नींव डल गई। यही उनके जीवन का टर्निंग प्वॉइन्ट था। लेकिन यह आया कैसे...? मूड का साथ देने के कारण समय ने उन्हें ठीक समय पर ठीक स्थान यानी झेरॉक्स की ऑफिस पहुंचाया। समझो यह कि यदि मूड न होने के बावजूद वे स्कूल में पड़े रहे होते या संन्यास का मूड आने के बावजूद तुम्हारी तरह नौकरी व जीवन की सोचते तो क्या वे उस समय झेरॉक्स की ऑफिस पहुंचते, जहां उन्हें

कम्प्यूटर से जुड़ा माउस देखने को मिलता। और मूड मारकर जीने पर क्या उनमें इतनी प्रज्ञा बची रहती जो माउस देखते ही एपल बनाने का विचार देती?

...सो बस इतना समझ लो कि जीवन बनाने हेतु आपकी बुद्धि बड़ी छोटी पड़ती है। जीवन उससे कहीं विशाल है। अत: बनाने की जवाबदारी मुझे सौंप दो। मैं आपका हित आपसे बेहतर जानता हूँ। और आपका हित आप साध पाएं, उस हेतु मूड भेजता हूँ। सो, अपने मूड की शरणागति स्वीकार लो और जो हो जाए, उसे मेरा प्रसाद मानकर स्वीकारते चले जाओ। ...देखिए जल्द ही मैं आपको कहां-से-कहां पहुंचा देता हूँ।

अपने समय के पार जाने की सत्ता पहचानें

मैंने अब तक अपनी बड़ास मारने में कोई कसर नहीं रख छोड़ी है। मैं यह हूँ; मैं वह हूँ, सबकुछ मुझसे ही चलायमान है, सबकुछ मेरे कारण ही अस्तित्व में है... वगैरह-वगैरह। और मजे की बात यह कि यह सबकुछ सत्य होते हुए भी मैं आपकी सत्ता के सामने बौना हूँ। और मुझे यह सत्य स्वीकारने में कोई बाधा नहीं। आपको याद ही होगा कि मैंने बहुत पहले आपको अपने ''काल-स्वरूप'' के बारे में बताया था। मैंने कहा ही था कि मैं ना सिर्फ सबकी उत्पत्ति का कारण हूँ बल्कि उनका विनाश भी मैं ही करता हूँ। मेरे द्वारा पैदा की गई हर वस्तु को मैं समय के साथ मार ही देता हूँ। सूरज, चांद, तारों से लेकर आप तक कोई इसमें अपवाद नहीं। लेकिन उसी समय मैंने आपको यह भी बताया था कि मैं स्वयं 'एहसास' की इच्छा-शक्ति के कारण अस्तित्व में आया हूँ। और इस वजह से एहसास पर मेरा कोई नियंत्रण नहीं। और उसी समय मैंने आपसे यह भी कहा था कि यह एहसास हर मनुष्य के भीतर पूर्णता से उपस्थित है। यानी आपके भीतर भी एक ऐसा अंश है, जो मेरी मार व मेरे प्रभाव दोनों से सर्वथा मुक्त है।

अब ऐसे में मैं आपकी परम-सत्ता के बाबत क्या कहूं? आपका एहसास-तो-एहसास, उसके परम ध्यान से निकली तमाम वस्तुएं भी मेरी मार और प्रभाव से अछूती हैं। और सच कहूं तो मेरे बताए मूड का अनुसरण करनेवाले मार्ग से एक दिन आप वह परम-ध्यान की अवस्था पा ही लेते हैं। फिर वहां से जो भी निकलता है, उसे ना तो

तीसरे जगत की तमाम वस्तुएं टाइम और स्पेस के बंधन से सर्वथा मुक्त है

मैं पुराना कर पाता हूँ और ना ही मैं मार पाता हूँ। कहने का तात्पर्य मैं पूरे जगत का काल हूँ पर आपके भीतर छिपा ध्यान मेरा भी काल है। आप कहेंगे, अच्छा तो इतनी बड़ी बात अब बता रहे हैं। अरे भाई, मैं समय हूँ; सो सब बात समय पर ही बताऊंगा। माना आपकी सत्ता मेरे से भी परम है, परंतु वह कोई आपके बल पर थोड़े ही है, वह तो आपके एहसास के बल पर है। और पहले आपको मैं इतना शक्तिमान क्यों न बना दूं कि आप एहसास से एक हो पाएं। अब जब उसके सारे उपाय बता चुका तो मैं स्वयं आपको आपकी उस सत्ता से मिलवा ही रहा हूँ...जहां से आप मुझ काल को भी मात दे सकते हैं।

चलो छोड़ो, अभी तो मैं आपको आपकी इस परम-सत्ता के बारे में थोड़ा विस्तार से बताता हूँ। सोचो यह कि जब भी कोई कार्य आप ध्यान लगाकर करते हैं तो क्या होता है? और कुछ नहीं होता, आपका ध्यान मुझे...यानी समय को मार डालता है। घंटों बीत जाते हैं पर आपको मेरा एहसास तक नहीं होता। अब यहां चिंतन यह करो कि आपका छोटा-मोटा ध्यान यदि मुझे इस कदर मार देता है, तो फिर आपका परम-ध्यान क्या कुछ नहीं कर देता होगा?

चलो, आगे बढ़ने से पूर्व मैं आपसे एक सवाल पूछता हूँ- क्या आपने कभी कोई ऐसी वस्तु देखी है जो कब अस्तित्व में आई इस बात का पता ही न चलता हो। या कोई ऐसी वस्तु देखी है जो अस्तित्व में तो हो, दिखाई भी दे रही हो पर कहां है यह पता ही न चलता हो? यानी उसके टाइम और स्पेस किसी बाबत कुछ पता न चलता हो। खैर, छोड़ो यह सब बातें आपके ध्यान में कहां आनेवाली? आप तो मिटनेवाली दुनिया में भागा-दौड़ी मचाये हुए हो, आपने सृष्टि की इतनी गहराइयों में रस ही कहां लिया होगा? सो, आपको एक और सवाल पूछकर अचंभित कर देता हूँ। ...क्या आपने कभी कोई ऐसी वस्तु देखी है जो समय के साथ खूबसूरत होती जा रही हो?

आप कहेंगे सवाल-पर-सवाल दाग कर पहेलियां मत बुझाओ, सीधा-सीधा कुछ समझाओ। तो वह सब समझाने हेतु ही तो इतनी पहेलियां बुझा रहा हूँ। लेकिन मैं कुछ समझाना शुरू करूं उससे पहले थोड़ा यह समझें कि मेरी मार से आजाद कौन रह सकता है? निश्चित ही वह जिसके अस्तित्व में आने में मेरा कोई हाथ न हो। और मेरे अलावा अस्तित्व में कोई वस्तु कौन ला सकता है? जो मुझसे भी पार हो यानी "एहसास"। और यह एहसास आपके भीतर है ही। और इस एहसास से चीजें सिर्फ मनुष्य के परम-ध्यान की अवस्था में ही बहती हैं। अब सोचो यह कि मनुष्य से परम-ध्यान की अवस्था में क्या-क्या बहता है? तो वह है चित्रकारी, कोई खूबसूरत बात या कहानी, कोई प्यारी गायकी या खूबसूरत धुन, कोई आविष्कार, कोई नृत्य, कोई मनुष्य के मौज-शौक या जरूरत के नए सामान।

हालांकि आपने कभी गौर नहीं किया होगा, लेकिन मनुष्य के परम-ध्यान में एहसास से निकली इनमें से एक भी वस्तु को मैं कभी छू तक नहीं पाया हूँ। क्योंकि वे सभी समय और स्थान के बंधन से आजाद हैं। समय व स्थान का बंधन तो उनको होता है जो मेरे कारण अस्तित्व में आए हों। लेकिन जो चीजें अस्तित्व में एहसास के कारण आई होती हैं, उन्हें मेरी मार से बचाने हेतु एहसास उन्हें अपनी दुनिया में समा लेता है, जहां न स्थान है ना समय। इसे ही तीसरी दुनिया कहते हैं, जिसका कुछ भी अंदाजा न आपको है न विज्ञान को ही। वहां चीजें पैदा भी एहसास के तल पर होती हैं और स्टोर भी वहीं होती हैं।

चलो इस बात को मैं एक उदाहरण से समझाता हूँ। मानो एक पेंटर एक लड़की की तस्वीर बना रहा है। आप वैज्ञानिकों को वहां उनके पास समय और स्थान नापने के सूक्ष्म से सूक्ष्मतम जो भी इंस्ट्रूमेंट उपलब्ध हैं... लेकर बिठा दीजिए। उन्हें कहिए कि इस पेंटर की पेंटिंग आप ध्यान से देखिए। पेंटर से कहिए कि रोज उनको पेंटिंग दिखाकर पूछे कि क्या इसमें खूबसूरती आई? यहां तक कि आप वैज्ञानिकों को कहें कि आप क्षण-क्षण पेंटिंग पर नजर रखें, और वह समय हमें बताएं जब उसमें खूबसूरती आ जाए। वे कितना ही ध्यान से देखें, समय नापने के सूक्ष्म-से-सूक्ष्मतम उपकरणों का कितना ही इस्तेमाल क्यों न करें, पर वे यह नहीं बता पाएंगे कि इसमें खूबसूरती कब व कैसे आई? चलो यह छोड़ो। जब पेंटर की पेंटिंग पूरी हो जाए तो उनसे पूछो कि क्या वाकई उन्हें यह पेंटिंग खूबसूरत नजर आ रही है? यदि हां कहे तो उनसे पूछो कि वह खूबसूरती कहां है जरा प्वाइंट करके हमें बताओ। बेचारों का सारा गुमान धरा-का-धरा रह जाएगा। वह खूबसूरती आई भी समय के पार की दुनिया से है, तथा वह ठहरी भी स्थान पार की दुनिया में है। सो, कोई नहीं बता सकता कि इस पेंटिंग की खूबसूरती कहां छिपी पड़ी है, या उसमें खूबसूरती कब आई है।

और कमाल देखो इन खूबसूरत पेंटिंग्स का, समय के साथ इनकी कीमतें बढ़ती ही जाती हैं। इनकी खूबसूरती ज्यादा-से-ज्यादा लोगों को आकर्षित करती ही चली जाती है। क्या करें, वे एहसास की कोख से परम-ध्यान की अवस्था में निकली होती हैं, सो वे मेरे विरुद्ध जाकर समय के साथ निखरती ही चली जाती है। ...और मैं मूकदर्शक बना उनके सामने अपनी हैसियत का यह तमाशा देखता रह जाता हूँ।

अब यदि आपको समय और स्थान के पार की इस तीसरी दुनिया का अंदाजा हो गया हो तो उस बाबत कुछ अन्य उदाहरण देकर विस्तार से बताऊं। आप कहेंगे बताइए-बताइए, अब तो हम तैयार ही नहीं, जानने को उतावले भी हो रहे हैं। तो शुरुआत मनुष्य के शरीरों से ही करता हूँ। आप सभी जानते हैं कि एक समय के बाद मैं मनुष्य के शरीर को मृत कर देता हूँ। और इसमें कहीं कोई अपवाद नहीं। लेकिन थोड़ा याद करो बुद्ध, कृष्ण, जीसस, मोहम्मद, मीरा या सुकरात वगैरह को। मैंने खरबों शरीर मारे, पर क्या वास्तव में इन लोगों को मैं मार कर भी मार पाया हूँ? उल्टा समय के साथ इनकी ख्याति में विस्तार ही हुआ है। आज भी विश्व के नब्बे प्रतिशत मनुष्य इनके इर्द-गिर्द ही घूम रहे हैं। सोचो यह कि क्या बुद्ध के पिता या पत्नी का नाम किसी को याद है? नहीं...। कभी सोचा कि ऐसा क्यों? क्योंकि वे सब आम मनुष्य थे। लेकिन बुद्ध, कृष्ण, जीसस वे हैं जो एहसास को उपलब्ध हो चुके मनुष्य हैं। सो उनकी ख्याति को तो समय के साथ निखरना ही है। लेकिन जरा पूछें विज्ञान से कि हजारों वर्षों से उनकी ख्याति जो इतनी फैलती जा रही है, वह फैल कहां रही है? लाओ जरा अपनी लेबोरेटरी की टेबल पर, जरा हमें भी मालूम पड़े कि वह ख्याति किस रंग की और आकार की है। वैज्ञानिक कहेंगे- माफ करो बाबा। ...यह कौन-से जगत की बात ले आए। ...और ऐसा नहीं है कि उनकी ख्याति ही रोज-रोज बढ़ती जा रही है, बल्कि उनके किये काम और उनकी कही बातें भी उतनी ही तेजी से फैलती जा रही हैं। यानी... वे भी समय के साथ फैलती और निखरती ही चली जा रही हैं। कृष्ण की कही भगवद्गीता का आज मनुष्य के मानस में क्या अस्तित्व है, यह बताने की किसी को कोई आवश्यकता नहीं।

यही बात सुंदर नृत्य से लेकर बिथोवन व मोजार्ट की धुनों पर भी लागू होती है। वे भी समय के साथ निखरती ही चली जा रही हैं। वैसे ही कोई भी सुंदर गायकी या मधुर धुन जो मनुष्य के परम-ध्यान की अवस्था में एहसास की कोख से निकली है, सभी समय के साथ निखरती ही चली गई है। यही क्यों, हजारों वर्ष पुरानी सुंदर कहानियां भले ही वे किसने कही या लिखी न मालूम हो, पर कहानी आज भी उतनी ही रोचक व सार्थक

नजर आती है। यही बात विज्ञान की खोजों से लेकर स्वादिष्ट वानगियों तक सब पर लागू होती है।

हालांकि यहां सोचो यह भी कि जीसस, बुद्ध और कृष्ण जैसों की भी भले ही वे सब चीजें अमर हो ही गई जो एहसास की कोख से निकली थी, परंतु मनुष्यजीवन है तो समय व स्थान के साथ तो उनको भी गुजरना ही होता है। और समय व स्थान पर मेरा एकाधिकार है। उसमें एहसास की कोई दखलंदाजी नहीं। इसलिए भले ही कृष्ण का जीवन या उनकी कही भगवद्गीता की सार्थकता दिन-ब-दिन बढ़ती जा रही हो, परंतु कृष्ण की द्वारका अपने जमाने में चाहे जितनी खूबसूरत रही हो; आज उसका कोई अस्तित्व नहीं। द्वारका की ही बात क्यों करें, कृष्ण स्वयं और उनका नाक-नक्शा भी कितना ही लुभावना क्यों न रहा हो, आज उसका भी कोई नामोनिशान नहीं।

कहने का तात्पर्य जो चीज मेरे पटल पर होगी, वह चाहे जैसी और चाहे जिसकी होगी मैं मिटाकर ही रहूंगा। लेकिन यदि एहसास की कोख से पैदा हुई होगी, तो उसकी ओर झांकने तक की जुर्रत मैं नहीं कर पाऊंगा। अतः मेरा आपसे निवेदन है कि इससे पहले कि मेरी मार से आपका नामोनिशान मिट जाए, आप अपने एहसास से कोई ऐसी चीज बहने दें जो हमेशा के लिए अमर हो जाए।

कुल-मिलाकर कहने का तात्पर्य यह कि यह तीसरा-विश्व बहुत बड़ा है। वहां की कोई भी चीज नाशवान नहीं। आप का उस दुनिया पर पूरा अधिकार भी है, और आपको रहना भी उसी जहां में चाहिए। यूं भी यही मनुष्यजीवन की गरिमा है। सो, एकबार फिर आपसे निवेदन करता हूँ कि मुझसे जान छुड़ाइए और मिटनेवाली इस दुनिया से बाहर निकल आइए। अपने मूड के सहारे चलकर स्वयं के परम-ध्यान के बल पर एक ऐसा जीवन जीयें जो हमेशा के लिए अमर हो जाए। कोई ऐसा कार्य करें जो समय के साथ निखरता ही चला जाए। ...वरना भीड़ तो हर सौ वर्ष में पांचसौ-हजार करोड़ लोगों की आती और जाती है। और यह भीड़ में रहना मनुष्यजीवन की तौहीन है। इतना सब समझकर अब आप मेरी मारों से बचते हुए मुझसे पार की दुनिया में चले जाएंगे, इस उम्मीद के साथ अपनी बात मैं यहीं समाप्त करता हूँ।

मुझे पहचाना या नहीं

चलो, मैंने यह तो आपसे कहा ही है कि मैं बड़ा ही उपद्रवी व चंचल हूं। परंतु आपसे यह कहना रह ही गया कि मैं बहुत बड़ा खिलाड़ी भी हूँ। और फिर यूं भी सबको व्यस्त रखना मेरा ही काम है।

अब यहां सवाल मेरे मन में यह उठ रहा है कि मैंने तो अपने बारे में काफी कुछ आपको बता दिया। ...पर आप समझे कितना? सो आपने मुझे कितनी गहराई से समझा, इसे आंकने हेतु मैं आपको एक टेस्ट पेपर दे रहा हूं। इसमें मेरे बाबत कही जाने वाली कई बातें जो पूरी तरह सत्य हैं और सुंदर शब्दों में पिरोयी हुई हैं, मैं उनमें से कुछ बातें आपको बता रहा हूँ। आपको स्वयं से उसके वैज्ञानिक अर्थ समझना है।

वैसे यह कोई मुश्किल बात नहीं। क्योंकि मैं अपनी कार्यप्रणाली की पूरी वैज्ञानिकता आपको अच्छे से समझा चुका हूँ। यदि आप स्वयं से इनका वैज्ञानिक अर्थ निकाल पाएं तो समझ लेना आपने मुझे समझ लिया। न निकाल पाएं तो फिर आगे के पन्ने पढ़ लेना। मैंने उसमें संक्षेप में सारी बातों का अर्थ समझाया ही हुआ है।

A) वक्त से पहले व किस्मत से ज्यादा ना मिला है ना मिलेगा।

B) समय बलवान तो गधा पहलवान।

C) सही बात सही वक्त व सही मौके पर की जाए तो ही श्रेष्ठ परिणाम लेकर आती है।

D) समय ठीक चल रहा हो तो गलत फेंका पासा भी ठीक पड़ जाता है।

E) राजा को रंक और रंक को राजा बनाना वक्त का ही काम है।

F) समय के नक्शेकदम पे चलने पर यह मान ही लो कि जो हुआ अच्छा हुआ, जो हो रहा है वह भी अच्छा हो रहा है; और आगे जो होगा वह भी अच्छा ही होगा।

तो अब आप कोशिश कर मेरी कही बातों से इन बातों का वैज्ञानिक अर्थ समझने की कोशिश करें। ...ना समझ पाएं तो पन्ना पलट कर देख लेना। वहां मैंने इनके अर्थ समझाए ही हुए हैं।

A) वक्त से पहले व किस्मत से ज्यादा ना मिला है और ना मिलेगा।

यह बात टाइम और स्पेस के टाइमिंग बाबत है। वक्त से पहले यानी उस समय पर जब अनुकूल परिस्थितियां बनकर तैयार हो चुकी होती है। और किस्मत से ज्यादा यानी उस जगह पर जहां यह परिस्थितियां तैयार है। तथा ज्यादा का अर्थ है – परिस्थिति जितना भुनाने की इजाजत दे रही है। सरल भाषा में कहूं तो जहां परिस्थिति बनकर तैयार हो रही है, उस वक्त पर जो वहां पहुंच जाता है, वह जितने के लिए परिस्थिति बनकर तैयार है उतना पा लेता है। यही बात गांधीजी के उदाहरण से समझाऊं तो यदि वही आंदोलन उसी तरीके से गांधीजी ने सौ वर्ष पहले किये होते, तो कोई परिणाम नहीं आते। परिणाम तो सिर्फ सही समय पर तथा सही जगह पर किये वार के ही आते हैं। यानी Be in the Right Place at the Right Time - You will get the optimum result.

B) समय बलवान तो गधा पहलवान।

निश्चित ही यहां भी बात टाइम और स्पेस की ही है। कई बार परिस्थितियां इस कदर करवट लेती हैं कि आपको अपने नौकर के यहां ही नौकरी करने का समय आ खड़ा होता है। ...तो कर लीजिए। बलवान आपका अहंकार या दुनियादारी नहीं है, बलवान समय ही है। इसी बात का दूसरा और गहरा अर्थ यह भी है कि जो अपनी बुद्धि लगाना बंद कर दुनिया की निगाह में गधा बनने को तैयार हो जाता है, यानी चुपचाप अपने मूड की शरण चला जाता है...उसका समय स्वतः ही बलवान हो जाता है। क्योंकि जल्द ही उसकी करप्ट हार्डडिस्क ठीक भी हो जाती है, और उसके भीतर मेरी गति तेज भी हो जाती है। अब जब मेरी शरणागति स्वीकार चुके ऐसे गधे का समय ही बलवान हो जाता है, तो वह निश्चित रूप से जल्द ही विश्व के पटल पर पहलवान बनकर उभर भी आता है।

C) सही बात सही वक्त व सही मौके पर की जाए तो ही वह श्रेष्ठ परिणाम लेकर आती है।

वैसे यह बात बोलने हेतु ही नहीं, कार्य और उसके परिणाम बाबत भी उतनी ही सार्थक है। यहां भी बात एकबार फिर टाइम और स्पेस के कॉम्बीनेशन की ही है। लेकिन यह बात कुछ हटके है। हटकर इसलिए कि यहां कई बार आपके सामने ऐसी मुसीबत आ खड़ी होती है कि बात कहने का समय तो ठीक जान पड़ता है, परंतु परिस्थिति अनुकूल नहीं जान पड़ती। यानी किसी की गलती तो आपने पकड़ ली परंतु उस वक्त वह अपने चमचों से घिरा बैठा है। यानी मौका तो बन गया पर दस्तूर नहीं बन पा रहा है। कई बार उल्टा हो जाता है। परिस्थिति आपको सपोर्ट कर रही होती है, परंतु समय ठीक नहीं होता है। और अक्सर मनुष्य यहां गलती कर जाता है। दो में से एक साथ दे रहा हो तो भी वह बात कह जाता है या कार्य कर जाता है। लेकिन उसका यह पासा उल्टा ही पड़ता है। यहीं आकर मनुष्य को धीरज रखने के आवश्यकता होती है। जब तक समय और परिस्थिति दोनों एकसाथ अनुकूल न हो जाए उसे चाहिए कि वह बात या काम का तीर छोड़े ही मत। क्योंकि दोनों के एकसाथ अनुकूल होने पर ही श्रेष्ठ परिणाम संभव है।

D) समय ठीक चल रहा हो तो गलत फेंका पासा भी ठीक पड़ जाता है।

यहां यह बता दूं कि मेरे कुचक्रों की ही तरह मेरे सुचक्र भी है। और यह बात सुचक्र का आनंद ले रहे मनुष्य के लिए कही गई है। सुचक्र का अर्थ है कि मैं इस समय मनुष्य का ऐसा साथ दे रहा हूँ कि वह जो करे ठीक। यानी वह इस समय अपने साथ समय व स्थान का एक ऐसा कॉम्बीनेशन लिए घूम रहा होता है कि वहां कुछ भी अहितकारी उसके सामने आनेवाला ही नहीं होता है। फिर समय के उस सुचक्र को पेट्रोल पंप पर पेट्रोल भरनेवाले को धीरूभाई अंबानी बनाने में भी वक्त नहीं लगता है। हां, यहां मनुष्य को यह पक्का कर लेना होता है कि वह "सुचक्र" में है या यह उसकी गलतफहमी है। सुचक्र में है, तो फटाफट सब कर ले। ...हर पासा सीधा पड़ेगा। और कुचक्र में हो तो चुपचाप बैठे रहो, कुचक्र चल रहा हो तब कोई कितने ही हाथ-पांव मार ले, मुंह की ही खाएगा।

E) राजा को रंक और रंक को राजा बनाना वक्त का ही काम है।

यहां वक्त यानी मेरे द्वारा भेजा जाने वाला "मूड"। और यह मैं समझा ही चुका हूँ कि लगातार अपने मूड का साथ देने वाला जल्द ही एक दिन राजा हो जाएगा। और

वहीं अपने मूड का साथ छोड़ने पर राजा को भी रंक बनने में देर नहीं लगेगी। और यह भी मैं समझा ही चुका हूँ कि यह आपका मूड ही है जो तय करता है कि आपको किस टाइप का या किस क्षेत्र का राजा बनना है। यहां यह भी स्पष्टतापूर्वक समझ ही लें कि इतना तय करने की समझ भी आपके पास अलग से नहीं है। यह भी पूरी तरह मेरे अधिकार क्षेत्र में ही आता है।

F) समय के नक्शेकदम पे चलने पर – यह मान ही लो कि जो हुआ अच्छा हुआ, जो हो रहा है वह भी अच्छा हो रहा है; और जो होगा वह भी अच्छा ही होगा।

यह बात मेरी सम्पूर्ण शरणागति के बाबत कही गई है। मेरा और आपका कम्यूनिकेशन आपके मूड थकी है। आपने अपने मूड की शरणागति स्वीकार ली तो फिर आपके जीवन में जो अहितकारी है वह हटता चला जाएगा, और जो भी हितकारी है वह आपको मिलता चला जाएगा। ...यानी फिर एक ही विश्वास आपको करना रहा कि जो हुआ अच्छा हुआ, जो हो रहा है अच्छा हो रहा है; और आगे भी जो होगा अच्छा ही होगा। ...और वास्तव में एक समय के बाद होता भी ऐसा ही है।

Other Bestsellers by **Deep Trivedi**

दीप त्रिवेदी द्वारा लिखित किताब 'मैं मन हूँ' अपनी एक अलग ही पहचान बना रही है। इस किताब में दीप त्रिवेदी ने मन के रहस्यों पर से पर्दा उठाया है तथा वे इसमें जीवन के हर पहलू जैसे परिवार, व्यवसाय, करियर से संबंधित प्रश्नों के उत्तर भी देते हैं। अब तक इस किताब को हजारों लोगों ने न सिर्फ पढ़ा है बल्कि इसे समझा व अपने जीवन में उतारा और हाथोंहाथ परिवर्तन महसूस किया।

- कैसे अनपढ़ एडीसन एक हजार से ऊपर पेटेंट रजिस्टर करवाने वाले वैज्ञानिक हो गए?
- कैसे पेट्रोल पंप पर पेट्रोल भर रहे धीरूभाई इतने बड़े व्यवसायी हो गए?
- कम पढ़े-लिखे व स्कूली शैतान कैसे स्टीव जॉब्स हो गए?

इन सभी प्रश्नों के जवाब पाइए –

NATIONAL BESTSELLER
OVER 1,00,000 COPIES SOLD

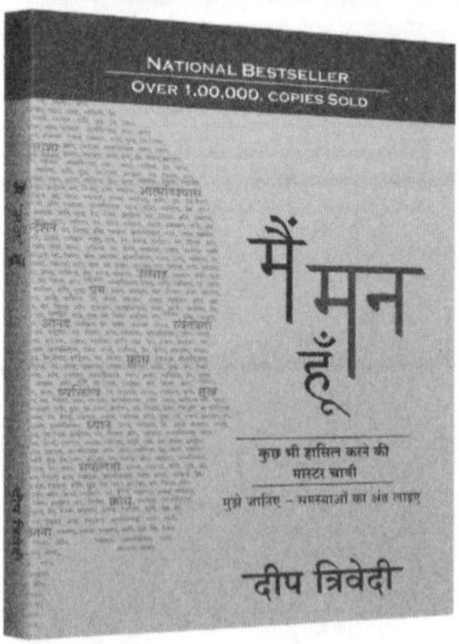

मैं मन हूँ

कुछ भी हासिल करने की मास्टर चाबी

यह किताब एकसाथ अंग्रेजी, हिंदी, मराठी तथा गुजराती में aatmanestore.com के साथ-साथ सभी प्रमुख बुक स्टोर्स तथा ई-कॉमर्स साइट्स पर उपलब्ध है।